Ekard Lind

Mensch-Hund-Harmonie Lind-art®

Klassische Unterordnung ohne Zwang

KOSMOS

Alle Übungen Schritt für Schritt 127

Service 286

Kapitel 1 Ausrichtung

Entwicklung des Hundesports

Der Traum vom „Freudigen Hund“

Im Idealfall stellen wir uns unseren Hund als einen Team-Begleiter vor, der seine Aufgaben aufmerksam, temperamentvoll, richtig und sicher ausführt. Wer träumt ihn nicht, diesen Traum vom „FreudigenHund“? Auf der einen Seite steht der Wunsch nach einer harmonischen Mensch-Hund-Beziehung, auf der anderen die Barriere der formalen Ansprüche. Dies bringt so manchen Team-Führer in Schwierigkeiten. Irgendwann opfert er dann doch die Harmonie dem Formalismus. Hinzu kommt, dass man sich im Strom etablierter Ausbildungspraktiken geborgen fühlt. So tut man also brav das, was die Mehrheit vor Ort macht. Andere, die nicht bereit sind, ihren Hund anzuschreien oder ständig mit der Leine zu rupfen (oder noch härtere Mittel einzusetzen), fangen gar nicht erst an, Hundeausbildung zu betreiben, oder sie hören damit nach kurzer Zeit wieder auf. Schließlich sind noch jene zu nennen, die auf alternative Ausbildungsmethoden setzen und diesen Weg auf sich nehmen – mehr oder minder überzeugt; nicht selten belächelt, verspottet oder gar bekämpft. Nicht jeder hält diesen aggressiven Druck und die ausbleibende Akzeptanz auf die Dauer aus. Und schließlich will man sich ja in den kostbaren Freizeitstunden weder ärgern noch herumstreiten. Daher wenden sich immer noch relativ viele nach einiger Zeit wieder den alten Methoden zu.

Motivationale Hundeausbildung

Aber die Zeit lässt sich nicht zurückdrehen und die Verbreitung motivationaler Hundeausbildung ist nicht mehr aufzuhalten. Man kann ohne Übertreibung von einer neuen „Bewegung“ sprechen. Was den Motivationsanhängern (bei beträchtlichen Unterschieden des Ansatzes und der methodischen Auslegung) gemeinsam ist, lässt sich am besten mit dem Begriff Mensch-Hund-Harmonie zusammenfassen.

Der Begriff verspricht viel, und er fordert viel. Er umschreibt eine ebenso einfache wie geniale Vision. Aber es ist die Eigenart der Visionen und Ideale, dass man sich ihnen nur nähern kann. „Die Mensch-Hund-Harmonie“ – auch ein Ideal – wird daher in letzter Konsequenz unerreichbar bleiben. Trotzdem können Visionen Wirklichkeit werden, für Momente und vorübergehend. Und sie können dazu beitragen, Veränderungen einzuleiten. Wo immer Liebe, Geist und Tat eine Verbindung eingehen, da rücken Ideale in greifbare Nähe. Ja, sie werden, zwar auf Umwegen, wahrhaftige, beglückende Realität. Und sie erheben denjenigen, der sie erlebt, über sich hinaus in eine Sphäre, wo weder Worte noch Zahlen hinreichen, wo unsere Wertbegriffe auf einmal in ganz anderer Reihenfolge gestellt werden und so mancher vermeintliche Wert ins Unbedeutende abfällt.

Wer im Grunde seines Herzens Menschen und Tiere liebt, und in der Mensch-Hund-Beziehung seine ganz persönliche Beglückung gefunden hat, der weiß, wovon hier die Rede ist. Nähe und Vertrautheit eines Tieres zu erleben, das ist uns Hundenarren ein Stück Paradies geworden, das wir in unserem Leben nicht mehr missen möchten.

Es lohnt sich also, auf Visionen zuzugehen, auch wenn sie nicht nur Höhen verheißen, sondern immer wieder durch allerlei Tiefen führen. „Mensch-Hund-Harmonie“ will helfen, das nötige Rüstzeug zu erwerben, um eine der schönsten Visionen zu verwirklichen, welches dieses naturentfremdete, zu oft in Materie und Nichtigkeit verstrickte Leben bietet.

Berührung der Seelen

Wir wünschen dem Leser, dass diese Vision in seiner Mensch-Hund-Begegnung Gestalt annimmt. Möglichst oft. Und wir wünschen ihm, dass sich auch an ihm offenbart, wovon immer mehr Hundesportler der neuen „art“ schwärmen: „Die Berührung der Seelen“. Der Sport, ursprünglich geprägt von athletischen und formalistischen Zielen, erfährt auf diese Weise eine tiefreichende Neuorientierung. Aufgaben müssen nach wie vor mit formalem Anspruch erfüllt werden. Und dies in gesteigerter Anforderung und in noch größerem Umfang. Aber weder der Mensch noch der Hund dienen der Aufgabe, sondern die Aufgabe dient dem Team-Ideal. Im Zentrum steht das „Aufeinandereingehen“, das Verschmelzen. Genau das erlebt man, wenn man in einer bestimmten Art und Weise auf den Hund zugeht und mit ihm gemeinsam Aufgaben erfüllt. Man sieht dem Hund in die Augen und es offenbart sich eine unaussprechliche Gemeinsamkeit. Zeitlos und umfassend. Man ist tief berührt und man weiß ganz sicher: Das ist es!
Danach habe ich immer gesucht. Das und nichts anderes ist das Wesentliche. Nenn es Liebe, Kosmos, Gott oder was auch immer. Oder sag mit Goethe: „*Wenn Ihr's nicht fühlt, Ihr werdets nie erlangen.*“

Der Hund, lange Zeit missverstanden.

Unterordnung

In der Unterordnung ist vieles von dem zusammengefasst, was das gemeinsame Leben von Mensch und Hund möglich macht. Die Unterordnung enthält sozusagen die Regeln des gemeinsamen Lebens. Lange Zeit waren diese Regeln primär aus der Sicht dessen, was der Mensch vom Hund erwartet, ausgelegt. Mit dem Aufkommen der Verhaltensforschung hat sich jedoch das Bild vom Hund gewandelt. Man hat begonnen, nach dem zu fragen, was der Mensch dem Hund schuldig ist.

Das war nicht immer so. Vor zirka 70 Jahren lautete das erklärte Ausbildungsziel: Der Hund soll „zum Werkzeug des Hundeführers“ werden. Und dementsprechend gestalteten sich die Ausbildungsmethoden, die sportlichen Ziele sowie deren Beurteilung auf Prüfungen und Turnieren.

Die Verhaltensforschung ebenso wie die Tierpädagogik legen jedoch nahe, den Begriff der „Unter"-Ordnung mit dem Wissen unserer Zeit kritisch zu hinterfragen: Soll sich der Hund tatsächlich „Unter"-Ordnen oder sollten wir uns nicht besser darum bemühen, dem Hund als Team-Partner zu begegnen und ihm das „Ein"-Ordnen verständlich und lustvoll zu vermitteln?

TEAM-Partner

Soll der Hund wie ein Sklave oder Soldat „parieren" oder wünschen wir uns einen „TEAM-Partner", dessen Lebens- und Glückserwartungen uns ein ernstgenommenes Anliegen bedeuten? Kommt es uns in der Hundeausbildung nur auf Leistung und Punkte an oder ist es für uns neben (oder über?) allen sportlichen Zielen wichtig, dem Hund näher zu kommen? Geht es auf den Hundeplätzen wirklich um den Hund? Immer mehr Hundehalter stellen sich heute diese Fragen.

Im vorliegenden Buch findet der unvoreingenommene Leser eine Reihe neuer Ansätze für die sportliche Betätigung mit dem Hund. Es geht hier also nicht um Tricks oder um irgendeine neue „Methode", sondern um wesentliche Ausrichtungen und deren Verwirklichung. Im Zentrum dieser neuen Ausrichtung steht die Verantwortung des Menschen: Sich selbst, seinen Mitmenschen, und dem Hund gegenüber. Dass dieser ethisch anspruchsvolle Ansatz gleichzeitig eine „Leistungssteigerung" von berauschender Tragweite beinhaltet, wird dieses Buch aufzeigen. Hier wird nicht nur demonstriert, wie man die Klassische Unterordnung spielerisch und mit modernstem tierpädagogischem Wissen effizient gestaltet. Es ist die Unterordnung selbst, die hier auf eine neue Ebene der Ansprüche gestellt wird. „Mensch-Hund-Harmonie" ist eine Herausforderung an alle, die es ernst meinen mit dem „freudigen" Hund; eine Einladung für jene, die es beglückt, ihren Hund im Training und bei Turnieren „lachen" zu sehen. „Mensch-Hund-Harmonie" ist schließlich ein Bekenntnis für alle, die in der Hundeausbildung mehr erreichen wollen als formale Perfektion.

Entwicklung des Hundesports und der Unterordnung

Die außergewöhnliche Anpassungsfähigkeit des Wolfes war zweifellos eine der Hauptursachen für die Verbindung, welche Mensch und Wolf miteinander eingingen. Für die Unterordnung gilt ähnliches. Ohne Adaptions- und Sozialisationsvermögen des Hundes wären die bekannten Unterordnungsleistungen nicht denkbar.

Wann die ersten Ausbildungen stattgefunden haben, lässt sich nicht genau sagen. Über die ersten Erziehungs- und Ausbildungspraktiken lassen sich nur Vermutungen anstellen. Um es kurz zu machen, beschränken wir uns hier auf die Darstellung einiger frühen Dokumente.

Der Hund auf der Jagd

Der athenische Geschichtsschreiber **Xenophon** (≈430 - ≈355 v. Chr.) hat unter seinen vielen Werken auch ein Buch über die Reitkunst und ein Traktat über *die Zucht und Dressur von Hunden* geschrieben. Im Mittelalter erlebte dieses möglicherweise erste kynologische Ausbildungsbuch der Geschichte unter dem Titel „Kynagiticus" weite Verbreitung und Beliebtheit. Hier ein Auszug aus dem vierten Kapitel Xenophon's Jagdbuch „Über die Tugenden der Hunde":

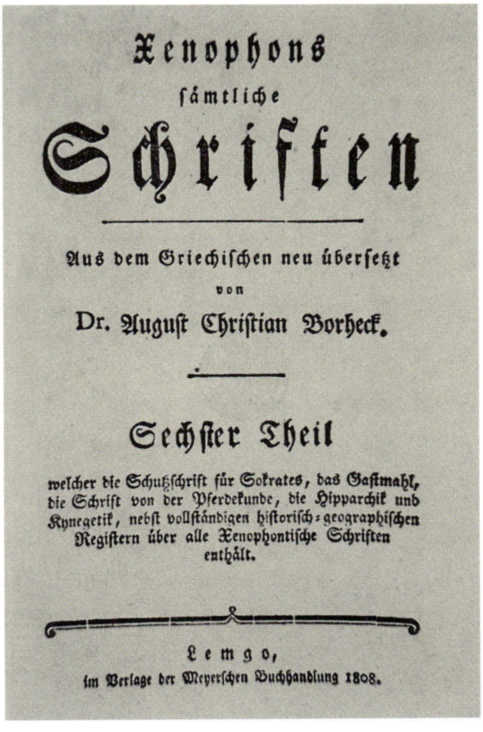

Xenophons
sämtliche
Schriften

Aus dem Griechischen neu übersetzt
von
Dr. August Christian Borheck.

Sechster Theil
welcher die Schutzschrift für Sokrates, das Gastmahl, die Schrift von der Pferdekunde, die Hipparchik und Kynegetik, nebst vollständigen historisch-geographischen Registern über alle Xenophontische Schriften enthält.

Lemgo,
im Verlage der Meyerschen Buchhandlung 1808.

„Über die Tugenden der Hunde"

„... sie müssen die Spur anlächeln, die Ohren locker hängen lassen, mit den Augen überall herumschweifen ... und der Spur nachgehen. Wenn sie den Hasen aufgespürt haben, so müssen sie dem Jäger Zeichen geben durch schnelleres Laufen, genaueres Anzeigen, mit ihrem Muth, mit dem Kopfe, mit den Augen, durch allerlei Bewegungen mit dem ganzen Körper, durch das Zurücksehen und Wiederhinsehen nach dem Lager des Hasen, dadurch, dass sie bald vorwärts, bald rückwärts, bald zur Seite sich hin und her bewegen, und dass sie wirklich allerlei freudige Bewegungen machen, weil sie dem Hasen nahe sind..."

Der aufmerksame Leser findet hier eine ganze Reihe wichtiger Punkte wieder. Die Körpersprache des Hundes zu beobachten und daraus Rückschlüsse zu ziehen ist durchaus keine Erfindung moderner Verhaltensforschung. Und auch der „freudige" Hund ist nicht das Verdienst moderner Kynologie, sondern bereits bei Xenophon im Altertum beschrieben.

Die frühe Hundeausbildung befasste sich allerdings nahezu ausschließlich mit der Jagd und dem Kriegswesen. Xenophon über den Wert der Jagd:

„Es haben aber diejenigen, welche Lust zu diesen Geschäften haben (Anmerkung: gemeint ist die Jagd), vielen Nutzen davon; sie verschaffen ihrem Körper Gesundheit, sehen und hören schärfer, und altern weniger; und es ist dies auch eine treffliche Vorübung zum Kriege ... ich muntere daher die Jünglinge auf, die Jagd so wenig als andere Tugendübungen zu versäumen, denn dadurch werden sie gute Krieger, und lernen auch in anderen Dingen gut denken, reden und handeln, wo es nöthig ist ..."

Der Feudalherr hoch zu Ross, der Diener führt den Jagdhund auf der Fährte.

Jagd im Mittelalter

Im Mittelalter erfuhr die Jagd eine weitere Blütezeit. Das wohl bekannteste, mittelalterliche Lehrwerk der Jagdausbildung stammt von **Gaston Phoebus**. Es heißt: *„Das Buch der Jagd, das klassische Meisterwerk der Weidmannskunst“*. Mit wunderschönen farbigen Bildern erhält der Leser nicht nur Hinweise zur Weidmannskunst dieser Zeit. Er gewinnt darüber hinaus zahlreiche Einblicke über die hohe Kultur der Jagdhundeausbildung. Vor dem Hintergrund der drei wichtigsten Dinge im Leben der Feudalherren, der Jagd, der Waffenkunst und der Liebe wird verständlich, dass dieses umfassende Werk eine unglaubliche Verbreitung und Beliebtheit erfuhr. Das Werk ist in über 44 handschriftlichen Ausgaben erhalten. Auf zahlreichen Abbildungen ist der Hund als Begleiter und Jagdgehilfe zu sehen.

Während der Hund als das „höchste und edelste Tier, das Gott erschaffen hat“, gerühmt wird, schneidet sein Vetter, der Wolf, in der Gunst des mittelalterlichen Menschen ungleich schlechter ab. Zahlreiche Vorurteile, Vermenschlichung, Angst und Hass festigen einmal mehr in der Geschichte den Mythos vom „bösen Wolf“.

Phoebus zeigt nicht nur, wie man den Hund auf seine jagdlichen Einsätze vorbereitet; minuziös beschreibt er auch jede Einzelheit der Hundehaltung: Wie man Hunde auslaufen lässt, wie die Zwinger auszusehen haben, wie man sie pflegt oder wie man den Hunden zurufen und wie man mit dem Jagdhorn blasen soll.

Zwangsmethoden in der Hundeausbildung

Je weiter wir in der Geschichte zurückgehen, desto härtere Erziehungs- und Ausbildungsmethoden begegnen uns. Das Leben eines einzelnen Menschen, ja ganzer Bevölkerungsgruppen galt nicht viel und noch viel weniger das Leben der Tiere. Denken wir nur an das alte Testament. Worum ging es? Um Leben und Tod. Um Überlebenskampf und um Vernichtung. Um das Gerettet werden und Sterben. Mit brutaler Härte wurde nicht nur um Dasein und um Macht, sondern auch um Bevormundung und Vorteile gekämpft; noch weit bis ins Mittelalter hinein. Man vergegenwärtige sich die Glaubenskriege, die Hexenverbrennungen, die Qualen der Leibeigenen und Sklaven. Gleichzeitig wurde das Leben immer schon als etwas Kostbares gepriesen und auch das Leben der Tiere wurde zum Teil geachtet. Die Diskrepanz der Lebensbejahung einerseits und die Inkonsequenz, wenn sich eigene Interessen und die Rechte der Natur gegenseitig ausschlossen, sind so alt wie die Geschichte des Menschen. Der Mensch – erfinderisch wie er ist – hat sich, um sein konfliktbeladenes Gewissen reinzuwaschen, einfach zwei Spiegel aufgestellt. Im einen sah er die Dinge edel und gut, im anderen notwendig und unausweichlich.

Geringschätzung des Lebens

Im Spiegel statthafter Geringschätzung des Lebens wundert es nicht, dass auch die Erziehung und Ausbildung des Hundes in früheren Zeiten ausgesprochen hart ausfiel.

Döbel beschreibt in seiner „Jägerpractica" 1780 nicht nur den Einsatz der „Koralle". Über die damals weit verbreitete Strafmethode des „Kriechens" ist zu lesen: *„Wenn er nicht recht tun will, so drückt man ihm die Stacheln in den Hals, dass auch bei harten Hunden der Hals rot wird und Haut und Haar abgehen. Wenn sie nicht recht kriechen wollen, so muss man sie einen oder auch mehrere Tage liegen lassen."*

Aber es gab zu allen Zeiten auch Gegenstimmen: **Oberforstrat Jester** trat schon 1793 gegen zu „große Brutalität" ein. **Hegendorf** schreibt: *„An Grausamkeit und Barbarei lässt die Parforce Dressur nichts zu wünschen übrig."* Und **Raesfeld** zur Parforce-Dressur: *„...ein Lehrgang von Härte, Grausamkeit und Unvernunft."* Doch auch Hegendorf empfiehlt noch den „Strafschuss mit feinem Korn" (aus spitzem Winkel von hinten, ausreichende Entfernung, feines Schrot und wenig Pulver).

Die Zwangsdressur, Parforce-Dressur genannt, beschreibt schon **Diezel** 1849 als „altmodisch". Trotzdem hält sie sich weit bis ins auslaufende 19. Jahrhundert unter diesem Begriff (und in der Praxis bis auf den heutigen Tag). Der Hund sollte zum „Werkzeug" des Hundeführers werden, und das ging, wie beispielsweise Diezel meinte, nur mittels parforce. Sollte der Hund etwa aus dem Wasser apportieren, zog man ihn mit zwei Leinen an verschiedenen Seiten ins Wasser und hielt ihn so lange vor dem Gegenstand, bis er hineinbiss. Dies war jedoch weitgehend dem Zufall überlassen. Hierzu ein Zitat von Diezel: Zeigte sich der Hund *„halsstarrig und widerspenstig ... und zeigte er gar keinen Willen, den Rachen zu öffnen"*, so war Anhängen an kurzer Kette in Verbindung mit Hunger und Durst angesagt. Man dachte, der Hund würde auf diese Weise zur „Einsicht" gelangen und man müsse ihm den „Ungehorsam" auf diese Weise abgewöhnen. Half das auch nichts, dehnte man die Prozedur auf einen Tag und länger (!) aus.

Direkter und indirekter Zwang

Oberländer (Pseudonym des preußischen Forstbeamten W. Rehfuß) ging einen Schritt weiter. Er erkannte die Sinnlosigkeit der Zufalls-Parforce und richtete seine Zwangsmethoden gezielter aus. Oberländer öffnete den Fang des Hundes gewaltsam mit beiden Händen und ließ dann das Apportierholz hineinfallen. Oberländers Nachfolger **Tabel** und **Most** ersetzten den so genannten „direkten Zwang" Oberländers durch den „Indirekten". Das gewünschte Verhalten wird beim indirekten Zwang nicht mehr durch unmittelbare Zwangseinwirkung erreicht, sondern der Hund wird so unter Druck gesetzt, dass das gewünschte Verhalten als einziger Ausweg bleibt, um dem zuvor eingeleiteten Schmerz zu entgehen. Die „Halsung" (aus Koralle oder anderen schmerzvermittelnden Gegenständen bestehend) wird durch Drehen der Faust so gespannt, dass dem Hund nichts anderes übrig bleibt, als nach Luft zu japsen und den Fang zu öffnen. In diesem Augenblick wird der Schmerz sofort beendet. Die Konditionierung ist schlüssig, das muss man schon zugeben.

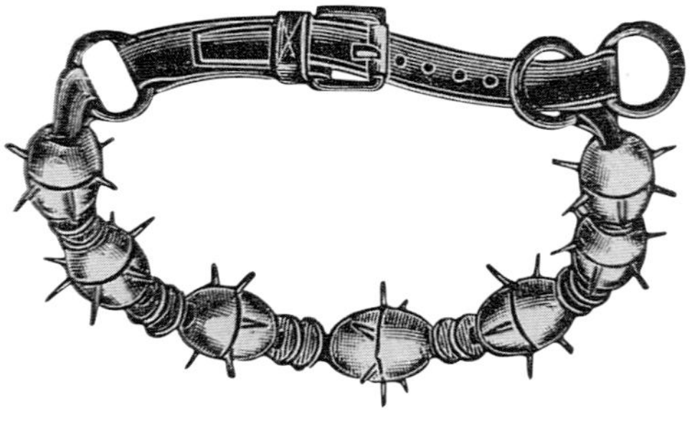

Zum Abliegen meint Oberländer: *„Man legt den Hund beim Rucksack ab und entfernt sich 200 Meter. Kommt der Hund hinterher, so leint man ihn an. Er muss im Bogen, durch Korallenrucke ermuntert, durch Peitschenhiebe niedergehalten, zum Rucksack kriechen. Man gestalte die Rundreise interessanter, indem man den Hund durch Dornen und Gebüsch kriechen lässt. Er wird hechelnd und zähneklappernd am treulos verlassenen Rucksack ankommen, mit dem festen Vorsatz, nie wieder eine solche Strafe heraufzubeschwören."*

Granderath geht dann noch einen Schritt weiter und setzt die Zwangsmethodik in seinem Buch *„Hundeabrichtung durch wahre Verständigung zwischen Mensch und Hund"* erst am Ende der Ausbildung ein. Ist es nicht erstaunlich, wie modern dieser Titel heute klingt – vier Generationen später? Aber auch Granderath war noch weit von der wahren Verständigung entfernt.

Bei der Wahl der Mittel war man jedenfalls nicht zimperlich und in der frühen Kynologie kommt zum Ausdruck, wie sehr der Mensch sich auch hier zum Maß der Dinge machte. Aus dem Geleitwort zu Oberländers *„Die Dressur und Führung des Gebrauchshundes"* (1894) erzählt uns **Tillmann Klinkenberg** anschaulich, dass man sich zu dieser Zeit nicht vorstellen konnte und wollte, dass auch *„Hirsch, Rehbock und Kitz... Wesen mit Leib und Seele (was immer das sein mag), mit Gefühlen jedenfalls von Schmerz und Leid"* seien.

Ausbildung der Schäferhunde

Auch die Ausbildung der frühen Schäferhunde war denkbar hart. **Von Stephanitz** schreibt *„Der Schäfer stützt seine Lehre auf Erbanlagen, Gewohnheit und Beispiel, er fasst seinen Hund nicht milde an, im Gegenteil, der Schüler muss scharf heran, Faulheit und Nachlässigkeit werden nicht geduldet."*

Stephanitz rät wörtlich zur Anwendung von „Zuckerbrot und Peitsche!" Trotz unverkennbarer Härte in der Ausbildung, war man bemüht, „Milde und Strenge ins richtige Verhältnis zu setzen".

Ilgner hierzu: *„Der Schüler darf keine Angst vor seinem Lehrer haben, im Gegenteil, (er) soll ihm Zuneigung schenken und sich darüber freuen, wenn sich sein Herr mit ihm beschäftigen will."*

Rittmeister von Stephanitz

Man sieht, die Vorstellung des Freudigen Hundes hat eine lange Tradition und ist jeweils durchdrungen vom vorherrschenden Zeitgeist. Beim Lesen alter Ausbildungsliteratur stößt man immer wieder auf Sätze, die überraschend modern klingen. Liest man dann jedoch weiter, so erfährt man, dass die praktische Umsetzung in krassem Widerspruch zu den Leitsätzen stand. Trotzdem dürfen wir nicht über die Bemühungen der frühen Kynologen lächeln oder gar den Stab brechen. Aus ihren Schriften geht hervor, wie ernst es ihnen war und wie ehrlich sie sich für den Hund einsetzten. Dass sie mitunter gerade das, was sie anstrebten, verfehlten, lag im mangelhaften Wissen und im Zeitgeist begründet.

Wichtig ***Wenn wir zu Beginn dieses Buches einen Blick in die Geschichte machen, dann nicht wertend, sondern lernend, und mit dem Versuch, zu verstehen. In jeder Zeit hat man an die aktuellen Ansichten geglaubt. Auch uns geht es heute nicht anders. Und auch wir werden überholt werden von neuem und besserem Wissen. Daher kann man mit Leitbildern und ihrer praktischen Verwirklichung nicht vorsichtig genug umgehen. Hierzu kann uns die Geschichte der Kynologie und des Hundesports, mit all ihren Hochs und Tiefs, mit ihren Errungenschaften und ihren Irrtümern, ein ergiebiger Lehrmeister sein.***

In jeder Zeit hat man das angewandt, was bekannt war. So baute man im 19. Jahrhundert weitgehend auf Zwang und Wiederholung. Verknüpfungen im Dienste von Lernprozessen gezielt einzusetzen, das war eben noch nicht bekannt. Bei Illgner lesen wir noch: *„Dass Hunde zum ersten und zweiten Male eine Übung trotz aller angewandten Mittel nicht ausführen, kommt häufig vor; beim dritten Male klappt es dann von selber; der Schüler hat eben begreifen gelernt.“*
Bei diesem Statement fällt mehreres auf:

* Man konnte sich zu dieser Zeit offensichtlich nicht vorstellen, dass es am Menschen liegt, wenn der Hund etwas nicht begreift („…trotz aller angewandter Mittel“).
* Das Gelingen der Aufgabenvermittlung wird der Wiederholung zugeschrieben. Man hatte zu dieser Zeit noch nicht hinterfragt, weshalb der Hund die Aufgabe nicht beim ersten Mal „begreifen gelernt“ hat und so war natürlich auch die Zielsetzung, nach Mitteln und Wegen zu suchen, damit der Hund die Aufgabe beim ersten Mal richtig ausführt, noch nicht in Sicht.

Man kann sich vorstellen, dass diese Ausbildungsform von zahlreichen Fehlleistungen, Fehlverknüpfungen und auch von Frustrationen begleitet war. Abgesehen von unsäglichen und ebenso unnötigen Schmerzen, die man den Tieren zumutete, wohlbemerkt im „Namen der Kynologie“ und aus „sittlicher Überzeugung“.

Das Phänomen der Vermenschlichung

Obwohl das Phänomen der Vermenschlichung erkannt war, befand man sich noch bis zum Hals in ihm. Bei **Ilgner** lesen wir: *„Jede Dressur bzw. Erziehung hat demnach eine gründliche Kenntnis der individuellen Eigenschaften, der guten wie der schlechten, voranzugehen. Zu ersteren zählen Treue, Ehrgeiz, Anhänglichkeit, Großmut und Gehorsam; zu letzteren Neid, Fressgier und ein sehr stark entwickelter Geschlechtstrieb.“* Auffallend ist, dass der „stark entwickelte Geschlechtstrieb“, bereits bei **Gaston Phoebus** im Hinblick auf den Wolf in abschreckender Weise missverstanden, noch Anfang des 20. Jahrhunderts zu mittelalterlichen Rückschlüssen Anlas gibt.

Weiter wird empfohlen, den Hund zeitweise an die Kette zu legen: *„Indem der Hund an der Kette liegt, lernt er die Freiheit schätzen. In der Einsamkeit sammelt sich der Zögling und lernt seinen Gelüsten entsagen. Freudig begrüßt er seinen Herrn, der ihn von der Kette erlöst.“* Welche Fehleinschätzungen! Im weiteren Verlauf wird davon gesprochen, nach Freiheitsentzug (durch Kettenhaltung) den Hund wieder *„in die Freiheit zu begnadigen“. Und „gegen große Hunde, die sich ihrem Herrn widersetzen, hilft nur der derbe Stock.“* Auch **Stephanitz** rät noch – je nach Fehlverhalten des Hundes – zu „Strafe“ und „Sühne“. An anderer Stelle wird an das „Pflichtbewusstsein“ des Hundes appelliert.

Abrichtung des Hundes

Konrad Most, Zeitgenosse des Rittmeisters von Stephanitz, kämpft Jahrzehnte mit seinen Gefolgsleuten gegen die Vermenschlichung des Hundes und die damit einher gehende Fehleinschätzung seiner Fähigkeiten. Most gebraucht in bewusster Abgrenzung zur Dressur (welche an die alte Form der Parforce-Dressur und an die Schablonendressur erinnert) den Begriff *Abrichtung*. Diese definiert er so: *„Nach Auffassung der exakten Psychologie bedeutet Abrichtung: Gewöhnung des Tieres an bestimmte Handlungen durch absichtlich gesetzte Sinnesreize, wobei Aneignung und Ausführung dieser Handlungen lediglich auf Leistungen des Gedächtnisses, nicht auf Denkleistungen beruhen.“* Worauf es Most hier ankommt, ist vor allem die Einschränkung der Lernfähigkeit. Nachdem zu dieser Zeit der Hund noch vielfach wie eine Art Mensch, welcher lediglich nicht sprechen kann, angesehen wurde, vertritt Most vehement die damals gültige wissenschaftliche Position, der Hund könne nicht mehr als Verknüpfungen (damals als Gedächtnisleistung formuliert) herstellen. Denken könne der Hund nicht. Most stützt sich im Wesentlichen auf die Erkenntnisse des russischen Nobelpreisträgeres, Psychologen und Pathologen **Iwan Petrowitsch Pawlow** (1849-1936).

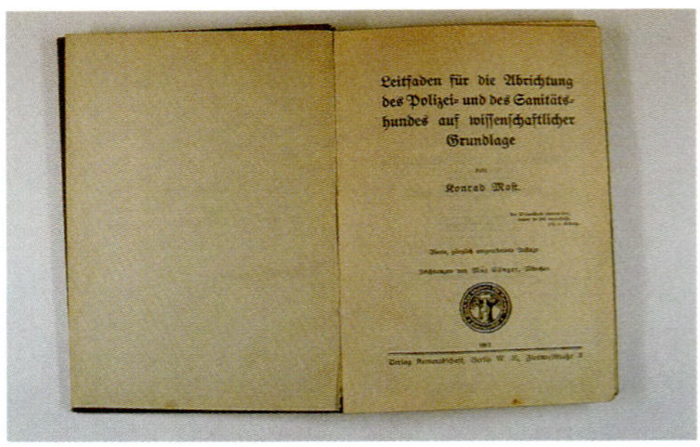

Iwan Petrowitsch Pawlow

Zwangsbringen

> Da der Hund wohl ohne Probleme zum Gegenstand hinausläuft, aber oft auf Umwegen oder gar nicht, (in den wenigsten Fällen motiviert) den Gegenstand zurückbringt, sahen und sehen viele im Zwangsbringen die einzige Lösung. Der Hund wird an einen Pflock oder Baum gebunden. Während der Hundeführer das Bringholz vor die Schnauze hält, schnürt die Hilfsperson (in der Regel ein darin erfahrener Ausbilder) unter gleichzeitiger starker Schmerzzufügung die Kehle des Hundes zu, was über Kurz oder Lang in den meisten Fällen zum Öffnen des Fangs führt. Der Hund jappst nach Luft. In diesem Augenblick bricht die Hilfsperson den Schmerz sofort ab. Zur Schmerzzufügung werden verschiedene Praktiken genutzt. Hierzu dient entweder ein geschliffenes Stachelhalsband, eine Würgekette oder dünne Würgeleine, aber auch der schmerzhafte Griff in die Ohren oder das Elektrogerät. Der Gehilfe darf unter keinen Umständen zu früh mit der Einwirkung aufhören. Erst wenn der Hund auf das Kommando [Bring] in das Holz beißt, hört der Schmerz schlagartig auf. Dann wird der Hund gelobt und darf sogar spielen (falls er noch Lust dazu hat). In wenigen Wochen lernt der Hund weitgehend sicher, auf das stellvertretende Signal [Bring] dem gleichzeitig vom Hund erwarteten Schmerz durch schnelles Zupacken zu entgehen. Er führt die gewünschte Handlung nur aus, um Unangenehmeres zu vermeiden (Meidemotivation).

Meidemotivation

Die Verbindung zu Pawlow lag nahe, denn dieser hatte seine Lehre von den bedingten Reflexen an Modellversuchen mit Hunden unternommen.

Most nutzt das Wissen über die ursprünglichen und stellvertretenden Reize und entwickelt seine Programme des auf Meidemotivation aufbauenden Starkzwanges. (Der Begriff *Meidemotivation* ist zu dieser Zeit allerdings noch nicht gebräuchlich). Man tut Most jedoch unrecht, wenn man annimmt, er habe die gesamte Ausbildung mit Starkzwang durchgeführt. Leider wurde auch er von seinen Zeitgenossen in diesem Punkt missverstanden. Most war ein Vollblutpraktiker. Dass überwiegende Zwangsausbildung enorme Leistungsnachteile zur Folge hat, war ihm nicht entgangen. Daher schreibt er zum „Bringen“: *„Es empfiehlt sich, die Übungen zuvörderst unter peinlicher Vermeidung irgendeines – auch noch so gelinden Zwanges – vorzunehmen...“*

Zwangsapport

Leider gestaltet sich das Zwangsbringen in vielen Fällen nicht ohne Komplikationen und oft hält es auch nicht lange genug vor. Manche Hunde entdecken früher oder später, dass der Hundeführer im Turnier im wahren Sinne des Wortes machtlos ist, und das nutzen sie dann zu ihrem Vorteil aus. Andere Hunde bringen in Folge des Zwangsapportes noch zögernder als vorher, und bei wieder anderen überträgt sich das Negativerlebnis auf die gesamte Unterordnung oder gar auf die Mensch-Hund-Beziehung. Es gibt heute genügend Spitzensportler, die mit ihren Leistungen beweisen, dass die vielzitierte Behauptung: „Sicheres Bringen sei nur über Zwangsapport zu erreichen" – falsch ist.

Aber nicht alle Zeitgenossen Mosts stimmten dessen Starkzwangmethodik zu, und über die Ansicht, der Hund habe außer Instinkten nur noch das Gedächtnis (Assoziationsfähigkeit) zur Verfügung, gab es auch andere Ansichten. **Otto Henze** beispielsweise, weist auf mehrere Situationen des täglichen Lebens mit dem Hund hin, etwa das freiwillige Aufnehmen und Entgegenbringen eines Gegenstandes zur Spielaufforderung. Und er meint, diese „Handlungen" (der Begriff *Verhaltensweise* ist noch nicht bekannt) seien Denkakte.

Beide Vertreter, Most wie Henze, sind klassische Beispiele dafür, dass die Einstellung zu einer Problematik gleichermaßen deren Lösungsform vorprogrammiert:

* Nach Most lernt der Hund ein bestimmtes Verhalten, indem er Neutrale oder unangenehme Aufgaben ausführt, um Unangenehmem zu entgehen. Auf diese Weise kann man dem Hund nahezu alles beibringen, und wenn nichts schief läuft, auch mit erstaunlicher Zuverlässigkeit.
* Henze setzt auf die *Abrichtung nach Eigenart*, wie er sich ausdrückt, und meint damit das Nutzen der Erbanlagen als auch das Eingehen auf die Individualität des Hundes. Er spricht von der Nutzung des *Geistes* an Stelle *roher Gewalt*. Der Hund soll beim „Erlernen der betreffenden Übungen fast gar keine Unlustgefühle kennen lernen und daher stets *freudig* arbeiten." (Das Wort „fast" macht deutlich, dass damals einfach noch die Voraussetzungen für eine motivational orientierte Pädagogik vorhanden waren.)

Schade, dass Henze noch nicht die Kenntnisse zur Verfügung standen, seine Vision auch zu verwirklichen. Zwiespältig ist sein Verhältnis zum Spiel, das er einerseits wünscht und auch ansatzweise einbringt, andererseits sagt er: *„Eine Abrichteart, bei welcher man dem Hund spielend seine Aufgabe beibringt, kann es nicht geben."* Mit dem Begriff „Spiel" tun sich ja heute noch viele schwer – vornehmlich Männer. In patriarchalischen Gesellschaftsstrukturen wird Spiel heute noch gerne als etwas angesehen, was – in abwertender Weise – im Bereich des Kindes und der Frau anzusiedeln sei. Erst dort, wo der „Ernst" einsetzt, beginnt ihrer Meinung nach das Eigentliche, und das sei natürlich den Männern vorbehalten. Spiel wird als etwas Vorläufiges, Unfertiges begriffen und damit völlig verkannt.

Wichtig ***Die moderne Pädagogik lehrt uns, dass alles Kindliche nicht als Vorstufe zum Erwachsenen anzusehen ist, sondern eine eigene, qualitativ andersartige Wertigkeit beinhaltet. Wer das nicht versteht oder verstehen will, wird nie zum echten, natürlichen Spiel vordringen können.***

Sieht man sich die Ausführungen der Abrichtung Henzes im Einzelnen an, so findet man leider auch bei ihm wieder Zwang auf der einen Seite und viel Vermenschlichung auf der anderen. Trotzdem sind die Unterschiede von Most zu Henze unverkennbar. Die Diskrepanz beider Autoren ist gleichzeitig ein Spiegel der tieferliegenden, die Wissenschaften betreffende Neuorientierung um die Jahrhundertwende. Most stand noch stark unter dem Einfluss der *Elementenpsychologie*. In dieser Zeit wid-

Abb. 20. Der Hund wird in Schnappnähe des Bringholzes gebracht.

mete sich die naturwissenschaftliche Analyse intensiv den Reflexen. Infolge dessen verstand man das Tier als ein auf Reize mehr oder minder automatisch reagierendes Wesen. Auch in unseren Tagen kommen wieder „neue Methoden" auf, die im „reagierenden Hund" das Maß aller Dinge sehen. Diese Methoden kommen dem weitverbreiteten Wunschbild entgegen, den Hund wie einen Automaten bedienen zu wollen. Ähnlich wie ein Automat durch die Münze gesteuert wird, so soll auch das Tier auf einen Befehl mit einem definierten Verhalten reagieren.

Diese Anschauung ist überholt durch die Erkenntnis, dass sich hochentwickeltes Leben nicht nur reaktiv äußert, sondern aktiv anpasst, sich dabei verändert und gleichzeitig verändernd in das Geschehen eingreift. (**Von Weizsäcker:** *„Umwelt und Organismus beeinflussen sich gegenseitig und gleichzeitig"*).

Ganzheitstheorie

Die *Ganzheitstheorie* (Christian von Ehrenfels „Über die Gestaltqualitäten", 1890), führte zu gewaltigen geistigen Umbrüchen unserer Epoche. Henze hatte diese Sichtweise entweder vorausgesehen oder aber zumindest intuitiv erfasst. Jedoch auch die Ganzheitstheorie wurde missverstanden, indem man sie in eine Methode zwängen wollte. Heute wissen wir, dass die Versuche etwa der Sprachschulung, wo man viel zu früh damit begann, vom Kind „Ganzheiten" (ganze Worte zu sprechen oder später zu lesen) zu verlangen, falsch waren. Die moderne Sprachforschung zeigte auf, dass die Selbststeuerungsvorgänge in der Sprachentwicklung mit dem Experimentieren von Elementen (Modulen) beginnen. Die vielen Rückkopplungen und funktionellen Kreisprozesse (Stimmorgan, Hören, Empfinden, Vorstellung usw.) müssen erst innerhalb elementarer Lernprozesse gefestigt werden. Also doch wieder Elemente? Ja, wenn man an die Unterschiede etwa eines glatten Buchstabens (Phinem) zu klar gesprochenen Worten denkt; Nein, wenn man in Anlehnung an N. Hartmanns „Schichtenlehre" die Wechselwirkung zwischen niederen (elementaren) und höheren (spezialisierten) Lernkategorien in den Vordergrund stellt. Demnach sind Elemente nicht primitive Vorläufer, sondern Träger kommender Ganzheiten. Elementare Lernprozesse werden nicht wie die Stufen einer Rakete nach Gebrauch abgestoßen und wertlos, sondern sie begleiten uns ein Leben lang.

Heute, nach etwas mehr als hundert Jahren, hat sich die *Ganzheitstheorie* in allen Wissenschaftszweigen durchgesetzt – ja sie trug sogar zum Entstehen neuer Wissenschaftsverbindungen bei. Keine andere geistige Sichtweise des Jahrhunderts hat unsere Welt derart verändert.

Emotionale Intelligenz

An dieser Stelle wollen wir kurz auf eine andere Errungenschaft hinweisen, diesmal aus unserer Zeit: Die Rede ist von der Sichtweise der *Emotionalen Intelligenz*. Neuere Ergebnisse der Gehirnforschung ebenso wie transdisziplinäre Analysen zeigen, dass die *Intellektuelle Intelligenz* nicht länger als Maßstab menschlicher Leistungsreichweiten gelten kann. Der IQ wurde in der Vergangenheit bei weitem überschätzt. Heute beginnt man zu erkennen, dass den emotionalen Fähigkeiten des Menschen eine ebenso, wenn nicht noch wichtigere Bedeutung für das Gelingen des Lebens zukommt.

Wenn aber Emotionen für den Menschen derart bedeutungsvoll sind, dann müssen wir alles, was wir bislang über die Fähigkeiten und Begrenztheit der Tiere angenommen haben, in einem neuen Licht sehen. Denn keiner wird bestreiten, dass höhere Tiere, etwa Hunde, zahlreiche emotionale Befindlichkeiten äußern. Ein Beispiel: Der Hund seufzt, wenn es ihm zu lange dauert. Das ist eine frappant ähnliche Verhaltensweise der vom Menschen her bekannten Ungeduld. Der Hund „trauert", er „freut sich", er ist „nervös" und ein andermal „ruhig", er hat „Angst", empfindet „Einsamkeit" oder wird „aggressiv". Wenn es uns nur für einen Augenblick gelingt, diese Befindlichkeiten als das zu sehen, was sie sind, nämlich Emotionen, dann weist etwa das Gefühl erlebter Ungeduld des Hundes durchaus Parallelen zur Ungeduld eines Menschen auf . Allerdings geht der Mensch anders mit Emotionen um als der Hund und damit vermag er die ursprüngliche emotionale Betonung ganz erheblich zu verändern.

Formen emotionaler Intelligenz

Je nach Ausgangspunkt der Betrachtung setzen sich immer mehr neue Begriffe für die verschiedenen Erscheinungsformen der emotionalen Intelligenz durch. Man spricht von *Adaptiver, Problemlösender, Instinktiver* oder auch von *Moralischer Intelligenz* des Menschen. Nicht alles, aber vieles gilt auch in ähnlicher Bedeutung für höhere Tiere. Man kann durchaus die Behauptung aussprechen: Die Sichtweise der emotionalen Intelligenz beim Menschen lässt vermuten, dass auch die höheren Lebewesen „denken" können. Allerdings nicht in der Weise, wie

wir bislang Denken verstanden haben, sondern denkend in einer integrativen Form, die einen höheren emotionalen als intellektuellen Anteil an Inhalten aufweist als bisher angenommen. Die Entdeckung der emotionalen Intelligenz wird uns noch manche Überraschungen bringen.

Auch der Mensch macht, weitgehend unterbewusst, Gebrauch von der Form des emotionalen Denkens. Vielleicht müssen wir schon in kurzer Zeit davon ausgehen, dass höhere Tiere uns gerade darin um vieles ähnlicher sind als im Vergleich des rationalen Denkens. So gesehen wäre der Hund nicht „dumm", weil er nicht versteht, dass er den gleichen Weg zurückgehen muss, um das Einfädeln der Leine um einen Pfosten rückgängig zu machen, sondern er ist lediglich in dieser intellektuell betonten Aufgabe überfordert und bei deren Lösung natürlich eingeschränkt. Mit der *arteigenen, emotionalen Denkfähigkeit als solcher* hat das beschriebene Problem zunächst nichts zu tun. In anderen, arteigenen Problemstellungen ist der Hund durchaus in der Lage, komplizierte Aufgaben mittels emotionaler Intelligenz bravourös zu lösen.

Organisation des Hundesports

Gegen Ende des 19. Jahrhunderts werden in mehreren mitteleuropäischen Ländern nationale Kynologische Verbände als Dachorganisation der unterschiedlichen Rassevereinigungen und Hundesportorganisationen gegründet. 1911 schließen sich die Kynologischen Verbände weltweit in der FCI (Fédération Cynologique Internationale) zusammen.

Das Gebrauchs- und Diensthundewesen erfährt vor allem im deutschsprachigen Raum einen beachtlichen Aufschwung. Immer noch gilt das Hauptinteresse der Zucht *und „der Arbeit des Hundes im Dienste der öffentlichen und privaten Sicherheit"* (nach den Worten der bekannten österreichischen Kynologin **Dr. Rudolfine Menzel**). Die Aufgaben der Hundesportorganisationen beschreibt dieselbe Autorin so: *„...sie müssen einerseits dafür sorgen, dass die vorhandenen Hunde durch Erziehung und Abrichtung für ihren Dienst möglichst geeignet gemacht werden und durch intensive Arbeit die Grenzen der hundlichen Leistungsfähigkeit immer höher gesteckt werden, andererseits aber ist es auch ihre Aufgabe, dafür zu sorgen, dass in der Zukunft ebenso gute und noch bessere Hunde vorhanden sind. Sie leisten also Pionierarbeit auf dem Gebiet des Leistungssportes, andererseits auf dem Gebiet der Zucht."*

Lange noch stand der Hundesport in enger Verbindung zum Diensthundewesen. **Von Stephanitz** schreibt: *„Bei der Abrichtung will ich den Hund bis zum brauchbaren Schutz- und Begleithund des Liebhabers bringen. Wer weiter gehen will, muss sich die amtlichen Vorschriften über die Ausbildung von Diensthunden beschaffen,..."*

Die Prüfungsordnung (PO)

Prüfungsanforderungen 1947 und 1995 im Überblick

Da die Geschichte der internationalen (IPO) und nationalen (z.B. ÖPO = Österreichische Prüfungsordnung) Prüfungsordnungen ein eigenes Buch füllen würden, müssen wir uns zu diesem Thema kurz fassen.

Mit der Gründung der nationalen kynologischen Vereine und im Zuge der folgenden Internationalisierung durch die FCI wuchs auch das Vereinsleben in den einzelnen Ländern. Zuerst zögerlich, dann schnell zunehmend. Anfangs waren es vor allem die Organe der Polizei, welche Hundeausbildung auch für Liebhaber abhielten.

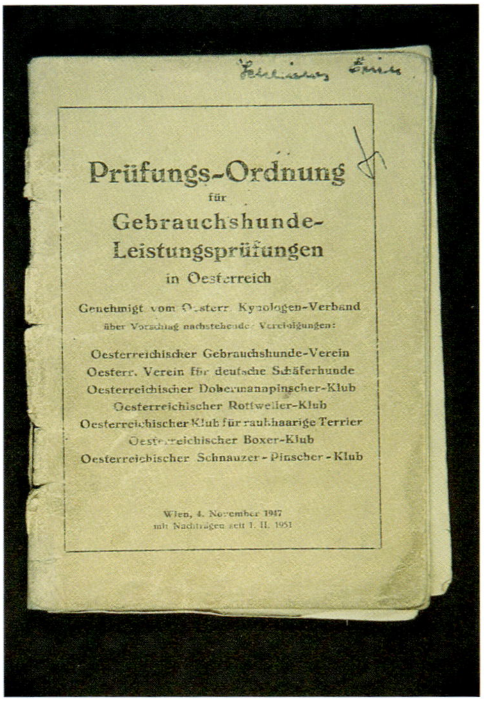

Prüfungs-Ordnung
für
Gebrauchshunde-Leistungsprüfungen
in Oesterreich

Genehmigt vom Oesterr. Kynologen-Verband
über Vorschlag nachstehender Vereinigungen:

Oesterreichischer Gebrauchshunde-Verein
Oesterr. Verein für deutsche Schäferhunde
Oesterreichischer Dobermannpinscher-Klub
Oesterreichischer Rottweiler-Klub
Oesterreichischer Klub für rauhhaarige Terrier
Oesterreichischer Boxer-Klub
Oesterreichischer Schnauzer-Pinscher-Klub

Wien, 4. November 1947
mit Nachträgen seit 1. II. 1951

Zusammenfassung der PO 1947

- Ein gravierender Unterschied zur heutigen PO bestand darin, dass zum Hörzeichen auch ein Sichtzeichen gegeben werden durfte.
- Das Herankommen musste auf Richteranweisung „aus jeder Situation“, also entweder aus der sitzenden oder liegenden Position des Hundes oder sogar vom frei laufenden Hund gezeigt werden. Der Hundeführer wusste vorher nicht, was auf ihn zukam.
- Die Übungen 1 bis 5 mussten ein zweites Mal unter Ablenkung eines Figuranten vorgeführt werden.
- Die Gruppe, welche zu passieren war, bestand teils aus Hundeführern mit angeleinten Hunden!
- Nach dem Abliegen musste der Hund auf ein weiteres Hörzeichen dem Hundeführer auf schnellstem Wege folgen und sich selbstständig auf die Fußposition einrichten.
- Bei der Leiterübung waren, um Verletzungen auszuschließen, flache Sprossen vorgeschrieben. Auch der Aufstellung der Leiter widmete man jede Sorgfalt im Detail (Höhe, Aufstellungswinkel usw.)

Man sieht, die sportlichen Aufgaben waren 1947 (und früher!) nicht nur dem Umfange nach aufwendiger, sie stellten auch in der Leistung deutlich höhere Ansprüche als heute.

Übergeordnete Ziele der PO 1947

In den „Grundregeln der Unterordnungs- und Gewandtheitsübungen“ ist unter 1. zu lesen: *„Zu bewerten ist nicht nur die Art der Reaktion des Hundes, sondern auch die präzise Ausführung der Übungen. Der Hund darf dabei nicht eingeschüchtert erscheinen, sondern muss freudig und willig folgen.“* In einer PO des deutschen SV heißt es im Jahre 1951: *„soll seinem Führer auf das Hörzeichen hin willig und freudig folgen.“*

Wie wichtig den Autoren der „Freudige Hund“ war, geht aus der doppelten Beschreibung hervor. Man hat das Leitbild nicht nur in seiner positiven Formulierung „freudig und willig“ formuliert, sondern zusätzlich durch das Negativbeispiel verstärkt: Er soll „nicht eingeschüchtert scheinen“. Vor allem die negativ ausgedrückte Formulierung ist heute wieder aktuell. Viele Hunde gehen ja folgsam bei Fuß, schauen sogar hoch, gehen also technisch einwandfrei, und doch zeigt die kritische Analyse der Körpersignale eben das, was man schon vor einem halben Jahrhundert als „eingeschüchtertes bei Fuß gehen“ abwertend beurteilte.

Gegenüberstellung Unterordnungsübungen

Vergleich der IPO Unterordnung aus der „Schutzhundprüfung III (SchH III)“ (bzw. 2003 „Gebrauchshundeprüfung III“) Unterordnung aus den Jahren 1947, 1950 und 2003.
Um den Vergleich zu vereinfachen, wurde die originale Unterteilung der PO 1947, welche mit a, b, c aufgelistet war, in Anlehnung der IPO 2003 mit den Zahlen 1, 2, 3 usw. angegeben. Auch die Begriffe wurden der besseren Übersicht wegen angeglichen.

Unterordnungs- und Gewandtheitsübungen 1947	Unterordnungs- und Gewandtheitsübungen 1950	IPO III Unterordnungsleistungen 2003
1. Leinenführigkeit 2. Freifolge 3. Sitzen 4. Stehen 5. Ablegen aus der Bewegung 6. Bringen auf ebener Erde 7. Bringen aus dem Wasser 10 m (konnte entfallen) Springen Hürde 1 m 8. Springen Kletterwand 1,80 m 9. Weitsprung 2,50 m 10. Herankommen aus dem Freilaufen, am Figurant vorbei 11. Ablegen 15 Min. mit Ablenkung (Zureden und Locken einer fremden Person) 12. Hemmungsübungen (1 bis 5 in Anwesenheit eines ruhig gehenden Figuranten) 13. Leitersteigen	1. Grundstellung 2. Leinenführigkeit 3. Freifolge 4. Wendungen 5. Sitzen 6. Stehen 7. Hinlegen 8. Herankommen 9. Bringen über 80 cm hohe Hürde 10. Bringen aus dem Wasser (ca. 10 m) 11. Springen Hürde (frei) 100 cm 12. Kletterwand 180 cm 13. Weitsprung 250 cm 14. Herankommen aus dem Freilaufen (am Figurant vorbei) und aus jeder Situation 15. Ablegen (15 Min.) Führer 100 Schritte außer Sicht, Schuß, Verleiten zum Aufstehen 16. Hemmungsübungen (2–7 gegenüber dem Schutzanzug) 17. Leitersteigen (1,5 m – 2 m, 45°, flache Sprosse)	1. Freifolge 2. Sitz aus der Bewegung 3. Ablegen i. V. mit Herankommen 4. Stehen aus dem Laufschritt 5. Bringen auf ebener Erde (2 kg Bringholz) 6. Bringen über eine Hürde (Höhe 100 cm, Breite 85 cm, 650 g Bringholz) 7. Bringen über eine Schrägwand (180 cm hoch, 650 g Bringholz) 8. Voransenden mit Hinlegen 9. Ablegen unter Ablenkung

Gegenüberstellung der Prüfungsordnungen

Die bereits 1947 im Punkt 16 auftauchenden Begriffe „Schönheit“ und „Sicherheit in der Ausführung“ erhalten in der ÖPO des Jahres 1967 eine deutliche Steigerung: Dort ist zu lesen: *„Sicherheit und Schönheit der Arbeit zusammen ergeben höchste Bewertung. Der Hund darf nicht eingeschüchtert erscheinen, sondern muss freudig und willig folgen.“*

Sicherheit und Schönheit sollten ins Gleichgewicht gebracht werden.

„Sicherheit und Schönheit der Arbeit“, alte Werte, im Laufe der Zeit verworfen und wiederentdeckt.

Damit erfährt die PO erstmals eine ästhetische Komponente! Und zwar mit enormer Gewichtung – Schönheit, neben der Sicherheit, als wichtigstes Leistungsziel! In dieser Formulierung hat sich die Abrichtung deutlich von der ausschließlichen Praxisleistung abgehoben. Es ging jetzt nicht mehr allein darum, was der Führer mit seinem Hund erreichen sollte, sonder wie er es vortrug. Hier war also bereits von der Unterordnung in stilisierter, kultivierter Form die Rede. Fasst man Schönheit der Bewegung etwas weiter, so enthält der Begriff auch die Perspektiven der Arteigenheit und Natürlichkeit. Das sind hochaktuelle Inhalte. Schade, dass der „Schönheit“ nur eine kurze Lebensdauer beschieden war. Die Forderung nach Gleichgewicht in „Sicherheit und Schönheit“ fiel nachfolgenden Revisionen zum Opfer; vermutlich unter dem Einfluss eines betont technisch ausgerichteten Zeitgeistes. Aus heutiger Sicht ein schmerzlicher und folgenschwerer Verlust. Ebenso schmerzlich die Tatsache, dass die Grundregeln in ihrer für die gesamte Unterordnung verbindlichen Ausrichtung gestrichen wurden. Man hat sie abgeändert und kurzerhand in die Teilübung der Leinenführigkeit geschoben.

Aber auch andere Inhalte und Formulierungen waren dem Wandel unterworfen.

Vergleich der Formulierungen bezüglich Leinenführigkeit

Hier nochmals die PO 1947:*„Der Hund darf nicht eingeschüchtert erscheinen, sondern muss freudig und willig folgen.“*

In der IPO 1995 (2000) steht nur noch: (unter 1. Freifolge) : *„... hat der Hund dem HF* (Hundeführer) *auf das Hörzeichen [Fuß] freudig zu folgen.“*

Die nationale PO Österreichs aus dem Jahre 1996 formuliert traditionsbewusster: Hier ist zu lesen: *„... muß der Hund dem HF auf das HZ (Hörzeichen) [Fuß] aufmerksam, freudig und gerade folgen, ...“* Zwei Punkte wurden hinzugefügt, *„aufmerksam* und *gerade“* sollte der Hund folgen (gemeint war wohl geradlinig). Möglicherweise hatte für die Aufmerksamkeit das ursprüngliche Wort „willig“ Pate gestanden.

Hier zum Vergleich die Fassung der Schweizer SchH III – PO (aus dem Jahre 1988). Hier ist das Wort „willig“ noch enthalten: „*...Der angeleinte Hund muß seinem Team-Führer (HF) in jeder Gangart und Richtung willig und freudig so folgen, ...*“. Interessant auch hier die Reihefolge. „willig“ steht vor „freudig“.

Besser als das Wort „willig“ wäre allerdings das Wort „freiwillig“!

„Frei-willig“ entspräche der in diesem Lehrwerk vertretenen Zielsetzung, der Hund solle sämtliche Aufgaben „aus innerer Bereitschaft und in lustvoll gestimmter Motivation“ ausführen.

Wichtig **Die FCI (Fédération Cynologique Internationale) nimmt in der IPO (Internationale Prüfungsordnung) des Jahres 2003 die alten, qualitativ wertvollen Begriffe wieder auf: Der Hund soll: „ ... aufmerksam, freudig und gerade folgen ...“**

Bewertung

Bewertet wurde in den Anfängen nach Noten: „Vorzüglich“ (V) für die besten Leistungen, gefolgt von „Sehr gut“ (SG), „Gut“ (G) und „Nicht genügend“ (O). Die Bewertung nach Noten und Punkten kam erst später. Über die drei Disziplinen Nasenarbeiten, Unterordnungsübungen und Schutzarbeiten hinaus wurde noch ein vierter Punkt bewertet, die „Führung“ des Team-Führers. Hierzu zitieren wir nochmals die ÖPO aus dem Jahre 1947:

Die Führungsart ist besonders zu werten:

a gegenüber dem Hund – Führung im allgemeinen (Umgang und Pflege);

b gegenüber der Aufgabe – Führung im besonderen.

Zu bewerten ist: Geistesgegenwart, Geschicklichkeit und Gewandtheit, Erfassung der Lage usw. Sie muss bei der Gesamtbewertung in Betracht gezogen werden. Als Zusammenarbeit ist das Produkt von Führung und Führigkeit, die Summe des Könnens des Führers und das Können des Hundes zu bezeichnen.“

Was hier allerdings noch fehlt, ist die klar formulierte Bewertung der Führung im Hinblick auf den Führer selbst. Haltung, Bewegung und Ausdruck hatten damals noch keinen hohen Stellenwert.

D. QUALIFIKATION DES FÜHRERS

1. Gesamtverhalten des Führers (10 Punkte)

In diesem Fache nimmt der PR durch Vergebung einer Punktzahl zum allgemeinen Verhalten des Hundeführers außerhalb der eigentlichen Arbeiten des Hundes Stellung, und zwar in Bezug auf:

An- und Abmelden, Gehorsam zwischen den einzelnen Übungen, Verhalten während der Arbeit, Zusammenarbeit und Verhältnis zwischen Führer und Hund, falsche Kommandoerteilungen, reglementswidriges Verhalten des Führers usw.)

„Qualifikation des Hundeführers“, in alten Prüfungsordnungen ein eigener Punkt.

Wertung nach Noten und Punkten

Später ging man dazu über, nach Noten und Punkten zu werten, was eine noch genauere Abstufung ermöglichte. Der Richter soll aus dem Eindruck einer Übung eine Note geben und anschließend die innerhalb der dafür möglichen Höchstpunktzahl die Punktevergabe prozentual vornehmen. Angenommen, für eine Übung sind maximal 5 Punkte vorgesehen, und der Richter stuft die Leistung als unteres V (vorzügliche) ein, dann dürfte er nicht mehr als max. 10% von 5 Punkten abziehen, also lediglich einen halben Punkt. Leider halten sich nicht alle Richter an diese Vorgabe.

Das doppelte Bewertungssystem war eine bemerkenswert kluge und weitsichtige Leistung. Man wollte damit dem *Richten nach Fehlern* entgegenwirken und die Qualitätsbeurteilung der gezeigten Gesamtleistung hervorheben. Diese fortschrittliche Beurteilungsweise hat sich bis zum heutigen Tag erhalten.

Schnelligkeit ist in der Natur wichtig zum Überleben und auch Ausdruck vitaler Bewegungslust. Schnelligkeit wird im Sport leider allzu oft isoliert bewertet.

Wertbegriffs-Analyse der IPO

Auf den wichtigen Begriff des „freudig“ folgenden Hundes haben wir bereits hingewiesen. Durchforstet man die Prüfungsordnung nach weiteren qualitativen (nicht formalen) Begriffen, so findet man in der IPO 2003 Folgendes:

1. *Freifolge.* Unter b) „Ausführung“ steht: Beim Fußgehen soll der Hund aufmerksam, freudig (und gerade) folgen, ...das Absitzen soll selbstständig, schnell (und gerade) erfolgen. (Formale Anforderungen in Klammer).
2. *Sitz aus der Bewegung* enthält die Forderung, sich sofort abzusetzen.
3. *Ablegen in Verbindung mit Herankommen* die Forderung, sich sofort hinzulegen.
4. *Stehen bleiben aus dem Laufschritt* die Forderungen, sofort stehen zu bleiben und beim Herankommen freudig, schnell und direkt heranzukommen.
5. *Bringen ... auf ebener Erde* die Forderung, ... schnell zum Bringholz zu laufen, sofort aufzunehmen ... und schnell zu bringen und aus der Grundstellung schnell abzusetzen. Bringholz 3 Sek. lang ruhig im Fang zu halten.
6. *Bringen ... über eine Hürde* die Forderung, ruhig und frei sitzender Hund zu Beginn der Übung; dann die Forderung schnell und direkt zum Bringholz, im Freisprung zurück und schnell und direkt bringen. Anschließende Grundstellung: Bringholz 3 Sek. lang ruhig im Fang zu halten, anschließend schnelle Grundstellung.
   Fehler: langsames Springen, beim Aufnehmen Knautschen usw.
7. *Bringen über die Schrägwand* enthält die Forderung wie unter 6.
8. *Voraussenden mit Hinlegen* die Forderung sich „zielstrebig (geradlinig = formale Leistung) und in schneller Gangart zu entfernen... und sich sofort hinzulegen. Abschluss: sich schnell in die Grundstellung aufsetzen.
9. *Abliegen unter Ablenkung* die Forderung, ...ruhig liegen zu bleiben.

Aus Raummangel können wir hier die Version aus dem Jahre 1995 nicht abdrucken.

Auch das Abliegen nach dem Voraussenden oder das Abliegen unter Ablenkung sollten im Hundesport im Einklang mit arteigenen Verhaltenskriterien geübt, vorgeführt und bewertet werden.

Der Vergleich zeigt jedoch, vor allem in Abschnitt b zur Ausführung der Freifolgen eine deutliche Zunahme qualitativer Attribute.

Trotzdem liegt noch immer das Hauptleistungskriterium für die Gebrauchshundunterordnung auf der Schnelligkeit (und ihren Synonymen).

Schnelligkeit ist aber nur ein Leistungsziel unter vielen. Wo bleiben die mindestens ebenso wichtigen Leistungsmerkmale der *Aufmerksamkeit, Erwartungshaltung, Konzentration* oder der *Führigkeit*?! Und wo sind die Qualitäten der Haltung und Bewegung zu finden: *Geschmeidigkeit, Spannkraft* und *Natürlichkeit, Ästhetik* und *Rhythmus der Bewegung*?! Wo finden sich Inhalte der Team-Leistung: *Harmonie, Team-work* und *Ausgewogenheit*? Und schließlich, wo finden sich die Anforderungen physiologisch einwandfreier Haltung und Bewegung für Mensch und Hund?

Schnell kann ein Hund bekanntlich auch mit Zwang gemacht werden. Und den Profis gelingt es ja auch weitgehend, Zwang so einzusetzen, dass der Richter es nicht merkt. (Es gibt dokumentierte Aussagen namhafter Ausbilder, die keinen Hehl daraus machen, dass ihre Arbeitsweise auf eine Täuschung des Richters hinausläuft. Der Zweck heiligt die Mittel ...?!)

Und selbst anhaltendes Aufschauen zum Hundeführer ist noch lange kein Beweis für echte, innerlich erlebte „Freudigkeit" des Hundes. Um die Echtheit des freudigen Hundes darzustellen, bedarf es schon einiger Kriterien mehr:

* Wie ist der Ausdruck des Auges?
* Wie ist die Kopfhaltung, erhaben, frei oder verspannt, gedrückt?
* Wie ist die Spannung im Körper verteilt, wie der Rhythmus der Gänge, wie ist die Haltung der Brust, des Unterkiefers, der Zunge, der Lefzen, der Ohren und der Rute?
* Legt der Hund das Gewicht übertrieben auf die Hinter- oder mehr auf die Vorhand?
* Sind die Gänge frei, fließend und harmonisch-rhythmisch? Sind sie erhaben oder zeigt sich der Gang verspannt, ruckweise, inharmonisch und arhythmisch?

Erst die Summe dieser Kriterien vermag Aufschluss über die innere Befindlichkeit geben. Wenn wir vom „freudigen“ Hund sprechen, müssen wir ihm auch Befindlichkeit zugestehen. Wenn man aber bestimmte Wertbegriffe wie etwa die „Schnelligkeit“ isoliert hervorhebt, und andere, ebenso wichtige oder gar wichtigere übergeht, darf man sich nicht wundern, wenn sich daraufhin eine Verzerrung des Leistungsbegriffes etabliert! Und mit der Verzerrung des Leistungsbegriffes untergräbt man letztendlich auch die Fundamente der Mensch-Hund-Beziehung.

Ästhetik der Vorführung

Nirgendwo in den aktuellen Prüfungsordnungen ist formuliert, unter welchen Kriterien beispielsweise Wenden, Kehren oder das Anhalten volle Punktzahl verdienen und unter welchen Kriterien welche Abzüge folgen. Ebenso fehlt die Beschreibung, wie das Geradeausgehen aussehen soll oder welche Anforderungen an die Bewegungen von Mensch und Hund zu stellen seien. Man beschränkte sich auf äußere Kriterien wie etwa das Streifen der Oberkante oder das seitliche Vorbeilaufen an der Hürde. Übungen werden an Stelle vom Kern von der Peripherie her beurteilt. An der Peripherie hält man sich auf. Dort werden dann sogar detailliert die abzuziehenden Punkte vermerkt. Wo aber stehen die Anforderungen hinsichtlich der Qualität der Vorführung als solcher? Was ist über die Natürlichkeit der Bewegung bei Mensch und Hund ausgedrückt? – Nichts! Das Wort kommt überhaupt nicht vor. Die Prüfungsordnung ist eindeutig auf Äußerlichkeiten ausgerichtet, auf geometrisch oder physikalisch nachweisbare Fakten. Sie steht damit noch immer unter dem Einfluss der zwanziger Jahre, als man begann, Perfektion durch exaktes Messen und mit Hilfe der damals vorherrschenden wissenschaftlichen Methoden dingfest zu machen. Es wurde versäumt, die enorme Weiterentwicklung in den einzelnen Wissenschaftszweigen aufzunehmen und zu transformieren. Man gewinnt den Eindruck, als ob die Revisoren der Prüfungsordnungen diese nur immer wieder abgeschrieben haben – mit kleinsten Änderungen. Sie trauten sich offensichtlich nicht, über messbare Unterschiede hinauszugehen. Ein Begriff wie „Schönheit“ schien suspekt, zu wenig greifbar, zu wenig messbar. Also hat man ihn rausgeworfen. Aber diese Vorurteile und Ängste sind nicht mehr zeitgemäß. Wir wissen heute sehr genau, was man unter einer „schönen Bewegung“ verstehen kann und was nicht. Es ist durchaus nicht so, dass *Natürlichkeit* oder *Schönheit* wissenschaftlich unzugängliche Begriffe wären! Das sei all jenen gesagt, die heute noch meinen, ästhetische Fragen und Antworten seien „nur Geschmackssache“. Sie irren, denn es gibt die Wissenschaft der Ästhetik und diese orientiert sich an nachvollziehbaren, innewohnenden Strukturen!

Harmonie im Team

Die Vorführung des Menschen mit seinem Hund ist im Wesentlichen keine rein physiologische, sondern eine psycho-somatische, eine gemeinschaftliche und last not least eine ästhetische Darbietung.

Wichtig ***Wenn man ganzheitliche Perspektiven ausschließt, verfehlt man das, was eigentlich abläuft, nämlich die Darstellung der in Form gebrachten Mensch-Hund-Beziehung.***

Diese zeigt sich in einer mehr oder weniger erreichten Annäherung an das Ideal der *Mensch-Hund-Harmonie*. Harmonie jedoch wird nicht in Zentimetern gemessen. Hier gilt es, das Ganze zu beurteilen. Aus ganzheitlicher Sicht fragt man beispielsweise: Wieweit ist es dem Team gelungen, in Ausdruck und Bewegung eine geschlossene Einheit zu bilden, wie sieht es mit Natürlichkeit, Geschmeidigkeit und Spannkraft der Bewegung beider aus, usw.?

Während in alten PO's noch der Begriff „Schönheit" auftaucht, lässt sich in der aktuellen IPO (des Jahres 1995) kein einziges Wort zur Ästhetik der Vorführung mehr finden. Dem gesamten, breiten Spektrum qualitativer Vorführungsziele ist kein einziger Satz gewidmet. Nur das Wort „freudig" ist enthalten. Dieses einsame Wort ist lediglich im Abschnitt der Freifolge untergebracht. Und selbst dieses eine Wort ist nur für den Hund, nicht für den Menschen formuliert. Kein Wort zu dem, was Mensch und Hund als Team vorzeigen sollten. Der Hund soll „freudig" folgen, das ist alles. Nirgendwo ist weiter ausgeführt, was denn genau unter „freudigem" Folgen zu verstehen sei und was sich daraus konkret in der Bewertung ergibt. Demgegenüber steht eine umfangreiche formale Prüfungsordnung mit insgesamt 62 Seiten. Allein der Schussgleichgültigkeit widmet man zwei Absätze.

Welches Ziel verfolgt man mit der heutigen Unterordnung?

Nach kritischer Bestandsaufnahme bleibt die Frage offen. Was sich etabliert hat, ist eine Art Versachlichung des Hundesports. Die vielen Revisionen der Prüfungsordnung lassen erkennen: Man meinte (es sei unterstellt, in gutem Glauben!) zu entrümpeln und hat amputiert. Und man meinte zur Gesundschrumpfung beizutragen und es entstand zum Teil Entstellung und Zusammenhangsverlust.

Im vorliegenden Buch zur Unterordnung wird der Versuch unternommen, diesen Aufholbedarf endlich einzulösen. Es wird eine Unterordnung beschrieben, die ernst macht mit der alten Vision des „freudigen Hundes". Ausgehend von einer verantwortungsvollen Beurteilung der Mensch-Hund-Beziehung, möchte ich der Versachlichung und dem Formalismus im Hundesport eine neue „Unter"-Ordnung mit der Maxime der „Mensch-Hund-Harmonie" gegenüberstellen.

Leitbild zur „Mensch-Hund-Harmonie"

All zu leicht lassen sich ehrgeizige Menschen vom Glanz sportlicher Erfolge verleiten. Hunde werden dann gekauft und gewechselt wie Tennisschläger und exzessive Gewaltanwendungen avancieren zum methodischen Alltag. Wieder einmal mehr in der Geschichte muss der Zweck die Mittel heiligen. Der Begriff vom *Hund als Sportgerät* trägt leider eine traurige Berechtigung und mahnt zum kritischen Nachdenken.

Das Ziel

Jeder Hundehalter sollte sich von Zeit zu Zeit die Beweggründe seiner eingegangenen „Partnerschaft" vergegenwärtigen. Denn Beweggründe verändern sich oft in unauffälliger Weise. Hier gilt es zu prüfen, ob die aufgedeckten Veränderung im Innersten gewünscht und akzeptiert werden oder ob sie sich, aus welchen Gründen auch immer, eingeschlichen haben. Soll man alte Ziele Kraft Einsicht neu beleben oder diese einschränken oder gar aufgeben? Veränderungen der Beweggründe erfordern immer auch eine Neuorientierung und zwar in allen Fragen der Mensch-Hund-Beziehung.

Wer die Mensch-Hund-Beziehung gewissenlos unterhält, darf sich nicht wundern, wenn er zum Spielball erkannter oder auch nicht erkannter niederer Motive wird, wenn sich die Unzulänglichkeit seiner Moral irgendwann einmal als Bumerang erweist. Der Sport mit einem Lebewesen bedarf in besonderer Weise immer wieder einer kritischen Überprüfung! Fragen wir also danach, was uns zum Hundesport motiviert. Ist es der Sieg?

Sieg und Niederlage

Nicht das Ziel sei das Ziel, sondern der Weg dorthin. (Johann Wolfgang von Goethe)

Aber zwischen Wissen und Verwirklichung liegen oft Welten. Wer Sieg und Niederlage nicht in der Praxis auf einen gemeinsamen Nenner zu bringen vermag, wird sich die längste Zeit seiner hundesportlichen Tätigkeit im Unglück befinden; denn alles, was ihn vom Sieg trennt, macht ihn unzufrieden. Wäre es nicht vernünftiger, sich daran zu freuen, was jederzeit zur Verfügung steht? – Und zwar ohne den bitteren Zwang, besser sein zu müssen als andere? Ich spreche vom Hund, der allein durch sein Dasein, das er mit uns teilt, unerschöpfliche Quellen der Freude bereitstellt. Wir brauchen weder den Hormonschub geleisteter Selbstüberwindung wie manche Langläufer noch brauchen wir den Nervenkitzel riskanter Sportabenteuer. Wir haben doch den Hund, der uns reich beschenkt und der nie langweilig wird. Aber der Sport mit dem Hund ist immer auch Gemeinschaftspflege!

Gemeinschaft pflegen heißt, auch wenn es nur um die Gemeinschaft mit einem Tier geht – Nehmen und Geben!

Meine schönsten Erlebnisse haben irgendwo auf einer Wiese oder auf einem Hundeplatz, wo ich ganz allein mit dem Hund übte und spielte, stattgefunden, ohne den Weihrauch menschlicher Anerkennung, ohne den Glanz des Turniersieges und ohne rauschenden Beifall einer Veranstaltung. Es ist das uralte Geheimnis, welches sich in der Begegnung mit dem Hund offenbart; es ist Faszination des Verbundenseins; es ist ein Stück Paradies. Wer es erlebt hat, wird sich immer wieder daraufhin ausrichten. Und es wird sich die alte Erkenntnis vertiefen, dass an unser Leben die Forderung nach einer umfassenden, auch die Tierwelt einschließenden Liebe geknüpft ist.

Team-Gedanke: Unter- oder Ein-Ordnung?

In der so genannten „Unter"-Ordnung ist bis auf den heutigen Tag all das zusammengefasst, was das gemeinsame Leben von Mensch und Hund möglich macht. Die „Unter"-Ordnung enthält sozusagen die Regeln des gemeinsamen Lebens. Und sie enthält die Grundaufgaben der Erziehung und Ausbildung. Lange Zeit waren Regeln und Aufgaben darauf ausgelegt, was der Mensch vom Hund erwartet hat. Mit dem Aufkommen der Verhaltensforschung hat sich jedoch das Bild vom Hund gewandelt. Man hat begonnen, auch nach dem zu fragen, was der Mensch dem Hund bieten müsse, worin (vermenschlicht gesprochen) die „Erwartungen" des Hundes an den Menschen liegen. Mit dem Ziel einer flüssigen Sprache kommt man an Begriffen, die Vermenschlichung beinhalten, nicht vorbei. Aber so lange wir uns der eingeschränkten Gültigkeit der Humansprache bewusst sind und dies auch gelegentlich durch Apostrophierung vermerken, so lange ist diese Vorgangsweise statthaft. Natürlich wissen wir, dass der Hund nicht wie ein Mensch auf uns eingehen kann.

Aufeinander Eingehen

Interessen liegen auf Grund der Verschiedenartigkeit beider Spezies nicht immer konform. Nirgendwo anders spiegeln sich die „Interessenunterschiede" von Mensch und Hund deutlicher wider als in der Ausbildung. Die Frage lautet, soll sich der Hund tatsächlich, wie es lange gesehen wurde, „Unter"-Ordnen (im Sinne der bereits zitierten „Unterwerfung") oder wünschen wir uns den Hund als freundlichen Begleiter in der Familie und im Sport? Als Begleiter, für dessen Wohlbefinden wir die Verantwortung tragen.

Soll sich nur der Hund „unterordnend anpassen" oder ist auch der Mensch aufgerufen, etwas beizutragen zu einem Vorgang, den man besser als beidseitiges „aufeinander Eingehen" umschreibt? Und schließlich: soll der Hund, wie heute noch manche Leute meinen, *parieren* oder wünschen wir uns einen „Team-Partner", welchem auch wir bereit sind, in anpassender Weise entgegenzukommen und welchem wir bestimmte Rechte zubilligen? Wünschen wir uns eine Hundehaltung im Stil der „Unter"- oder der „Ein"-Ordnung? Es steht außer Frage, dass auch die „Ein"-Ordnung zu einem Teil „Unter"-Ordnung mit einschließt. Nicht eine Trennung der Begriffe ist wünschenswert, sondern die damit verbundene *Betonung*. Mit anderen Worten, soll das „Unter"-Ordnen oder das „Ein"-Ordnen im Vordergrund unserer Hundeerziehung und -ausbildung stehen? Unterschätzen wir die wirkende Kraft der Wortwahl nicht! Zumindest sollte uns bewusst sein, was wir meinen und worauf es uns ankommt, wenn wir von „Unter"-Ordnung sprechen.

Ideal oder Sachziel?

Die Spezialisierung in allen Bereichen menschlicher Tätigkeit legt nahe, sich an Sachzielen zu orientieren, verspricht doch die Konzentrierung auf das isolierte Problem den besten Erfolg. Ideale können hierzu wenig beitragen, meint man, denn sie zeigen auf ein fernes, vielleicht nie erreichbares Ziel. Das Wagnis, sich auf Ideale auszurichten, mag manchen abschrecken. Ideale scheinen realitätsfremd und viel zu weit vom eigentlichen Problem entfernt. Wundert es da, wenn sie nicht sonderlich hoch im Kurs stehen? Dem modernen, aufgeklärten Menschen kommen sie eher nebulös, spekulativ oder gefährlich vor. Auch in der Hundeausbildung liegen die Dinge ähnlich. Die Prüfungsordnungen sind ein Spiegelbild dieser Einschätzung. Sie enthalten, wie wir nachgewiesen haben, einen umfangreichen Katalog formaler Ausrichtungen. Qualitative oder ideelle Inhalte spielen demgegenüber eine eher geringe, wenn nicht gar verschwindend geringe Rolle.

Was versteht man unter einem Ideal?

Das Ideal aller Ideale tritt aus der *Idee des Guten* hervor. Uralt sind daher die Ideale des Menschen hinsichtlich seines sittlichen Strebens und der Erziehung. Aber Ideale kommen erst dann zur Wirklichkeit, wenn sie in einem Vorbild Gestalt gewinnen. Je vollkommener sich das Ideal im Vorbild spiegelt, desto überzeugender wirkt es auf den Menschen.

Besinnt man sich auf das, was die Mensch-Hund-Beziehung im Wesentlichen ausmacht, dann rücken Ideale wieder ins Rampenlicht.

Die Gangweise eines Menschen und auch die eines Hundes ist immer auch Ausdruck innerer Vorgänge. Beim Menschen spricht man von inneren Absichten und Gestimmtheit. Beim Hund nehmen wir Aktionstendenzen und Befindlichkeit an. In Anerkennung dieser existentiell realen Inhalte kommen wir nicht an der Frage vorbei, wie wir uns diese Vorgänge im Idealfall vorstellen. Diese Vorstellung gipfelt in der einfachen Frage: Wie soll die ideale Mensch-Hund-Beziehung aussehen und wie soll sie sich im Detail einer sportlichen Vorführung manifestieren?

Ich habe in dieser Frage lange nach einem Wort, einem Begriff gesucht und finde keinen besseren als die *Mensch-Hund-Harmonie*. Vor dem Hintergrund dieses übergeordneten Ideals steht die in der Praxis verwirklichte Mensch-Hund-Beziehung. Im Sport, ganz besonders in der Unterordnung (die wir im weiteren Verlauf als „Ein"-Ordnung verstehen) tritt auf der nächst tieferen Ebene individueller Verwirklichung die Mensch-Hund-Gemeinschaft, mit anderen Worten: *Mensch und Hund als Team*. Noch eine Ebene tiefer steht uns dann die Team-Vorführung vor Augen.

Mensch-Hund-Beziehung

Mensch-Hund-Beziehung

Mensch-Hund-Harmonie

Mensch und Hund im Team

Sportliche Team- Vorführung

Mensch-Hund-Gemeinschaft und Team-Gedanke

Gemeinschaft im Team geht über die reine Beziehung hinaus. Im Team stehen gemeinsam bewältigte Aufgaben im Vordergrund. Eine weitere Besonderheit des Teams liegt in der unterschiedlichen Verteilung der Aufgaben. *Team-work* umfasst alle erdenklichen Konstellationen gemeinsam zu bewältigender Aufgaben.

Weil aber die Verbindung Mensch-Hund, wie wir festgestellt haben, bereits in sich, also vor dem Auftreten bestimmter Aufgaben, eine *primär-zentrale Aufgabe* beinhaltet, müssten alle anderen, folgenden Aufgaben am Maßstab einer gelungenen Synthese dieser Beziehung, und nicht isoliert, bewertet werden!

Diese schlüssig hergeleitete Notwendigkeit, nämlich qualitative Inhalte der Team-Vorführung in ihrer Existenz nicht nur anzuerkennen, sondern in der Bewertung jeder Detailaufgabe voranzustellen, gibt dem Hundesport einen völlig anderen, als zur Zeit praktizierten, Ansatzpunkt! Von dieser Warte aus gesehen gewinnen Fragen nach dem *Ausdruck einer Körperhaltung*, nach *natürlichen* und *harmonischen Bewegungen*, Fragen nach *Aufmerksamkeit* und *Empfänglichkeit*, nach *Konzentration* und *Erwartungshaltung*, oder Fragen an die *Ästhetik* der Team-Vorführung auf einmal an Bedeutung. Ja, sie stellen sich sogar in den Vordergrund. Leitbilder drängen sich förmlich auf und rücken in greifbare Nähe. Leitbilder, aus Idealen gewonnen.

Ideale und ihre Leitbilder

- Sie bedeuten echte Hilfen für neue Erkenntnisse und für den Fortschritt.
- Sie beinhalten eine weite Bandbreite der Sichtweisen.
- Sie entfachen, wie uns die Geschichte immer wieder vor Augen hält, unausschöpfliche Motivationspotentiale.
- Sie haben einen verbindenden Charakter unter jenen, die sich auf sie ausrichten.

Auf ein Ideal ausgerichtet, kämpfen Sportler nicht mehr nur gegeneinander, sondern immer auch um die Annäherung an das gemeinsam angestrebte Ideal. Demgegenüber lässt ein Klima, das von Sachzielen geprägt wird, den Mitsportler leicht zum reinen Konkurrenten, ja nicht selten zum Gegner werden.

Die transzendierende Komponente gemeinsamer Ideale aber verbindet ursprüngliche Gegner – wenigstens teilweise, und sie verhilft dem Einzelnen außerdem, last not least, Niederlagen und Enttäuschungen besser zu verkraften. Menschen, die Idealen folgen, haben bekanntlich höhere Frustrationstoleranzen. Viel spricht also für das Ausrichten auf ein Ideal hin.

Lassen Sie uns also das Wagnis eingehen, unpopulär und abseits vom Trend der Versachlichung – nach Idealen und Leitbildern Ausschau zu halten!

Das Leitbild der „Drei Zinnen“

In der Seele des Menschen wirken Vorstellungen und Emotionen oft mehr als noch so gut gelungene intellektuelle Formulierungen. Daher versuchen wir im Folgenden, ethische, sportliche und individuelle Ideale in ein Bild zu fassen. Ideale sind wie „Superzeichen“, die uns immer wieder an das Wesentliche erinnern und die dem Wollen und Tun eine bestimmte Richtung geben. Daher haben Gleichnisse, Bilder und nicht zuletzt Musik eine uralte Tradition. Sie sind ausgezeichnete Hilfen auf dem Weg erstrebter personaler Veränderungen.

Vergegenwärtigen wir uns das Naturwunder der „Drei Zinnen“, jener gewaltigen Felsen in Südtirol, die aussehen, als hätten sie Götter gestaltet und hingestellt. Das gemeinsame Material, der Stein, soll an die Einheit der drei Ideale erinnern, die einzelnen Felsmassive verkörpern die drei verschiedenen Sichtweisen, die Ethische, den Sport und das Individuelle, wobei die mittlere, ethische Zinne, welche die anderen überragt, gleichzeitig sozusagen als *Ideal der Ideale,* nämlich die Idee des Guten darstellt. Die Drei Zinnen zeigen in die Höhe, ins All, was uns auffordern soll, ihrer transzendierenden Dynamik zu folgen.

Leitbild der „Drei Zinnen“:
Ethik – Ethologie (Verhalten) und Individualität.

Ethische Ausrichtung

Ethische Ideale als Ausrichtung (des Lebens des Einzelnen und als Ausrichtung der Gemeinschaft, des Staates!) finden wir in nahezu allen frühen Kulturen. Der Chinesische Philosoph und Staatsmann **Konfuzius** (auch Konfutse, Kungtse ~ 551–479) lehrt als Grundlage der sittlichen Vollkommenheit die Grundtugenden der *Nächstenliebe*, der *Gerechtigkeit*, der *Schicklichkeit*, *Weisheit* und *Treue*. Auch bei den alten Griechen (Sokrates, Platon und Aristoteles) stand die Ethik (Synonym für Moralphilosophie) im Zentrum ihrer Bemühungen um das Gelingen des Lebens. Und **Karl Jaspers** (1883-–1969), ein moderner Philosoph (neben Heidegger einer der bedeutendsten Vertreter des Existenzialismus) sagte sinngemäß, dass sich kein Mensch den metaphysischen Fragen entziehen kann: *„Leben heißt philosophieren“.*

Die Ethik als philosophische Disziplin fragt nach den letzten Gründen der sittlichen Erscheinungen und nach den sittlichen Verpflichtungen, die sich daraus ableiten. In allen zivilisierten Staaten findet sich die sittliche Verpflichtung nicht nur in der Fülle von Einzelgesetzen, sondern in den Postulaten der Grundgesetze wieder. *„Die Würde des Menschen ist unantastbar“*, heißt es dort.

Tierethik

Tieren gegenüber hat der Mensch ebenfalls sittliche Verpflichtungen. Auch diese Annahme ist Urart. Die Mythen der Ägypter sind voll von Tiergestalten. Sie traten als Botschafter der Götter, als Symbolfiguren und in Form von Tier-Menschen auf. Allein schon diese Verschmelzung von Mensch und Tier zeigt einen heute schwer nachzuvollziehenden Einklang mit der Natur. Aus dem Glauben an ein universales naturhaftes Sein nahmen die Ägypter ihre Haustiere mit in den Tod. Die Gräber der Pharaonen sind voll von Gebeinen ihrer Lieblingstiere. Und in den griechischen Sagen finden wir dieselbe Wertschätzung Tieren gegenüber.

Auch die indianischen Völker lebten im Einklang mit der Natur. Sie achteten das Lebensrecht der wild lebenden und der gezähmten Tiere, ihrer Pferde und Hunde. Daher töteten sie nur so viel, wie für das Überleben unbedingt notwendig war. Die Cheyenne übrigens verdanken ihren Namen dem Hund. (Cheyenne kommt aus dem französischen: le chien = der Hund. Trapper gaben ihnen ursprünglich diesen Namen). Für die Indianer galt nicht nur der Mensch als *wakan* geheiligt, sondern die gesamte Natur: Die Berge, Flüsse, Adler und Büffel waren ihrer Ansicht nach beseelt. So wurde die Sonne nicht nur als Naturgottheit verehrt, sondern als Offenbarung des großen Geistes *Manitou*. Die Indianer kannten also bereits einen unpersönlichen, geistigen Gott. Sie nannten ihn *wanka tonka* (bei verschiedenen Stämmen unter verschiedenen Begriffen bekannt: großer Manitou, Wasconda, Yastasinane usw.).

Schon im sechsten Jahrhundert vor Christus schreibt der chinesische **Laotse** in seinem *Tao-te-king* (= Buch vom Weg und seiner Wirkung):

„... Die Wirkkraft des Tao besteht nicht darin, die Wesen zu zwingen, sondern darin, dass man sie sich entfalten lässt, wie es ihnen entspricht.“

Schöner und treffender lässt sich Tierethik kaum umschreiben.

Auch bei **Platon** (427–347 v.Chr.) im 5. Jahrhundert vor Christus wird die Seele als Inbegriff der Unsterblichkeit für Menschen und Tiere begriffen. Nicht nur der Mensch, auch Tiere galten als beseelte Wesen. (Dass daran allerlei Spekulationen der Wiedergeburt geknüpft wurden, spielt in ethischer Hinsicht eine untergeordnete Rolle.)

Und das alte Testament ist voll von tierschutzrelevanten Hinweisen. Sprüche 12,10:

„Der Gerechte erbarmt sich seines Viehs..." – und*: „Der Gerechte weiß, was sein Vieh braucht..."*

Noch bei **Paulus** wartet *alles Geschaffene sehnsüchtig und unter seinen Leiden stöhnend auf die Befreiung* (Röm 8,19–22).

Anthropozentrisches Weltbild

Die aufkommende nachchristliche Theologie jedoch begann, nicht zuletzt unter dem Einfluss des Christianisierungs- und Unterwerfungsgedankens, den vorgefundenen Mythen allerorts und mit aller Entschiedenheit entgegenzutreten. Die mythischen Symbole waren, wie gesagt, reich an Tier- und Fabelwesen. Hier war der Mensch, zwar befangen im Sinnlichen und Endlichen, ein Teil der Natur. Er sah sich auf die Natur hin bezogen und nicht umgekehrt. Die nachchristliche Theologie hingegen stellt den Menschen in einer bis dahin ungekannten Art und Weise in den Mittelpunkt. Im anthropozentrischen Weltbild des Mittelalters ist der Mensch das einzige Lebewesen, das im Besitz einer unsterblichen Seele ist. Und als Folge dieser selbsterkorenen Sonderstellung nabelt er sich ab von der übrigen Schöpfung. Im Guten wie im Bösen bleibt er selbst der Mittelpunkt, auf den alles bezogen wird. Auf diese metaphysische Selbstüberschätzung gehen letztlich die Kreuzzüge, die Glaubenskriege und die Hexenverbrennungen zurück. Und auf diesen religiösen Irrtum ist es zurückzuführen, dass sich die Kirche weigerte, durch das Fernrohr eines **Galilei** (1564–1642) zu sehen. (Galileo Galilei: Begründer der modernen Physik. Er bewies als erster, dass sich die Erde um die Sonne dreht (heliozentrische Lehre) und nicht umgekehrt. Der römische Klerus weigerte sich, durch das Fernglas des Galilei den Beweis zu überprüfen. 1633 wurde er zum Widerruf seiner Lehre gezwungen).

Thomas von Aquin (1225–1274), für Jahrhunderte maßgeblicher Kirchenlehrer und Theologe, äußert auf die Frage des Fortlebens der Tierseele: *„die Seele des Tieres ist nicht teilhaftig eines ewigen Seins"*, denn: *„In den Tieren findet sich keinerlei Verlangen nach ewigem Sein, nur dass sie als Art ewig sind, insofern sich in ihnen ein Verlangen nach Fortpflanzung findet, durch welches die Art fortdauert."* (Merkwürdig, dass sich die Beobachtungsgabe der Menschen im Mittelalter, vornehmlich des Klerus, offensichtlich auf jene Bereiche beschränkte, in welchen sie sich den Tieren sittlich so weit überlegen wähnten...).

René Descartes (1596–1650) schrieb: Nichts könne *„schwache Geister vom geraden Pfad der Tugend abweichen lassen als die Annahme, die Seele wilder Tiere sei von der gleichen Art wie unsere."*

Und sein geistiger Schüler, **Nicolas de Malebranche**, ein französischer Philosoph, behauptet noch eine Generation später: *„Tiere fressen ohne Vergnügen, weinen ohne Schmerz, handeln, ohne es zu wissen; – sie ahnen nichts, fürchten nichts, wissen nichts."*

Der Katholische Theologe und Autor **Eugen Drewermann**, Verfechter einer neuen, universellen Tierethik, schreibt: *„Man mag darüber auch heute noch im Stile der mittelalterlichen Theologen debattieren, welchen Lebewesen man frühestens eine „Sehnsucht nach ewigem Sein" zusprechen könne oder nicht; wenn aber das Hauptargument für jede Hoffnung auf ewiges Leben die Liebe ist, dann wird man sagen müssen, dass spätestens dort, wo es so etwas gibt wie individuelle Brutpflege und Mutterliebe, auch subjektiv eine erste Ahnung von der Macht gefühlt und empfunden wird, der wir alle unser Dasein verdanken; spätestens von dieser Stufe an gibt es, so gebrochen auch immer, so etwas wie ein Anrecht auf Unsterblichkeit. – Und unterhalb dieser Zone, jenseits des Grabens, der vor 70 Millionen Jahren mit der Evolution der Säugetiere und der Vögel begann? – Vielleicht haben die primitiven Jägerkulturen nicht Unrecht, wenn sie in* *ihren Mythen und Riten betonen, dass man kein Tier töten dürfe, ohne nicht zuvor den Geist der jeweiligen Tiere um Vergebung gebeten zu haben... Und im Jenseitsgericht der Ägypter, wo die Götter das Herz des Toten gegen die Wahrheit ... wiegen, wird des Menschen Verhalten nicht nur gegen seinen Mitmenschen, sondern auch gegen die Natur auf die Waagschale gelegt."*

In den Pyramiden von Unas (5. Dynastie 2.300 v. Chr.) finden wir den Spruch: *„Nicht liegt gegen NN die Anklage eines Toten vor, nicht liegt gegen NN die Anklage einer Gans vor, nicht liegt gegen NN die Anklage eines Rindes vor"*. (Anmerkung: Gans & Rind stehen als Stellvertreter des Tierreiches). Und an anderer Stelle ist der Spruch des Toten überliefert: *„ich habe weder Futter noch Kraut aus dem Maule des Viehs weggenommen"* und *weiter: „ich habe kein Tier misshandelt."*

Die griechische Kultur trägt die Tradition steinzeitlicher Jäger weiter, Tiere möglichst schmerzarm zu töten. Es war die Zeustochter **Artemis**, eine der ältesten und vielfältigsten griechischen Götter, welche als Herrin und Beschützerin der Tiere über das weidmännische Jagen und Töten wachte.

Die Vogelpredigt

1200 Jahre nach Christus greift **Franz von Assisi** (1181–1226), Begründer des Franziskanerordens und Patron der Tierschützer das biblische Leitbild ebenfalls auf. Seine berühmte Vogelpredigt gab mehrfach Anlas zu künstlerischen Inspirationen. Und im ursprünglichen Sinne biblischer Auslegung dürfte der Mensch sich nicht die „Erde untertan" machen, sonder er sollte darüber herrschen, worunter zu verstehen ist, „den Garten Eden zu bebauen und zu erhalten".

Die griechische Göttin Artemis, Beschützerin der Tiere.

Tierethik in der Bibel

Auch in den biblischen Texten findet man zahlreiche Gleichnisse und Vorgänge, in welchen Tiere eine Rolle spielen.

- In der Genesis 1,30 wird davon berichtet, dass sich Tiere ursprünglich von Pflanzen ernährt hätten und dass dieser Zustand in der messianisch-christlichen Endzeit wiederkehren werde (Jes 11,6f).
- Die frohe Botschaft des Neuen Testaments beginnt damit, dass Jesus in einem Stall zur Welt kommt. Die ersten Besucher waren Hirten und seine Apostel Fischer. Diesen rief er zu: „Kommt und folgt mir nach! Ich werde euch zu Menschenfischern machen." (Lk 5,1 ff; Mk1,6ff).
- Das Ende Jesus, kurz nach Einzug am Palmsonntag in Jerusalem, ist von Tieren begleitet. Es wird berichtet, Jesus ritt auf einem jungen Esel (und nicht auf einem Pferd), zum Zeichen friedlicher Gewaltlosigkeit (Joh 12,12 ff).
- Mehrmals wird darauf hingewiesen, dass Gott auch für Tiere sorgt und sie schützt. Eines der aussagekräftigsten Gleichnisse jedoch ist der Heiland, welcher sich als guter Hirte um seine Schafe kümmert. Die Hirtensorge wurde von Christus an Petrus weitergegeben. Sie ist bis auf den heutigen Tag päpstliche Tradition.

Trotz dieser hochmodernen ethischen Ansprüche früherer Zeiten darf man nicht übersehen, dass der Mensch zum eigenen Überleben Tiere töten musste. Drewermann meint, dass genau dieser Konflikt als eine der Ursachen für die frühe, religiöse Ritualisierung der Jagd und des Tötens angesehen werden könnte. Ritual, nicht nur um die Götter zu beschwichtigen, sondern um dem Tod einen übergeordneten Sinn zu geben, den Konflikt leichter ertragbar zu machen? Wir können keine gültige Antwort darauf geben.

Wie dem auch sei, die Geschichte des Menschen ist auch die Geschichte seiner Ethik, in welcher sich mehr denn anderswo der jeweilige Zeitgeist widerspiegelt.

Leidensfähigkeit und Wohlbefinden

Im 19. Jahrhundert erst gab der englische Sozialphilosoph und Mitbegründer des Utilitarismus **Jeremy Bentham** (1748–1832) der Ethik eine entscheidende, neue Richtung, als er in seinem berühmten Werk „An introduction to the principles of morals and legislation" (1789) die Leidensfähigkeit des Tieres herausarbeitete: *„The question ist not, Can they reason? nor, Can they talk? but, Can they suffer?"*

Wenn man aber mit Bentham annimmt, dass Tiere leiden können, dann kommt man (unter dem ethischen Gleichheitsgrundsatz) nicht an der sittlichen Verpflichtung vorbei, unnötiges Leiden der Tiere zu vermeiden. Die Leidensfähigkeit der Tiere, im vorigen Jahrhundert noch heiß umstritten, wird inzwischen als Gegebenheit anerkannt. Worüber jedoch weiterhin, je nach Interessenslage, diskutiert wird, ist die Frage nach dem „Wohlbefinden" der Tiere. Das Problem liegt darin, dass sich Wohlbefinden nicht messen lässt. Noch vor einer Generation vertraten vor allem die Vertreter der Tierverwertungsindustrie die Auffassung, Tiere stünden im Wohlbefinden, wenn sie sich (im Sinne des Menschen!) leistungstüchtig zeigen. Wenn also das Huhn Eier legt und die Kuh Milch gibt und Kälber gebärt, dann sei dies gleichermaßen ein Beweis dafür, dass es den Tieren gut gehen müsse. Heute ist klar, Wohlbefinden ist nicht messbar und Ertragstüchtigkeit ist kein gültiger Parameter der Bewertung.

Wohlbefinden ist ein Ausdruck dafür, „dass das Individuum in Harmonie mit seiner Umwelt lebt und seine arteigenen Bedürfnisse ausleben kann" (Dr. Jörg Styrie).

Dies festzustellen, ist nur durch Hinzuziehen ethologischer Parameter möglich. Erst die genaue Kenntnis der arteigenen Verhaltensweisen macht es möglich, zu prüfen, inwieweit diese Verhaltensweisen unter bestimmten Haltungsbedingungen auch wirklich ausgelebt werden können. Zeigen Tiere in Gefangenschaft andere Verhaltensweisen als in der Freiheit, so nehmen die meisten Verhaltensbiologen heute an, dass sich die in Gefangenschaft Gehaltenen nicht wohl befinden können. Die unter diesen Umständen (Gefangenschaft und beengter Raum) in auffälliger Weise auftretenden Verhalten wie etwa das sinnlose Hin- und Herlaufen am Gitter (man nennt diesen Verhaltenskreis „Stereotypien") schätzen die meisten Verhaltensbiologen und Psychologen als ein eindeutiges Kennzeichen von mangelndem Wohlbefinden ein.

Trotz dieser schlüssigen Einschätzung meint das deutsche Pelztierinstitut etwa in Bezug auf die „Stereotypien", dass diese lediglich als Anpassung an die gegebene Situation zu verstehen seien. Und zur Erscheinung, dass sich Tiere in Gefangenschaft oft selbst auffressen, meint man dort wörtlich, der Kannibalismus sei *„nicht unnatürlich, sonder eine Art Opferung der einzelnen Kreatur zum Wohle der Weiterführung der Herde."*

Man sieht einmal mehr, zu welch verzerrten Ansichten bestimmte wirtschaftliche Nutzungsinteressen führen können. Wo Tiere das Rohmaterial des Produktes ausmachen, dort billigt man ihnen natürlich wenig Rechte zu. Denn zugebilligte Rechte würden sich auf Gewinn und Image der Produzenten nachteilig auswirken.

Die Interessen der Tiere

Seit etwa zwanzig Jahren wurden jedoch die Rechte der Tiere innerhalb der Tierethik stark erweitert. Und dies mit steigender Tendenz. Moderne Vertreter der Tierrechte (beispielsweise **Tom Regan**) gehen davon aus, dass Tiere nicht nur leidensfähig, sondern „empfindende Subjekte" sind und dass sie darin dem des Menschen sehr ähnlich sind. Demnach ist ein vorzeitiger, gewaltsamer Tod als Beeinträchtigung des Lebens anzusehen (Regan 1986). Nach **Peter Singer** haben Tiere – ähnlich wie Menschen – „Interessen", auf Grund derer Rechte abzuleiten sind. Auch **Joel Feinberg** geht von den „Interessen" der Tiere und den damit verbundenen Rechten aus. Die Frage allerdings, ab welcher Sprosse der Evolutionsleiter „Interessen" angenommen werden sollen, ist bis dato weder einhellig noch gültig formuliert. **Robert Spaemann** (1948) betont, aus ähnlichem Ansatz wie **Ursula Wolf** und andere, die Anerkennung der Subjektivität der Tiere, welche nicht nur im Hinblick auf Tiere, sondern auf den Menschen selbst von Bedeutung ist. Denn mit dieser Anerkennung setzt der Mensch einen Akt seiner eigenen Menschenwürde. Spaemann: *„Nicht das eigene Interesse, sondern die Selbstachtung ist es, die uns gebietet, das Leben dieser Tiere, wie kurz oder lang es sein mag, artgemäß und ohne Zufügung schweren Leidens geschehen zu lassen."*

Entscheidend für die moderne Tierethik wurde die „Mitgeschöpflichkeit". Mit diesem Begriff sucht man zu umschreiben, dass es nicht nur um Unterlassen von Gewalt geht (*„was Du nicht willst, dass man Dir tut, das füg auch keinem andern zu"*), sondern, dass aktive Barmherzigkeit und echte Humanität gegenüber allen unschuldig Leidenden einzubringen sei.

Bedeutung des Tierschutzes

Tiernutzung ist jedoch nicht immer zwingend mit Einschränkungen der arteigenen Lebensweise verbunden! Denken wir nur an die vielen Formen des co-therapeutischen Einsatzes von Tieren, z.B. als Blindenhund, als vierbeinige Butler für Behinderte, zur Therapie für ältere oder kranke Menschen. Auch für die in diesen Bereichen eingesetzten Tiere bedeuten die erwarteten Leistungen Abwechslung, Herausforderung, Bestätigung und letztlich Lustgewinn, weshalb sie aus ethischer Sicht als unbedenklich zu werten sind.

Schwierig wird es aber dann, wenn die zitierten Postulate in grober Weise verletzt werden, wenn Wildtiere der Freiheit beraubt werden, wenn Tiere Stress ausgesetzt werden oder zu artfremden oder schmerzhaften Verhaltensweisen gezwungen werden. Die Ethik weist derartige Einsätze nicht von vornherein zurück, aber sie verlangt die ethisch begründete Rechtfertigung. Das Wohl des Menschen hat unter bestimmten Voraussetzungen Priorität. Dass es genau diese Voraussetzungen sind, über die man sich nicht einig ist, liegt auf der Hand. Hier gilt es, die Beeinträchtigung des Tieres gegen das Wohl des Menschen abzuwägen. Das klingt zwar überzeugend, fällt aber in der Praxis leider meistens zu Ungunsten der Tiere aus, denn wer übernimmt die Rolle des Anwaltes für Tiere? Sind etwa sportliche Leistungen eine Rechtfertigung für Stress in der Ausbildung?

Wichtige ethische Forderungen

- Beachtung der Leidensfähigkeit
- Recht auf Leben
- Recht auf Freiheit und arteigene Entfaltung
- Recht auf Achtung und Würde des Tieres
- Beachtung der Stressfreiheit des Tieres
- Schutz der Vielfalt der Arten

An dieser Stelle wird spätestens klar, welche Bedeutung dem Tierschutz in seiner Funktion als Anwalt nicht organisierten und daher wehrlos ausgelieferten Lebens zukommt.

Zusammenfassung ***Wenn wir dem zeitgemäßen tierethischen Leitbild der Mitgeschöpflichkeit folgen, dann müssen wir auch die Würde des Tieres ernsthaft anerkennen. Und es liegt in der Verantwortung des Menschen, dafür zu sorgen, dass Tieren ihr Recht auf arteigenes Leben auch zuteil wird. Dies gilt im Besonderen auch für die sinnlich-emotionalen Bedürfnisse des Hundes. Es verpflichtet für bestimmte Rücksichten in Haltung und Ausbildung, zumal der Hund wie kein anderes Tier in enger Gemeinschaft mit dem Menschen lebt. Bedürfnisse dürfen nicht länger nur auf physiologischer Ebene definiert werden! Die komplexe Sozialstruktur des Hundes, seine Anpassungsfähigkeit und nicht zuletzt die neuen Perspektiven der emotionalen Intelligenz fordern eine Neufassung dessen, was wir beim Hund an arteigenen Bedürfnissen zu bedenken haben. Wenn wir davon ausgehen, dass lustvolles Lernen und Ausführen von Aufgaben des Sport- und Gebrauchshundes nicht nur eine Möglichkeit bedeutet, sondern die ethische Verpflichtung einschließt, dann müsste die daraus abgeleitete Maxime im Umgang mit dem Hund etwa so lauten:***

„Das Miteinander in der häuslichen Gemeinschaft, aber auch das Miteinander im Sport und im Aufgabenfeld des Gebrauchshundes ist so zu planen und zu gestalten, dass das Erlernen und Ausführen der erwarteten Aufgaben arteigen und lustvoll vom Hund erlebt werden kann.
Zwang, Druck, Schmerz und Frustration sind zwar unabdingbare Begleiter des Lebens – auch des Lebens des Menschen! – aber sie sind aus ethischer Sicht auf das jeweils durchführbare Minimum zu beschränken und wo immer möglich, durch positive Motivation zu ersetzen. Ein Rest an Meidemotivation ist unumgänglich und auch ethisch vertretbar." (Ekard Lind, 1997, anlässlich einer Tierschutzveranstaltung in Olton in der Schweiz).

Mit praxisbezogenen Worten heißt das: Jeder Hundhalter sollte willens und fähig sein, seine eigenen Ziele pädagogisch-methodisch so zu transformieren, dass sie vom Hund emotional positiv aufgenommen werden können. Nicht das *Erzwingen* von Aufgaben, sondern deren *lustvoll erlebbare Vermittlung* steht im Vordergrund. Das hat nichts mit der so genannten antiautoritären Erziehung zu tun.

Autorität muss sein, unter Menschen wie unter Tieren, die in sozialer Gemeinschaft leben. Aber es kommt darauf an, was man unter „wahrer" Autorität versteht. Sicher ist darunter nicht das willkürliche Ausspielen der höheren oder besseren Position und der damit möglichen Druckmittel zu verstehen. Autorität unterscheidet sich klar von physischem und auch rein moralischem Zwang! Sie gründet vielmehr auf dem *motivierten, persönlichen Jasagen zum Aufruf eines Autoritätsträgers (*Philosophisches Wörterbuch, Herder). Dass die Motivation eines Tieres von der freien Willensentscheidung des Menschen abzugrenzen ist, stellt im Kern der Forderung keine Einschränkung dar!

Werte der Autorität

Die Sonderstellung jeglicher Erziehungsautorität fußt auf der besonderen Beziehung von Lehrer und Lernendem, im Humanbereich etwa auf der Beziehung des Erwachsenen zum Kind. In der Hundeerziehung und -ausbildung auf der Mensch-Hund-Beziehung. Die Eigenart des Hundes ebenso wie sein Recht auf Lust und Wohlbefinden müssen sich aber in einer verantwortungsvoll verwirklichten Autorität widerspiegeln. Die entscheidenden Werte der Autorität, vornehmlich der Erziehungsautorität, liegen in der inneren Verantwortung und Überlegenheit. Äußere Formen, zu welchen ohne Zweifel dann und wann auch der Einsatz von Zwang (im weitesten Sinne) zählt, dürfen nicht zum Selbstzweck werden. Entscheidend bleibt die innere Überlegenheit. In der Mensch-Hund-Beziehung heißt das: Der Hund muss zwar lernen, sich in die menschliche Gemeinschaft einzufügen, einzuordnen, was zweifellos auch das zeitweise unterordnen mit einschließt, aber die Vermittlung der erforderlichen Anpassungsprozesse ebenso wie das Erhalten der erlernten Aktionsroutinen muss auf ethisch vertretbare Weise erfolgen.

Alpha-Tiere im Rudel

Das Vorbild des sich gewaltsam durchsetzenden Alpha-Rüden im Wolfsrudel kann nur bedingt herangezogen werden. Und wenn man sich schon auf den Wolf beruft, dann müsste man vollständigerweise alle Verhaltensformen aufführen. Der Hinweis auf isolierte schmerzbringende Aktionen gibt ein unvollständiges, verzerrtes Bild der wirklichen Vorgänge wieder. In der Regel ersetzt das *stellvertretende Signal* den realen Akt der schmerzbringenden Aktion. Es ist bekannt, dass Alpha-Tiere sich weniger durch physische Überlegenheit oder gar Kampflust, sondern durch ganz andere Qualitäten auszeichnen. Rangordnungsprivilegien dienen in erster Linie der übergeordneten Erhaltung der Art und der sozialen Gruppe. Ein geschwächtes Leittier kann das Rudel nicht mehr optimal führen. Daher der berechtigte Anspruch auf Privilegien.

Ob der Fähe in extremer Situation ihr Leben für den Erhalt ihrer Welpen infolge von Hormonausschüttung, genetisch programmiert, emotional mitgesteuert, bewusst, unbewusst oder teilbewusst opfert, sei dahingestellt. Sie tut es. Führerqualitäten der Alpha-Tiere haben einen gemeinsamen Nenner. Es sind Aktionen, die letztlich der Erhaltung und nicht der Störung oder Zerstörung des Rudels als Ganzem dienen. Lassen wir noch einmal Laotse zu Wort kommen, der zwar das Wort Autorität noch nicht kennt, der es aber mit den Worten „wahre Macht“ treffend umschreibt:

„Wachsen lassen, nicht besitzen!
Beschützen, nicht beherrschen!
Führen, nicht ausnutzen:
Das ist das Geheimnis wahrer Macht.“

„Wachsen lassen...!“

Zusammenfassung ***Dort, wo Individuen in Gemeinschaft leben, ist Autorität unentbehrlich. Autorität muss sein. Aber nicht die Autorität der rohen Gewalt, sondern die Autorität der inneren Größe, aus innerer Freiheit, die Autorität des Vertrauens, der Weitsichtigkeit und Besonnenheit. Vor allem aber, die Autorität der weisen Erhaltung an Stelle jener lebensfeindlichen Macht um ihrer selbst willen, jener missverstandenen Autorität, die sich aufbläht auf Kosten untergeordneter Lebewesen, etwa auf Kosten einer Hundeseele.***

Ich habe manchen trauern sehen um die Gesundheit oder das Leben seines Hundes. In einem Beispiel war die Epilepsie nicht, wie vorgegeben, ererbt, sonder die Folge anhaltender, missbräuchlicher Starkzwangmanipulation mit dem E-Schock-Gerät und die Bewegungsunfähigkeit in einem anderen Hundeschicksal war ebenfalls nicht angeboren, sondern die Folge wiederholten Niederschmetterns des Hundes, wenn er im Schutz nicht ausließ. Die Trauer mag der Läuterung der Betreffenden dienen, den Hunden nützt sie nichts mehr.

Das Leitbild der Ethik

Ich wünsche jedem, der diese Zeilen liest, dass ihm beim Anblick seines Hundes das volle Vertrauen entgegenleuchtet, und dass ihm aus der Tiefe der Hundeseele die unbegreifliche Freude an der Gemeinschaft mit dem Menschen berührt.

Und wenn Ihnen dann das Gewissen zuraunt: „Du bist gut zu diesem Hund“, dann haben Sie im Sinne von Karl Jaspers Ihre persönliche philosophische Antwort zur Mensch-Hund-Beziehung eingebracht, und gleichzeitig haben Sie damit einen Teil Ihrer eigenen Selbstverwirklichung eingelöst. Denn der Mensch wird dort herausgefordert, wo er sich bewegt. Wer einen Hund führt, muss sich darin bewähren, wer am liebsten surft oder Musik macht, hat andere Herausforderungen zu bestehen. Aber immer geht es letztlich um eines. Um die Liebe, so abgedroschen dieses Wort auch klingen mag. Was bleibt, sind weder gewonnene Turniere oder andere Leistungen und Ehrungen. Was zeitlos und unabdingbar bleibt, sind im Sinne von **Theresa von Avila** „die Werke der Liebe“.

Und wenn dem einen oder anderen Leser bei dieser inneren Erforschung Zweifel, Beklemmung oder Gewissensbisse aufkommen, dann wünsche ich ihm den Mut und alles andere, was nötig ist, um einen neuen Anfang zu setzen. Diesmal unter dem Leitbild der Ethik.

Sportliche Ausrichtung

Wie weit man sich am sportlichen Wettkampf orientiert, obliegt der Entscheidung jedes Einzelnen. Es steht außer Frage, dass man sich auch ohne Prüfung und Wettkampf sportlich betätigen kann. Gerade der Hundesport lädt dazu ein, sich mehr um das gemeinsame Vergnügen als um die Erfüllung festgesetzter Aufgaben zu bemühen. Andererseits darf man die Bemühungen, dem Hund im Sport näher zu kommen, weder ignorieren noch gering schätzen. Besonders, wenn es nicht mehr um Formalismen und Punkte geht, sondern um die Mensch-Hund-Beziehung als solche. Wenn qualitative Inhalte in den Vordergrund rücken, wenn es also darum geht, zu zeigen, wie weit das Team miteinander harmoniert und wie engagiert und freudig der Hund seinen Teil dazu freiwillig (!) beiträgt, dann kann sehr wohl der Wettkampfsport erheblich zur *Mensch-Hund-Harmonie* beitragen. Zu diesem Wandel in der Zielsetzung möchte ich mit vorliegendem Buch einen Beitrag leisten.

Auch in der sportlichen Zielsetzung stellt sich die Frage, ob Sachziele ausreichen oder ob man sich auch hier an Leitbildern, an Idealen ausrichten soll. Und auch hier

Autorität ist unentbehrlich, aber nicht auf Kosten einer Hundeseele!

gibt uns die Geschichte eine eindeutige Antwort. Die sportliche Idee, von den Anfängen der vorgriechischen minoischen Kultur über Olympia bis hin zu unserer Zeit ist nicht vorstellbar ohne Ausrichtung auf Ideale. Auch wenn diese Ideale starken Wandlungen unterworfen waren. Wenn wir auf das antike Griechenland zurückblicken, und wenn wir uns die historischen Rückbesinnungen über Cicero, die Renaissance und den Humanismus, über Goethes Klassizismus, über den Historismus eines Burckhardt bis hin zu modernen Renaissancebestrebungen vergegenwärtigen, so werden wir merkwürdig berührt von den Etappen unserer eigenen kulturellen Herkunft. Man hat wiederholt versucht, diese unglaubliche Kraft, welche von der antiken Welt bis zu uns wirksam ist, auf einen Nenner zu bringen, indem man die Griechen einmal als Verkünder der Wahrheit, der Schönheit, der Freiheit oder im Fadenkreuz anderer Kulminationspunkte sah. Aber die antike Geisteswelt war viel zu komplex, dort und da auch widersprüchlich, als dass man sie in ein Wort fassen könnte. Und man muss sich hüten, bei aller Achtung und Faszination, nicht der Schwärmerei oder Utopie zu verfallen. Die Schattenseiten dieser Epoche sind nicht minder Geschichte. Auch darin ist die Antike lehrreich.

Sport – gesellschaftlich kultisches Ereignis in der Antike

Bereits in den vorgriechischen Kulturen, wir sprechen von Phaistos und Knossos auf der Insel Kreta, um 2000 v. Chr., – finden wir den Sport als wichtiges gesellschaftlich-kultisches Ereignis. Man muss sich allerdings vergegenwärtigen, dass das herausragende Merkmal dieser minoischen Kultur eine Mischform aus Patriarchat und Matriarchat war. In manchen gesellschaftlichen und religiösen Bereichen waren Männer, in anderen Frauen dominant. Selbst der lebensgefährliche Stiersprung, eine der beliebtesten Sportarten jener Zeit, wurde mitunter von Frauen ausgeführt.

Die Aufgabe bestand darin, über einen im Galopp angreifenden Stier unter

Stiersprung

Nutzung der Hörner eine Art Salto auszuführen, mit dem Ziel, hinter dem Stier wieder heil zu landen. Der Stiersprung, ebenso wie die Boxkämpfe (die Boxhandschuhe der Antike dienten anders als heute dazu, den Schlag zu verstärken, sie waren mit Blei beschwert), waren ursprünglich weder „Wettkämpfe" noch „Spiele" in unserem Sinne, die nach Regeln und mit dem Ziel einer Bestleistung ausgeführt wurden, sondern eher als *mutige Taten* eines heiligen Rituals verstanden. So war es bewundernswert, als Boxer oder Stierspringer – ähnlich wie im Krieg – als Held zu sterben. Kult, Sport und Fest bildeten eine untrennbare Einheit. In der späteren griechischen, patriarchalisch aufgebauten Kultur, waren Frauen hingegen weder als Teilnehmer noch als Zuschauer zugelassen (Ausnahme: Vor- und nach den offiziellen Wettkämpfen fanden Häreen statt: hier trugen ausschließlich Mädchen Laufwettbewerbe aus).

Olympia

Die schriftlichen Überlieferungen der Griechen gehen auf etwa 700 v. Chr. zurück. Zu der Zeit jedoch bestanden die Heiligtümer von Olympia bereits vier (!) Jahrhunderte. Die Bewohner des reichen Alpheiostales wollten den Reichtum durch Dankesakte an Zeus und die weiblichen Vegetationsgottheiten erhalten. Die zweite Ursache für das Entstehen des Zeustempels im Alpheiostal ist in den ständigen kriegerischen Auseinandersetzungen zu suchen, denn jeder Kampfeshandlung gingen Opferhandlungen voraus. In der Ilias von **Homer** lesen wir: *„Mit gesammelter Macht und in voller Rüstung der Waffen, kamen wir mittags hin zum heiligen Strome Alpheios. Da brachten wir Zeus, dem Allmächtigen, prangende Opfer."*

Eine dritte Ursache für die ungewöhnliche Sonderstellung des Olympischen Zeus-Tempels war die besondere Art des Olympischen Orakels. Im Unterschied zu anderen Orakeln, wo die Ratsuchenden den Ort der Weissagung aufsuchten, wurden die Seher des Olympischen Orakels direkt an den Ort des Geschehens, nämlich auf das Schlachtfeld gesandt, um dort vor Ort ihre Weissagungen anzustellen. Berühmte Entscheidungsschlachten wurden von den Olympischen Sehern richtig vorausgesagt (Plataä 497 v. Chr. als die Perser besiegt wurden, oder 405 v. Chr. als die Spartaner den Sieg über Athen errangen), was zu einer Anhäufung von Votivgaben in nahezu unvorstellbarem Ausmaße geführt hatte (Votivgaben = Dankesgaben; 1/10 der Kriegsbeute musste in Form von Kriegsgerät, Statuen u. A. abgegeben werden).

Mit dem Aufschwung dieser Region wurde Olympia immer mehr zum Treffpunkt ausgewanderter Griechen. Die Kult- und Feststätten mussten daher vergrößert werden, was mit Hilfe der Einnahmen aus dem Heiligtum kein Problem war. Umfangreiche Planierungen und Erdbewegungen fanden statt. Um den von weither angereisten Besuchern einen angenehmen Aufenthalt zu bieten, wurden mit der Vergrößerung des Heiligtums auch das Stadion und die Pferderennbahn (Hippodrom) gebaut, denn die Besucher blieben oft lange. Der Zustrom war derart groß, die unangefochtene Bedeutung Olympias in Kürze derart verbreitet , dass auch Historiker, Gelehrte und Künstler angezogen wurden, um den Vervielfältigungseffekt von Olympia für die Verbreitung ihrer Errungenschaften und künstlerischen Leistungen zu nutzen.

Das Fest des Zeus verlangte nach Frieden. Der „Gottesfriede" von Olympia sicherte den Wettkämpfern, vor allem aber den Besuchern von weit und nah für die Zeit der Hinreise, die Dauer der Feste und die Rückreise Schutz und Sicherheit. So wurde der olympische Gottesfriede zur ersten geschichtlichen *Friedensbewegung*.

Die Olympischen Spiele der Antike

In der klassischen Zeit dauerten die Feste sechs Tage, wobei die Athleten 30 Tage früher ankommen mussten. Nur die besten durften teilnehmen. Die Sieger erhielten zwar in Olympia lediglich die Siegerbinde und den Palmzweig, aber der Ruhm, der auch der Heimatstadt zu Gute kam, brachte dem nach Hause kehrenden Sieger nicht nur Ehre ein, sondern auch materielle Vorteile wie Steuerfreiheit, Geld, eine Rente und andere Privilegien. Der neue Beruf des Olympia-Athleten war höchst erstrebenswert. Zu dieser Zeit entstanden regelrechte Ausbildungszentren.

Während die olympischen Wettkämpfe ausschließlich athletischer Natur waren, fanden anderorts Hunderte von weiteren Wettkämpfen statt. Darunter auch Wettkämpfe in Musik, Gesang oder Theater. Um attraktiv zu erscheinen, boten die außerolympischen Städte den Siegern hohe Geldpreise an. Das Aufblühen athletischer und musischer Wettkämpfe ist als Folge des im 3. Jahrhundert weitverbreiteten Wohlstandes in ganz Griechenland, in Tunesien, Syrien und der Türkei zu verstehen. Jede Stadt wollte ihre eigenen Wettkämpfe.

Die Tugend der Athleten

Entscheidend für die unangefochtene Vormachtstellung von Olympia blieb jedoch, dass sie als etwas „Höheres“ angesehen wurden. Olympia war mehr, als etwas Körperliches, Physisches oder nur Sportliches, das geht aus unzähligen alten Texten hervor. Nirgendwo anders standen die Ideale mehr im Vordergrund.

Von den Athleten erwartete man „edlen Mut“ und vor allem, die „Herrschaft über sich selbst“. Die Leidenschaften zu besiegen, vor den Mächtigen nicht zu zittern und den Tod nicht zu scheuen, das waren die erstrebenswerten Tugenden des Athleten. Der Athlet *trainiert* (askesai) ähnlich wie der Philosoph die Bezwingung seiner niederen Leidenschaften. Auch in den Paulusbriefen wird der siegreiche Athlet den Christen als Leitbild vorgestellt. Er empfängt den Siegeskranz als Lohn für seine Standfestigkeit, die ihn Erschöpfung, Leid, Schmerz, Angst und sogar den Tod ertragen lässt.

Das philosophische Ziel der athenischen sportlichen Erziehung war es, Körper, Seele und Geist zu einem harmonischen Ganzen zu formen (Kalokagathia).

Wer liebt nicht den spektakulären Sprung seines Hundes? Doch Vorsicht! Nicht zu oft wiederholen.

Der Niedergang von Olympia

Mit dem Aufkommen der Berufsathleten und der immer weiter vorangetriebenen Spezialisierung der einzelnen Sportarten entfernte man sich jedoch immer mehr von diesem ursprünglichen Ideal der Kalokagathia. Bestechung und Egoismus verbreiteten sich und entweihten die alte Würde der festlichen Wettkämpfe. An Stelle der ursprünglich angestrebten Harmonie traten nun wirtschaftliche Vorteile und der Sieg über den Gegner.

Doch es gab auch von Anfang an Kritik an den Olympischen Wettkämpfen. Schon **Sokrates** tadelt die Disharmonie der Läufer, welche im Verhältnis ihrer muskulösen Beine unangemessen schmale Schultern hätten. Ihnen gegenüber stellte er die Faustkämpfer, wo die Verhältnisse umgekehrt lagen. Das Hervortreten immer rationaler werdender Überlegungen zersetzte nach und nach die Gültigkeit alter Normen, und machte natürlich auch vor dem Götterglauben nicht halt. Das Schwergewicht der Erziehung verlagerte sich zugunsten geistiger Bildung und entfernte sich immer weiter von den alten Idealen der Kalokagathia. Als **Platon** in seinem „Staat“ noch einmal das Ideal der Harmonie aufgreift, war es der Realität bereits entglitten. Seine Worte aus dem „Staat“ klingen eher wie eine Erinnerung:

„... Gott gab dem Menschen die zwei Künste der Musik und der Gymnastik, für das Mutvolle und das Geistige in ihm, nicht für die Seele und den Leib getrennt, oder doch nur nebenbei, sondern für beide Anlagen gemeinsam, damit sie in maßvoller Spannung und Lockerung zur Harmonie zusammenklingen.“

Das Erziehungsprogramm Platons blieb unverwirklicht. Im Athen des 4. Jahrhunderts war hierfür kein Nährboden mehr vorhanden.

Hinzu kam die Einverleibung der griechischen Städte in das Römische Weltreich und die wiederholten Erdbeben. Der Niedergang von Olympia und seiner Ideale war nicht mehr aufzuhalten. Die Ursachen hierfür lagen vielschichtig und kompliziert. Die Schließung der griechischen Heiligtümer im Jahre 391 und 392 n. Chr. – auf Befehl Theodoisius des I. waren nur das äußere Zeichen für eine Entwicklung, die zu dieser Zeit bereits zu Ende war.

Weshalb ich den Leser auf diesen Ausflug in die griechische Geschichte des alten Olympia eingeladen habe, liegt in der verblüffend ähnlichen Situation, in der wir uns heute befinden. Verfallserscheinungen des Sports allgemein und des Hundesports im Besonderen mahnen zur Besinnung. Und wieder sind es dieselben Ursachen, die den Verfall einleiten: Formalismus, Materialismus, Versachlichung und ein Verlust ideeller Werte. Aber die Geschichte des Menschen ist wie eine Art Einbahnstraße. Es gibt kein Zurück. Es darf uns nicht derselbe Fehler unterlaufen wie Platon.

Wichtig ***Die Rückbesinnung auf historische Ideale allein genügt nicht. Sie muss über die Vergangenheit hinaus mit zeitlichen Gegebenheiten und naheliegenden Inhalten in neue, gültige Leitbilder gefasst werden.***

Die Olympischen Spiele der Neuzeit

Genau das hat **Pierre Baron de Coubertin** (1863-1937) unternommen, als er 1894 das Internationale Olympische Komitee gründete und damit den Anfang der Olympischen Spiele der Neuzeit schuf, – anderthalb Jahrtausende nach dem Niedergang der Ereignisse im alten Olympia. In Anlehnung an das antike Vorbild fasste Coubertin zusammen, was in den großen europäischen Ländern sozusagen in der Luft lag. Der Zusammenschluss des Sports der Engländer (Sport kommt aus dem engl. „disport“ = sich zerstreuen, vergnügen, erholen), mit dem Turnen der Deutschen, mit der Tradition der Griechen und dem wiedererstandenen Olympischen Geist durch die Franzosen. Symbolträchtige Kennzeichen wie die Olympische Flagge (fünf ineinandergeflochtene Ringe symbolisieren die fünf Kontinente), das Olympische Feuer und die Olympische Zulassungsregel riefen die alten Ideale wieder in das Bewusstsein der Menschen. Der Olympische Wahlspruch *„citius, altius, fortius!"*(lat. = schneller, höher, stärker!) ebenso wie der Olympische Eid (die Spiele im *ritterlichen Geist* des fair play durchzuführen und die Regeln zu achten) knüpfen direkt an das antike Vorbild an. Merkwürdigerweise waren (anderthalb Jahrtausende nach dem antiken Olympia!) die Frauen wiederum zunächst ausgeschlossen. Erst seit 1900 durften Frauen aktiv teilnehmen.

Spiele an Stelle von Wettkämpfen

Durch die Aufnahme des Begriffs „Spiels" (*Olympische Spiele* an Stelle der rein athletischen Olympischen Wettkämpfe im antiken Olympia) erfuhren die Olympiaden der Neuzeit eine überaus wertvolle Bereicherung. Das Spiel erinnert an die Anfänge, als man „Sport" (das Wort gab es noch nicht) aus reiner Bewegungsfreude betrieben hatte. Diese Rückbesinnung könnte auch heute zur Entlarvung sportlicher Exzesse beitragen und ihr Defizit an Ursprünglichkeit und Verzerrung der Sinnhaftigkeit aufdecken helfen.

Der Begriff des Sports und der sportlichen Leistung hat im Verlauf der letzten hundert Jahre eine beträchtliche Wandlung durchgemacht. Nicht zuletzt unter dem Einfluss neu aufgenommener olympischer Sportarten, die sich nicht in den Wahlspruch *„citius, altius, fortius"* einbinden ließen. Betont künstlerische Sportarten wie etwa der Eiskunstlauf fanden Einzug in die Olympischen Sportarten und -disziplinen, und wurden von Anfang an nach athletischen und künstlerischen Maßstäben bewertet. Wir erinnern uns: auch im antiken Griechenland wurden außerhalb Olympia zahlreiche musische Wettbewerbe gepflegt, um so dem Ideal der Kalokagatha noch näher zu kommen.

Die Olympische Idee

> Inhalte der Olympischen Bewegung 1905 wurden die Inhalte des Olympismus vom deutschen Philosophen Hans Lenk (1935), der 1960 Olympiasieger im Rudern war, in praxisorientierter Theorie in 11 Punkten formuliert. Hier wurden die teils zusammengefassten Inhalte einzeln, in 16 Punkten wiedergegeben.

1. Kultische Prägung (nach Coubertin: „religio athletae")
2. Künstlerische und geistige Gestaltung
3. Elitegedanke
4. Chancengleichheit
5. Höchstleistung
6. Wettkampf
7. Sportlichkeit (Ritterlichkeit und Fairplay, Fairness)
8. Regelmäßige Wiederkehr
9. Internationalität und Nationalität (Völkerverständigung und kulturelle Vielfalt)
10. Traditionsbildung
11. Waffenruhe während der Spiele
12. Gemeinschaft aller Sportarten
13. Amateurgedanke
14. Olympische Unabhängigkeit
15. Antikes Vorbild
16. Neuzeitliche Form

> Zu ergänzen ist noch, dass **Coubertin** im Jahre 1908 den auf Sieg und Niederlage ausgerichteten Wettkämpfen eine zusätzliche Wertvorstellung verlieh. Er übernahm den Gedanken des Bischofs von Pennsylvania, welcher in einer Predigt ausdrückte, dass das Siegen nicht so wichtig sei wie die Olympiateilnahme selbst. In Abwandlung wurde dieser Satz als „Nicht Siegen, dabei sein ist wichtig!" weltbekannt.

Die Vergegenwärtigung der sportlichen Idee aus der Sicht des antiken und neuzeitlichen Olympismus ist sicher auch für den Menschen von heute ergiebig. Indem wir uns auf die lange Tradition des Sports zurückbesinnen, öffnet sich ein breiter Blickwinkel ideeller, athletischer und formaler Perspektiven. Und das Nachvollziehen aufblühender und untergehender Gepflogenheiten mahnt uns, die Sinnhaftigkeit sportlicher Betätigung nie aus den Augen zu verlieren, immer wieder neu zu überprüfen, aktuell anzugleichen und im Rahmen einer sinnvollen Zeitspanne praxisnah zu verankern.

Zeitgemäßes Ideal der sportlichen Idee

Dieser Forderung werden die Prüfungsordnungen der „Unterordnung" im Hundesport nicht gerecht. Darauf haben wir im Kapitel der Geschichte der Unterordnung ausführlich hingewiesen. Der vorgebrachten Kritik soll nun – auf der Basis historischer Entwicklungen und durch Einbeziehen neuer Erkenntnisse (und Einsichten!) – eine konstruktive Neubildung folgen. Versuchen wir, – als zweite Ausrichtung im Leitbild der „Drei Zinnen" –, ein zeitgemäßes Ideal der sportlichen Idee und der daraus abgeleiteten Ziele, Forderungen und Garantien zu bilden.

Ausgangsbasis ist die Mensch-Hund-Beziehung, die im Sport durch die Herausforderungen gemeinsamer Aufgaben eine Steigerung zur *Mensch-Hund-Harmonie* erfährt. Mit dem Anspruch auf Harmonie löst der Mensch einerseits seine tierethische Pflicht ein, Ausbildung und Ausführung artgerecht und lustvoll für den Hund zu gestalten, gleichzeitig gibt diese übergeordnete Verpflichtung tieferliegenden Perspektiven verschiedener Sportarten und Disziplinen eine einheitlich gültige Richtung.

So untersteht auch die Team-Vorführung (bis dato „Unterordnung" genannt) der *Mensch-Hund-Harmonie.*

Die Team-Vorführung spiegelt sich im *Vorführwert* wider, welcher sich in *Formale Leistungsanteile* und in *Qualitative Ausführungsanteile* gliedert. Formale Leistungsanteile und Qualitative Ausführungsanteile werden als untrennbare Einheit des Vorführwertes verstanden, was sich im Co-Begriff des Anteils manifestiert. Die Gliederung verweist lediglich auf die jeweils inhaltliche Betonung und auf die unterschiedliche Zugänglichkeit und Beurteilung.

Qualitative Ausführungsanteile lassen sich ihrer Natur nach nicht an isolierten, formalen Äußerlichkeiten ablesen und werten. Erst die ganzheitliche Interpretation von Haltung und Bewegung im Hinblick auf Befindlichkeit, auf Team-Ansprüche und Harmonie (unter Berücksichtigung möglichst vieler Details!) erschließt die qualitative Bewertung.

Wettkampf-Prinzipien

Sie entsprechen weitgehend denen der Olympischen Bewegung:

1. Elitegedanke – Ausrichtung auf Vorführideale und Vorführsteigerung.
2. Wertung ausgelegt auf Sieg und Reihung.
3. Bekenntnis zum Wert formaler und qualitativer Leistung (bzw. Ausführung).
4. Einhaltung der Regeln.
5. Fairness.
6. Chancengleichheit.
7. Gerechte Beurteilung.
8. Anerkennung des Schiedsspruches.

Individuelle Ausrichtung

Weshalb wir im Bild der Drei Zinnen als dritte Ausrichtung noch die Individualität einbinden, mag zunächst verwundern. Drei triftige Gründe rechtfertigen diesen Schritt.

Gefahr der Versachlichung

Die Geschichte lehrt uns, dass im Keim jeder neuen (oder wiederkehrenden!) Ent-

Vorführwert

Formale Leistungsanteile

- Das Erfüllen der formalen Vorgaben und die Perfektion der Ausführung. Beispielsweise das gerade Vorsitzen, die exakte Position des Hundes während der Freifolge, der Ablauf beim Hürdensprung usw.
  Also Leistungsanteile, die kontrolliert werden können.
- Formale Leistungsanteile sind durch direkte, äußere Zugänglichkeit definiert und bedürfen in Abgrenzung zu den qualitativen Ausführungsanteilen keiner Deutung.

Qualitative Ausführungsanteile

- Freudigkeit, Vitalität und Ausstrahlung der gemeinsamen Vorführung;
- Aufmerksamkeit und Empfänglichkeit des Hundes (z.B. in der Aufnahme und Umsetzung der Hörzeichen);
- Erwartungshaltung vor einer Übung und in Wartephasen;
- Aktionsbereitschaft (vor und während der Aktion);
- Schönheit von Haltung und Bewegung des Führers und des Hundes (Natürlichkeit, Ungezwungenheit, Geschmeidigkeit, Rhythmus, Eleganz, Freiheit, Schnelligkeit, Kraft, Ausdauer);
- Selbstsicherheit und Führigkeit in ausgewogenem Verhältnis;
- Harmonie: Einbringen und Einordnen der Individualität in die Team-Vorführung.

deckung gleichzeitig die Zellen der Selbstzerstörung schlummern. Ich meine damit die Gefahren der Überschätzung, der Isolation und des Ausschließens.

Auch die hier vorgestellte Team-Vorführung, welche zweifellos wertvolle, bereichernde Ansätze bietet, ist nicht frei von der Gefahr der Versachlichung und eines sich neu wiederholenden Formalismus.

Diese Keime der Zersetzung und Auflösung sind zwar anfangs nicht zu erwarten. Um späteren Destruktionen jedoch vorzubeugen, soll von Beginn an auf Gefahren hingewiesen werden.

Wenn die vorliegende Darstellung der Team-Vorführung Freunde und Anhänger findet, ist es durchaus denkbar, dass sich die Formen der alten „Unterordnung“ in absehbarer Zeit verändern. Wird dann in Zukunft mehr als bisher der Leistung des Teams und der Vorführung (auch des Hundeführers!) Beachtung geschenkt, so könnten sich isolierte Anhaltspunkte herauskristallisieren, etwa ganz bestimmte, bevorzugte Elemente des Anhaltens, der Links- oder Rechtswendung usw. Damit wären wir zwar einige Schritte weitergekommen, aber bald schon würde man wieder auf der Stelle treten: Versachlichung und Formalismus hätten wieder einmal mehr der Ganzheit und dem Ideal den Rang abgelaufen. Um das zu vermeiden, wurde den verschiedenen Hundesportarten die *Mensch-Hund-Harmonie* übergeordnet. *Ganzheitliches Denken* ebenso wie die Ideale der *Ethik*, des *Sports* und der *Individualität* sollen stets im Blickpunkt bleiben und die Ausrichtung menschlicher Motivation vor Verzerrung und Abgleiten bewahren.

Neben der Gefahr einer wiedererstehender Versachlichung ist noch ein zweites Risiko gegeben. Dem Weg des geringeren Widerstandes folgend, liebt der Mensch seine eingeschliffenen Handlungen ebenso wie sein Schubladendenken. Der Vorliebe für isolierte Haltungs- und Bewegungsdetails könnte sich eine Bevorzugung bestimmter Temperamente oder auch Altersgruppen hinzugesellen.

Wertungsbeispiel „Schnelligkeit“

Wenn wir z.B. nur einer ganz bestimmten Form der Schnelligkeit des Hundes Höchstwertung zumessen, dann sind alle

Vom Wolf stammen sie alle ab. Und doch ist jeder Hund, egal welcher Rasse, zu aller erst ein Individuum.

anderen Formen von Schnelligkeit benachteiligt. Ganz zu schweigen von anderen Qualitätskriterien! Wir erinnern uns: Die Schnelligkeit des Hundes in der Team-Vorführung ist ihrem Wesen nach etwas anders als die Schnelligkeit eines reinen Laufwettbewerbes! Die Schnelligkeit einer 180 Grad-Kehre beispielsweise darf nicht zum Selbstzweck werden, denn sie ist nicht mehr als ein Teil der Aufgabenstellung. Leichtigkeit und Geschmeidigkeit der Bewegung, ebenso wie Rhythmus, Schrittfrequenz und Auftrittstärke müssen eine gültige, den biologisch funktionellen ebenso wie den natürlich-ästhetischen Anforderungen entsprechende Form aufweisen.

Darüber hinaus gilt es die entwicklungsbedingte Veränderungen der Schnelligkeit zu berücksichtigen! Der Hund ist nur einmal in seinem Leben, in der für das Alter von zwei bis drei Jahren typischen „überschwänglichen Aktivität" (Bewegungsluxus), schnell. Es wäre in vielfacher Hinsicht falsch und ungerecht, nur die Schnelligkeit des Bewegungsluxus als Maxime anzunehmen! Auch der fünfjährige Hund ist schnell. Aber die Charakteristika seiner Schnelligkeit haben sich verlagert. Seine Laufgeschwindigkeit scheint zwar langsamer, in Wirklichkeit aber trügt das Bild. Der Hund läuft mit fortschreitendem Alter ökonomischer. Man kann das leicht an Zeitlupenaufnahmen parallel galoppierender Hunde verschiedenen Alters nachweisen. Der junge Hund investiert in seiner Unerfahrenheit und in einer für diese Entwicklungszeit typischen „Überschwänglichkeit“ überdimensionierte Bewegungsausmaße, die für den Zuschauer unterbewusst als „mehr Aktion“, also „schneller“ interpretiert werden. In Wirklichkeit läuft der ältere Hund im direkten Vergleich wegen weniger spektakulär anmutender Motorik schneller als der Jüngere. Also selbst die Beschränkung auf die reine Laufgeschwindigkeit rechtfertigt keine Präjudizierung des jüngeren Hundes! Dabei ist jedoch die reine Laufgeschwindigkeit innerhalb einer Vorführung im Vergleich zur Ökonomie und Schönheit (Rhythmus, Geschmeidigkeit, Ausstrahlung u. A.) der Bewegung von untergeordneter Bedeutung.

Wichtig ***Ökonomie und Schönheit einer Bewegung verdienen daher höhere Bewertung als eine Vorführung, deren isolierte Schnelligkeit auf Kosten von Ökonomie und Schönheit erkauft wurde.***

Wer aber spricht im Hundesport von *Ökonomie und Schönheit der Bewegung?* „Schnell“ heißt die Devise und gemeint ist leider nur die spektakuläre Komponente einer zweckentfremdeten Schauleistung.

Wenn wir nur einer ganz bestimmten, eng begrenzten Ausprägung der Schnelligkeit Höchstbewertung zubilligen, dann stellen wir alle anderen Ausprägungen darunter. Als Folge dieser Präjudizierung verlieren ältere Hunde deutlich an Siegeschancen. Die Folgen sind fatal! Fatal für den Hund. Hunde werden viel zu früh aus dem Sport gezogen. Neue, jüngere müssen her. Und was passiert mit den älteren? Nicht alle, aber viele erwartet ein unwürdiges Dasein. Hut ab vor jenen Führern, die ihren Hund noch im Alter nicht nur ernähren, sondern im Rahmen der Möglichkeiten die gewohnten Herausforderungen bieten.

Natürlich können wir im Sport mit dem Ziel der Höchstleistung keine langsamen Hunde auf erste Plätze stellen. Aber es geht um die ethische und sportliche Verpflichtung, Schnelligkeit richtig zu interpretieren und gerecht zu bewerten. Spektakuläre Äußerlichkeiten dürfen nicht zur isolierten Superleistung hochgejubelt werden. Schnelligkeit dient in erster Linie der psychosomatischen Zweckmäßigkeit. Und dies im Koordinatensystem von Mensch und Hund, also innerhalb der Team-Vorführung.

Eine gerechte Beurteilung schließt also das übergeordnete Gerecht werden etwa verschiedener Entwicklungsphasen des Hundes oder auch das Gerecht werden der Verschiedenartigkeit des Geschlechts mit ein. Ein älterer Hund müsste sich zweifellos immer noch exemplarisch schnell präsentieren, aber wenn seine Ökonomie und Perfektion, die er auf Grund seines Alters in die Waagschale wirft, wettmacht, was er an Rasanz dem Jüngeren (der weniger ökonomisch und weniger perfekt läuft) unterlegen ist, dann müsste er eine reelle Siegeschance bekommen! Wir kommen bei allen Überlegungen, die tiefer schürfen, immer wieder auf den Kulminationspunkt: Die Team-Vorführung ist weder eine rein athletische noch eine rein ästhetische Sportart. Sie ist eine Mischung aus Schönheit und Zweckmäßigkeit, eine Mischung von „Aufeinandereingehen“. Sie stellt im Idealfall die Freude an gemeinsam präsentierten Übungen dar und zeigt beim jungen Hund (und beim jungen Menschen) eine betont sprühende Lebensbejahung, beim älteren eine mehr verinnerlichte.

Temperamente

Die dritte Sorge im Hinblick auf Versachlichung gilt der Verschiedenartigkeit der Temperamente bei Mensch und Hund. Temperamente treten niemals in Reinkultur auf, sondern in jedem Individuum in einer ganz bestimmten, einmaligen Zusammensetzung. Die auf Hypokrates zurückgehenden klassischen Temperamente des Sanguinikers, des Cholerikers, des Melancholikers und des Phlegamtikers beinhalten neben unverkennbaren nachteiligen Eigenschaften immer auch Positiva! Eine der modernen Einteilungen von **Thomas** und **Chess** charakterisiert die verschiedenen Temperamente als das „Wie" einer Verhaltensweise. In einem Neun-Punkte-Programm stellten sie in überzeugender Weise ihre Einteilung dar („Einteilung der Temperamente" siehe nebenstehender Kasten).

Wer möchte, kann sich anhand der Tabelle eine Übersicht über die Temperamentsschwerpunkte seines Hundes und über sein eigenes Naturell verschaffen. Stimmt die „Passung", wie **Heinz Weidt** so schön formuliert? Wer möchte, kann in die Spalten Zahlen eintragen, etwa von 1 bis 4 (1 = schwache Ausprägung, 4 = äußerst starke Ausprägung).

Wenn man die neun Punkte durchliest, so gewinnt man als Team-Führer fast den Eindruck, **Thomas** und **Chess** hätten ihre Typologie für Hunde aufgestellt und nicht für Kinder. Sind es doch dieselben Inhalte, die den Kynologen immer wieder bewegen und die schon das Ehepaar **Menzel** eine Generation zuvor bei ihrer Aufstellung der „Wesensprüfung" von Hunden bewegte.

Wenn wir die Verschiedenartigkeit des Menschen und der Hunde als einen Ausdruck der Vielfältigkeit des Lebens verstehen, dann müsste sich dies auch in der Team-Vorführung niederschlagen. Auch hier gilt, ähnlich wie am Beispiel der Schnelligkeit:

Einteilung der Temperamente

1. **Aktivität**
2. **Regelmäßigkeit** (biologische Funktionen wie Schlafzeiten, Appetit usw.)
3. **Annäherungsrückzug** (Reaktion auf neue, unvertraute Reize).
4. **Anpassungsvermögen** (hier geht es im Unterschied zu 3 nicht um die Reaktion auf eine neue Situation, sondern darum, wie lange es dauert, bis sich das Individuum auf eine neue Situation einstellen konnte).
5. **Sensorische Reizschwelle** (wie stark müssen Reize ausfallen, um eine Reaktion zu bewirken?).
6. **Reaktionsintensität** (wie heftig, intensiv oder energisch werden Reize beantwortet?).
7. **Stimmungslage** (eher fröhlich? Zufrieden mit sich und der Welt? Positiv gestimmt? Oder eher negative Lebenseinstellung?).
8. **Ablenkbarkeit** (lässt sich das Individuum leicht ablenken oder vermag es auch unter Ablenkung seine Konzentration zu halten?).
9. **Ausdauer** (wie verhält sich das Individuum, wenn Probleme auftauchen? In welcher Zeit gibt es auf? Oder versucht es immer wieder, das gewünschte Ziel zu erreichen, trotz Schwierigkeiten?).

Der Ausdruck einer Vorführung ist aus ganzheitlicher Sicht zu beurteilen. Wenn man bestimmte Merkmale isoliert und überbewertet, erfährt die Bewertung eine widernatürliche Verzerrung.

Individuelle Merkmale

Die Sportlichen Regeln ebenso wie die detaillierten Ausführungsbestimmungen bilden gemeinsam mit der Natürlichkeit, Schönheit und Zweckmäßigkeit von Haltung und Bewegung den Rahmen, innerhalb dessen sich individuelle Merkmale manifestieren können, ja sogar sollen.

Die Freifolge wäre nicht nur ein „Unter Beweis stellen“, dass der Hund formal richtig neben dem Hundeführer hergeht und die Aufgabe des Hinaufsehens erfüllt; sondern es müsste die sich im Ausdruck manifestierende Befindlichkeit beider Sportpartner in den Vordergrund treten. Dass der Hund korrekt, aufmerksam und freudig mitgeht, ist hier Voraussetzung. Hier endet der Maßstab der Bewertung nicht, hier ist man erst mittendrin! Die Frage lautet:

* Was strahlt das Mensch-Hund-Team in dieser speziellen Aufgabenstellung der Freifolge aus?
* Erkennt man gezügelte und gleichzeitig freie Überlegenheit der Beiden, oder ist einer von Beiden unsicher oder verspannt?
* Stehen Tempo, Rhythmus, Kraft und Geschmeidigkeit in Harmonie oder zeigt das Ganze ein verzerrtes Bild durch unnatürliche Überbetonung eines einzigen Merkmals?
* Strahlt der Team-Führer mit seinem Hund Erhabenheit, Leichtigkeit und Freiheit in Haltung und Bewegung aus oder sieht man dem Führer von weitem an, dass er seiner eigenen Verbissenheit oder Hektik erliegt?
* Sind das nicht klare Leistungsunterschiede?
* Sind nicht jene betrogen, die sich um die Harmonie ihrer Vorführung erfolgreich bemühen und dafür weder verbal noch in Punkten irgendeine Anerkennung finden?

Und wenn wir die allgemeinen Werte von Haltung und Bewegung in die Bewertung einer Vorführung miteinbeziehen, dann lautet die folgerichtige Konsequenz: Auch der Individualität muss ein bestimmter Raum gegeben werden. Nicht die ideale Gangweise wird dann gesucht (die gibt es nämlich nicht!), sondern die individuell überzeugendste würde siegen. Es könnte also der eine seine Schritte während des

Kinder und Tiere haben viel gemeinsam. Von beiden können wir Erwachsenen lernen, was auch wir einst besessen haben: Natürlichkeit, Spontaneität und vor allem, die Fähigkeit der Verwandlung und des völligen Aufgehens im Augenblick.

Gehens mit kraftvoll überlegener Zügelung demonstrieren, ein anderer würde eher forsch, aber mit vergleichbar überzeugender Ausstrahlung auf ein gedachtes Ziel zustreben. Wenn die Ausstrahlung beider Gangweisen die Erhabenheit des Siegers widerspiegelt und die übrigen Anforderungen an Haltung und Bewegung im Rahmen des Schönen, Natürlichen und Zweckmäßigen voll zufrieden stellen und darüber hinaus alle formalen Regeln erfüllt wurden, dann müssten beide trotz individueller Unterschiede volle Punktzahl erhalten.

Grenzen der Individualität

Individuelle Merkmale erhalten auf diese Weise einen formulierten und garantierten Freiraum.

Damit die Individualität nicht zum Selbstzweck wird und ausufert, müssen ihr Grenzen gesetzt werden. Sie muss sich einordnen in die übergeordneten Gegebenheiten des Körperschemas, der Anatomie, der natürlichen Haltungen und Bewegungen.

Das klingt schwieriger, als es in der Tat ist! Unterschiedliche Ausdrucksformen im Groben zu erkennen und zu unterscheiden, gelingt den meisten von uns, ohne es richtig gelernt zu haben. Körpersignale aufzunehmen und zu werten, läuft weitgehend unterbewusst ab und ist sozusagen menschliches Allgemeingut. Richter allerdings sollten in diesem Punkt überdurchschnittliche Kenntnisse und Beobachtungsgabe mitbringen. Wenn es gelingen würde, der individuellen Ausrichtung in der Team-Vorführung einen bescheidenen, aber unübersehbaren Stellenwert zu geben, dann würden die einzelnen Darbietungen ihren stereotypen Charakter verlieren. Das wiederum würde nicht nur die Motivation der Akteure steigern, sondern auch Zuschauer anlocken.

Mit der Integration der Individualität in die Team-Vorführung wäre neben der erforderlichen Abrundung auch eine Steigerung der Gesamtleistung zu erwarten. Wir sehen, auch die Individualität trägt zur Ausrichtung im Bild der „Drei Zinnen" Wertvolles bei.

Die individuelle Eigentlichkeit

> Wenn man einen Team-Führer vor sich hat, der besonders sensibel ist, dann sollte man diesem erst einmal seine individuellen Vorzüge bewusst machen und diese in seine Mensch-Hund-Beziehung einbringen und gezielt in der Team-Vorführung auch zeigen. Das wird ihn motivieren und ihm Sicherheit geben. Erst im nächsten Schritt wird man auf die gegenindividuellen Inhalte aufmerksam machen und in kleinen Schritten an seinen Unzulänglichkeiten arbeiten; zunächst ohne Hund! Diese Vorgangsweise kommt aus der modernen Pädagogik, wo man erkannt hat, dass das Bewusst machen der individuellen Eigentlichkeit, wie ich es nennen möchte, eine hervorragende Basis zur weiteren Selbstverwirklichung bietet. Die entsprechende Autosuggestion könnte lauten: *„Erkenne Dein Naturel! Erkenne, wer du bist und nimm Dich an mit all Deinen Vorzügen und Schwächen! Hüte Dich vor Über- oder Unterschätzung bestimmter Charakterzüge. Lass es aber nicht auf der Selbsterkenntnis beruhen. Arbeite an Dir".*

Zusammenfassung **Das Bild der „Drei Zinnen" steht nun vor uns. Wir haben versucht, dem Hundesport allgemein und der alten „Unter"-Ordnung im Besonderen den nötigen Tiefgang zu geben. Von der Mensch-Hund-Beziehung ausgehend, haben wir die Mensch-Hund-Harmonie abgeleitet. Die Verwirklichung der Mensch-Hund-Harmonie fanden wir im Team-Gedanken und in der daraus entwickelten Team-Vorführung. Auf diesem Weg soll uns die dreifache Ausrichtung auf die Ethische, Sportliche und Individuelle Zinne vom Wesentlichen her inspirieren und leiten.**

Es mag zunächst viel erscheinen, was hier der so genannten Praxis vorangestellt wurde, und aufkommende Ungeduld wäre verständlich. Aber man möge bedenken, dass alles, was bisher gesagt wurde, bei näherer Betrachtung aus der Praxis kam – und wieder in die Praxis mündet. Verstehen wir doch den Begriff Theorie in seiner alten, vorbildlichen Inhaltlichkeit. Theorie bedeutete ursprünglich so viel wie Gottesschau (theos heißt Gott). Demnach bilden Theorie und Praxis eine untrennbare kosmologische Einheit. Wer Interesse an der Team-Vorführung hat – als einer neuen Form der „alten Unterordnung“ – dem kann man nicht ersparen, sich auch geistig mit dem auseinander zu setzen, was man in der Praxis tut.

Oben: Trockenübung für die Körpersprache zum Steh (Anhalten aus der Bewegung).
Unten: Richtiges Angehen und Anhalten.

Kapitel 2
Grundlagen der Hundeausbildung

Kommunikation

Kommunikationsebenen

Wenn man beginnt, die Mensch-Hund-Beziehung verantwortungsvoll auszurichten, verändert sich so manches im Umgang mit dem Hund. Mehr und mehr tritt das Gelingen der eingegangenen Partnerschaft in den Vordergrund, und das Selbstverständnis des alten Lehrmeisters wird blasser und blasser. In der Folge erlebt man den Hund intensiver, gefühlvoller, ja inniger. Man sieht nicht mehr den Hund, der eine Übung so oder anders ausführt, diesen oder jenen Fehler macht, sportliche Erwartungen mehr oder minder erfüllt, sondern man sieht immer öfter den Hund in seiner individuellen, psychisch-physischen Einmaligkeit. Das Training verlagert sich weg von formaler Leistungserwartung, weg vom Denken in abstrakten Punkten, hin zum *„Team-work in Harmonie"*, hin zu seelischer Beglückung. Man muss es gesehen oder selbst erlebt haben, um zu begreifen, mit welchem Gewinn die beschriebenen Veränderungen verbunden sind. Denn merkwürdigerweise profitiert auch die formale Leistung von der Ausrichtung auf Harmonie. Immer mehr Team-Führer, deren Hunde sportlich verdorben wurden und nochmals von vorn anfangen, – diesmal spielerisch – berichten von den hier beschriebenen Veränderungen.

Mensch-Hund-Harmonie im täglichen Umgang

Welche Veränderungen ergeben sich daraus für den Sport? Folgende Probleme gilt es zu sehen und zu bewältigen:

* Der Mensch glaubt zwar, seinen Hund zu verstehen, in Wirklichkeit aber bleibt uns viel von dem verborgen, was im Hund tatsächlich vorgeht.
* Selbst wenn wir den Hund genau beobachten, interpretieren wir nicht immer richtig.
* Wir isolieren die Bereiche Motivation, Kommunikation, Spiel und „Unter"-Ordnung, sprich Appell, und übersehen dabei das ganzheitliche Ineinandergreifen der Vorgänge.
* Die traditionelle Hundesportmethodik orientiert sich primär an der formalen Erfüllung der Aufgaben und zu wenig an der qualitativen Ausführung.
* Vielen Team-Führern fällt mangelnde Motivation ihres Hundes nicht auf, weil Aktionen, wie etwa das Nachjagen einer bewegten Spielbeute, instinktgesteuert ablaufen und den (möglichen) Mangel an positiver Gestimmtheit verdecken (nach Ekard Lind = maskierte Befindlichkeit).
* Der Mangel an Wissen über soziales Verhalten, über Lernen, Pädagogik, Didaktik und Methodik wird zur Ursache unterschiedlichster Probleme. Darunter auch Fehlverknüpfungen, welche oft ritualisiert und damit verstärkt werden, und mitunter nie oder oft erst spät erkannt werden.
* Nicht zuletzt stören und hemmen Überforderungen im Ganzen wie im Detail die Entwicklung des Hundes. Das wirkt sich letztlich auch auf die sportlichen Ausbildungsergebnisse aus.

All diese Punkte, die sich noch erheblich erweitern ließen, haben etwas Gemeinsames. Der Hund scheint uns zwar nah. Als Wesen einer anderen Spezies ist er uns jedoch in vieler Hinsicht fremd. Auf emotionaler Ebene sind wir dem Hund wohl am nächsten. Vielleicht fühlen wir uns deshalb so stark von Hunden angezogen. Vor dem Hintergrund dieser Einsichten liegt es nahe, sich zunächst mit der Kommunikation zu beschäftigen. Denn nirgendwo kommt man sich schneller und besser näher wie in gegenseitiger Verständigung.

Verschiedene Ebenen

Hunde haben als Erben des Wolfes ein hochsozialisiertes Verständigungsreservoire. Rangordnungen zu bilden und umzubilden bedarf einer ständigen Auseinandersetzung mit den Mitgliedern der Gemeinschaft. Daher besitzen Caniden ein vielfältiges Zeichenvokabular, wobei alle Ausdrucksebenen vielschichtig genutzt werden. Aussenden und Aufnehmen der Verständigungssignale stehen jedoch in untrennbarem Zusammenhang mit den arteigenen Sinneswahrnehmungen. Diese unterscheiden sich bekanntlich erheblich von jenen des Menschen.

Die Kommunikationsebenen sind zwar dieselben: nämlich die *akustische* (Lautäußerung), *olfaktorische* (Geruchsebene), die *visuelle* (Körpersprache, Mimik und Gestik) und die *taktile Kommunikation* (Kommunikation mittels Berührung). Aber Hunde riechen, sehen, bewegen sich anders und sie nehmen auch Berührungen anders auf.

Olfaktorische Kommunikation Hunde riechen nicht nur um das Tausendfache besser als Menschen. Sie setzen olfaktorische Kommunikation in zahlreichen sozialen Verhaltensweisen ein, die der Mensch längst auf die visuelle oder akustische Ebene übertragen hat.

Visuelle Kommunikation Auch im Sehen gibt es enorme Unterschiede. Hunde sehen Farben anders und haben im Vergleich zum Menschen ein eingeschränktes Farbsehen. Auch in der Sehtrennschärfe liegen sie zurück. Andererseits können Hund auf verhältnismäßig große Distanz geringste Bewegungsunterschiede wahrnehmen. Und sie sehen auch in der Dunkelheit noch hervorragend. Ihr Blickfeld ist auf Grund der Augenanordnung wesentlich größer als das des Menschen.

Taktile Kommunikation Auch das Repertoire an taktilen Kommunikationen ist bei Hunden sehr stark ausgeprägt.

Berührungen nehmen sie durch die Fellhaare erheblich verstärkt wahr. Dazu gehören Wegdrängen, Anrempeln, Schnauzenzärtlichkeiten, Paargehen, Kopf-Auflegen, Pföteln, Hinterteil andrücken und vieles mehr. **Akustische Kommunikation** Lautäußerungen der Hunde sind im Vergleich zu anderen Tierarten außerordentlich umfangreich. Man nimmt an, dass die Vielfalt hundlicher Lautäußerungen ein Ergebnis der Domestikation ist. Lautgeben wurde zur Jagd, in der Bewachung und Verteidigung gefordert. Lautäußerungen sind aber auch Folge eines Anpassungsprozesses an den Menschen, der überwiegend akustisch kommuniziert. **Dürre** beschreibt sieben Lautklassen. Allein in der Klasse Bellen unterscheidet man mindestens acht Bellformen: Einsamkeitslaute, Spielaufforderungsbellen, Spielbellen, Drohbellen, Warnbellen, Angriffsbellen, Begrüßungsbellen, Kontaktbellen und weitere.

Besondere Aufmerksamkeit verdient die visuelle Kommunikationsebene. Nicht nur, weil diese dem Menschen besonders nahe steht, sondern weil auch beim Hund die Körpersprache eine Sonderstellung einnimmt. Bewegung, Haltung, Gestik und Mimik genießen einen hohen Signalwert. Sie teilen Botschaften und Befindlichkeiten mit. Hunde können lachen, drohen, sich unterwerfen, Angst oder Angriff, Sympathie oder Antipathie äußern. (Unkupierte) Hunde nutzen allein im Bereich der Rute zehn unterschiedliche Signalfunktionen. Im Bereich des Kopfes hat man bei Zwergpudeln 14, bei Schäferhunden 16, beim Alaskan Malamute 43 (!) verschiedene Mienen analysiert. An visuellen Signalen sind zahlreiche Körperteile beteiligt. Gliedmaßen, Rumpf, Kopf, Ohren, Rute, Zunge und Lefzen, aber auch das Fell und vor allem die Augen (Blickkontakte, Fixieren u. A.). Hinzu kommt – die visuelle Kommunikation ist stumm. In lautloser Kommunikation bleibt man verborgen und verrät sich nicht dem Feind. Man spricht zu Recht von der „Non verbalen (wortlosen) Kommunikation“ als der wohl bedeutungsvollsten Kommunikationsebene bei Hunden.

Wenn man angesichts der typisch hundlichen Sinneswahrnehmungen auf der einen Seite und der Kommunikationsformen auf der anderen überdenkt, wie der Mensch mit dem Hund in der Regel kommuniziert, so fallen sofort mehrere eklatante Defizite und Fehler auf.

Kommunikationsebenen des Menschen

- **Olfaktorische Kommunikationsebene**
  Geruchsreize werden zwar vom Hund genutzt, um an uns zu „lesen“, in welcher Stimmung wir uns befinden oder welche Geruchsinformationen wir beispielsweise an unseren Kleidern mit nach Hause mitbringen. Darüber hinaus bieten sich dem Menschen jedoch wenig Möglichkeiten, sich olfaktorisch zu artikulieren.

- **Taktile Kommunikationsebene**
  Auch im taktilen Bereich müssen wir Defizite eingestehen. Die aufrechte Körperhaltung des Menschen ebenso wie die Größenunterschiede zum Hund vereiteln einen Großteil der Berührungsmöglichkeiten. Vielfach ist es nur noch die Hand, welche taktile Reize vermittelt. Um so wichtiger wäre es, die Hand als dominantes Berührungsmedium möglichst früh bewusst und gezielt einzusetzen.

- **Visuelle Kommunikationsebene**
  Auf visueller Ebene bieten sich dem Menschen hingegen vielfältige Möglichkeiten, sich ohne große Umstellung so zu vermitteln, dass die Botschaften vom Hund auch verstanden werden. Das ist einer der Gründe, weshalb man die so genannten, verbotenen "Hilfen“ im Hundesport in der Regel auf visueller Kommunikationsebene einbringt.

Wichtig Der Mensch begegnet dem Hund zunächst einmal wie einem Mitmenschen, indem er sich mittels Worten kundtut. Hunde müssen daher lernen, Aufgaben auf akustische Signale des Menschen auszuführen. Auch Lob und Tadel, Zuneigung und Missfallen teilt der Mensch in der Regel akustisch mit.

Multiple Kommunikation

Betrachtet man einmal die Kommunikationsebenen ohne Vorurteile, so würde man hinsichtlich ihrer Nutzung im Signalaustausch mit dem Hund erkennen, dass die Isolierung auf die akustische Ebene nicht zu rechtfertigen ist. Im Gebrauchshundewesen müsste man die visuelle und akustische Ebene gleichwertig behandeln, so dass der Hund in der Lage wäre, je nach Situation entweder auf das Hör- oder das Sichtzeichen, oder auf beides zu agieren. In manchen Situationen würden sich auch Berührungssignale anbieten.

Das Argument multipler Kommunikation wird darüber hinaus durch die Tatsache gestützt, dass zahlreiche Kommunikationsformen der Hunde als "Bündel" mehrerer Signalkomponenten in Erscheinung treten; – so genannte „Displays" oder wie man in der modernen Nachrichtentechnik sagen würde – „Codes" (Immelmann et al. 1988). Nicht das Einzelsignal, sondern der differenziert zusammengesetzte Gesamtausdruck macht den Bedeutungsinhalt aus (Dorit Feddersen-Petersen, s. S. 289). Signalebenen zu beschreiben, ist also nur sinnvoll, so lange man sich der Vernetzung derselben bewusst bleibt.

Wichtig Im Erziehungs- und frühen Ausbildungsbereich müsste vor allem die vernachlässigte Kommunikationsebene Berührung viel mehr genutzt werden. Ich habe hierfür eine eigene Übung entwickelt: Die „Basis-Spiel-Übung" im Sitzen betont (unter anderem) Berührungen im Spiel. Sie hat sich inzwischen vielfach bei den oft anzutreffenden Kontakt- und Näheängsten bewährt, welche mitunter unentdeckt bleiben und für zahlreiche Verhaltensauffälligkeiten und sportliche Fehlleistungen verantwortlich sind.

Kommunikationsverstärker

Kontraste als Verstärker

Die Natur hat enorm viel in den Austausch von Botschaften investiert. Man denke nur an die zahlreichen Kontrasteffekte, welche visuelle Mitteilungen erheblich verstärken. Etwa die dunkel gefärbten Lefzen vor hellem Fellhintergrund, oder die hellen Augenbrauen vor dunklem Hintergrund. Die Kinesik beschäftigt sich aus gutem Grunde stark mit der Symbolsprache der Augen. Wie weit sind sie *geöffnet* oder *geschlossen*? Sind sie *verhängt* oder *verengt*? Werden sie *aufgerissen* oder *flackern* sie hin und her? Ist der Blick *zugewandt* oder *abgewandt, unbestimmt* in die Ferne oder scheint derjenige durch einen *hindurchzusehen*? Ist der Blick von *oben herab* oder *von unten hinauf*? Ist er *durchdringend, sanft, stumpf, stechend, zornig, kalt, glasig, feurig, abwesend,* und was sonst?

Augenspiel

Die „sprechenden" Augenbrauen der Hunde sind nicht nur schön. Blickbewegungen, die aus geringer Distanz schon nicht mehr wahrnehmbar sind, werden durch die Brauen um ein Vielfaches verstärkt und können dadurch von den anderen Rudelmitgliedern gut wahrgenommen werden. Biologisch gesehen ist dieser Zusammenhang besonders auffallend. Die Muskeln der Brauen sind mit den Blickbewegungen gekoppelt, obwohl sich dadurch für das Individuum keine Verbesserung der Sehleistung ergibt. Der Gewinn liegt tatsächlich in der Signalwirkung. Daher sollten wir das Augenspiel unseres Hundes beobachten und uns erinnern: Auch auf diese Weise „spricht“ der Hund mit uns. Das Auge ist der Spiegel der Seele, sagt der Volksmund nicht zu unrecht. Versuchen wir also, aus dem Auge des Hundes und von seinen Augenbrauen zu lesen und halten wir unsere eigene Augen offen, damit uns die vielfachen Botschaften nicht entgehen. Wer mag, kann auch das eigene Augenspiel bewusster als vielleicht bisher zur Kommunikation einsetzen. Wir haben uns hier auf die Augen konzentriert. Aber wir wissen, dass der Hund mit allem, was sich dazu eignet, Signale aussendet: Mit den Ohren, Lefzen, der Rute, dem Haarkleid, den Läufen, dem Kopf, der Zunge, dem Hinterteil usw.

Das Auge ist der Spiegel der Seele.

Verstärkung und Tarnung

Auf der einen Seite dienen Kontraste dem verstärkten Hervorheben bestimmter Botschaften. Gleichzeitig ist es dieselbe Fellstruktur, welche die Tarnung sichert. Gegensätzliche Effekte mit ein und demselben Mittel? – Der einzige Unterschied: Visuelle Signalverstärkung ist mit Bewegung verbunden, während Tarnung durch Bewegungsstillstand entsteht.

Auch das Sträuben der Fellhaare dient als Verstärker. Und Kot, Urin sowie die Sekrete der Zirkumanaldrüsen dienen als Signale und verstärken olfaktorische (geruchliche) Botschaften. Oder man denke an das Scharren nach dem Koten, welches neben der Dominanzdemonstration den Duft besser verbreitet und damit die territoriale Besitzanzeige unterstreicht.

Äußere Reize als Verstärker

Wir wollen noch auf einen weiteren Verstärkereffekt hinweisen. Äußerer Reize, welche für den Hund zunächst bedeutungslos sind (z.B. Hörzeichen), nehmen infolge wiederholtem Auftretens nicht nur Bedeutung an, so dass der Hund weiß, was z. B. mit [Platz] gemeint ist, sondern das Signal wird gleichzeitig getränkt durch die mit dem nachfolgenden Ereignis in Verbindung stehenden Emotionen. Folgt etwa dem [Platz] von Anfang an ein lustbringendes Spiel, so bringt in der Folge allein schon das Auftreten des Hörzeichens den Hund in eine positive Stimmungslage. Das Gleiche gilt natürlich auch in entgegengesetzter Richtung: Ein Hund, der in Verbindung des Wortes [Bring] schlechte Erfahrungen gemacht hat, wird Unlust-, Angst- oder auch Aggressionssymptome äußern. – In beiden Fällen wurde das Hörzeichen selbst zum Verstärker der nachfolgenden Verhaltensweise.

Der beschriebene Vorgang beschränkt sich natürlich nicht auf akustische Reize. Auf jeder Sinnesebene können Reize in Verbindung entsprechender Emotionen als Verstärker wirksam werden. (Auf das Ineinandergreifen der verschiedenen Ebenen wurde bereits hingewiesen.)

Es liegt nahe, sich diesen Effekt zu Nutze zu machen, indem man Erziehungs- und Sporthörzeichen in möglichst hoher, positiver Emotionsbeteiligung vermittelt. Wo es sinnvoll und nötig ist, etwa zur Sicherheit des Hundes, sollten auch strenge, Unterordnung auslösende Hörzeichen eingeübt werden. Wer beispielsweise seinem Hund beim Spazieren gehen ab und zu ein strenges [Platz] abfordert, bringt im Falle einer Hasen-, Katzen- oder Rehbegegnung ungleich höhere Chancen für die Kontrolle des Hundes mit.

Nonverbale Kommunikation

Was bedeutet eigentlich Körpersprache? Wie das Wort schon sagt, ist die Körpersprache eine Art Aussage. Aber eben nicht mit Worten, sondern mit Hilfe von Bewegungs-, Haltungs-, Mimik- und Gestiksymbolen. Wie aussagekräftig diese Kommunikation sein kann, zeigt uns der Pantomime. Dieser erzählt ganze Geschichten – ohne Worte – *„nonverbal"*.

In der Kinesik (= Lehre von den sprechenden Bewegungen) meint man, dass immerhin 50% der Informationen, die wir z. B. über den Charakter oder die Glaubwürdigkeit unseres Gegenübers gewinnen, mittels Körpersprache mitgeteilt werden.

Die nonverbale Kommunikation hat gegenüber der verbalen Sprache auffällige Vorteile. Vor allem ist sie schneller. Zeitgewinn ist in der Natur ein wichtiger Überlebensfaktor.

Auch für den Menschen bietet die schnellere Information Vorteile. Das in Worte zu fassen, was beispielsweise eine genüssliche Geste beim naschen eines Schokoriegels verrät, würde das vielfache an Zeit in Anspruch nehmen. Dies wird in der Werbebranche tagtäglich genutzt.

Zum zweiten ist die Körpersprache vielsagender, so paradox das zunächst klingt.

Das Wort „Baum" beispielsweise beinhaltet eine klare Information, und es grenzt gleichzeitig von anderen Worten, etwa vom Wort „Apfel" ab. Körpersprache ist längst nicht so klar in ihrer Ein- und Abgrenzung. Sie ist in ihrer Vieldeutigkeit eher mit einer Melodie zu vergleichen. Melodien rufen in ihrer Gesamtheit von Metrum, Rhythmus, Tonfolge, Harmonie und Form Stimmungen hervor. Ein einzelner Ton der Melodie, etwa der Ton C kann einmal Freude, ein andermal Traurigkeit oder Festlichkeit ausdrücken. Erst die Umgebung der anderen Töne und der Bezug zu den soeben aufgezählten Ebenen gibt dem Ton C seine einmalige, unnachahmliche Wertigkeit.

Auch von einem Bild heißt es, es würde mehr aussagen als tausend Worte. Man sieht, in der Unklarheit der Körpersprache liegt also gleichzeitig eine besondere Qualität.

Und drittens ist die nonverbale Kommunikation „ehrlicher". Körpersignale lassen sich nicht so leicht vom Unterbewussten trennen wie Worte. Man könnte sagen: Lügen ist einfacher als seine Mimik zu verstellen.

Die Vieldeutigkeit der nonverbalen Kommunikation stellt andererseits an den, der mit ihr umzugehen hat, hohe Anforderungen. Während man für das Wort „Apfel" nur wenige Alternativen findet, scheinen die Gebärden des genüsslichen Verspeisens eines Apfels nahezu unerschöpflich. Die Vieldeutigkeit der Kinesik werden besonders im Tanz genutzt. In der Tanztradition des japanischen Theaters beispielsweise verwendet man mehr als 40 Stellungen der Augenbrauen in jeweils verschiedenen Bedeutungen!

So vielfältig sich die Körpersprache offeriert, ebenso kompliziert und vielschichtig sind die im Innern ablaufenden psychosomatischen Prozesse, die sie auslöst. Zurückliegende Erfahrungen, biochemische Vorgänge, Absichten, Befindlichkeit, vitale Bedürfnisse und vieles andere sind daran beteiligt.

Kommunikation richtig deuten

Es liegt auf der Hand, dass das Bild, welches sich der Beobachter auf Grund von Körpersprachesignalen macht, nicht mehr als eine Annäherung widerspiegelt. Gerade deshalb ist es so wichtig, Interpretationen vorsichtig anzustellen und nicht vorschnell, etwa auf Grund eines Einzelkriteriums zu urteilen. Das gesträubte Haar eines Hundes ist nicht immer gleichbedeutend mit Aggression; und die erhobene; wedelnde Rute bedeutet durchaus nicht immer freundliches Gewogensein. Ebenso falsch wäre es, jedes Knurren mit Unsicherheit gleichzusetzen. Wie sehr sich Kommunikationssignale verändern, wenn man ihnen bestimmte Elemente hinzugibt oder wegnimmt, mag folgender Vergleich verdeutlichen:

In der Abb. oben sehen wir das Symbol eines Telefons, bestehend aus drei Elementen: dem typischen Hörer, der (ehemals) typischen Wahlscheibe und dem Gehäuse. Es ist erstaunlich, dass wir mit nur drei Elementen eindeutig eine bestimmte Gestalt assoziieren. Was passiert jedoch, wenn wir nur ein Element weglassen, etwa den Hörer?

Niemand wird mehr in dieser Abb. ein Telefon erkennen. Man interpretiert beispielsweise den Oberkörper eines Menschen, welcher den Kopf tief einzieht, eine Sparbüchse, die Querschnittszeichnung einer Walze in ihrem Lager oder eine andere technische Zeichnung. Auf keinen Fall jedoch verbindet man die beiden Elemente mit der Vorstellung eines Telefons. Allein das Wegfallen eines einzigen Elementes verändert den ganzheitlichen Inhalt, die Gestalt. Wir schließen daraus:

Wichtig ***Die Körpersprache ist eine Art Mosaik, in welchem der einzelne Stein keine definitive Bedeutung hat. Die Bedeutung erschließt sich erst in Bezug auf die benachbarten, anderen Steine und in Bezug auf das Ganze.***

Aristoteles hatte schon vor zweitausend Jahren recht, wenn er behauptete: *„das Ganze ist mehr als die Summe seiner Einzelteile"*.

Übertragen wir dieses Beispiel auf das Dechiffrieren der Körpersprache der Hunde, so wird klar: Zum einen sollte man möglichst viele Einzelelemente kennen, zum anderen sollten die Bedeutungen möglichst vieler Signalaussagen bekannt sein, und zum Dritten müsste man auch die Varianten ein- und derselben Signalmitteilung unterscheiden können.
Hinzu kommt, wer mit Kommunikation umgeht, braucht neben Wissen auch Beobachtungsgabe. Nur unter diesen Voraussetzungen ist eine reelle Chance gegeben, das, was sich uns zeigt, mit relativ hoher Wahrscheinlichkeit richtig zu deuten. Wenn der Hund beispielsweise sein Hinterteil an unser Knie presst, so kann das einmal (vermenschlicht ausgedrückt) bedeuten: „Ich mag Dich! Ich gehör zu dir." Ein andermal: „He, schau mal da hinüber, der dicke Schwarze da drüben ist mir nicht geheuer. Bleib' bei mir, man weiß ja nie ...." Oder: „Hallo Herrchen, ich möchte jetzt gestreichelt werden".

Folgendes ist zu berücksichtigen:

* Gleiche Elemente der caniden Körpersignale können in einer anderen Konstellation und Situation unterschiedliche Bedeutung haben und erst die Summe aller Signale in Verbindung der ganzheitlichen Analyse der Situation und der vorangegangenen Ereignisse ermöglicht annähernd gültige Rückschlüsse.
* Die Zuchtziele haben bei manchen Rassen zu erheblichen äußeren (und inneren!) Veränderungen geführt. Dies führte wiederum zu rassetypischen Kommunikationsweisen.
* Manche hundetypischen Verhaltensweisen degenerierten, andere wurden verstärkt oder auch modifiziert.
* Jeder Hund entwickelt seine ganz bestimmte, unnachahmliche Form der Verständigung.

Von der „Ignorierenden" zur „Respondierenden" Kommunikation

Noch auf einen weiteren Zusammenhang wollen wir hinweisen. In der Regel verstehen Hunde und Menschen einander ganz gut. Die vielen ähnlichen Körpersignale sowie die „emotionale Nachbarschaft" machen eine weitgehend intuitive Verständigung möglich. Aber wenn man die Kommunikation wirklich einmal untersucht, dann findet man oft, dass Mensch und Hund jeweils das betont, was ihm nützt. Der Hund beobachtet den Menschen daraufhin, was für ihn an Vorteilen herausspringen könnte und der Mensch liest am Hund, was für das Unterordnen des Hundes in der Familie oder im Sport von Wichtigkeit ist.

Auch viele Bücher, die sich mit der Körpersprache befassen, vermitteln in erster Linie die Inhalte von Signaleinheiten (Displays). Die Verhaltensforschung beschäftigte sich vornehmlich mit der innerartlichen Signal-Decodierung, so wie sie unter Wölfen üblich ist. Also Kommunikation im Hinblick auf Decodierung (auch Dechiffrierung genannt). Hier wurden umfangreiche Kenntnisse erworben. Ebenso wichtig jedoch ist die Erforschung der *aktiv-wechselseitig-gleichzeitigen Kommunikation* zwischen Mensch und Hund. Also das auf Austausch ausgerichtete, kommunikative *„In-Verbindung-Treten"*. Das Verstehen einer biologischen Erscheinungsform bedeutet etwas anderes als die praktische Umsetzung innerhalb des in Verbindung Tretens zweier verschiedener Spezies (aktionale und interaktionale Kommunikation). Das innerartliche Ausdrucksverhalten der Caniden ist gut beschrieben, aber es fehlt noch an ethologisch-pädagogischen Schlussfolgerungen und an praktischen Orientierungshilfen (siehe Dorit Feddersen-Petersen „Hunde und ihre Menschen", S. 289). Genau um diese geht es jedoch innerhalb der Mensch-Hund-Beziehung.

Ignoranz-Kommunikation

Vielfach läuft die Kommunikation einseitig ab. Der Hund bleibt auf dem Spaziergang stehen und sieht zurück zu Herrchen. Herrchen bemerkt das, aber zeigt keine Reaktion. Er ignoriert die Botschaft des Hundes. Genauer gesagt: Er gibt keine Antwort. Der Hund läuft weiter. Nichts besonderes? Vielleicht doch! Der Hund hat seinen engsten Sozialpartner, den Menschen, „angesprochen". Freilich nicht mit Worten, aber Zweck und Inhalt der wortlosen Kommunikation mittels Körpersprache war für den Hund in diesem Augenblick wichtig. Möglicherweise wollte er eine „Frage" stellen oder eine „Mitteilung" geben. Aber seine Bemühung blieb erfolglos: „No answer" – keine Antwort. Ich nenne diesen Vorgang *„Ignorierende Kommunikation"* (Ignoranz-Motivation) im Gegensatz zur *„Respondierenden Kommunikation"* (respondere = lat = antworten, bestätigen).

Wichtig ***Während Ignoranz-Kommunikation die unbeantwortete Kontaktaufnahme beschreibt, hebt die Respons-Kommunikation das wechselseitige und gleichzeitige soziale „In-Verbindung-Treten" hervor.***

Dialogsuche

Was geht in einem Hund vor, wenn er auf dem Spaziergang lediglich wenige, vornehmlich *Ignorierende Kommunikationen* erlebt? Mensch und Hund gehen zwar die gleiche Strecke, aber emotional geht jeder seinen eigenen Weg. Das muss dann und wann natürlich auch so sein. Aber wenn sich jahraus-jahrein Spaziergänge immer gleich, nämlich *ignoriert monoton* gestalten, dann wird das soziale Band immer dünner. Der Hund wird immer seltener den „Dialog" suchen. Herrchen denkt zum Beispiel an seine Gehaltserhöhung und der Hund wird durch diverse Gerüche angezogen. Unter diesen Umständen hat der Hund wenig Veranlassung, sich um seinen Herrn oder gar um gemeinsames Handeln zu kümmern. Er wird sich das Fragen buchstäblich abgewöhnen. Mit dem „Verstummen" der Fragen nimmt aber auch die Kommunikation als solche ab und darunter leidet letztlich die Mensch-Hund-Beziehung. Unter Menschen ist es nicht viel anders. Solange man streitet, ist eine Beziehung wenigstens noch lebendig. Erst wenn man sich nichts mehr zu sagen hat, geht sie gewöhnlich in die Brüche. Das fatale an diesem Vorgang ist, dass die *Ignorierende Kommunikation* bei anhaltender Wiederholung zu einer Art gefühlsmäßigen Grundhaltung wird. Bei beiden wird sowohl die Kommunikationsbereitschaft als auch die kommunikative Erwartung abnehmen. Als Folge dieser Grundhaltung versandet die Kommunikation mehr und mehr. Aus der *Ignorierenden Kommunikation* wird so die *Ignoranz-Monoton-Kommunikation.* Eingeleitet wurde dieser bedauernswürdige Prozess durch eine einfache Unterlassungssünde: Frauchen oder Herrchen hat versäumt, auf die vielen (meist stummen) „Fragen" und „Mitteilungen" des Hundes zu antworten. Man wusste zwar, dass der Hund vor allem über Gebärden kommuniziert, aber man hat in der Praxis schließlich doch versäumt, auf den angebotenen Dialog einzugehen. Irgendwie fühlte man sich doch nicht „angesprochen".

Kommunikation ist die Basis der motivationalen Ausbildung.

Hätte der Hund seine Emotionen mit Worten mitgeteilt, ja dann hätte ihm Frauchen oder Herrchen geantwortet. Es fällt uns eben doch schwer, die wortlose Kommunikation des Hundes als solche anzunehmen.

Respons-Synton-Kommunikation

Ganz anders sieht es aus, wenn der Team-Führer auf seinen Spaziergängen auf die Fragen seines Hundes antwortet. Wie, das ist zunächst zweitrangig. Zuerst geht es darum, Fragen nicht „unbeantwortet" zu lassen, sondern das eigene „Schweigen" zu beenden. Denken wir daran, bereits das geringste Körpersignal bedeutet für den Hund, man „redet" mit ihm – *nonverbal.*

Der nächste Schritt wäre, dass man nicht nur antwortet, sondern selbst die Initiative ergreift, selbst zu fragen oder mitzuteilen beginnt und auf diese Weise das Zwiegespräch einleitet. Das Verhalten des Hundes wird sich dadurch sichtlich verändern! Er lernt, dass man zusammen unterwegs ist, was der Gemeinschaft des ursprünglichen Rudels ja viel näher kommt. Er wird die Gesten erwarten und Herrchen oder Frauchen genau im Auge behalten. Es bildet sich die Respons-Synton-Kommunikation.

„Synton" steht für das erwartungsvolle, gegenseitig-gleichzeitige „In-Verbindung-Treten" zwischen Mensch und Hund, gefördert durch den aktiven, respondierenden Kommunikationsbeitrag des Menschen.

Das heißt nun nicht, dass man auf jedem Spaziergang von Anfang bis Ende mit dem Hund Gesten austauschen soll, oder wie ein Wilder hin- und herspringen muss, um den Bruder oder die Schwester Hund zu ersetzen. Es reicht, einen Teil der gemeinsamen Zeit gezielt kommunikativ zu verbringen und Fragen nicht mit permanentem Schweigen zu beantworten. Denn Schweigen kann ja sehr beredt wirken. Antworten wir aufmerksam und angemessen. Antworten können auf vielfache Weise gegeben werden. Etwa durch ein Augenzwinkern, durch Kopfnicken oder andere Gesten, mit oder ohne Wortverbindung, durch interessante Geräusche, durch Animieren des Futter-, Beute- oder Bewegungsspiels usw.

Und wenn wir einmal keine Zeit oder Lust zur Kommunikation haben, dann ist das nichts Ungewöhnliches. Mit gelegentlichem Verwehren der Kommunikation kommt der Hund problemlos klar. Das ist unter Hunden nicht anders. Worum es geht, ist die prinzipielle Bereitschaft zur Respons-Kommunikation, die sich in zahlreichen Formen gegenseitigen Aufeinandereingehens äußert. Dieser Bereitschaft sollten wir uns auf keinen Fall entziehen.

Auswirkung der Respons-Kommunikation

> Wir haben untersucht, wie oft Hunde unter normalen Bedingungen des Spazierengehens mit dem Team-Führer Kontakt aufnehmen und was sich ändert, wenn der Team-Führer beginnt, mit dem Hund responierend zu kommunizieren. Bereits nach wenigen Tagen Spazierengehens in Respondierender Kommunikation hat sich das Verhalten der Hunde deutliche verändert. Sie blieben viel näher beim Team-Führer, haben wesentlich öfter Kontakt aufgenommen, legten öfter kurze Galoppstrecken ein – zurück zum Team-Führer, zeigten sich motorisch abwechslungsreicher, vitaler und „beantworteten" die Botschaften in Wiederholungen immer öfter und teilweise auch ausgeprägter. In der Wiederholung mit weiteren Hunden erhärtete sich dieses Bild: Alle getesteten Hunde sandten wesentlich häufiger Kommunikationssignale aus und waren insgesamt viel stärker auf den Team-Führer bezogen als vorher.

Achtung–Geste

In weiterer Folge haben wir ein Repertoire an Kommunikationsgesten zusammengestellt und damit experimentiert. Aus Raummangel können wir hier nur einige wenige Gesten herausgreifen. Die wichtigste ist die *Achtung-Geste,* die als Botschaft ein allgemeines „Aufgepasst!" vermittelt. Zahlreiche Verhaltensweisen werden durch diese Geste eingeleitet. Sie kann in sehr vielen Varianten auftreten und wird oft durch andere Wahrnehmungsebenen, etwa die akustische, erweitert.

Damit gestische Kommunikation zustande kommen kann, ist Blickkontakt Voraussetzung. Das heißt, der Blickkontakt muss bereits bestehen. Besteht er noch nicht, muss er hergestellt werden. Die folgende Beschreibung eines Spazierganges zeigt, wie man Blickkontakt aufbauen kann.

Aufbau der Respondierenden Kommunikation

Übungsbeispiel Der Team-Führer legt während des Spaziergangs unbemerkt und in Abständen einige Motivationsobjekte (MO`s) auf den Weg oder ins Gras und merkt sich die Stellen. Je nach Vorlieben des Hundes kann das MO aus einem Futterstück oder einem Beuteersatz bestehen. Beim Zurückgehen wartet der Team-Führer in der Nähe des abgelegten MO's eine Situation ab, in der Blickkontakt zum Hund besteht. Falls nicht, stellt er diesen her: etwa durch Schnalzen mit der Zunge oder ein anderes Geräusch oder mittels Haltung und Bewegung.

Die Körpersprache könnte etwa so aussehen: Herrchen oder Frauchen hält plötzlich an, steht still, hält die Luft an, fixiert das MO, macht einen Schritt in die Richtung des MO's, greift den Gegenstand und spielt damit zunächst allein. Das Ganze kann noch durch Geräusche bereichert werden. Der Hund wird aufmerksam, kommt her und will sich ins Spiel bringen. Anschließend könnte ein gemeinsames, typisches *Freies Spiel* folgen.

Nach wenigen Spaziergängen dieser Art wird der Hund bereits bei der Achtung-Geste in hohe Erwartungsstimmung geraten. Mit der Zeit kann die anfangs üppige Gebärde durch immer feinere Signale ersetzt werden, bis letztlich sogar ein bestimmter Gesichtsausdruck, ein Brauen- und Augenspiel oder allein schon das Luftanhalten genügt (Signalabschwächung). Hunde, die *respondierend kommunizieren* gelernt haben (besser gesagt, denen es nicht abgewöhnt wurde!), benötigen nicht jedes Mal ein künstliches MO. Es reicht dann ein Büschel Gras,

„Achtung-Geste"
als Einleitung zur Kommunikation.

ein Blatt oder Zweig, eine Muschel oder auch nur die Kommunikation als solche. Sieht der Hund beispielsweise im Galopp zu Frauchen zurück, so gibt man der Bewunderung Ausdruck, oder wenn er einen freundlich anlacht, erwidert man die Zuneigung durch Anreden, Augenzwinkern oder anderswie.

Ausprägung der Achtung-Geste

Sie ist die wichtigste Botschaft, in Verbindung mit zahlreichen gestischen und/ oder akustischen Ausprägungen.

Form (innerartliche, aktionale Kommunikation) Hat der Signalgeber ein bestimmtes Objekt ausgemacht, dann hält er oft Kopf und Blick eine Zeit lang fixierend in diese Richtung. Der Kopf kann hierbei leicht nach vorn und unten zeigen. Der Hund bleibt beispielsweise plötzlich stehen, hält die Luft an und spannt die gesamte Muskulatur (visuelle Achtung-Geste). Oder er beginnt zu „Wuffen", wenn er in der Nähe ein verdächtiges Geräusch hört (akustisches Achtung-Signal), oder er hält die Nase in die Luft oder zieht stoßweise die Luft ein, wenn er etwas interessantes gerochen hat (visuelles Signal, welches auf olfaktorische Motivation weist). All diese Verhaltensweisen haben für die übrigen Rudelmitglieder Signalwert.

Bedeutung Sie kann sehr unterschiedlich sein: Innere Spannung und gesteigerte Aufmerksamkeit. Allgemeine Botschaft: Achtung! Hier ist etwas Besonderes. Oder auch konkret: In diesem Loch hat sich eine Maus versteckt. Beschaffenheit und Intensität der Signalausprägung geben Aufschluss über die Größenordnung des betreffenden Inhaltes.

Effekte Aufmerksamkeit bei den anderen Rudelmitgliedern – andere Rudelmitglieder erwidern den Kommunikationskontakt. Oder: Steigerung bereits vorhandener Kommunikationskontakte – das Umfeld wird auf mögliche Besonderheiten oder Gefahren überprüft.

Übertragung auf die Mensch-Hund-Kommunikation Der Team-Führer hält aus der Bewegung heraus an, so, als hätte er eine Maus entdeckt. Der Oberkörper wird leicht nach vorne gebeugt und die Beine stehen sprungbereit in moderater Grätschstellung. Das Ganze sieht aus, als würde man sich abducken. Ein Bein steht in Schulterrichtung,das andere nahezu quer zur Schulter. Die Arme hängen locker herab und sind leicht angewinkelt. Die Hände sind entspannt. Der Gesichtsausdruck verrät höchste Anspannung und Konzentration. Die Augen sind weit aufgerissen. Dann folgt ein Erstarren und schließlich die Aktion: Spielerisches Weg- oder Anschleichen.

Aufbruch-Geste

Richtet sich der Hundebesitzer nach einer ruhenden Haltung – etwa im Sitzen – auf, dann wird ein normal veranlagter, junger Hund ebenfalls aufstehen. Und zwar hundetypisch: mit einem Ruck. Diese ganz bestimmte Ausprägung des Aufstehens entspringt nicht nur dem Wunsch, keine Möglichkeit ins Freie zu verpassen, sondern gleichzeitig kommt das alte Wolfserbe zum Ausdruck, aufzuspringen, wenn der Rudelführer mit seinem Aufstehen das Signal zum Aufbruch gibt. Wer Hundesport betreibt oder einen besonders engen Kontakt zu seinem Hund wünscht, der sollte derartige Chancen zur Gemeinschaft nicht permanent ungenutzt lassen. In der Regel ignorieren Hundeführer das Aufbruchverhalten ihrer Hunde, oder sie dämmen es immer und immer wieder ein.

Da trainieren Hundesportler jahrelang darauf hin, dass der Hund in ständiger Aufmerksamkeit steht und sich möglichst vital zeigt. Aber die einfachsten, naheliegendsten und arteigensten Übungsmöglichkeiten werden ignoriert.

Ein Hund, der im täglichen Umgang mit hoher Erwartungshaltung die Bewegungen von Herrchen oder Frauchen verfolgt, der muss dies auf dem Hundeplatz nicht erst lernen. Ein guter Team-Führer befindet sich immer im Training und es bereitet ihm große Freude, das Verhalten seines Hundes zu beobachten und – mit ihm *respondierend* zu kommunizieren. Wer wünscht sich nicht einen Hund, der mit höchster Spannung aufschaut und auf ein Hör- oder Sichtzeichen hin seine volle Vitalität einsetzt. Das ist doch der „freudige Hund", nicht wahr?

Dieses temperamentvolle „In-Aktion-Treten" übt man am besten immer wieder im täglichen Umgang und nicht nur einmal wöchentlich während der Ausbildungszeiten auf dem Hundeplatz.

Teilhabe an den Abwechslungen des Tages

Wenn man die Post holt, schickt man den Hund nicht jedes Mal Platz (weil es lästig ist, wenn der Hund einen überallhin verfolgt), sondern man lässt ihn mitgehen, ihn teilhaben an den ohnehin oft kargen Abwechslungen des Tages. Es gibt viele Gelegenheiten, das natürliche Aufbruchverhalten zur Kommunikation zu nutzen. Wenn man mal eben schnell in den Keller muss, wenn im anderen Zimmer das Telefon läutet, wenn Besuch kommt, wenn man in den Garten geht usw.

Ich lasse den Hund zwar nicht jedes Mal mitgehen, aber nach dem Aufbruchsprung belohne ich ihn einmal mit Zärtlichkeit, ein andermal mit einer Kaustange, dann mit einem kurzen Beutespiel oder auch nur mit einem Zwinkern oder einem freundlichen Wort. Wenn ich alleine weitergehen möchte, schicke ich ihn nach dem Aufbruchsprung und der Belohnung auf sein Lager zurück oder lass ihn bei kurzfristiger Rückkehr stehen (ein andermal sitzen oder liegen). Beim Zurückkommen belohne ich ihn dann nochmals. Der Hund hat gelernt, Aufbruchsignale erwartungsvoll aufzunehmen und anschließend mit Aktionsbereitschaft zu beantworten. Was der Hund auf diese Weise im täglichen Umgang gelernt hat, kommt dem Sport zugute.

Einige Gesten im Überblick

Zur Übertragung hundetypischer Gesten sei noch vermerkt: Gesten eins zu eins nachzuahmen, ist nicht angebracht. Es genügt, wesentliche Punkte herauszugreifen und diese mit der Körpersprache des Menschen umzusetzen. Der Hund ist durchaus in der Lage, Gesten richtig zu interpretieren, wenn sie nur annähernd hündisch sind. Der Mensch braucht also weder den aufrecht-Gang noch seine typische Mimik ablegen,

Hundebegegnungen laufen nach strengen Ritualen ab. Auch davon kann man als Hundeführer lernen.

um von seinem Hund verstanden zu werden. Dass der Hund beispielsweise das Lachen und Lächeln des Menschen (mit entblößten Zähnen) als Aggression interpretiert, ist (mit möglichen Ausnahmen) ein Märchen! Derartige Speziesunterschiede hat der Hund schon im Welpenalter einzuordnen gelernt.

Bewegungsaufforderung

Drehen des Kopfes, oft auch in Verbindung mit Anlaufen oder einem Sprung aus dem Stand, wobei das Ausholen und Wegdrehen meistens den gesamten Körper mit einschließt. Also auch die Beine, Hüfte und den Oberkörper! Der Signalgeber fordert die übrigen (oder auch nur einen einzelnen) zum Mitlaufen auf. Auf diese Weise werden oft Verfolgungsspiele eingeleitet. Die spielerische Laufaufforderung zeigt andere Gesten als die *Aufbruch-Geste* des Alpha-Tieres eines Haushunderudels.

Übertragung ***Lässt sich ohne wesentliche Abänderung übertragen.***

Aufbruch

Aufbruch-Gesten demonstrieren vor allem gelassene Überlegenheit. Man könnte von „Dominanz-Ökonomie“ sprechen. Das Alpha-Tier (durchaus nicht immer der Rüde) richtet sich mehr oder minder betont auf und schreitet in Zielrichtung, ohne sich groß um die anderen zu kümmern. So, als sei es das Selbstverständlichste der Welt, dass ihm alle folgen. Anzuhalten, mit jedem Blickkontakt aufzunehmen oder wiederholt einzuladen würde Schwäche bedeuten. Genau diesen Fehler machen Team-Führer, die ihren Hund, der nicht mehr zurückkommt, unter wiederholten Bitten nachgehen oder gar nachlaufen. Weggehen alleine reicht nicht. Man muss weggehen ohne sich umzusehen und ohne irgendwelche Hör- oder Sichtzeichen zu geben. Auf keinen Fall ein [Hier], [Komm] oder den Namen des Hundes. Der Hund würde nur lernen, dass es leicht fällt, sich über die Hörzeichen Herrchens oder Frauchens hinwegzusetzen. Die damit einhergehende Selbstbelohnung macht dem Hund riesig Spaß...

Übertragung ***Lässt sich ohne wesentliche Abänderung übertragen.***

Entspannung

Der Hund lässt sich locker zu Boden fallen, stößt dabei die Luft aus und legt beispielsweise den Kopf auf eine der Vorderpfoten. Oft lässt sich diese Geste auch nach dem Gewinn einer Spielbeute beobachten, wenn sich der Hund in Sicherheit wähnt. Nach der Entspannungsgeste nimmt er dann die Beute zwischen die Pfoten und fängt an, den symbolischen Knochen abzuschälen und zu zerkleinern.

Übertragung ***Nur bedingt möglich. Abhängig von Jahreszeit und Witterung. Setzt entsprechende Kleidung voraus. Erfordert vor allem überdurchschnittliche Beweglichkeit des Menschen. Lässt sich aber (mit Einschränkung) modifiziert auch auf das Sitzen (Stuhl oder Sessel) übertragen.***

Vorstehhaltung

Auch sie beinhaltet einen ausgeprägten Signalwert. Ein Hund, welcher in gespannter Körperhaltung ein (nahes oder fernes) Objekt fixiert und dabei einen der beiden Vorderläufe anhebt und anwinkelt, teilt gleichzeitig den anderen mit: „Ich habe ein jagdbares Objekt ausgemacht und bin sprungbereit".

Anschleichen

Anschleichen nach dem Vorbild spielender Hunde: Kopf ist abgeduckt und leicht vorgebeugt. Körper auf gedachter horizontaler Linie tragend (*Bewegungstarnung!*). Vertikale und horizontale Bewegungsausschläge werden vermieden. Pfoten geräuschlos aufsetzen. Objekt fixieren. Ohren so weit wie möglich vor – und aufgerichtet. Gesamter Körper in merklicher, aber ausgeglichen verteilter Spannung. Rute hängt entweder entspannt herunter oder ist leicht angehoben. Fang zunächst offen, kurz vor dem Absprung geschlossen. Atmung ruhig und fließend. Mitunter aus der Vorwärtsbewegung Anhalten und regungsloses Verharren. In dieser *Bereitschaftsposition* sieht man häufig: Schließen des Fangs und/oder Einatmen und Atem anhalten. Dieselben Gesten zeigen sich kurz vor dem *Spielangriff.*

„Wegschleichen"

„Anschleichen"

Übertragung ***Lässt sich in weiten Teilen ohne wesentliche Abänderung übertragen.***

Wegschleichen

Ähnliche Details wie beim Anschleichen. Auch das sich in Sicherheit bringende Tier zeigt sich zunächst lautlos und möglichst unsichtbar *(Bewegungstarnung)*. Wichtigste Unterschiede: Das Gewicht wird von der Gefahrenquelle in Fluchtrichtung wegbewegt.

Spielaufforderung

Diese können sehr unterschiedlich aussehen. Bekannt und oft beschrieben ist die Haltung „hinten hoch, vorne tief", eventuell in Verbindung des Spielgesichts und wedelnder Rute. Häufig werfen Hunde hierbei beide Vorderläufe auseinander. Diese Geste hat einen starken Symbolcharakter. Sie bedeutet betonte Freundlichkeit. Beim Mäuselsprung stoßen die Vorderläufe objektbezogen in der Mitte zusammen. Auseinandergeworfene Läufe vermitteln klar: Vom Signalgeber ist keine Gefahr zu erwarten.

Darüber hinaus laden Hunde auch durch aufforderndes Stampfen mit der Vorderpfote zum Spielen ein. Oder durch Stupsen mit der Nase, etwa an ein am Boden liegendes Individuum, durch Anrempeln mit dem Hinterteil oder auch mittels akustischer Signale.

Übertragung ***Wollte man versuchen, die hundetypische Spielaufforderung „hinten hoch, vorne tief" originalgetreu zu übertragen, so würde man sich eher lächerlich machen und der Hund würde einen womöglich mit großen, verwunderten Augen ansehen oder, bei Ängstlichkeit, das Weite suchen. Es reicht völlig aus, den Oberkörper im einladenden Sprung etwas vorzubeugen. Gleichzeitig kann man die Arme locker nach außen und unten werfen.***

Geste für Besitzanspruch ***Pfote drauflegen heißt soviel wie „gehört mir".***

„Spielaufforderung"

Imponieren im Beutespiel

Haben Hunde beispielsweise einen attraktiven Gegenstand im Fang, dann bringen sie das mit allerlei Gesten zum Ausdruck. Den Gegenstand hoch tragend, beginnen sie elastisch und federnd mit erhobener Rute zu traben. Der Besitz des Gegenstandes wird imponierend demonstriert: Etwa durch wiederholtes Lockern und Nachfassen. Wird der Gegenstand dabei nach oben bewegt, bleibt der Hund meist in Bewegung. Die andere Variante sieht so aus: Stehen bleiben, den anderen (in mehr oder minder sicherem Abstand!) fixieren, Kopf tief halten, Gegenstand fallen lassen und wieder auffangen, mitunter auch zu Boden fallen lassen und eine Zeitlang liegen lassen; währenddessen den anderen mit allerlei anderen Gesten aufreizen (akustisch, durch Blicke oder Boden stampfen, Erstarren u. A.).

Übertragung ***Vieles von dem, was Hunde an Gesten zum Imponieren einsetzen, lässt sich ausgesprochen gut übertragen. Allerdings verlangen Imponiergesten einiges an Unbefangenheit und Mut ab. Wer traut sich schon, derart aus sich herausgehen...?***

Provokation im Beutespiel

Auch beim Provozieren kann man viele Varianten und Details beobachten. Der Auslöser zum Provozieren ist meist dann gegeben, wenn der oder die anderen auf ein vorausgegangenes Imponieren nicht oder nur schwach reagieren. Um den anderen doch noch zum Spiel zu bewegen oder auch, um eigene Stärke zu demonstrieren, kommt der Hund, welcher die „Spielbeute" im Fang hat, nah an die anderen heran, streift den einen oder anderen „so ganz nebenbei" (natürlich in voller Absicht) mit dem Hinterteil oder mit dem Gegenstand selbst. Oder der Signalgeber macht kurz vor dem anderen einen Bogen, schlägt einen Haken oder beginnt beim Vorbeilaufen zu beschleunigen. Manche Hunde stellen sich in T- oder V-Stellung und rempeln den anderen mit dem Hinterteil an. Auch akustische Signale kommen zum Einsatz.

Übertragung ***Zahlreiche Provokationsgesten lassen sich mit entsprechender Abänderung übertragen.***

Zeigen

Will der Hund in einen bestimmten Raum oder will er uns auf einen für ihn nicht erreichbaren Gegenstand aufmerksam machen, dann vermittelt er uns dies durch allerlei Kommunikationssignale: Durch Zeigen, durch Lautsignale als auch durch Haltung oder Bewegung. Viele Hunde beginnen mit der Zeige-Geste. Bringt dieses Signal keinen Erfolg, kommen Lautäußerungen (Wuffen, Winseln, Bellen, Seufzen), Haltungen (beispielsweise Sitzen, weil der Hund gelernt hat, für das Sitzen belohnt zu werden) oder auch Bewegungen (Trippeln, Hochspringen oder auch seltener Umkreisen) hinzu.

Die Zeige-Geste sieht etwa so aus: Der Hund sucht den Blickkontakt, anschließend bewegt er den Kopf (Richtungsgeber sind Augen und Nase) in die Richtung, wo er die Motivation lokalisiert hat. Also entweder zur Türschnalle, in Richtung Tischkante oder zur Autotüröffnung hin, oder dorthin, wo er sein MO wähnt. Zeigebewegungen werden durch Hin- und Herbewegen des Kopfes zwischen Motivationsquelle und Kommunikationspartner gegeben. Je nach Rasse und Individuum mehr oder minder schnell, mehr oder weniger häufig, ausgeprägt ruckartig oder eher weich, wobei die Kopfbewegungen meist durch den Blick und die Augenbrauen verstärkt werden. Die Signale können kombiniert, aufeinanderfolgend (oder auch als Mixtur aus Beidem) zum Einsatz kommen. Hier noch einige weitere

Abwandlungen und Erweiterungen des Zeigerepertoires: Züngeln, aufforderndes Nasenstoßen nach oben, Zurückweichen und in Spannung stehen bleiben oder auch nur Zwinkern.
Den gesamten Vorgang einer zeigenden Motivationsäußerung zu beobachten und zu interpretieren, ist ebenso interessant wie gewinnbringend. Wer es versteht, die zahlreichen Details zu sehen und richtig zu interpretieren, der weiß einfach mehr über seinen Hund und kann besser auf ihn eingehen. Dies kommt dem Umgang im Allgemeinen und auch dem Sport zugute!

Weitere Gesten

- **Begrüßungs-Gesten**
  Auch hier könnte der Mensch hundliche Verhaltensweisen für die Verbesserung (und Aufrechterhaltung) einer lebendigen, harmonischen Mensch-Hund-Beziehung nutzen. Wer auf die Begrüßungs-Gesten seines Hundes beim morgendlichen Zusammentreffen oder beim nach Hause kommen von der Arbeit eingeht – täglich(!) – übt sich nicht nur in der Kommunikation, er steigert damit gleichzeitig den sozialen Kontakt.
- **Pflege-Gesten**
  Das Gleiche gilt für das Striegeln (Fellpflege) und andere Dienste, die man dem Hund zukommen lässt (Ohren putzen, Zähne reinigen, Krallen schneiden, Zecken entfernen usw.). Striegeln nicht nur als anonyme Notwendigkeit, sondern als soziales Erlebnis ausgeführt, wird vom Hund dankbar aufgenommen und hat Zuneigungs- und Lustbekundungsgesten zur Folge. Zum Beispiel: Kopf nach hinten drehen bei gleichzeitigem Andrücken des Hinterteils, Ohren anlegen, Blickkontakt, sowie das Entgegenstemmen jener Körperpartie, welche gerade gestriegelt wird.

Stimmungsübertragung

Neben den Gebärden dürfen wir auch die Kommunikation durch Stimmungsübertragung nicht unterschätzen. Hunde haben bekanntlich ein überaus feines Sensorium für innere Vorgänge. Ob die Informationen an äußeren Details etwa der Körpersprache, des Atems oder geruchlicher Veränderungen wahrgenommen werden oder ob Hunde tatsächlich in der Lage sind, telepathische Informationen aufzufangen, wissen wir nicht. Fest steht jedoch, dass sich Hunde schwer täuschen lassen. Wer sich einem Hund mit der Absicht, ihm wirklich zu schaden, nähert, wird dies in der Regel durch versuchte Verstellung kaum verbergen können. Die innere Stimmung des Menschen spielt daher im Umgang mit dem Hund eine außerordentlich wichtige Rolle. Aber Stimmung beinhaltet mehr als nur „gute oder schlechte Laune“ oder etwa die „positive Einstellung zum Training“. Reichweite und Tiefgang der Stimmungen werde von der inneren Gesamthaltung bestimmt; – auf Grund der Lebensanschauung, der Ethik und der Ideale, nach welchen sich ein Mensch ausrichtet. Man sieht, jeder Gedanke, den man zu Ende denkt, führt zur Philosophie des Lebens, was immer man darunter verstehen mag. Wir sollten daher, bei allem Respekt vor gezielter, bewusster Signalanalyse, nicht übersehen, dass auch wir fortwährend Informationen aussenden. Auch dann, wenn wir nicht daran denken oder keine bestimmten Absichten verfolgen. Der unterbewusste Anteil von Informationen ist eine oft unterschätzte kommunikative Gegebenheit. Und je harmonischer es in unserem Inneren aussieht, desto günstiger ist es um den unterbewussten Teil unserer Ausstrahlung bestellt. Das haben all jene erkannt, die in der Überzeugung leben, Hundehaltung und -ausbildung ist ein Teil menschlicher Selbstverwirklichung.

Konflikte erkennen

Das Wissen um Signale ist nicht nur im Hinblick auf Kommunikation wichtig. Auch der Beurteilung, ob der Hund mit der Vermittlung von Aufgaben klar kommt, gibt die Signalbeobachtung das Fundament. Die stets präsenten Fragen:

* Habe ich das Anspruchsniveau (Schwierigkeitsgrad) richtig gewählt oder habe ich den Hund überfordert?
* Ist die Verknüpfung gelungen?
* Konnte ich die positive Stimmung erhalten oder hat sie in der Übung einen Einbruch erlitten?
* Stimmt die Motivationsbalance oder ist der Hund über- oder untermotiviert?
* Befindet sich der Hund im Vollbesitz seiner Selbstsicherheit oder ängstigt er sich?

... lassen sich nur auf der Basis einer permanent aktiven Überwachung der Signalebenen beantworten.

Wichtig **Konflikte im Ansatz zu erkennen und sofort richtig zu bereinigen, ist eine der wichtigsten Voraussetzungen für eine erfolgreiche Erziehung und Ausbildung.**

Der eine oder andere mag sich fragen: Brauchen wir das alles für die „Unterordnung"? Die Antwort lautet: Ja und nochmals Ja! Wenn wir „Harmonie im Team" anstreben, dann ist neben allen anderen Vorgängen immer und unaufhörlich die Frage nach der emotionalen Befindlichkeit des Hundes wichtig. Und diese Frage beantwortet uns der Hund zum Großteil mittels Gebärden. Je besser es uns gelingt, die Gesten zu dechiffrieren, desto wirklichkeitsnaher werden wir den Hund verstehen und auf ihn eingehen können. Und nicht zuletzt wird sich der so verstandene Hund auch im Sport oder als Gebrauchshund auf Dauer motivierter und zuverlässiger zeigen.

Verbale Kommunikation

Zum Abschluss noch einige allgemeine Worte zur *verbalen Kommunikation*. Bekanntlich versteht der Hund die Worte des Menschen sicher nicht in vollem Umfange. Ob die komplexen inneren Handlungsvorgänge des Hundes allerdings allein mit Assoziation zu beschreiben sind, ist längst nicht sicher. Wir wissen darüber einfach noch zu wenig. Sicher ist: auch hier spielen Emotionen eine entscheidende Rolle, denn der Hund nimmt das Wort (anders als der Mensch) nicht semantisch, das heißt in seiner Bedeutung, sondern als ganzheitliches, betont emotionales Erlebnis auf.

Hörzeichen verständlich vermitteln

Wir müssen uns daher bemühen, akustische Informationen dementsprechend zu vermitteln. Hierbei sind die an das Wort geknüpften Umstände und Begleitmotivationen ebenso wichtig wie das Hörzeichen selbst. Wie oft hört man auf dem Hundeplatz das abgedroschene „so ist's brav!" – Ohne jegliche emotionale Beteiligung, ohne echtes Engagement. Stereotypes, unbeteiligtes Lob wirkt sich jedoch eher kontraproduktiv aus: Der Hund verknüpft damit, was die Aussage emotional beinhaltet: „Bedeutungslosigkeit". – Oder man vergegenwärtige sich für einen Augenblick das Hörzeichen [**Fuß!!!**] auf Prüfungen und Turnieren: Hunderte Male gleich gesprochen – mit Druck und einzig in der Erwartung, dass der Hund pariert und den Hundeführer nicht blamiert. Diese unterjochende Zielsetzung beinhalten einen abstoßenden, glanzlosen und lebensfeindlichen Beigeschmack. Und genauso wirkt sie auch.

Hunde im „Team" sollten in der Regel ein freundliches, engagiert gesprochenes [Fuß] hören, welches sich als äußerer Ausdruck einer innerlich vorausgegangenen, lustbetonten und vitalen Einladung manifestiert. Strenge Hörzeichen sollten Ausnahmen bleiben. (Auch sie haben, wohlbemerkt, ihren Platz und ihre Bedeutung.)

Wichtig ***Im Hinblick auf die phonetische Verwechslung von Hörzeichen ist es ratsam, ähnlich klingende Worte leicht abzuändern. Etwa [Sitt] an Stelle von [Sitz], um den Unterschied zum [Platz] deutlich zu machen.***

Frauchen ungeduldig, weil der Hund zu lange an einem Gras schnüffelt: „Komm jetzt endlich". Der Hund war in einer Entfernung von zirka 10 Metern und sie meinte nicht das Herankommen, sondern das in Distanz weitergehen.

* Manche Hundehalter gehen sogar noch weiter. Sie verbinden [Komm] als allgemeine, zusätzliche Aufforderung:

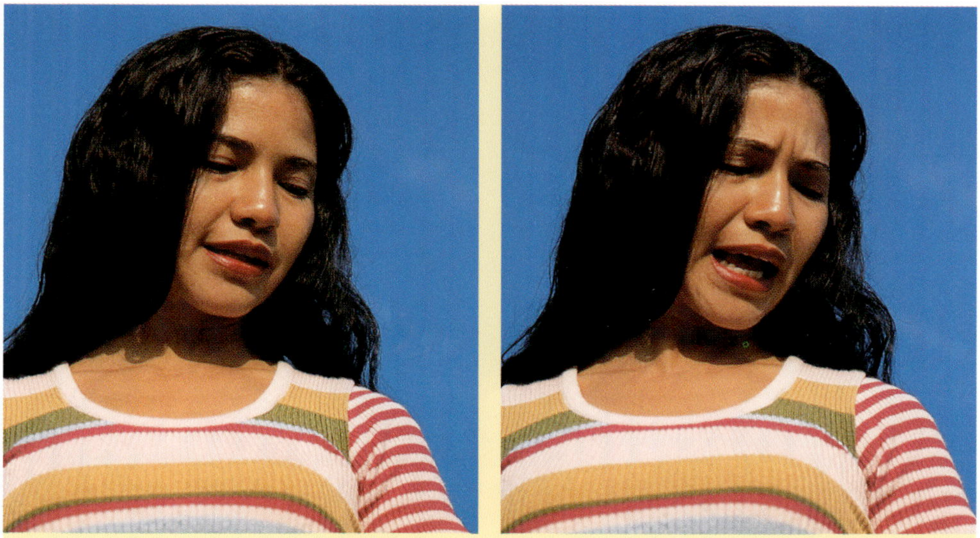

Einladend freundliche und zwingend drohende Hörzeichenvermittlung.

Hörzeichen eindeutig verwenden

Leider geben manche Hundehalter immer wieder widersprüchliche und unverständliche Hörzeichen:

* Sie sagen zum Hund [Komm], wenn er ins Zimmer soll, sie selbst aber nicht mit hineingehen. Der Hund jedoch hat gelernt, [Komm] bedeutet aus seiner Position: „Zu Frauchen oder Herrchen hin laufen". Jetzt soll er sich auf [Komm] von Frauchen entfernen und allein bleiben.
* Kommt Frauchen nach Hause und will mit dem Hund spazieren gehen, heißt es wieder [Komm]. Diesmal soll er auf das gleiche Hörzeichen mitkommen. Wenig später, auf dem Spaziergang, sagt

„Komm jetzt. Platz!" – Im nächsten Augenblick „Komm! Sitz". – Und auf dem Spaziergang hört der Hund: „Komm, mach jetzt endlich Dein Pfützchen" und wenig später beim Aufnehmen von zweifelhaftem Unrat: „Komm, lass das sein".

Die Verwirrung ist komplett. Gegensätzliche Inhalte mit ein und derselben Verknüpfung zu paaren ist Ursache für allerlei Probleme. Die Konditionierung wird irritiert, teils sogar blockiert. In der Folge wird das Hörzeichen „verwässert". Oft sieht man dann, dass der Hund das eigentliche [Komm] nicht mehr in der gewünschten, zuverlässigen Art und Weise ausführt.

Richtig wäre es, das Zurückbleiben im Raum vom Mitkommen klar zu unterscheiden, z. B. mittels [Bleib] und [Komm].

Ebenso sollte man das Hinein (in den Raum) und Heraus (aus dem Raum) mit den „Geleit"-Hörzeichen [Raum] und [Komm] vermitteln. („Hinein" oder „Rein" ist wegen der phonetischen Nachbarschaft zu „Nein" nicht geeignet). Und die Grundhaltungen dürfte man nicht mit „Zusätzen" wie „schön Sitz" oder „brav Sitz" versehen. Die Folge derartiger Komparative führt dazu, dass der Hund die „erste Instanz" ignorieren lernt und mit der Zeit nur noch auf die „starke Dosis", eben auf das „brav Sitz" oder „schön Fuß" reagiert.

Lob und Zuneigung

Lobende Hörzeichen und Zuneigungshörzeichen sind zweierlei. Sie dürfen nicht in einen Topf geworfen werden. Teilt man dem Hund Zuneigung mit, so spricht man ihn z. B. mit „Feiner Hund", oder „Liebe Banja" an. Dagegen ist Lob als Anerkennung für eine vorausgegangene Leistung etwas anderes. Hier bietet sich an: „Guter Hund" – oder: „tüchtig" – „prima". Zuneigung und Lob sollen durchaus individuell geprägt werden. Ich halte nichts von „einheitlichen" Hundeplatzlobesformeln. Zum traditionellen „brav" habe ich übrigens mit der Zeit immer mehr Abstand bekommen. Einfach deswegen, weil es bei näherer Analyse genau jene innere Einstellung wiederspiegelt, die wir eigentlich nicht mehr wollen. Das „brave" Kind der Vergangenheit war ja auch ganz und gar den Wertvorstellungen der Erwachsenenwelt ausgeliefert und allzu oft fehlte es einfach an Rücksicht oder gebührendem Einfühlungsvermögen für die Bedürfnisse eines Kindes. Ähnliches gilt heute noch für die Mensch-Hund-Beziehung. Nur wenn er den (nicht selten mangelhaft reflektierten) Wunschvorstellungen des Menschen entspricht, ist er ein „braver Hund".

Vorsicht ***Hier noch ein anderes, kritikwürdiges Beispiel: Oft werden Hörzeichen gegeben, obwohl von vornherein so gut wie sicher ist, dass der Hund den Auftrag entweder nicht ausführen kann oder nicht will. In jedem Fall lernt der Hund in dieser Situation: „Herrchen oder Frauchen nimmt es nicht so genau, da mach ich mal das, was mir lieber ist..." Das Ergebnis ruft einen beträchtlichen Autoritätsverlust hervor und ist Öl ins Feuer, wenn der Hund ohnehin schon Dominanzbestrebungen zeigt.***

„Geleit"-Hörzeichen

Wer im Sport einiges erreichen möchte, sollte bedenken, dass sich Sport-Hörzeichen im Gebrauch des täglichen Lebens verwässern. Der Hund ist keine Maschine. Er kann nicht in jeder Situation das Letzte geben. Man sollte sich daher nicht scheuen, zur Unterscheidung verschiedener Situationen, zahlreiche Hörzeichen zu verwenden. Hier empfehlen sich als Ergänzung zu den gültigen Sport-Hörzeichen die „Geleit"-Hörzeichen, die ich entwickelt habe:

* Auf ein [Liegen] zu Hause braucht der Hund nicht die Pfoten von sich zu werfen und blitzartig zu Boden schnellen, sondern er kann sich ruhig und gelassen niederlegen. Und er braucht auch nicht unbedingt bis zur Auflösung ([Frei] oder [Fertig]) in dieser Haltung verweilen. Die Verlängerung des Geleit-Hörzeichens [Liegen] wird mit [Bleib] vermittelt.
* Auf [Komm] braucht der Hund nicht im gestreckten Galopp herandüsen, sondern es reicht ein lockeres Herantraben.
* An Stelle von [Fuß], welches ja im Sport allerhöchste Anforderungen an das Team stellt, heißt es im täglichen Umgang [am Knie] und wenn der Hund (ohne zu Ziehen) an lockerer Leine gehen soll [Leine].
* Mit dem Hörzeichen [Umkreis] weiß der Hund, er darf sich beim Spazierengehen nicht noch weiter entfernen.

Auf [Umkreis] darf er entweder stehen bleiben, herkommen, sich hinsetzen oder abliegen.

* [Sitzen] ist etwas anderes als das sportlich erwartete [Sitt].
* Beim Fahrradfahren oder beim Gehen in der Stadt, etwa vor einer Ampel, vermittelt das Geleit-Hörzeichen [Anhalten] (in seinem Verlaufcharakter) etwas anderes als im Sport das [Steh] oder [Halt].
* Für das Aufstehen aus dem Liegen verwenden wir das gleichlautende Geleit-Hörzeichen [Aufstehen].
* Soll der Hund von der Straße auf die Wiese wechseln (oder von einer Wiesenseite auf die andere), so setzen wir das Geleit-Hörzeichen [Wiese] in Verbindung des richtungszeigenden Armes ein.
* Das Geleit-Hörzeichen [X] steht stellvertretend für [Achtung] oder [Vorsicht], beides Worte, die viel zu lang sind in Situationen, wo es schnell gehen muss.

Stimmlage

Viele Trainer raten, Hörzeichen immer in derselben Tonlage, Lautstärke usw. zu geben. Es fragt sich aber, ob der Hund dadurch nicht abgestumpft und in seiner subtilen Wahrnehmungs- und Interpretationsfähigkeit unterfordert wird. Für die Phase des Erlernens ist es sicher richtig, bestimmte Hörzeichen jeweils annähernd gleich vorzugeben. Aber sobald der Hund Assoziationen erkennen lässt, sollte man es sogar darauf anlegen, den Hund mittels variabel gegebener Hörzeichen auf Unterschiede hin zu trainieren. Der Hund soll nicht nur eine bestimmte Übung in einer bestimmten Form ausführen (das wird ihm sonst mit der Zeit langweilig!). Nein, er soll sie so ausführen, dass es dem „Wie“ der Botschaft entspricht. Das [Platz] sollte ein Hund, der als Team-Partner auftritt, einmal in freudiger Spannung, ein andermal mit Bevorzugung der Schnelligkeit und in besonderen

Hörzeichen

Klassischen Turnier-Hörzeichen	LIND- Geleit-Hörzeichen
[Hier]	[Komm]
[Voraus] bzw. [Voran]	[Vorgehen]
[Fuß]	[Am Knie] oder [Leine]
[Platz]	[Liegen]
[Sitz]	[Sitzen]
[Steh]	[Aufstehen]
	[Anhalten]
[Frei] (Schutzdienst)	[Fertig] (allgem. zum Auflösen einer Übung)
-	[Umkreis]
-	[Raum]
-	[Warten] oder [Bleib]
	[Wiese] i.V. mit Zeigegeste
	[X] (Vorsicht! – „ix“ gesprochen)
	[Bei Rad] (rechts am Fahrrad)
	[Re] rechts gehen bzw. nach re. wechseln
	[Li] links gehen bzw. nach li. wechseln

Situationen (etwa zu seiner eigenen Sicherheit) auch betont unterordnend ausführen. Dieses feine Ansprechen auf Unterschiede der Botschaft ist ebenfalls ein Ziel innerhalb der *Respondierenden Kommunikation*. Alles zusammen, Geleit-Hörzeichen ebenso wie die variabel ausgesprochenen Turnier-Hörzeichen und die improvisierten Worte des täglichen Lebens ergeben eine sehr abwechslungsreiche und gleichzeitig stressfreie Grundlage für die akustische Kommunikation.

Hörzeichen pädagogisch anpassen!

Zuerst müssen wir uns über das Hörzeichen klar werden. Da wir vorhaben, den Hund später allein durch feine Nuancierung der Mimik und Stimme zu lenken, dürfen wir nicht anfangs den Fehler machen, die *Reife Form des Hörzeichens* (Turnier-Hörzeichen) zu früh einzusetzen und damit vorwegzunehmen. Dasselbe gilt für die Körpersprache. Wenn der Hund beispielsweise noch zu jung ist, um sich schnell zu setzen, wäre es sinnlos, eine Körpersprache mit schnellen, zackigen Bewegungen einzusetzen. Alle Aktionen des Team-Führers sind dem Hund anfangs anzugleichen: Stimme, Mimik, Gestik und Haltung. Also werden wir einem jungen Hund, der alles ein wenig langsamer macht, ein seiner Ausführung angeglichenes, langgezogenes [Siiitz] oder auch [Siitzen] geben. Erst wenn uns der Hund von sich aus die aktivere (und damit meistens auch schnellere) Ausführung zeigt, verändern wir das Hörzeichen dementsprechend.

Motivation, Spiel und „Geistiger Zügel"

Richtig motivieren

Acheja, eine vitale Riesenschnauzer-Hündin, schaut Frau Schwarz beim Packen der Sportsachen zu. Wie immer, gibt Frauchen Leine, Wasserschüssel, ein Säckchen mit Futterhappen und natürlich den heiß geliebten Schleuderball in die Sporttasche.

Jeder Handgriff, jede Bewegung wird von Acheja aufmerksam verfolgt, denn – Acheja liebt die gemeinsamen Stunden am Hundeplatz. Aber auch die Hündin wird beobachtet. Frau Schwarz gibt sich zwar sehr beschäftigt, gleichzeitig aber beobachtet sie ihre Hündin. Klar, worauf es Acheja abgesehen hat. Sie freut sich auf das bevorstehende Spiel und am liebsten wollte sie gleich damit beginnen. Sowie Frau Schwarz den Ball vom Schrank holt und in die Tasche steckt, trippelt Acheja ungeduldig von einer Pfote auf die andere und weist mit der Schnauze auf den Ball hin, mittels intensiven Zeigegesten. Das gefällt Frau Schwarz und nebenbei will sie der Hündin über den Kopf streicheln. Obwohl Frauchens Zuneigungen bei Acheja äußerst beliebt sind, kommt ihr der Liebesbeweis im Augenblick sichtlich ungelegen. J e t z t will sie nicht gestreichelt werden! Sie duckt den Kopf ab, weicht aus, und heftet ihren hypnotischen Blick noch fester auf die Tasche, in welcher der Ball verschwand. Doch Frau Schwarz bleibt konsequent. Den Ball bekommt Acheja erst auf dem Hundeplatz. Was uns die Hündin gezeigt hat, ist ein Verhalten, das Hundehaltern täglich vorgeführt wird. Und doch übersehen wir, dass gerade in diesen „einfachen" Szenarien des täglichen Lebens der Schlüssel für artgerechten Umgang und für optimale Lernbedingungen steckt.

Im Trockentraining in die Rolle des Hundes zu schlüpfen, ist lehrreich und macht Spaß.

Wir beschäftigen uns zu viel mit den Lernzielen und zu wenig mit der „Verpackung", zu viel mit der Konditionierung und zu wenig damit, was der Hund dabei emotional erlebt. Wir beschäftigen uns zu wenig damit, wie wir Lerninhalte schmackhaft machen können. Zuerst sollten wir unsere Aufmerksamkeit dem „Wollen" des Hundes widmen! Mit seiner Motivation! Und mit den Fragen: Was macht Lernen überhaupt möglich und was ist arteigenes hundliches Lernen – in der Praxis?

Integrative Motivation

Dass Acheja dem Streicheln ausweicht, ist durchaus nicht selbstverständlich! Dieser Vorgang lässt uns tief in die inneren Vorgänge des Hundes blicken. Der Hund lebt betont im Jetzt. In Jahrtausenden seiner Vorgeschichte hat er gelernt, dass der Erfolg vom konzentrierten Einsatz all seiner Fähigkeiten abhängt. Ähnlich wie der Mensch „konzentriert" auch der Hund all seine Kräfte und Fähigkeiten auf ein Ziel hin. Hierbei nutzt er das Repertoire erfolgreicher Verhaltensweisen. Und, wenn bekannte Strategien nicht zum Erfolg führen, wenn es also gilt, einen kreativen, neuen Anpassungsprozess einzuleiten, nutzt er die Fülle seiner emotionalen, und soweit vorhanden, seine intellektuelle Intelligenz (Kognition). Was ihm an Ablenkung in die Quere kommt, davon sucht er sich zu befreien. Es stört ihn sichtlich. Dieses Verhalten ist vergleichbar mit dem, was der Mensch unter *Meditativem Handeln* versteht. Ganz mit der Sache, der Aufgabe zu verschmelzen. Weg von der Distanz. Hin zu den Dingen. Das ist mit „Aufsaugen" möglichst vieler und hochwertiger Informationen verbunden. Diese Informationen werden aber erst zugänglich, wenn man sich ihnen auf eine ganz bestimmte Art und Weise zuwendet. Wenn man sich öffnet, wenn man sich befreit von allzu starren, eng vorgefassten Einschätzungen und Eintrittserwartungen.

Wenn wir erkannt haben, dass Hunde im Jetzt leben, warum nutzen wir diese seine Fähigkeit nicht besser?

Acheja hat sich nicht ablenken lassen! Aber warum nicht? – Weil sie sich in konzentrierter, meditativer Konzentration befand und weil die Motivation des ersten Zieles (Ball) in diesem Augenblick stärker wirkte als die zweite (gestreichelt werden). „Alles zu seiner Zeit" und „Prioritäten setzen" würde der Mensch sagen. Für Acheja war es die Zeit des Aufbruchs zum Spiel. Alles, was davon ablenkte, war hinderlich. Genau diese Ausgangssituation sollten wir bei der Ausbildung des Hundes schaffen. Aber nicht irgendwo oder als übergeordneter Lehrsatz, sondern in jeder einzelnen Übung!

Wenn wir es schaffen, jederzeit eine intensive Motivation wachzurufen, dann wird der Hund in einer Art und Weise mitmachen, die geprägt ist von berauschender Konzentration, Vehemenz, Ausdauer und Unablenkbarkeit.

Dann können zwanzig, hundert oder Tausende von Menschen den Hund nicht davon ablenken, zum Team-Führer aufzuschauen und auf dessen Hörzeichen zu warten, um energiegeladen die nächste Übung auszuführen. Und der Team-Führer braucht keine Angst mehr zu haben, dass der Hund die Übung, „wenn's drauf ankommt", möglicherweise doch nicht ausführt. Denn die *Integrative Motivation (*motivare = lat. = in Bewegung setzen*)* fördert nicht nur die mobilisierenden Antriebe zum Verhalten (die so genannten Aktionsbereitschaften), sie sichert auch die Zuverlässigkeit. Worauf es also ankommt, ist zunächst einmal, den Hund möglichst optimal zu motivieren. Nicht umsonst genießt das Zauberwort Motivation in der Pädagogik bis heute uneingeschränkte Zustimmung. Aber es liegen mitunter Welten zwischen dem, was der eine oder andere darunter versteht. Es müsste uns gelingen, unsere Ziele zu Motivationen des Hundes umzugestalten.

Wie erreichen wir die soeben umschriebene Integrative Motivation?

Erinnern wir uns an die arteigenen Motivationen des Hundes und seines Urahns, des Wolfes! Bedenken wir, dass der Wolf vor allem ein sozial lebendes und agierendes Wesen ist. Erinnern wir uns, dass er ein Territorium für sich beansprucht, dieses verteidigt, und dass er drittens ein Jäger, ein Raubtier ist. Auf diesen drei Säulen bauen die gesamten komplexen Verhaltensweisen auf. Bedenken wir, dass das meiste davon im Spiel vorbereitet wird, und dass der Hund im Gegensatz zum frei lebenden Wolf genau genommen nie über den Zustand der Jugendlichkeit hinauswächst. Der Mensch hat im Zuge der Domestikation das Erwachsen werden des Hundes vereitelt. Das Erstaunliche ist, der Hund kann gut damit leben. Überspringt der Hund jedoch die Schwelle der erzwungenen, lebenslangen Jugendlichkeit – treten die jahrtausendalten Triebe in Form des Wilderns hervor – dann haben wir ein echtes Problem mit einem Hund, der (aus unserer Vorstellung von einem Haustier) aus dem Ruder läuft.

Wichtig ***Die Fähigkeit, in manchen Bereichen zeitlebens im jugendlichen Entwicklungsstadium zu leben, ist neben der verlorengegangenen Freiheit das wichtigste Pfand für die Domestikation, für ein weitgehend risikoarmes Leben im Verband des Menschen.***

Wenn wir aber die Gemeinschaft des Hundes nur aufrecht erhalten können, indem wir ihn auf jugendlichem Entwicklungsstand halten (die Ansicht mancher Ethologen, die Fetalisation sei bei Hunden ein genetisch bedingtes Domestikationsprinzip, ist umstritten) dann liegt es doch nahe, das Spiel als die in diesem Zusammenhang zweifellos wichtigste Lern- und Aktionsform von Anfang an einzubringen, zu kultivieren und lebenslang zu erhalten!

Richtig spielen

Genau diesen Weg habe ich beschritten (LIND-art®). Wir haben immer besser die Sprache des Hundes gelernt, nach seinen Bedürfnissen und wie er diesen nachgeht, gefragt und wir haben mit ihm engagiert kommuniziert und gespielt. – Immer differenzierter, immer effizienter, immer hundlicher. Wir haben berücksichtigt, dass Hunde rasse- und individualspezifische Vorlieben im Spiel mitbringen, und wir haben vor allem gelernt, alle Motivationsbereiche und deren Zusammenspiel, immer besser zu nutzen. Wir haben gelernt, nicht nur über Futter oder Spielbeute zu motivieren, sondern auch Zuneigung, Berührung, Mimik, Akustik und Bewegung einzusetzen.

Im Leben gehen die einzelnen Bereiche ineinander über, vermischen sich in allen erdenklichen Varianten. Sozialanteile sind im Spiel so gut wie immer dabei. Aber bei Fellpflege, Wundversorgung, Berührungs-, Zuneigungs-, Beiß- und Kampfspielen stehen natürlich soziale Momente besonders im Vordergrund. (Keine Angst vor dem Wort „Kampfspiel“! In keinem anderen Spiel lernen Hunde die Rang-Ein-Ordnung und Beißhemmung besser als in Kampfspielen! – Bestimmte Rassen (und Individuen) neigen allerdings dazu, sich in Kampfspielen aufzuheizen und überzuordnen. Freundlich begonnene Spiele tendieren dann unter Umständen in vehemente Aggression auszuarten. In diesen Fällen spricht in der Regel mehr gegen als für derartige Spiele.)

In der methodischen Praxis kann sich der Ansatz, die sechs großen Motivationsbereiche modellhaft einander gegenüberzustellen, hilfreich auswirken; solange man nicht vergisst, dass uns Motivationen (mit wenigen Ausnahmen) als Mixturen begegnen. Mit bestimmten Betonungen und in unterschiedlicher Gewichtung.

Wahl des Motivationsbereiches

Abgesehen davon, dass beim „richtigen Spielen mit Hunden“ kein Motivationsbereich bevorzugt wird, geht es darum, die Wahl des Motivationsbereichs nicht als eine generelle und in der Folge bindende aufzufassen, sondern akustische, mimische, gestische, Futter-, Berührungs-, Bewegungs-, Beutespiele – und allgemein Zuneigungsspiele – in den Dienst der jeweils anliegenden Aufgabe zu stellen.

Je nach Beschaffenheit der Aufgabe, aber auch je nachdem, wie weit der Hund Spiel-Appetenzen gebildet hat und welches Naturel er mitbringt, eignet sich ein bestimmter Motivationsbereich oft besser als andere.

Von dieser pädagogischen Einsicht aus ist es dann nicht mehr weit, auch den Umgang im gewählten Motivationsbereich so zu gestalten, dass etwa beim Futterspiel nicht nur nach dem RRV-Prinzip gefüttert wird (Reiz-Reaktion-Verstärkung = Betonung der Sekundärmotivation), sondern dass Füttern selbst zum motivierenden, kommunikativen Ereignis wird und in sich Lust vermittelt. Zentrum dieser komplexen Umgangsweise bleibt lange Zeit das *Freie Spiel*, das Spiel um des Spieles willen. Zusätzlich wird auf diese Weise bezweckt, die Motivation zu steigern, die Bindung zu festigen und: Appetenzen (= Appetit, Begierde) zu bilden.

Entwicklung von Lernspielen

Aus dem *Freien Spiel*, dem Spiel ohne vordergründige Leistungsabsichten, werden dann behutsam Lernspiele entwickelt: *Ziel-* und *Zweckspiele*. Dabei nutzen wir, dass das Spiel aus eigenen Quellen gespeist wird (Spielappetenz). Spiel in sich ist dem Hund ein Bedürfnis. Das heißt aber, wenn wir Aktionsursachen aufteilen, dann müssten wir auf jeden Fall auch einen Spieltrieb annehmen. Also nicht nur Spiel als Exerzierfeld des Ernstfalles, und auch nicht Spiel, nur um ein bestimmtes Triebziel zu erreichen, sondern das Spiel als solches. Gerade für den Hund, der seine Freikarte für die menschliche Gesellschaft wie gesagt nur im Kleid der Jugend erhält, ist und bleibt das Spiel zeitlebens wichtiger Bestandteil seiner Lebensqualität.

Spannende Spiele bieten die besten Möglichkeiten, den Hund lebenslang im jugendlichen Entwicklungsstadium zu halten.

Auch wenn im Spiel zahlreiche zielgerichtete Verhaltensweisen etabliert sind, so geschieht es doch immer auch um seiner selbst willen. Spiel läuft, so gesehen, auf mehreren funktionellen Ebenen ab. Gleichzeitig und in Wechselwirkung. Wird mit Hunden viel gespielt, dann entwickelt sich eine auffallend zunehmende Motivation für diese Aktionsform. Das Spiel wird zu einer Art „vitalem Bedürfnis". Der Hund braucht das Spiel für sein seelisches Gleichgewicht. Er wird in gewisser Weise abhängig davon.

Abhängig jedoch in positivem Sinne, denn, wie wir gesehen haben, kommt der in Verjugendlichung gehaltene Hund ohne Spiel nicht verlustfrei aus. Hunde, mit denen nie gespielt wird, entbehren wichtige Erfahrungs- und Lernmöglichkeiten auf mehreren Ebenen. Neue Erkenntnisse in der Gehirnforschung brachten zutage, dass die Gehirnmasse von Kindern, mit denen nicht gespielt wurde (und die wenig Berührungskommunikation erfuhren!) deutlich unter dem Altersdurchschnitt liegt. Ähnliche Zusammenhänge müssen bei höheren Tieren angenommen werden.

Spiel ist ein Bedürfnis

Wer viel – und vor allem richtig – mit Hunden spielt, der wird sehen, dass sich im Spiel ähnliche Appetenzen bilden wie beim Fressen oder Jagen. Der Hund bekommt „Appetit aufs Spiel". Und zwar so sehr, dass Spielen immer mehr zum Bedürfnis wird. Denken wir daran: Der Hund darf in der Regel nicht mehr jagen, er sucht sein Futter nicht mehr auf der Fährte, auch der Rivalenkampf um die Begattung fällt weg, zumindest bei den Rassehunden. Das Revier muss nicht mehr ernsthaft verteidigt werden. Lange Laufstrecken werden nicht mehr benötigt. Wo soll der Hund hin mit seinen Urbedürfnissen? Wo und wie kann er seine arteigenen Anlagen und Bedürfnisse ausleben, seine Kräfte und seine Vermögen erleben? Nur wenige Hundehalter gehen beispielsweise regelmäßig Fährten. – Fahrradfahren, gemeinsames Laufen, Schlitten- und Wagenfahren, Verlorensuche, Schutzhundsport, Agility und vieles andere bringt dem Hund ersatzweise das wieder, was er ursprünglich in der Natur hatte. Aber eben nur teilweise. Die Verlagerung auf das Spiel bietet hier eine naheliegende und vielversprechende Alternative. Spiel im Umgang mit dem Hund, Spiel in der Erziehung und im Sport.

Im Spiel kann sich der Hund nicht nur verausgaben und bewähren, im Spiel treten wir in engen sozialen Kontakt, geben wir uns und dem Hund Gelegenheit zur Kommunikation. Im Idealfall zur vital-respondierenden Kommunikation.

Primärmotivation

War das Lernen bislang in den Ausbildungstheorien weitestgehend vom Prinzip der Verstärkung (RRV= Reiz-Reaktion-Verstärkung) durch positive (oder auch negative) Motivation bestimmt, so stelle ich innerhalb ganzheitlicher Pädagogik konsequent die Freude am arteigenen, lustbetonten Tun in den Vordergrund.

Übungen werden nicht nur von ihrer formalen Ausführung her gesehen, sondern im Hinblick auf ihren natürlichen Anteil an intrinsischer Motivation. In der Folge treten an Stelle isolierter Leistungserwartungen an den Hund Zielsetzungen des Teamwork.

Spiel wird immer mehr zum „vitalen Bedürfnis".

Geistiger Zügel

Weil das Spiel ohne Regeln und Autorität ausufert und sich dann als Bumerang erweist, braucht es einen ausgleichenden „Mit- bzw. Gegenspieler". Wir werden daher alles, was innerhalb von Regeln als „Warten", „Befolgen", „Abstand halten" oder „Akzeptieren" usw. auftritt, mit dem Bild des „Geistigen Zügels" vergleichen. Gemeint ist damit jene Autorität, die auf innerer Überlegenheit fußt.

„Geistiger Zügel" ist Autorität, die dem Team-Führer die Rangordnung sichert und das Einordnen des Hundes in die menschliche Gemeinschaft erleichtert.

Diese Autorität wirkt anders als die mechanische Einwirkung eines Zügels. Sie ist geistiger, immaterieller Natur. Sie wirkt, wie das Wort schon sagt, als ein „Geistiger Zügel". Aber deswegen wirkt sie nicht weniger zuverlässig!

Das Symbol des Geistigen Zügels ist die gespreizte Hand, die im täglichen Leben kaum vorkommt und sich in vieler Hinsicht

„Geistiger Zügel" vor der Futterschüssel.

Nach kurzer Verblüffung wird der Zügel aufgelöst, der Hund kann fressen.

deutlich von „normalen" Handhaltungen unterscheidet.

Das Wesentliche des ganzheitlichen Vorgehens besteht darin, von Anfang an *Motivation* und *Geistigen Zügel* auszubalancieren, damit weder das eine noch das andere überwiegt. Der Team-Führer fängt also nicht an, den Hund „aufzudrehen", um ihn dann, wenn es zu viel wird, wieder zu bremsen. Ebenso wenig wird er den Hund erst einmal „unterordnen", bevor er mit dem Aufbau beginnt. Sondern Motivation und Geistiger Zügel bilden von Anfang an eine Einheit, wobei sich methodisch gesehen nicht zwei Antagonisten (Gegenspieler), sondern zwei Synergisten (Mitspieler) gegenüberstehen. Beide werden (zunächst) vom Hund emotional ausschließlich positiv erlebt. Der Hund lernt schon als Welpe die Symbolbedeutung des geistigen Zügels, etwa in wartender Weise vor der Futterschüssel. In der Erwartung des Futters kann er dieses geistige Zügeln problemlos und positiv gestimmt aufnehmen. In der traditionellen Ausbildung musste der Hund „Platz liegen" oder er musste „aufs Fressen warten". Der hier gezeigte Ansatz bietet ein völlig anderes Szenario: Aus „Platz liegen müssen" oder „aufs Fressen warten müssen" wird „Lauern oder warten dürfen". Und aus dem zwanghaften [Aus] wird „Alte Beute tot – neue Beute jagen" (Beutetausch nach kurzem Einsatz des Geistigen Zügels). Das Warten wird nach Vorgabe des Lernfortschrittes zeitlich mehr und mehr ausgedehnt. Alsbald festigt sich das Symbol und gewinnt dabei Tabubedeutung.

Übertragung auf andere Bereiche

Nach und nach lässt sich der Geistige Zügel auch auf andere Bereiche übertragen: Der *Geistige Zügel* wird so zum *generalisierten Tabusignal.* Als Tabusignal kann es später in vielfacher Zielsetzung eingesetzt werden: Gegen Hochspringen, Vordrängen, „Fremdbeißen" (Beißen in die Hand oder in Kleider), gegen Herausspringen aus dem Auto und andere Gefahren des täglichen Lebens.

Vergessen wir jedoch nicht! Gleichviel, ob es sich um Aktionen, um Wartephasen oder um Stoppen einer Aktion handelt, wir setzen anfangs in jedem Falle positive Motivation ein, und zwar nicht nach dem alten RRV-Muster (siehe S. 83), sondern durch die Verbindung primärer und sekundärer Motivationen, wobei die syntone Kommunikation als Bindeglied dient. Der Mensch steht nicht wie in der RRV-Methodik (weitgehend) außerhalb der emotionalen Prozesse des Hundes, sondern er wird zu einem wesentlichen, integrierten Teil des Ablaufs, in welchem Primär- und Sekundärmotivation ebenso wie bereits vorhandene Verhaltensweisen ganzheitlich verschmelzen.

Team-Führer im Mittelpunkt

Wenn der Team-Führer zwar den Ball bewegt, ohne jedoch mit dem Hund kommunikativ in Verbindung zu treten, wird der Hund buchstäblich an ihm vorbeisehen und nur das MO fixieren. In diesem Falle steht der Team-Führer nur insoweit im Interesse des Hundes, als er durch seine Handbewegung verrät, wann der Ball nun endlich geworfen (oder zum Anbiss angeboten) wird.

Wir wissen inzwischen, wie sich der Team-Führer mittels Körpersprache interessant macht, mit dem Hund etwa ein Anschleich- oder Fluchtspiel einleitet und damit in *Respondierende Kommunikation* tritt. Am Ende dieses Spiels kommt beispielsweise der Ball zum Einsatz. Hier hat sich der Team-Führer in den Mittelpunkt des Geschehens gebracht. Mit einfachen Mitteln, ohne großen Aufwand, – wohlbemerkt: Nur durch einige Gesten! Der Hund lernt binnen Kürze: „Ich kann an Frauchens oder Herrchens Augen und Mimik ablesen, wann die Beute flieht." – Am Team-Führer führt in diesem Aufbau kein Weg vorbei. Der Hund wird alles einsetzen, um die integrale Herausforderung anzunehmen.

Das pädagogische Ziel: Der Mensch als wichtigster Motivator.

Welche Vorteile die methodische Orientierung an der Kommunikation mit sich bringt, vor allem im Sport, liegt auf der Hand. Die Aktionsbereitschaft des Hundes steht nicht mehr auf einem Bein allein, nämlich auf dem MO (das in der Prüfung nicht vorhanden ist), sondern sie steht auf mehreren Säulen: Dem Team-Führer, dem Spiel und dem MO! Selbst wenn das MO nicht mehr da ist, so erinnert doch der Team-Führer mit seiner kommunikativen Präsenz immer noch an das MO, vor allem aber ist er selbst gemeinsam mit dem Tun an sich zum „Kern der Motivation" geworden.

Harmonie statt Absicherung

Um den Hund dazu zu bringen, Aufgaben auch dann zu bewältigen, wenn kein MO mehr im Einsatz ist, beschreitet die traditionelle Ausbildung verschiedene Wege: Gewöhnung, Aufschubmethoden sowie alte und neue Zwangsabsicherungstechniken. All diesen Ansätzen ist gemeinsam: Der Motivator wird entweder im Hund selbst gesucht (Beispiel Meidemotivation bei Zwangsabsicherung) oder aber im MO (Gewöhnung und Aufschub).

Dem gegenüber stehen die Methoden der *Respondierenden Kommunikation* in Verbindung der *Integrativen Motivation*, in welcher möglichst viele Motivationsbereiche angesprochen werden (Reizsummation) und in welcher ein neuer Motivator ins Spiel kommt, nämlich der Mensch.

Die allgegenwärtige, stets verfügbare und anpassungsfähigste Motivation ist zweifellos der Mensch in seiner Funktion als Team-Führer!

Das Team, nicht das Resultat der Aufgabe, steht im Mittelpunkt. Damit erübrigt sich von vornherein ein Großteil der so genannten „Absicherung". *Harmonie* kommt mit ungleich weniger Absicherung, mit weniger „Verträgen unter den Menschen" und auch mit weniger Gewaltakten in der Mensch-Hund-Beziehung aus!

Didaktik und Methodik

Über die Kunst des Übens

Wer schon einmal eine Fertigkeit bis zur Meisterschaft gebracht hat, weiß, dass der Erfolg ganz entscheidend von der Qualität des Übens abhängt. „Die Kunst des Übens" wird daher beispielsweise bei Musikern oder Sportlern äußerst hoch eingeschätzt und lebenslang verfeinert. Um immer noch effizienter und besser zu üben, bedarf es mehr als der Kenntnis allgemeiner Lerngesetze.

Auch die Variablen und Ausnahmen sind wichtig und tagtäglich, genau genommen in jeder Situation, neu aufeinander abzustimmen. Das Wissen über richtiges Üben ist daher weit gefächert und umfangreich. Wir können hier nur auf einiges hinweisen. Solisten suchen verständlicherweise nach Wegen, den Auftritt bestmöglich abzusichern. Je nach Veranlagung legt der eine mehr Gewicht auf das visuelle Gedächtnis, der andere auf die Melodievorstellung, wieder andere auf den motorischen Ablauf der Fingersätze usw. Als besonders vorteilhaft hat sich erwiesen, isoliert auf einzelnen Ebenen zu üben, und zwar das eine mal 100% rational, so dass beim Aufkommen des gefürchteten Black-out die Möglichkeit besteht, sich ganz auf eine der Ebenen zu konzentrieren und kontrolliert zu spielen. Setzt die erste Ebene aus, kann man die anderen Ebenen der Reihe nach abfragen, bis auf einer der Ebenen die gewünschten Informationen verfügbar sind. Hat man sich vom Schock des Black-out erholt, kann wieder auf normale, ganzheitliche Spielweise umgeschaltet werden, wobei die motorischen Funktionen wieder weitgehend unbewusst ablaufen und das künstlerische Spiel in den Vordergrund rückt.

Richtiges Üben ist der halbe Auftritt

Auch der Hundesportler kennt, zwar nicht in derselben Komplexität wie der Solist, das Problem der Auftrittsangst und des Blackouts. Unter normalen Umständen läuft alles weitgehend automatisch ab. In bestimmten Situationen, etwa bei einer Prüfung, kann es jedoch vorkommen, dass der Team-Führer die einfachsten Übungen verwechselt, Details vergisst oder einfach nicht mehr weiter weiß. Dass dieser Zustand dem Hund nicht verborgen bleibt, dürfte klar sein. Und in der Folge kann auch der Hund völlig anders als unter normalen Umständen reagieren. Was tun in dieser Situation? Verdrängen ist das schlechteste, das ist bekannt. Ein berühmter Solist gibt einen ebenso einfachen wie wirkungsvollen Rat: *„Spiele zu Hause, als hättest Du einen TV-Life-Auftritt und spiele den TV-Life-Auftritt, als wärest Du zu Hause."*

Ein Pianist etwa, der tagtäglich, jahraus, jahrein zirka sechs Stunden professionell übt, ständig das Risiko des Auftritts im Nacken hat und vierzig erfolgreiche Auftritte im Jahr bestreitet, der weiß über diese Dinge eben mehr als ein Hundesportler. Auch dieses Beispiel zeigt, wie viel man von anderen Professionen lernen kann.

Die „W"-Fragen

Fragt man aber zu früh nach dem entscheidenden „Wie üben?", so schleppt man bereits zurückliegende Fehler mit sich. Daher kreisen wir die entscheidenden Fragen richtigen Übens von außen her ein. Wir schaffen sozusagen erst einmal eine solide Basis.

Was?

Die Frage, „Was?" geübt werden soll, ist längst nicht so klar, wie zunächst angenommen. Man sollte sich wirklich erst einmal fragen, wofür sich beide Team-Partner eignen und, was man eigentlich üben will, das heißt, mit welcher Sportart man sich am besten identifizieren kann. Und die zweite, gleichrangige Frage sollte lauten: Was bietet sich für mich und meinen Hund naheliegender Weise an? Hierzu gehören Fragen der Veranlagung, des Temperaments, aber auch Fragen nach den gegebenen Möglichkeiten, also welche Sportarten für das Team vor Ort überhaupt realisierbar sind. Hat man daraufhin eine Wahl getroffen, dann ist das Feld der Aufgaben grob abgesteckt. Denn die Übungen (der traditionellen Sportarten) stehen weitgehend fest, und wer im Sport mitmachen möchte, muss die geltenden Regeln akzeptieren. Das gehört nun mal zu den Grundprinzipien der sportlichen Idee. „Was?" bedeutet aber noch mehr als nur die Definition der Aufgabe. Im „Was?" fragen wir analysierend, worin denn das Wesentliche einer Übung besteht, worauf es bei der Übungszielsetzung besonders ankommt und was sie von anderen Übungsinhalten abgrenzt.

Schließlich fragen wir im „Was?" auch nach den methodischen Mitteln oder nach stofflichen Hilfsmitteln:

- Was (welche Sportart) eignet sich für mich und meinen Hund am besten?
- Welche Sportart lässt sich hier vor Ort ausführen?
- Was ist das Wesentliche einer Aufgabe?
- Was? In Verbindung anderer W-Fragen.
- Was an Hilfsmitteln wird benötigt?

Welches Umfeld, welche Stimmung?

Wir wissen, dass Spiel nur im so genannten *Entspannten Feld* stattfindet. Das Spiel wird sofort abgebrochen, wenn irgendwelche bedrohenden Einflüsse das Entspannte Feld stören. Hierfür reichen allein schon mutmaßliche Störungen aus. Nun frage man sich als Hundesportler einmal ehrlich, ob man das Entspannte Feld im Training stets aufrecht erhält oder ob doch immer wieder grober Umgang oder Überforderung das Entspannte Feld empfindlich stören. Fällt es einem eigentlich auf, ob und wann man das Entspannte Feld verlässt.

Man könnte Spiel als den „Luxus des Lebens" bezeichnen. Das Spiel steht und fällt mit dem Umfeld und den Lebensbedingungen. Daher sollten wir uns auch im Hundesport bemühen, optimale Voraussetzungen für das Spiel zu schaffen. Räumen wir möglichst alles, was sich als störend oder abträglich erweisen könnte, bereits im Vorfeld beiseite. Und vor allem, lassen wir den Hund erleben, dass es kaum etwas schöneres geben kann, als mit Frauchen oder Herrchen zu spielen. Hierzu sind, bereits vor dem Spiel, wichtige Punkte zu beachten:

* Mensch und Hund sollten gesund und ausgeruht sein.
* Mensch und Hund sollten sich im seelischen Gleichgewicht befinden.
* Die Atmosphäre sollte stress- und angstfrei sein (gemeint sind die schädlichen Stressfaktoren).

Das heißt, man soll weder bei Lustlosigkeit, Überreiztheit, Apathie, Zorn, Ärger oder bei anderen ungünstigen Gemütsstimmungen üben! Allerdings mit folgender Einschränkung: Wer sich seiner inneren Verfassung wirklich bewusst wird, außerdem einen starken Willen besitzt und über eine gute Vorstellungskraft verfügt, dem mag durchaus das Meisterstück gelingen, in schlechter Laune am Hundeplatz anzukommen und nach wenigen Augenblicken des Übens mit dem Hund die eigene Stimmung ins Positive zu kehren. So wie die Begegnung mit Musik einen traurigen Menschen umzustimmen vermag, so kann auch der Hund dazu beitragen, dass wir unser seelisches Gleichgewicht wiederfinden. Wenn man aber bemerkt, dass alle aufgewandten Bemühungen fruchtlos bleiben, ist es wirklich besser, das Üben abzubrechen – mit einem motivierenden Abschluss für Team-Führer und Hund.

Wie viel?

Wer wüsste es nicht? In der Regel werden zu viele Dinge auf einmal geübt. „Weniger wäre mehr gewesen", heißt es zu recht im Volksmund. Zu viele Übungen aneinander zu reihen hat zur Folge, dass der Lernerfolg der einzelnen Übung darunter leidet. Wenn ein Hund das Apportieren beispielsweise beherrscht, dann sei man froh darüber und hüte es wie eine kostbare Kerze, die sich aufbraucht. In Abständen von drei bis acht Wochen oder noch länger wird das Apportieren getestet und aufrecht erhalten, jedes Mal mit besonderem Augenmerk auf freudig-vitale Vorführung. Im regelmäßigen Training kommen nur korrekturbedürftige oder neue Übungen dran, und wenn es sich um viele Übungen dieser Art handelt, dann verteilt man sie besser auf zwei oder mehr Trainingstage. Und wenn der Hund wirklich alles kann? Nun, dann gilt der gleiche Rat wie oben, nur mit der Ergänzung: Die Übungen durch Abwandlungen weiterhin interessant zu halten. Zu leichte Aufgaben führen zu einer Abnahme der Motivation. Bei anhaltender Wiederholung kann dies sogar zur Motivationsversandung führen! Aufgaben anhaltend interessant zu gestalten, das heißt, mit einem stets präsenten Maß an *wohldosierter Herausforderung* (Grothe), stellt eine der wichtigsten Aufgaben für den Fortgeschrittenen dar. Daher gilt:

* Umfang der Übungen (Lernvolumen) überschaubar halten.
* Lernziele richtig aufteilen.
* Ausgereifte Leistungen mittels Abwandlung der Aufgabe interessant erhalten.
* Ausgereifte Leistungen mittels Pausen vor Versandung bewahren.

Wo?

Auch der Ort des Übens ist wichtig. Das weiter oben erwähnte *Entspannte Milieu* finden wir am ehesten in vertrauter Umgebung, also zu Hause. Wird der Hund im

Haus gehalten, so fühlt er sich in der Küche oder dort, wo man sich gemeinsam aufhält, am wohlsten. Dort werden in der Regel auch weniger Ablenkungen auftreten. Zudem lassen sich diese zu Hause leichter ausschließen als im Freien. Wir üben daher mit Welpen und Junghunden vieles zuerst im Haus (bzw. im Flur oder in der Garage). Bei fortschreitendem Können dann im Garten und erst zum Schluss im Freien, auf dem Hundeplatz und in unbekanntem Gelände.

Spiel in entspanntem Milieu.

Vorteile des Übens im Raum

Der Hund kann sich nur begrenzt entfernen. Hinzu kommt, Welpen sehen noch nicht weit. Zu Hause kann diese Distanz im allgemeinen nicht überschritten werden. Diesen Umstand hat bereits Oberländer in seiner „Stubendressur" genutzt.

Wenn man allerdings bestimmte Grundsätze berücksichtigt, lässt sich auch das Üben von Anfang an auf dem Hundeplatz oder im Freien erfolgreich durchführen. Hierzu zählt eine gut gefestigte Vertrauensbasis und das Ausschließen stärkerer Ablenkung. Mit dem jungen Hund gehen wir auf den Hundeplatz, wenn sonst niemand da ist und wir üben dort nur ganz kurz und intensiv (eine halbe bis zirka fünf Minuten, mehr nicht!). Dies, um Ablenkungen gar nicht erst aufkommen zu lassen. Die leider immer noch weit verbreitete Meinung, man soll junge Hunde am Platz miteinander spielen lassen, damit sie eine positive Beziehung zum Platz bekommen, beruht auf einer Fehleinschätzung. Zweifellos entwickelt der junge Hund im Spiel mit Artgenossen eine positive Beziehung zum Platz, aber eben „zum Platz in Verbindung dieser

Hundebegegnungen". Der Mensch spielt dabei eine untergeordnete Rolle. Hundesport, so wie wir ihn verstehen, strebt jedoch nach Mensch-Hund-Harmonie, und das setzt voraus, dass es für den Hund auf dem Platz nur eines gibt: *Freude am gemeinsamen Spiel und Sport mit Frauchen oder Herrchen.* Nach dem Üben mag man Hunde miteinander spielen lassen, besser jedoch ist es, dem Spiel der Artgenossen eine eigene Zeit und einen anderen Ort zu bieten, etwa an einem anderen Tag oder irgendwo außerhalb des eigentlichen Sportplatzes.

Einführung von Ablenkungen

Erst wenn der Hund eine gefestigte Spielappetenz gebildet hat, bringen wir Ablenkungen ein, die er dann auch in der Regel problemlos bewältigt. Hat der Hund jedoch in seiner Jugend gelernt, sich am Platz auf andere Hunde zu konzentrieren, verbindet sich damit oft eine lebenslang anhaltende, ablenkungsgeprägte Erwartungshaltung. Also:

- Anfangs nur an gut bekannten Orten üben!
- Angenehme, einladende Umgebung schaffen!
- Anfangs in weitestgehend ablenkungsfreier Umgebung üben!

Wann?

Die Frage nach der Übungszeit hängt von mannigfachen, darunter auch vielen individuellen Faktoren ab. Übungszeiten sind hochaktive Lebensvorgänge. Man lege sie daher, wo möglich, nicht in biologisch vorprogrammierte Leistungstiefs. Fress- und Auslaufgewohnheiten müssen ebenso berücksichtigt werden wie die zur Verfügung stehende Freizeit von Frauchen oder Herrchen.

Hinzu kommen die vielfältigen Möglichkeiten, das Übungsresultat mittels Zeit zu beeinflussen. Wann sind welche Pausen angebracht? Wann ist eine bestimmte Trainingsphase zu beenden und durch eine neue zu ersetzen, bzw. durch eine Pause abzuschließen? In welchem Alter, in welcher Entwicklungsphase sind welche Lernziele besonders anzustreben? Und schließlich: Wann, das heißt, in welcher Reihenfolge zu anderen Übungen, soll eine bestimmte Übung aufgebaut werden oder auch: Wann soll diese Übung während eines Trainings drankommen, wann eine andere?

Zusammenfassung

- ***Leistungsaktive Zeiten bevorzugen.***
- ***Üben im Leistungstief vermeiden.***
- ***Faktor Zeit berücksichtigen! Aktivzeiten und Pausen planen und aufeinander abstimmen.***
- ***Alter, Entwicklung und Reifung berücksichtigen.***
- ***Reihenfolge der Übungen bedenken.***

Wie oft?

Ein alter römischer Spruch lautet: *„Repetitio est mater studiorum"* = Wiederholung ist die Mutter der Studierenden. Allerdings hat man früher der Wiederholung viel zu viel Bedeutung zugemessen. Wir haben darauf bereits im Abschnitt „Geschichte des Hundesports" hingewiesen. Wiederholung ist sicherlich wichtig. Aber wie viele Wiederholungen? Unter dem „Wie oft?" des Trainings, unter der *Trainingsfrequenz*, versteht man nicht nur die Frage, wie oft etwa wöchentlich oder täglich zu üben ist, sondern auch die Frage nach den Wiederholungen etwa einer einzelnen Übung. Aber diese Frage lässt sich nicht schubladenartig beantworten. Denn für den Lernerfolg ist beispielsweise die emotionale Beteiligung mehr ausschlaggebend als die Anzahl der Wiederholungen. Unter annähernd neutraler emotionaler Beteiligung wurden (im Laborversuch) beim Hund 20 bis 25 Wiederholungen für eine gefestigte Erinnerung herausgefunden.

Jeder weiß jedoch, dass der Hund bei starker emotionaler Beteiligung Übungen mitunter auf Anhieb lernt. Dasselbe gilt für Erinnerungen. Macht er etwa auf einem Spaziergang eine Katze aus, dann erinnert er sich an den Platz noch nach Tagen, ja sogar Wochen. Resultat einer einzigen Erfahrung! Man sieht, die Schwierigkeit des Übens liegt vor allem darin, dass vieles ineinander greift. Zieht man an einem Strang dieses vielschichtigen Geflechtes, so verformt sich das Ganze. Vorauszusehen, welche Folgen jede Veränderung nach sich zieht, lässt sich nur abschätzen. Und selbst dieses Abschätzen setzt eine Menge Wissen und Erfahrung voraus.

Wiederholungen

Sie zu häufen, kann einmal das beste Mittel der Wahl bedeuten, ein andermal wäre es vorteilhafter, nur wenige oder gar keine Wiederholungen einzubringen. Die Erfahrung lehrt, dass man in der Regel eher zu viel als zu wenig Wiederholungen ansetzt. Wenn wir im Training beobachten, dass der Hund eine Aufgabe erfüllt hat, dann sollten wir nicht nur jede weitere Wiederholung (die ja das große Risiko einer Verschlechterung beinhaltet!) vermeiden, sondern wir setzen eine kurze Pause ein, in welcher sich das Gelernte vertiefen kann. Wir legen den Hund beispielsweise ab oder bringen ihn sogar in seine Box. Wissenschaftler (u. a. E. Pöppel) haben nachgewiesen, dass das augenblickliche Erlebnis zirka 3 bis 5 Sekunden in unserem Bewusstsein verweilt. Dies gilt für Erwachsene. Kinder haben eine kürzere *Gegenwartsdauer*. Sie können beim Überqueren der Straße das „nach links Sehen" innerhalb einer Sekunde bereits wieder vergessen haben. Wie lange die Gegenwartsdauer bei Hunden exakt dauert, ist zwar nicht bekannt, aber wir nehmen auf Grund von Beobachtungen an, dass sich der Lerneffekt auch bei Hunden reduziert, wenn man zu schnell zur nächsten Aufgabe übergeht. Das Abwarten einiger Sekunden nach einer Übung wirkt sich erfahrungsgemäß positiv aus.

Bestärkung mittels Spiel

Eine andere Frage des „Wie oft?" wird immer wieder auf Kursen gestellt: „Wie oft soll man den Hund beim Üben mittels Spiel bestärken?" Auch diese Frage lässt sich nicht mit einer Zahl beantworten. Vereinfacht könnte man antworten: *„So selten wie möglich und so oft wie nötig"*. Die Anzahl der Bestätigungen pro Trainingseinheit wechselt von Mal zu Mal und sie ändert sich vor allem mit der Ausreifung des Spiels. Je reifer das Spielen wird, desto weniger Bestätigungen sind erforderlich. In fortgeschrittenen Lernstadien sollten die Belohnungen streckenweise nach dem Zufallsprinzip gegeben werden, wobei auch Überraschungen einzubauen sind.

Zusammenfassung

* ***Wiederholungen jeder Art maßvoll einsetzen.***
* ***Gegenwartsdauer (einige Sekunden) nach einer Übung abwarten.***
* ***Belohnungen individuell und situativ angleichen.***

Wie oft in der Woche soll geübt werden?

Eine weitere Bedeutung des „Wie oft?" ist die Frage nach der Häufung von Übungseinheiten. Hier gilt: Neu einzuübende Fertigkeiten sind besonders zerfallgefährdet. In den ersten Tagen vergisst man am meisten. Daher ist es nicht sinnvoll, eine Übung an einem bestimmten Tag aufzubauen und dann eine Woche zu pausieren. Andererseits ist bekannt, dass massiv gehäuft eingebrachte Trainingseinheiten zu einem Leistungsverlust führen. Deshalb ist es ratsam, Übungseinheiten zeitlich aufzuteilen und regelmäßig zu üben (Ausnahme Lernpausen). Optimal wäre (innerhalb einer Aufbausequenz) kurzes Training mehrmals am Tag oder einmaliges tägliches Training (plus ein Tag Pause pro Woche. Gegebenenfalls auch zwei Tage, aber nicht zwei Pausentage hintereinander!).

Wie?

Die alles entscheidende Frage jedoch lautet „Wie?". Daher setzen wir es hier auch an die letzte Stelle. Das „Wie?" des Übens schließt die Summe aller Möglichkeiten ein.

Es korrespondiert mit allen vorausgegangenen Fragen und gibt Antwort auf die konkreten Fragen der Vorgangsweise, bis hin ins Detail. Wir greifen hier aus Raummangel nur einige wichtige Punkte heraus, ohne Anspruch auf Vollständigkeit:

- Individuell angeglichenes Üben (für Mensch und Hund!).
- Üben in positiver Gestimmtheit (Interesse wecken! Animieren! Stimulieren! Motivieren!)
- Mehrkanaliges Üben.
- Anspruchsniveau beachten (nicht zu leicht und nicht zu schwierig).
- Lerngesetze berücksichtigen (Ganzheitstheorie und Konditionierungsgesetze).

Ein Wort zur Sicherheit

Wegen der umfassenden Bedeutung für die Gesunderhaltung des Hundes passt das Thema „Sicherheit" gut hierher. Die Rede ist vom „Freien Spiel" und seinen Gefahren. Viele übersehen in der Hitze des Spiels, dass die vielen Stopps, Starts, Turns und Sprünge, die sie ihren Hunden zumuten, eine enorme Belastung darstellen. Nicht jede Rasse ist für derartig temperamentvoll gestaltete Spielen gleichermaßen geeignet. Und nicht jedes Hundeindividuum verträgt die Belastungen schadlos. Daher der dringende Rat, sich der Belastungen bewusst zu werden und das Spiel in punkto Belastung vernünftig auszulegen.

Tipps zur Schonung Ihres Hundes

- Aufbau einer guten Grundmuskulatur des Hundes (z.B. durch Radfahren am Bügel, Wagenfahren, Bergwandern, Joggen. Jedoch nicht: den Hund hinter dem Autor herlaufen lassen!).
- Für optimales Gewicht sorgen.
- Gut Aufwärmen vor dem Training.
- MO nicht immer in die Höhe wegziehen, sondern tief spielen und nach vorn oder seitlich wegziehen.
- Belastende Übungen auf keinen Fall gehäuft trainieren.
- MO nicht immer in die Höhe wegschleudern, sondern auch auf den Boden werfen.
- Motivationsbereiche wechseln. Dann und wann (etwa bei Rekonvaleszenz) auf Futter oder Bewegung ausweichen.
- Beim Beutestreiten maßvoll vorgehen.
- MO nicht immer wegschleudern, sondern in der Hand haltend anbeißen lassen.

Auch mit älteren und kranken Hunden kann man noch „Freie Spiele" durchführen. Aber das Spiel muss den Gegebenheiten angepasst werden. Selbst in extremen Fällen (HD, Bandscheibenvorfall u. a.) kann noch gespielt werden. Dies setzt allerdings voraus, dass der Hund das *Kultivierte Freie Spiel* bereits beherrscht und warten gelernt hat. Um Sprung-, Start-, Stopp- und andere physikalische Belastungen aufzufangen, kann man beispielsweise ganz auf Futter umsteigen oder aber das MO direkt vor dem Fang führen und den Anbiss durch minimale, ruckartige Bewegung in Verbindung entsprechender Körpersprache und Akustik auslösen. Oder man kann das MO auch schräg am Fang vorbei werfen. Auch das bietet gelenkschonende Bedingungen für den Anbiss. Auf diese Weise können Sprünge, Stopps und Körperdrehungen weitgehend vermieden werden.

Beutestreiten darf bei manchen Erkrankungen des Bewegungsapparates oder bei Herz- und Kreislaufleiden nicht mehr oder allenfalls nur stark eingeschränkt durchgeführt werden. Weil aber arbeitsfreudige Hunde sehr unter Trainingsentzug leiden, müssen seelische und körperliche Defizite gegeneinander abgewogen werden. Hier ist der fachärztliche Rat oft unentbehrlich. Zeigen Sie Ihrem Tierarzt, was und wie Sie mit dem Hund spielen. Er kann Ihnen in der Regel wertvolle Ratschläge geben.

Konzeptiv-flexible Trainingsgestaltung

Mit welchen Übungen man beginnen und in welcher Reihenfolge man fortfahren soll, ist durchaus nicht gleichgültig, sondern stellt bereits eine folgenschwere didaktische Entscheidung dar. Ebenso die Entscheidung für planmäßige oder eher improvisatorische Vorgangsweise. Oder wenn wir noch mehr ins Detail gehen: Soll man eine Übung nach der anderen vornehmen oder verschiedene Übungen parallel und teils aufeinander bezogen aufbauen? Könnte und sollte man dieses offene Vorgehen in jeder Trainingseinheit neu bestimmen?

Während man früher eher streng den Lehrplantheorien folgte, hat sich in den letzten zwei Jahrzehnten immer mehr die pädagogisch offene Vorgangsweise durchgesetzt, das so genannte *Curriculum*. Vertreter curricularer Vorgangsweisen fordern im Hinblick auf die Bedürfnisse der Schüler an Stelle vorprogrammierter Planerfüllung vor allem *didaktische Gestaltungsfreiheit*. Eine späte, aber sicher gerechtfertigte Referenz an die mittlerweile mehr als hundert Jahre alte Ganzheitstheorie, welche durch die Erkenntnisse der Chaosforschung entscheidende neue Impulse erfuhr.

Wir werden sowohl die Vorteile didaktisch-methodischen Planvorgehens als auch jene der curricularen Organisation von Lehrvorgängen nutzen. Ich selbst habe diesen Weg, den ich *„konzeptiv-flexible Trainingsgestaltung“* nenne, bereits in meiner mehrbändigen Kindergitarrenschule *„Pima“* (Ricordi München 1995) erfolgreich beschritten.

Planen ist wichtig und bringt enorme Vorteile, aber man darf letztlich nicht am Plan kleben bleiben, sondern muss offen und bereit sein, planmäßige Vorsätze gegebenenfalls zu Gunsten einer völlig anderen Vorgangsweise zu verwerfen. Das heißt, sich neu und abweichend vom Plan zu entscheiden. Aus diesem Grund sprechen wir auch nicht vom (festen) *Plan*, sondern vom (variablen) *Konzept*.

Wichtig **Das Konzept muss der flexiblen Entscheidung des Augenblicks, sagen wir der Improvisation, untergeordnet werden!**

Hierin liegt genau der Schwachpunkt eines Buches. Denn auch der beste Autor kann dem Leser die individuell situative Entscheidung des Augenblicks nicht abnehmen. Allerdings können Bücher helfen, vor allem wenn sie mehrkanalig und in Verbindung mit Videos aufgebaut wurden, die Entscheidungstiefe und -breite des Lesers zu verbessern und somit indirekt zu einer besseren pädagogischen Sichtweise und dem daraus abgeleiteten didaktisch-curricularen Vorgehen beitragen. Wir werden daher den Ausbildungsweg zur *Team-Vorführung* nicht auf traditionelle Weise, also eine Übung nach der anderen und in der Reihenfolge der Prüfungsordnung beschreiben, sondern wir folgen der konzeptiv-flexiblen Trainingsgestaltung. Auf der einen Seite steht das Konzept, das sich der Team-Führer gemacht hat. Auf der anderen ist er bereit, dieses zu Gunsten der Improvisation aufzugeben.

Konzeptiv-flexibel bedeutet:

* Es kommt nicht (linear) eine Übung nach der anderen, sondern es werden dort und da mehrere Übungen (und Teilübungen!) parallel nebeneinander geführt, wobei einige ab einem bestimmten Könnensstand miteinander verbunden werden. Da jedoch jeder Hund sein ganz individuelles Curriculum braucht, weisen wir immer wieder auf ergänzende Varianten und auf Alternativvorschläge hin (variable und alternative Zweit- und Drittwege).
* Doch selbst diese Erweiterungen entheben den Leser nicht der Aufgabe, das Vorgefundene individuell umzuformen! Abgesehen von einigen übergeordneten Rangfolgen muss für jeden Hund ein eigenes Ausbildungskonzept entworfen (und ständig revidiert!) werden.

Bei den didaktischen Entscheidungen im Einzelnen werden sich die eingangs beschriebene Ausrichtung ebenso wie die Grundlagen als wertvolle Hilfe erweisen. Kern der curricularen Vorgangsweise ist die „konzeptiv-flexible Entscheidung". In jeder Situation muss neu entschieden werden, ob man im Konzept bleibt, ob man es abwandelt oder ob man zu Gunsten vielversprechenderer Wege (vorerst) abbricht, verwirft.

Didaktische Transformation

In vielen Fällen liegen Hundesportziele und das, was dem Hund Spaß macht (bzw. was ihm liegt), weit auseinander.

Didaktische Transformation entspricht dem Vorgang des Umformens menschlicher Ziele in Motivationen, die der Hund arteigen und lustvoll annehmen kann.

Wir gehen davon aus, dass der Hund zahlreiche Verhaltensweisen mitbringt, darunter Instinktverhalten und die genetische Disposition für zu erwerbende Rituale und Routinen. (Bereits der acht Wochen alte Welpe hat einen beachtlichen Umfang an adaptiertem Verhalten). Beide Ebenen greifen bei manchen Verhaltensweisen ineinander (nach K. Lorenz „Instinktverschränkung"). Die Umformung (Didaktische Transformation) erfordert einerseits Kenntnisse dessen, was im Hund vorhanden ist und

Neuaufbau

> Zunächst gilt es, sich darüber klar zu werden, ob der auszubildende Hund schon viele, möglicherweise nicht nur positive Erfahrungen hinter sich hat oder ob man mit einem unbefangenen, unverbrauchten Hund beginnt, etwa einem Welpen. Hat der Hund schon allerlei gelernt, ist er bereits mehr oder minder ausgebildet worden und dies in einer Weise, die eben keinen „freudigen" Hund zum Ergebnis hatte, so lässt man nach einer Pause von etwa vier Wochen zunächst einmal alles weg, was den Hund an negative Erlebnisse erinnert. Anschließend fängt man tunlichst mit dem an, was der Hund am besten kann. Führt ein Hund beispielsweise die gesamte Unterordnung nur widerwillig oder gar ängstlich aus, mit einer einzigen Ausnahme, dem Hürdensprung, dann beginnen wir mit dieser Übung und wandeln sie in kleinen Schritten in Lind-art® um: Also mehr und mehr in Richtung respondierende Kommunikation, Spiel sowie positive Motivation und geistiger Zügel. Mut, Vertrauen und Ausdauer werden dem Team-Führer abverlangt, damit er nicht zu früh zu den problematischen Übungen und Teilen übergeht und damit zurück ins alte Fahrwasser steuert. Erst wenn sich das freudige, harmonische Üben im Team an mindestens einer Übung (oder Teilübung) sichtlich gefestig hat, sollte man sich an problembehaftete Übungen heranwagen. Und dann am besten unter Kontrolle eines erfahrenen Ausbilders (siehe Team-Work-Zentrum, S. 288).

andererseits Erfahrung, wie sich damit erfolgreich umgehen lässt. Eine weitere Voraussetzung bildet die Analyse der Leistungsziele jeder einzelnen Übung. Und zwar im Hinblick auf die im Hund vorhandenen Möglichkeiten: Sein Verhaltensrepertoire, seine Triebe und Emotionen, seine Intelligenzebenen sowie seine rassespezifischen und individuellen Adaptionsmöglichkeiten.

Bei der Freifolge beispielsweise stehen ganz andere Anforderungen im Vordergrund als beim Apportieren oder Hürdensprung. Hier kommt uns die Modellvorstellung der Motivationsbereiche entgegen. Jede einzelne Übung beinhaltet naturgemäß eigene Anforderungen mit bestimmten Betonungen. Über ein Hindernis zu springen, macht dem Hund Spaß, wenn man einmal von den formalen Ausführungszwängen des Vorsitzens, Zurückbringens usw. absieht. Neben dem Team-Führer den Platz rauf- und runterzugehen, sicher weniger. Noch schwieriger wird es, wenn wir vom Hund verlangen, den Apportiergegenstand von sich aus (und freudig!) im Galopp wieder zurückzubringen. Es gibt also Übungen, die liegen der Natur des Hundes mehr als andere und es gibt einige Aufgaben, die stehen sogar im Widerstreit zu hundeeigenen Verhaltensweisen, zunächst einmal.

Wir werden in der gesamten „Mensch-Hund-Harmonie-Unterordnung“ das Prinzip der *Didaktischen Transformation* nie aus den Augen verlieren.

Zu jeder einzelnen Übung wurden neue, lustvoll annehmbare Mittel und Wege gefunden. Genau dieser Ansatz hat dazu geführt, dass der gesamte Übungsaufbau der klassischen Unterordnung neu geformt wurde, neu in mehrfacher Hinsicht. Besondere Beachtung verdient in diesem Zusammenhang das auf Seite 102 beschriebene *Resonanz-Szenario*. Dieses beschreibt gleichzeitiges Lernen auf verschiedenen Sinnesebenen.

Primärmotivation

Wenn wir aus diesem Blickwinkel danach fragen, welche Übungen dem Hund in seinen natürlichen Verhaltensweisen am nächsten kommen, dann fallen uns jene Aufgaben ein, die einen hohen Anteil an *Primärmotivation* (innere oder intrinsische Motivation) beinhalten. Das sind vor allem die kurzen Lauf- und Springübungen, also der Sprung über die Hürde, der Klettersprung und das Herankommen. Es sind dies Übungen aus den Motivationsbereichen der Bewegung und Geschicklichkeit und, beim Herankommen, zusätzlich noch der betonten Sozialebene. Eine der am schwierigsten zu lösenden Aufgaben ist sicher die Freifolge, wenn wir davon ausgehen, dass sich diese nicht auf das erzwungene Hochsehen zum Team-Führer beschränkt, sondern als durch und durch freudige Team-Harmonie verstanden wird, die sich in zahlreichen Körpersignalen manifestiert.

Wir beginnen daher mit Übungen (oder Teilen daraus), die ähnlich wie bei der Agility von sich aus Spaß machen, also mit kurzen Lauf-, Sprung- und Geschicklichkeitsübungen. Auf diese Weise wird uns von Anfang an ein nicht geringer Anteil der Motivation allein schon durch die Übung selbst verfügbar, ohne aufwendig oder umständlich organisierte Motivationszugaben oder Transformationen. Die weitere Reihenfolge der Übungen folgt wie gesagt den curricularen Prinzipien des fortschreitenden Schwierigkeitsgrades, der Querverbindungen und der *Teilvorbereitung*. Teilvorbereitung bedeutet, der Hund lernt an Übungen Teile aus nachfolgenden Aufgaben, wobei diese Teile das Erlernen der folgenden Übungen direkt oder indirekt vorbereiten und damit erheblich erleichtern. Besonders schwierige Übungen teilen wir in viele einzelne Lernschritte auf. Wo es angebracht ist, werden wir die methodische Technik der *Zeitlichen*

Das Tun an sich soll Lust vermitteln (Primärmotivation).

Dehnung nutzen. Dies bedeutet, dass bestimmte Lernvorgänge absichtlich längere Zeit ausgedehnt werden. Bei *Zeitlicher Dehnung* muss man mit Wiederholungen pro Trainingseinheit meist äußerst sparsam umgehen (Gefahr: Motivationsversandung).

Die Positionierung der Freifolge (bzw. Leinenführigkeit) an das Ende der Ausbildung mag verwundern, wird doch allgemein diese Übung an den Anfang gestellt.

Es sprechen jedoch noch weitere, triftige Gründe für diese Entscheidung.

Die Freifolge als die mit Abstand schwierigste Übung bildet den Schluss, denn:

* nirgendwo anders steht die *Mensch-Hund-Harmonie* derart auf dem Prüfstand wie in dieser Übung;
* nirgendwo anders ist der Anteil des Menschen zur gemeinsamen Team-Vorführung so hoch wie hier;

* keine andere Übung beinhaltet derart viele Einzelaufgaben. (Fußgehen, Wendungen links und rechts, Kehrtwendung, schneller und langsamer Schritt, Acht durch die Gruppe, Anhalten, Schussgleichgültigkeit);
* keine andere Übung (außer das Abliegen) dauert auch nur annähernd so lange;
* in keiner anderen Aufgabe spielen ästhetische und Ausdrucksmomente eine derart wichtige Rolle.

Daher werden wir dieser Übung besondere Aufmerksamkeit widmen und sie in vielen kleinen Lernschritten und Variationen über die gesamte Länge der Ausbildung aufbauen (*Zeitliche Dehnung*), wobei der Zusammenschluss aller Einzelteile erst relativ spät erfolgt.

Erweiterte und neue Theorien und Methoden

Das Ausrichten der Hundeausbildung auf die *Mensch-Hund-Harmonie*, ebenso wie der erheblich erweiterte sportliche Anspruch haben eine Reihe neuer Theorien und Methoden entstehen lassen. Vieles davon ist hier erstmals veröffentlicht. In den einzelnen Darstellungen der Übungen werden wir auf die hier formulierten Inhalte wieder zurückkommen.

Elementar-Phänomen-Ausbreitung

Leider wird sogar heute noch von manchen Autoren und Trainern die Meinung vertreten, man solle mit der Ausbildung des Hundes erst ab einem Jahr beginnen. Diese Ansicht ist verständlich, wenn man von den

Elementares frühes Lernen – auch hierin ist uns die Natur Vorbild.

alten, harten Ausbildungsmethoden ausgeht. Den damit verbundenen Druck hielten tatsächlich erst die etwa einjährigen Hunde stand. Aber spielerische, motivationale Ausbildung setzt alten Forderungszwängen lustvolle Förderung entgegen und damit wurde der Weg frei für die Früherziehung und Ausbildung. Ausgehend von entwicklungspsychologischen und reifungsrelevanten Gegebenheiten nutzen wir in der Hundeerziehung und -ausbildung vor allem seine frühe Lernbereitschaft. Je früher man beginnt, desto mehr gilt es allerdings zu berücksichtigen, dass die Bereiche Erziehung, Umwelterfahrung und Sozialisierung (Hunde untereinander und Mensch-Hund-Sozialisierung) absoluten Vorrang haben! Die Bedingung für frühe sportliche Ausbildung ist in der hier formulierten dreifachen Ausrichtung *(Drei Zinnen)* verankert. (Ethische Verantwortung und davon abgeleitet der artgerechte Umgang. Als zweites die sportlichen Ideale und als drittes die Individualität).

Ich war viele Jahre im humanpädagogischen Früherziehungs- und Forschungsbereich tätig. Es war naheliegend, auch in der Tierpädagogik die frühen Lebensphasen des Hundes zu nutzen, um möglichst viele Anforderungen, die auf den Hund später zukommen, in elementarer und phänomenaler Form zu vermitteln. Hierbei orientieren wir uns an naturgegebenen, selbstorganisierten Lernvorgängen (z.B. Sprachentwicklung und motorische Entwicklung bei Kleinkindern). Neueste Erkenntnisse der Gehirnforschung, der Chaosforschung und der Entwicklungspsychologie stellen erstmals auf wissenschaftlicher Ebene die Genialität dieser elementaren Lern- und Adaptionsvorgänge unter Beweis. Man hat erkannt, dass die alten, linearen Denkschemata falsch sind.

Kausalitätsprinzipien („ähnliche Ursache ergibt ähnliche Wirkung“ oder „gesteigerte Maßnahme ergibt gesteigerte Wirkung in dieselbe Richtung“) sind in allen offenen, chaotischen Systemen von vornherein ausgeschlossen. Die Chaosforschung hat uns gelehrt, dass vielfach verknüpfte Rückkopplungskreise „unberechenbar“ sind. Im übertragenen wie im mathematischen Sinn! – Lernprozesse gestalten sich mehrdimensional, offen und komplex.

Auf der Basis dieser Grundlagen habe ich meine *„Elementar-Phänomen-Ausbreitung“* entwickelt. Es ist dies ein neuer Weg in der Tierpädagogik, Erziehung und Ausbildung im Welpenalter. Wie das Wort schon sagt, geht es hierbei um erste und frühe Lernprozesse. Es geht um *„Urbausteine“* frühen Lernens, um das lustvolle Experimentieren und um phänomenale Erfahrungen an Urbausteinen und deren Kombination. Urbausteine, welche bereits Inhalte späterer Ganzheiten repräsentieren. (Die Bedeutung des Begriffes *Element* ist nicht gleichzusetzen mit dem Kausalitätsverständnis des 19. Jahrhunderts).

Der letzte Begriff, nämlich die *„Ausbreitung“* weist auf die Dringlichkeit breiter und vielfältiger Reizangebote. Ein Kleinkind bringt zirka 100 Milliarden Ganglienzellen (Gehirnzellen) und 100 Billionen Synapsen (Schaltstellen) mit. Werden die Synapsen nicht rechtzeitig angesprochen und trainiert, so sterben sie ab. Das heißt: Bleiben in bestimmten Wachstumszeiten (sensible Phasen) die entsprechenden Reize aus, so sind bestimmte Lernprozesse unwiederbringlich verloren. Auch bei Hunden gilt dieses Prinzip.

Facetten der Elementar-Phänomen-Ausbreitung

Sie bietet für Welpen und erwachsene Hunde gleichermaßen brauchbare Ansätze:

Beim [Stehen] beispielsweise kommt es anfangs nicht darauf an, „wo und wie“ der Hund steht, sondern lediglich darauf, dass es ihm Spaß macht, diese natürliche Haltung im Wechsel zu einer vorausgegangenen, anderen Grundhaltung auszuführen (arteigen und individuell). Dafür hat sich die frühe Methodik in erster Linie zu bemühen. Dass alle methodischen Maßnahmen der Frühpädagogik behutsam anzugehen sind, dürfte klar sein. Kurze Konzentrationsfähigkeit, geringer Erfahrungsschatz, tiefe Frustrationsgrenze usw. grenzen methodische Vorgangsweisen von vornherein ein. Wer beispielsweise glaubt, er würde der „beschränkten Aufnahmefähigkeit“ eines Junghundes entgegenkommen, wenn er anfangs nur einige wenige Übungen vermittelt und später mehr; oder „höhere“ Anforderungen, etwa das [Steh] erst ab einem Jahr verlangt, unterliegt gleich mehreren Irrtümern:

* Zunächst einmal ist es für den Hund nicht schwieriger, zu stehen als zu sitzen oder zu gehen, oder sich hinzulegen anstatt zu sitzen. Wer hier die Probleme hat, ist der Mensch, der nicht in der Lage ist, Mittel und Wege zu finden, die natürlichsten Grundhaltungen von Anfang an artgemäß zu vermitteln.
* Zum zweiten lernt der Hund oft anders, als sich der Trainer dies vorstellt. Der Hund weiß nichts von den Unterschieden einer SchH I zur SchH II und SchH III und den vom Menschen abgefassten Leistungsunterschieden. Und er ist schließlich nicht in der Lage, nach menschlichen Punktemaßstäben zu denken. Ebenso wenig kann er ein zukünftiges Ereignis, etwa ein Turnier, als Motivation für den Augenblick ummünzen.

Grundhaltungen nutzt der Hund bereits im Welpenalter. Aber er nutzt sie vital funktionell und nicht im Sinne sportlicher Wertmaßstäbe, die vom Menschen stammen. Nach traditioneller Ausbildung lernt er aber zuerst Sitzen und nach 12 Monaten das [Platz], wie beispielsweise ein Schweizer rät. Mit dem Stehen sieht es nicht viel anders aus. Stehen vermitteln heute noch viele erst nach der SchH I oder II, also nach eineinhalb bis zwei Jahren! Vorher wird es ja in der Prüfung nicht verlangt. – Weshalb eigentlich nicht? Ist Stehen schwieriger als Sitzen?

Entscheidet man sich dafür, mit dem [Sitz] zu beginnen und das Stehen und/oder Liegen erst nach 12 Monaten zu vermitteln, so lernt der Hund bis dahin nicht nur das aufgeforderte Sitzen, sondern er lernt innerhalb seiner Erziehungs- oder Sportausbildung gleichzeitig das Ausschließen der stehenden oder liegenden Grundhaltung über einen verhältnismäßig langen Zeitraum. Das hat schwerwiegende Folgen. Nach einer derart langen Zeit hat der Hund mehrere, vor allem aber die entscheidenden Lernphasen seines Lebens bereits hinter sich! Hinzu kommt, das Sitzen hat sich inzwischen gefestigt und automatisiert. Automatisiert bis zum generalisierten Nebeneffekt: Der Hund verbindet ja nicht nur das Hörzeichen [Sitz] mit dem Vorgang, sondern das gesamte Umfeld sowie den zeitlichen Ablauf. Er erwartet etwa bereits beim sich anbahnenden Anhalten die in dieser Situation gewohnte Grundhaltung [Sitz]. Soll der Hund ein Jahr später aus dem Gehen heraus Stehen (räumliches Umfeld und zeitlicher Ablauf sind nahezu identisch), dann tritt häufig die bekannte Verwechslung der Grundhaltung auf, obwohl der Hund im isolierten Steh-Training die Übung fehlerfrei gezeigt hat.

Die sich anschließenden Probleme sind bekannt. Der Trainer wird ärgerlich oder er wiederholt das [Steh] zu oft, oder betont das „Unter“-Ordnungs-Steh, oder er greift zum Zwang. Jeweils mit dem Erfolg, dass das [Steh] im Hund emotional negativ besetzt wird. Manche Hundehalter meinen in dieser Situation, der Hund „verweigere“ die Aufgabe. In Wirklichkeit steht der Hund unter den eingebrachten Umständen in einem Konflikt, und in dieser Situation folgt er zunächst einmal dem Lust-Unlust-Prinzip (Lust wird bevorzugt, Unlust gemieden). Daher wird er unter diesen Umständen desto mehr zum Sitzen neigen, je mehr der Trainer das [Steh] forciert. Was hier Not täte, wäre die Rückgewinnung des Vertrauens und die Vermittlung eines [Steh] als „lustvolles Erlebnis".

Wichtig ***Es reicht nicht aus, zusammengehörende Übungen spielerisch freudig zu vermitteln. Die Motivationen müssen untereinander in einem ausgewogenen Verhältnis stehen. Wenn eine der Grundhaltungen, beispielsweise das Sitzen, zwar freundlich vermittelt wurde, motivational aber weit unter dem Stehen oder Liegen liegt, dann wird der Hund im Konfliktfalle zur lustvolleren Übung ausweichen.***

Es spricht also viel dafür, dem Hund möglichst früh lustvolle Erfahrungen mit den Grundhaltungen zu vermitteln, und zwar so, dass die Antriebe der einzelnen Übungen untereinander ausgeglichen sind. Außerdem ist es vorteilhaft, soweit es mit seiner Entwicklung und Reife in Einklang steht, ihn auch auf weitere, künftig zu erwartende Aufgaben vorzubereiten. Aber eben nur „vorzubereiten"!

Die *Phänomen-Ausbreitung* könnte dahingehend missverstanden werden, dass es nur darauf ankäme, möglichst viele Übungen, kunterbunt und möglichst früh zu vermitteln. Damit würde man folgenschwere Überforderungen riskieren. Im Zentrum spielerischer Interaktionen steht anfangs das Experimentieren, das *Freie Spiel.* – Lern- besser gesagt Zielspiele (denn Lernen tut

Resonanz-Szenario. ***Der Hund erinnert sich an eine „Höhle" und... liegt, ohne es lernen zu müssen!***

Auch der Welpe versteht das Szenario und ... liegt.

der Hund auch im *Freien Spiel*) können nach und nach eingebaut werden. Aber der Hund bestimmt die Anzahl, die Zusammenstellung und den Schwierigkeitsgrad.

Resonanz-Szenario

Viel spricht für mehrkanaliges Lernen = gleichzeitiges Lernen auf verschiedenen Sinnesebenen. *„Vielfachverknüpfungen rufen Mehrfachauswirkungen hervor“* (Volker Bendig). Wir müssen davon ausgehen, dass Üben immer auch zu einem Teil mit Wiedererkennen zu tun hat. Das Gehirn sucht beim Verarbeiten neuer Eindrücke nach möglichen Beziehungen zu bereits erworbenen Informationen, nach so genannten *Resonanzen*. Die Ähnlichkeit oder Übereinstimmung zu vorhandenen Mustern beschleunigt den Lernprozess ganz erheblich. Weil aber Eindrücke, die mehrere Sinnesebenen ansprechen, natürlich weit mehr Resonanzen hervorrufen, liegt ihr lerntheoretischer Vorteil auf der Hand. Jeder kennt dieses Phänomen am Beispiel der „Eselsbrücke“. Den Familiennamen Welcost kann man sich wahrscheinlich nicht lange merken. Denkt man aber bei diesem Namen an die Eselsbrücken „well“ oder „Welpe“ und für den zweiten Teil an „Cost“ bzw. das deutsche „Kosten“. Denkt man dann noch an die Verbindungsbrücke zu beiden Brücken: „Welpen kosten Geld“, dann lässt sich der Name möglicherweise sogar über Wochen im Gedächtnis halten. Man nennt diesen Vorgang „Mnemotechnik“. Vor dem Hintergrund dieser Zusammenhänge nutzen auch wir, im Sinne der *Integrativen Motivation,* oft mehrere Vermittlungsebenen gleichzeitig. Der Hund erfährt auf diese Weise unterschiedliche Sinneseindrücke:

- Er sieht unsere Körpersprache,
- er hört unser Hörzeichen, er nimmt unsere Stimmung auf,
- er riecht unseren Gemütszustand,
- er spürt das MO beim Beutestreiten,
- er schmeckt das Futter-MO.

Dies schließt jedoch nicht aus, dass zeitweise eine bestimmte Vermittlungsebene absichtlich (isoliert) hervorgehoben wird. Mehrkanaliges Lernen beinhaltet zahlreiche Vorteile, – vor allem im Hinblick auf bessere „Anschaulichkeit" und höhere „Motivation". Aber wir dürfen nicht vergessen, dass wir es mit Tierpädagogik zu tun haben. Hier stellen sich im Vergleich zur Humanpädagogik Probleme anders, und es treten neue Risiken auf den Plan. Wenn wir dem Hund beispielsweise das Liegen mit der nach unten führenden Faust (mittels Futter und Körpersprache) vermitteln, dann haben wir mehrkanaliges Lernen eingebracht und gleichzeitig für ein lustvolles Lernen gesorgt. Das Ergebnis kann sich sehen lassen: Viele Hunde führen die Aufgabe nach wenigen Wiederholungen richtig aus. Trotzdem sind auch auf diesem Wege Fehlverknüpfungen und andere Risiken leider nicht ausgeschlossen.

Arteigenes Verhalten nutzen

Besser wäre es, nach einem Verhalten zu suchen, welches der Hund bereits mitbringt und welches der anliegenden Aufgabe ähnlich ist. Ich ging der Frage nach, ob sich abrufbares Verhalten in der Tierpädagogik auf direktem Wege abrufen lässt: Etwa durch Schaffen eines der Aufgabe angepassten *„Szenario"* und mit Hilfe der entsprechenden Reize. Zunächst musste das „Phänomen" jeder einzelnen Aufgabe analysiert werden. Im zweiten Schritt suchte ich nach ähnlichen Phänomenen im Bereich vorhandener Verhaltensweisen (AAM = angeborener Auslösemechnaismus oder EAAM = durch Erfahrung ergänzter angeborener Auslösemechnismus). Wobei den betont reflex- und instinktgesteuerten Routinen wegen ihrer Zuverlässigkeit besondere Aufmerksamkeit galt. Auch erworbene Verhaltensweisen, die ein normal aufgewachsener Hund im Alter von etwa 8 bis 12 Wochen mitbringt, erwiesen sich als ergiebig. Wird der Hund mit dem angebotenen „Szenario" konfrontiert, so werden die einzelnen „Mosaiksteine" in dem bereits beschriebenen „Wiedererkennungstest" im Gehirn auf „Resonanzen" geprüft. Sind genügend Einzelbausteine vorhanden, so dass das Mosaik eine Gestalt im Gehirn hervorruft, lassen sich auch die in dieser Situation üblichen Verhaltensroutinen abrufen. Entweder durch das Auftreten des *Szenarios* selbst oder durch das Offerieren der entsprechenden Reize.

Wichtig ***Unter „Resonanz-Szenario" verstehen wir demnach ganzheitliche Vorgänge, etwa bestimmte Verhaltensmuster der Fellpflege, Jagdspielpraktiken usw.***

Beobachtung an Stelle von bekannter Strategie

Wählt man für die Vermittlung eines beabsichtigen Lernzieles das „Resonanz-Szenario", so besteht die methodische Aufgabe nicht darin, ein festgesetztes Lernziel mit vorhandenen methodischen Strategien zu verwirklichen, sondern zuerst muss für jede anliegende Aufgabe das entsprechende, vorhandene *„Double"* im Verhaltensrepertoire gefunden werden. Nicht die bekannte Strategie, sondern die Beobachtung bildet die Grundlage des methodischen Plans. Jedes Resonanz-Szenario ist daher ein Unikat. Ist das *Phänomen-Double* aus dem vorhandenen Verhaltensrepertoire gefunden, so gilt es, eine Abbildsituation zu schaffen, ein wiedererkennbares „Szenario".

Resonanz-Szenario am Beispiel des Abliegens

Im Idealfall enthält die Wiederkennung *(Resonanz)* das Phänomen der gesamten Aufgabe. Hierzu das Beispiel des Abliegens. An Stelle von Lernschritten, die den Hund schrittweise oder über „trial an error"

(Lernen durch Versuch und Irrtum) zum Liegen veranlassen sollen, simuliert man eine Situation, in welcher der Hund auf Anhieb das gewünschte Verhalten zeigt. Im Spiel, auf dem Boden sitzend, stellt der Trainer mit den Beinen eine Art Höhle her. Futter, ein Ball, die bewegte Hand, etwa in Verbindung mit Geräuschen, kommen ins Spiel. Das MO verschwindet in der „Höhle". Und zwar so, dass das MO vom Hund noch gesehen wird, aber doch so weit weg, dass er erkennt, er kann es nicht erreichen. Der Hund wird das machen, was die Situation in sich trägt: *„Er legt sich auf die Lauer"* und – liegt. Auf Anhieb, ohne Lernstufen, ohne Umwege. Und zudem in ungetrübtem Einklang seiner natürlichen Verhaltensweisen.

Voraussetzungen für ein Resonanz-Szenario

Der Einsatz dieser Methode erfordert einerseits Kenntnisse dessen, was im Hund vorhanden ist und andererseits Erfahrung, wie sich damit erfolgreich umgehen lässt. Eine weitere Voraussetzung bildet die Analyse der Leistungsziele jeder einzelnen Übung. Und zwar im Hinblick auf die im Hund vorhandenen Möglichkeiten: Sein Verhaltensrepertoire, seine Triebe und Emotionen, seine Intelligenzebenen sowie seine rassespezifischen und individuellen Adaptionsvermögen. Inzwischen hat sich gezeigt, dass es für nahezu jede (bisher bekannte und geforderte Aufgabe) in der Hundeausbildung eine oder mehrere Verhaltensmuster gibt, die sich im Sinne des Resonanz-Szenarios tierpädagogisch nutzen lassen. Selbst für Detailaufgaben, wie etwa das plötzliche [Steh], ließen sich resonanztaugliche Doubles finden.

Sättigungsdistanz

Wie die Vermittlung unterschiedlicher Aufgaben zeitlich zu verwalten ist, darüber gibt die *„Sättigungsdistanz"* Auskunft (ebenfalls eine von mir entwickelte Methode).

Resonanz-Szenario

> „Resonanz-Szenario" bedeutet einerseits das Nutzen vorhandener Verhaltensroutinen, zum anderen das Schaffen einer der Aufgabe ähnlichen Situation, aus welcher die Wiederkennung höchstwahrscheinlich ist, und letztlich das Einsetzen wiederum ähnlicher, auslösender Reize. Das Resonanz-Szenario eignet sich besonders im Elementarbereich, also um Ersterfahrungen in den Grundhaltungen und -bewegungen. Um das erste Liegen, Stehen, Anhalten, Sitzen, Mitlaufen, Herkommen usw.

In der Traditionellen Ausbildung wird die Fortführung eines Lernprozesses bis zu seiner Festigung gefordert. Erst wenn der Hund in einer Aufgabe sicher ist, soll man zur nächsten übergehen. Für den reflektionsbegabten Menschen mag dieser Ansatz Vorteile bringen. Anders jedoch bei Tieren. Ist eine Verhaltensweise einmal zur Routine geworden, dann zeigen sich bei Tieren auch jene Erscheinungen, die sich für das Erlernen neuer Übungen kontraproduktiv erweisen. In der Routine sind nicht mehr so viele *„Erwartungsrichtungen"* gegeben wie im Erlernstadium. Im Erlernstadium ist dem Hund noch alles neu und interessant. Das fordert die Anpassungsfähigkeiten des Hundes heraus. Vor allem tritt hier die emotionale Intelligenz und in der Folge kreative, intelligente Handlungen auf den Plan. Nicht nur die Sinne, sondern alle vorhandenen individuellen Kräfte sind in Bereitschaft. Diese Präsenz dient nicht nur der Bewältigung anliegender Aufgaben, sie kommt auch der Abgrenzung dicht beieinander liegender Problemstellungen zugute!

Hinzu kommt das bereits beschriebene, ganzheitliche Erleben des Hundes und seine begrenzte Fähigkeit zur Abstraktion.

Das Erbe des Jägers – Motorik und Blick.

Zeitlich und örtlich naheliegende Umweltreize werden nicht getrennt vom anliegenden Problem verarbeitet, sondern gemeinsam. Das heißt, Umweltreize, die in keiner direkten Verbindung zur augenblicklichen Handlung stehen, können in ähnlichem Umfeld Handlungen mit beeinflussen. Nach so und soviel Wiederholungen einer neu erlernten Handlung tut sich der Hund dann schwer, bei Präsenz dieser mitauslösenden Reize eine neue, andere Verhaltensweise zu erlernen. Details bereits gemachter Erfahrungen stehen dann im Widerstreit zur neuen Aufgabe. Der Hund gerät in einen Konflikt, was sich in Übersprungshandlungen, in Unsicherheit, Meiden oder Angstreaktionen äußern kann.

Lernfortschritte

Daher ist es sinnvoll, Lernvorgänge (dicht beieinanderliegender Aufgaben) nicht bis zur ausgeprägten Automation auszudehnen, sondern vorher abzusetzen. Sehen wir uns hierzu eine vereinfachte Lernkurve an. Lernprozesse verlaufen, – ähnlich wie andere Naturvorgänge (Ausbreitung von Massenepidemien – embryonale Zellteilung u. a.) in Exponentialfunktionen (n^x). Die dargestellte Lernkurve zeigt den Verlauf nach der bekannten Volterra-Gleichung. Im Bereich **a** (Anfangsträgheit) steigt der Lernfortschritt wegen der typischen Anfangsschwierigkeiten zunächst zögerlich an. Ihm folgen dann schnelle Fortschritte (siehe **b**). Im Bereich **c** (Sättigungsbereich), wo es um die Feinheiten einer Ausführung geht, ist dann wiederum viel Zeit für verhältnismäßig wenig

Fortschritt erforderlich. Noch mehr Zeit für verhältnismäßig wenig Leistungssteigerung ist im Bereich **d** erforderlich.

Wenngleich diese vereinfachte Darstellung Rückschläge (Regressionen), Stagnation sowie Leistungssprünge unberücksichtigt lässt, so zeigen die beiden markanten Krümmungsbereiche doch deutlich, worauf es uns hier ankommt. Es geht uns neben der Lernleistung um die Automation, die sich bei zunehmender Leistung einstellt. Da die Automation neben unverkennbaren Vorteilen leider auch die beschriebenen Nachteile mit sich bringt, bietet sich die Möglichkeit, entgegen traditioneller Lehrmeinung, Lernprozesse nicht bis zum Abschluss der Sättigung auszudehnen, sonder vorher abzubrechen. Ich nenne diesen Vorgang *„Sättigungsdistanz"*. Lernvorgänge werden demnach im Bereich **d** innerhalb der Sättigungskrümmung abgebrochen. Es folgt ein neuer Lernprozess.

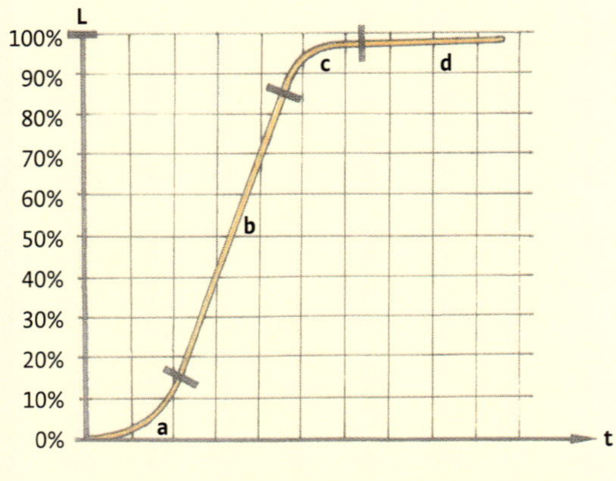

Vereinfachte Volterra-Lernkurve. L = Leistung, t = Zeit.

Angenommen, wir beginnen mit der Übung [Liegen]. Beobachtet man nach einiger Zeit, dass die Aufgabe in den Sättigungsbereich mündet, setzen wir die Übung ab und beginnen mit einer anderen Übung aus der Gruppe der Grundhaltungen. Dieser abwechslungsreiche Aufbau schafft gute Voraussetzungen für die Vielfalt der *Erwartungsrichtungen* und *-inhalte* und unterstützt damit die *Integrative Motivation.* Er wirkt den negativen Momenten der Automation in vielfacher Hinsicht entgegen. Die „Sättigungsdistanz" setze ich vor allem gegen Verwechslung ähnlicher Übungen ein. Also alle Aufgaben, welche links und rechts auszuführen sind. Man denke in diesem Zusammenhang nur an die Hunde, welche in der Unterordnung immer links zu gehen gelernt haben und irgendwann einmal in Agility eingesetzt werden. Diese Hunde haben dann enorme Probleme, auch rechts zu laufen.

Den eigentlichen Anstoß für die konsequente, methodische Übertragung der entdeckten „Sättigungsdistanz" gaben zwei Herausforderungen:

* Zum einen waren es die Aufgaben der neuen Sportart TEAM-dance. Dort wird der Großteil der Aufgaben links und rechts gefordert. (19 Standards mit jeweils bis zu 10 Elementen ergeben an die zweihundert Grundaufgaben! Herkömmliche Methoden brachten zu viele Ausfälle und benötigten viel zu viel Zeit).
* Zum anderen hatte ich herausgefunden, dass Bestärkungen (Belohungen aller Art) und Körperhilfen nicht zu lange permanent gegeben werden dürfen. Hier gilt: Belohnungen und Hilfen müssen so früh wie möglich abgebaut werden! Spätestens jedoch zu Beginn der Sättigung. Der ideale Abbau folgt wiederum nicht strengen, sondern komplexen „chaotischen Regeln". Viele Hundeführer bauen zu spät und zu primitiv ab. Das ist die eigentliche Ursache dafür, dass sich ihre Hunde nur dann freudig und engagiert zeigen, wenn Futter oder Ball sichtbar sind und wenn die gewohnten Körperhilfen gegeben werden.

Wichtig ***Die Sättigungsdistanz ist nicht zu verwechseln mit dem bekannten Lernplateau. Letzteres besagt, dass man innerhalb einer bestimmten Zeit nur ein bestimmtes Volumen an Lernleistung einbringen kann. Mehr Lernen innerhalb dieser Zeit bringt keinen weiteren Gewinn. Bei der Sättigungsdistanz hingegen geht es darum, die negativen Begleiterscheinungen ausgeprägter Automation im Hinblick auf neue, vor allem verwechselbare Lernziele zu vermeiden.***

Signaltiming

Beim *Signaltiming* geht es um die zeitliche Abstimmung von Signalen unterschiedlicher Ebenen. Also etwa der Hörzeichen in Verbindung mit parallel eingebrachter mimischer Stimulation oder anderer Signale der Körpersprache. In der Ausführung der Unterordnungsübungen, die laut Prüfungsordnung durch Hörzeichen abgerufen werden, kann man beobachten, dass bei den meisten Hunden visuelle Signale im Vergleich zu akustischen höher im Kurs stehen. Werden Hörzeichen und Körpersprache gleichzeitig gegeben, so meinen wir (weil wir als Menschen die Sprache als bevorzugte Vermittlungsebene gewohnt sind), der Hund würde die Übung infolge des Hörzeichens ausführen, und die begleitenden visuellen Hilfen hätten eher unterstützende Wirkung. Diese Wunschvorstellung entspricht leider (häufig!) nicht dem, was der Hund erlebt. Immer wieder kann man beobachten, dass die *Auslöseanteile* der *visuellen Ebene* gegenüber der *akustischen* deutlich überwiegen. Lässt man die unterstützenden Körperhilfenweg, so führen viele Hunde eine eben noch gekonnte Übung mitunter überhaupt nicht mehr aus. Offensichtlich spielte in diesen Fällen das Hörzeichen im Vergleich zur visuellen Signalebene eine nahezu unbedeutende Rolle. Erst das Forcieren oder Wiederholen des Hörzeichens lässt den Hund wieder „hinhören".

Um mehr *Auslöseanteile* auf das Hörzeichen zu bündeln, setze ich den Effekt zeitlich getrennt vermittelter Signale ein.

Wichtig ***Hörzeichen und Körperhilfen dürfen nicht zeitgleich gegeben werden, sondern sie müssen entsprechend ihrer Auslöseanteile in zeitlicher Versetzung aufeinander folgen.***

Soll der Hund, wie in der Unterordnung üblich, dem Hörzeichen folgen, dann muss das akustische Signal so gegeben werden, dass es zum *Signal der bevorzugten Auslöseanteile* wird. Dies erreicht man, indem das Hörzeichen kurz vor der einsetzenden Körpersprache vermittelt wird. Der Hund wird auf diese Weise lernen, dass den visuellen Signalen das akustische voraus geht. Durch die zeitliche Abstufung der beiden Signalebenen wird das Risiko, dass eine der Ebenen ignoriert wird, erheblich vermindert. Das Hörzeichen steht nicht mehr in Konkurrenz zum visuellen, sondern es steht zeitlich vor dem Einsatz der visuellen Signale. Damit erhält die Akustische Ebene eine begünstigte Position. Sie kündigt die visuelle an. Da der Hund nach der frühest zugänglichen Mitteilung sucht (*Zeitvorteil-Effekt*), gewinnt das Hörzeichen auf diese Weise eine veränderte und gesteigerte Bedeutung. Wir geben sozusagen die zeitliche Folge vor, was den Hund veranlasst, dem ursprünglich weniger bedeutungsvollen akustischen Signal seine volle Aufmerksamkeit zu schenken. Mit Hilfe des Signaltimings überbrücken wir die (weitgehende) Unfähigkeit des Hundes, Vorgänge isoliert zu verarbeiten.

Das Signaltiming ist eine ebenso einfache wie wirkungsvolle Methode, um noch ein weiteres Problem zu lösen. Viele Hunde führen Übungen hervorragend aus, solange das MO in Sicht ist. Fehlt das MO, ist auch die Motivation oft schlagartig weg. Würde man im Training konsequent nach der

Signaltiming am Beispiel [Aus]

> Eine weitere Anwendungsebene des Signaltimings lässt sich gut am Beispiel des [Aus] aufzeigen: Hier geht es darum, durch Abstimmen der aufeinanderfolgenden Aktionen des Team-Führers, zu vermeiden, dass der Hund zu konkurrieren beginnt und das MO infolgedessen zögerlich abgibt oder gar verweigert. Wird das Signaltiming optimal genutzt, dann werden die eben genannten Probleme nicht nur vermieden, sondern der Hund gibt freiwillig und in positiver, lustvoller Erwartung ab. Und wie wird`s gemacht? – Nach dem [Aus] wirft man das MO nicht weit weg, sondern lässt den Hund unmittelbar nach dem [Aus] sofort wieder anbeißen oder man wirft das MO direkt vor ihm auf den Boden. Auf diese Weise verbindet der Hund das Hörzeichen mit dem sich unmittelbar anschließenden Zupacken. Die sofort nach dem [Aus] folgende Endhandlung bewirkt eine positive Verknüpfung zum Abgeben. Es ist ein entscheidender Unterschied, ob das MO, wie es üblicher Weise geschieht, in die Ferne geschleudert oder ob das MO direkt vor der Schnauze auf den Boden geworfen wird! Und es ist nochmals ein Unterschied, WIE es auf den Boden geworfen wird! Bei Hunden mit gefestigten [Aus]-Problemen muss man jedes konkurrierende Moment eliminieren! Oft für lange Zeit. Und in diesen Fällen kommt man an der Nutzung mehrerer MO`s nicht vorbei (Beutetausch).

Methode des Signaltiming vorgehen, ließe sich das Dilemma vermeiden. Man müsste das MO von Anfang an versteckt halten, etwa unter der Weste (MO®-Vest), in einer Tasche oder an der MO®-Krawatte hängend. Nach dem Spannungsaufbau käme dann das Hörzeichen zum Einsatz und erst nach Abschluss der Übung greift der Team-Führer zum MO. Viele Hundeführer jedoch gehen umgekehrt vor. Sie nehmen sich innerlich eine Übung vor, die sie anschließend mit dem MO bestärken wollen. Sie greifen in die Tasche, holen das MO heraus und geben anschließend das Hörzeichen. Ab dem Augenblick jedoch, wo der Hund an den Armbewegungen abliest, dass gleich der Ball fliegen wird, treten infolge des „Zeitvorteileffektes“ die *Auslöseanteile* der visuellen Ebene, in unserem Beispiel in Form der Spielbeute, in den Vordergrund. Der Hund sieht durch den Team-Führer förmlich hindurch und hat nur noch das MO im Kopf. Die Betonung der visuellen Ebene kann so weit gehen, dass der Hund das Hörzeichen tatsächlich nicht hört. Das heißt, er hört wohl mit den Ohren, aber die Meldung wird im Gehirn nicht verarbeitet. Das *zerebrale Hörzentrum* im Gehirn war inaktiv, war „ausgeschaltet.“

Setzt man das Signaltiming zum ersten Mal ein, so muss man damit rechnen, dass die Übung zunächst zögerlich, langsam, unsicher oder gar nicht gezeigt wird. Das legt sich jedoch in der Regel innerhalb kurzer Zeit. Der Hund braucht einige Wiederholungen, um seine Strategie neu, nämlich diesmal auf das Hörzeichen, zu orientieren. Hierbei hilft ihm der Erfolg.

MO-Rangnutzung

Die meisten Hunde haben ein bestimmtes „Lieblingsspielzeug“, ihr *Vorzugs-MO*. Aber es gibt auch Hunde, die keine oder nur geringfügige MO-Rangfolgen anzeigen. Die Bevorzugung eines MO`s lässt sich in vielen Aufgabestellungen methodisch nutzen. Denken wir etwa an den Beutetausch. Gibt ein Hund das MO nur ungern wieder ab, so ist es für den angestrebten Beutetausch nicht sinnvoll, „irgendeinen“ Gegenstand als Konkurrenz-MO dafür einzusetzen oder das beispielsweise weniger motivierende Futter. Warum sollte der Hund die Beute abgeben? „Aus seiner Sicht“ wäre das ein schlechter Tausch: „Lieblings-MO gegen Irgendetwas…“ Nein, in diesem Falle müsste man den Spieß umdrehen. Man sucht nach einem MO, welches der Hund zwar annimmt, welches aber nicht gleichzeitig sein Vorzugs-*MO* ist. Das Vorzugs-MO behält man für den zu erwartenden Beutetausch in der Tasche zurück. Nach einem Freien Spiel mit dem rangtieferen MO folgt dann der Beutetausch mit dem Vorzugs-MO.

Ferner lässt sich die MO-Rangnutzung auch zur Dosierung des *Motivationsniveaus* nutzen:

* Zeigt ein Hund bei der Freifolge in Verbindung mit dem Ball Übermotivation, indem er ständig hochspringt, so wäre es ratsam, für diese Übung entweder ein rangtieferes MO einzusetzen oder aber, sollte das nicht ausreichen, den Motivationsbereich zu wechseln. Die MO-Rangnutzung bietet sich darüber hinaus noch für andere Situationen an.
* Zeigt sich der Hund bei einer ganz bestimmten Übung aktivitätsarm, dann könnte man sich das Vorzugs-MO nur für diese eine Übung aufheben.
* Stellt sich heraus, dass man mit dem Hund zu viel trainiert hat und macht sich ausgerechnet eine Woche vor dem Turnier eine unverkennbare Lustlosigkeit, dann lässt sich durch mehrtägiges Vorenthalten des Vorzugs-MO's die Appetenz steigern. Ein Freies Spiel kurz vor dem Turnier, dann aber mit dem Vorzugs-MO, wird seine Wirkung nicht verfehlen.

„In die Augen sehen?“ – im entspannten Feld des Spiels kein Problem.

„Passive Einwirkung" hier in Form einer Leitlinie, etwa für den Fall, dass der Hund beim [Voran] oder [Hier] nicht geradlinig läuft.

Passive Einwirkung

Hindernisse in der Ausbildung einzusetzen, ist nicht neu. Allerdings wurden bisher lediglich einzelne Situationen beschrieben (z.B.: man solle die Freifolge an einem Zaun oder an einer Mauer entlang üben.) Die Bedeutung des Phänomens für die gesamte didaktisch-methodische Ausbildung wurde bislang nicht erkannt, was sich allein schon dadurch zeigt, dass es nicht einmal einen Begriff dafür gab.

Der Terminus „Passive Einwirkung" ist als Überbegriff für die verschiedenen, auf dem Prinzip des Leiteffekts aufbauenden Formungsmöglichkeiten zu verstehen. Genauer gesagt geht es um *„Leit-, Stopp-, Ausweich-Tabuisierungs-, und Verzögerungseffekte"*. Die *Passive Einwirkung* baut auf der Beobachtung canider Verhaltensweisen auf. Hunde gehen an Leitlinien entlang (*Leiteffekte und Begrenzungseffekte*), sie halten vor Hindernissen (*Stoppeffekt*) oder umgehen diese (*Ausweicheffekt und Tabuzoneneffekt*). Auf der Suche nach Möglichkeiten, die formalen Anforderungen der Unterordnungsübungen zwangsfrei, aber effizient zu verbessern, habe ich die *„Passive Einwirkung"* weiterentwickelt. Leitzäune, Pflöcke, Gegenstände, Gerten oder andere Hilfsmittel, also *Umgebungs- und Gegenstandseffekte* ersetzen aktive Einwirkungen des Ausbilders. Die *Passive Einwirkung* bietet unbegrenzte didaktisch-methodische Möglichkeiten.

Impulsive Berührung

Die Problematik des Hörzeichens im Hundesport (im Vergleich zu visuellen Signalen oft untergeordnete Vermittlungsebene) hat neben dem *Signal-Timing* noch zur Entwicklung einer weiteren Methoden geführt: Der *Impulsiven Berührung.*

Wird zusätzlich zum Hörzeichen ein taktiles Signal gegeben (etwa die impulsartige Berührung durch eine Gerte), so führt der Hund infolge der Reizsummation die Übung in der Regel sicherer und auch schneller aus. Die *Impulsive Berührung* ist weder Schmerzvermittlung noch löst sie Meidemotivation aus! Und sie ist nicht zur *Erstvermittlung* gedacht, sondern sie dient als Verstärkung (*Didaktischer Katalysator*) bereits konditionierter Verhaltensweisen. Es macht aus unserer Sichtweise keinen Sinn, den Hund über einen Schlag, und sei er noch so schwach, zu irgendeiner Übung zu zwingen! Erst wenn der Hund den Kern einer Aufgabe umzusetzen gelernt hat, ist die Impulsive Berührung angebracht und erfolgversprechend.

„Impulsive Berührung" zur Steigerung bereits gut eingeübter Abläufe. Hier im Beispiel [Platz].

Das TEAM in Balance

Basisübung – Vertrauen und erste Zielspiele

Von Vertrauen sprechen alle. Aber wenn man die methodischen Vorgangsweisen dann näher untersucht, gestalten sich diese oft alles andere als vertrauensfördernd.

Vertrauensvoll mit dem Hund umzugehen und gleichzeitig etwas von ihm zu wollen, dazu gehört mehr als der Wille. Die praktische Umsetzung erfordert Wissen, Einübung, Pflege und ständig präsente, kritische Reflexion.

Zur Vertrauensbildung bietet die Basisübung wohlbedachte Voraussetzungen. Gleichzeitig stellt sie aus pädagogischer Sicht günstige Bedingungen, um erste Zielspiele einzubringen. Team-Führer und Hund sollen erleben, dass Spiel und Übung, richtiges Spielen vorausgesetzt, ein und dasselbe sind. Die *erste Annäherung* an eine Aufgabe, die didaktische *Vermittlungsphase*, ist im Idealfall nichts anderes als geschickt geplantes, zielorientiertes Spiel, eben *Lernspiel*.

Wie bereits erwähnt, findet Spiel bei Tieren nur im so genannten *Entspannten Feld* statt. Spiel ist eines der luxuriösesten Geschenke des Lebens. Es kann nicht in Gefahr, bei Hunger, bei Übermaß an Stress oder bei Angst aufkommen. Jeder Züchter weiß: nach dem Fressen, wenn es sozusagen an nichts mehr fehlt, spielen die Welpen am liebsten (obwohl das Spiel mit vollem Magen aus physiologischer Sicht einige Risiken beinhaltet). Es kann nicht oft und eindringlich genug daran erinnert werden, immer wieder die Atmosphäre des *Aktions-Milieus* im Umgang mit dem Hund zu überprüfen und sämtliche Störfaktoren zu meiden, bzw. zu eliminieren. Aus diesem Grund wählen wir für die *Basisübung* anfangs das störungsfreie, *abgeschirmte Milieu* zu Hause; etwa in der Küche, im Wohnzimmer, in einer Stube oder in der Garage. Zeigt sich der Hund im *abgeschirmten Milieu* unbefangen und frei, so kann die Basisübung im nächsten Schritt im eigenen Garten oder auf einer Wiese durchgeführt werden.

Ursprünglich habe ich die *Basisübung* für Welpen entwickelt. Es hat sich jedoch gezeigt, dass sich diese Übung bei Hunden jeden Alters überraschend gut bewährt.

Inzwischen haben zahlreiche Team-Führer, welche ihren traditionell ausgebildeten Hund auf positive Motivation „umstellen" wollten, neu begonnen und bei ihrem Hund mit Hilfe der *Basisübung* binnen Kürze jenes Vertrauen zurückerobert, das der sportgeschädigte Hund hat jahrelang vermissen lassen.

Vorteile der Basisübung

Ein wesentlicher Unterschied der Basisübung zu herkömmlichen Vorgangsweisen liegt in der ungewöhnlichen Haltung des Team-Führers. Gewöhnlich begegnen wir in der Ausbildung dem Hund in aufrechter Haltung, also im Stehen oder Gehen.
Die am Boden sitzende Position des Team-Führers bietet jedoch für die ersten Ausbildungsphasen unvergleichbar günstigere Voraussetzungen. Ganz neu ist diese Erkenntnis nicht. Es ist beispielsweise bekannt, dass man Hunden, die beim Herankommen Probleme haben, hilft, indem sich der Team-Führer klein macht und in die Hocke geht. Bisher blieb es jedoch beim punktuellen Einsatz der Hocke. Welche Tragweite das Phänomen der tieferen Position pädagogisch und psychologisch gesehen beinhaltet, wurde bislang noch nicht formuliert.

Zusammenfassung

* Im Sitzen ist der Mensch nur noch halb so groß. Er ist aber dadurch nicht nur kleiner geworden, sondern er w i r k t anders: Seine Überlegenheit, die sich zum Teil durch die aufrechte Körperhaltung äußert, wird im Sitzen erheblich abgeschwächt. „Small is beautifull": Klein ist sympathisch, könnte man hier sagen.
* Im Sitzen sehen sich Mensch und Hund auf annähernd gleicher Höhe in die Augen. Und auch die Hände und Beine befinden sich auf annähernd gleicher Ebene. Dies hilft Körper- und Bewegungsscheu sowie Berührungsängste des Hundes abzubauen.
* Die sitzende Position bietet dem Team-Führer bessere Voraussetzungen für das Spiel-Handling. Er braucht sich nicht ständig zu bücken und sich an das „Tief spielen!" erinnern.
* Die Beine des Menschen bieten sich als stilisierte Höhlen und Hindernisse an, durch die der Hund hindurchschlüpfen und darüber rutschen kann. Sie bieten außerdem mannigfache Möglichkeiten zum Verstecken des Futters oder der Spielbeute. Zudem weiß der Hund natürlich, dass ein sitzender Mensch ihm

„Basisübung" im Sitzen schafft Vertrauen, fördert artgerechte Spielweisen, bietet Kontaktmöglichkeiten und hilft Objektbefangenheit abzubauen.

Ablenkungen oder Unaufmerksamkeit muss man im Ansatz erkennen und entsprechend darauf reagieren.

nicht nachlaufen kann. Im Gefühl der Sicherheit, sich jederzeit entziehen zu können, nähern sich scheue Hunde dem sitzenden Menschen eher.

* Im Sitzen demonstriert der Team-Führer allein schon durch die wahrgenommene Position, dass er nicht die Absicht hat, seinem Spielpartner nachzujagen und ihm etwa die Beute abzunehmen.

Kurz, die sitzende Position des Team-Führers vermittelt bedeutungsvolle Botschaften. Sie vermittelt aussagekräftige Signale vertrauensvoller Absichten.
Der Mensch verzichtet vorübergehend im Spiel, (ähnlich wie dominante Hunde sich zuweilen von untergeordneten oder jüngeren jagen lassen) auf seinen höheren Rang. Man kann sagen, Mensch und Hund sind sich bei sitzender Haltung des Menschen physiologisch und psychisch einfach näher. Es entsteht eine Situation, welche dem Spiel der Welpen sehr ähnlich ist. Dass diese Position bei Hunden, die ihren Halter dominieren, nicht das Mittel der Wahl ist, dürfte klar sein.

Aufbau der Basisübung

Wir laufen mit dem Hund auf die Vorführfläche und setzen uns auf den Boden. Am besten mit dem Rücken an eine Wand.

Diese Teamführerin begegnet der Ablenkung, indem sie aufsteht und den Hund mit Bewegungsmotivation wieder an sich bindet.

Und zwar so, dass der Hund zwischen Rücken und Wand hindurch als auch durch die aufgestellten Beine schlüpfen kann. Wer nicht mehr so gelenkig ist oder einen besonders großen Hund führt, der kann die Übung auch auf einem Bein kniend (startähnliche Haltung) ausführen oder sich auf einen Hocker setzen.

Nach dem Hereinlaufen beginnen wir zuerst einmal mit einem *Freien Spiel*, beispielsweise mit einem Berührungsspiel (Knuddelspiel) oder mit einem Futter- oder Beutespiel. Wir stimulieren den Hund durch Körpersprache, Stimme und (bei MO-Spielen) mittels *Animation* (Belebung der Beute). Bei Knuddelspielen ist bekanntlich immer darauf zu achten, dass der Hund in Punkto Beißen die gesetzten Grenzen nicht überschreitet. Bei aller Freundlichkeit, die wir vermitteln, darf die Rangordnung nicht darunter leiden. Die Erfahrung hat jedoch gezeigt, dass Hunde bei richtigem Spielen eine ausgeprägte Beißhemmung entwickeln. Die ständige Orientierung auf das Objektbeißen hat als Nebeneffekt, dass der Hund der Hand ausweichen lernt und sofort den Druck nachlässt, sollte er einmal das Ziel verfehlt haben.

Gelingt es dem Team-Führer, neben dem MO auch sich selbst interessant zu machen, wird der Hund versuchen, aus der Mimik seines Spielpartners den Fortgang des Spiels abzulesen. (Optimale Voraussetzung für *Respondierende Kommunikation*). Im Idealfall konzentriert sich der Hund abwechselnd auf das MO, dann wieder auf die Physiognomie des Team-Führers. Sieht der Hund zum Team-Führer, so ist dies vom Team-Führer mit verstärkter Kommunikation und Aktion zu beantworten. Dem Einfallsreichtum sind keine Grenzen gesetzt: Das MO flieht, hüpft, macht Zick-Zack-Bewegungen, stellt sich tot, versteckt sich usw. Das Spiel kann mit entsprechenden Lauten abwechslungsreich unterstützt werden.

Erste Zielspiele

Aufgaben frei von übermäßigem Stress und lustvoll zu vermitteln, ist nicht immer leicht. Selbst wenn man es ernst meint mit dem Vorsatz, Übungen ausnahmslos lustvoll zu gestalten und die eigenen Ziele dem Hund schmackhaft zu machen (*Didaktische Transformation*), fallen selbst erfahrene Ausbilder immer wieder in altgewohnte Ausbildungspraktiken zurück. Früher hat man den Hund in die Positionen [Sitz] und [Platz] gezwungen, mehr oder minder. – Und man hat geglaubt, freundlich vorgegangen zu sein, wenn der Hund anschließend ein Häppchen bekam. Heute ist weit verbreitet, das Sitz mit Futter einzuleiten. Den letzten „Rest", oder wenn's `mal nicht klappt, holt man dann mit einem mehr oder minder „sanften" Niederdrücken ein. Dass auch „sanftes" Hinunterdrücken aus psychologischer Sicht Zwang bedeutet, verstehen viele nicht oder sie wollen es einfach nicht wahrhaben. Aber wenn man dann fragt, wie sie es wohl selbst empfänden, wenn sie als Gast „sanft" in den Sessel gedrückt würden oder anschließend „sanft" zur Tür hinausgeschoben würden, dann geht doch manchen ein Licht auf. Auch der Hund empfindet es als unangenehm, wenn er auf ähnliche Art und Weise in eine Haltung gezwungen wird, und wenn es noch so sanft geschieht.

Viele vermitteln heute das [Platz] „zwanglos", indem sie beispielsweise Futter in die Faust geben, die Faust auf den Boden werfen und so lange geschlossen halten, bis sich der Hund über „Versuch und Irrtum" (*trial and error*) legt, was mit dem anschließenden Öffnen der Faust verstärkt wird. Oder man wirft Futter auf den Boden. „*Trial and error*" hat jedoch den Nachteil, dass der Team-Führer wenig Kontrolle darüber hat, wie lange es dauert, bis der Hund über Versuch und Irrtum die gewünschte Verhaltensweise zeigt. Dauert *trial and error* zu lange, wird die Frustrationsgrenze möglicherweise überschritten und der Hund zeigt allerlei Übersprungshandlungen oder er verliert ganz einfach die Lust am Weitermachen. Da der Zufall enorme pädagogische Risiken birgt, sollte man ihn ausschalten oder zumindest einschränken. Allgemein gilt in der Unterrichtslehre: Die jeweils bessere pädagogische Lösung zeichnet sich durch folgende Kriterien aus: Höhere Erfolgsquote, mehr Lustgewinn, schnelleres und leichteres Erlernen, besseres Behalten, mehr Transfermöglichkeiten und last not least, weniger Risiken.

Das Aufstehen wird durch Körpersprache vermittelt.

Einige Möglichkeiten des „Formens"

Lernt der Hund bestimmte, vom Menschen angestrebte Verhaltensweisen, so nennt man dies „Formen". Wichtig ist, dass man sich nicht von vornherein auf eine bestimmte Methode oder Vorgangsweise festsetzt. Man muss offen bleiben für alternative Zweit- und Drittwege des Formens. Der Hund selbst zeigt uns, worauf er am besten anspricht, vorausgesetzt, wir bieten ihm verschiedene Möglichkeiten an.

Bei der Vermittlung von Vorübungen geht es nicht um formale Forderungen einer Prüfung, sondern um elementares Lernen.

Aus der Fülle der Vermittlungsmöglichkeiten greifen wir hier nur einiges heraus. Besondere Beachtung verdienen die *Nachahmungsgesten* und die *Resonanz-Motivation.*

Wir werden für jede der nun folgenden Vorübungen eine Vermittlungsform herausgreifen und beschreiben. Für jede Vorübung mehrere Möglichkeiten darzustellen, würde den verfügbaren Rahmen sprengen. Man muss herausfinden, ob der Hund bei einer bestimmten Übung besser auf Körpersprache, auf MO`s oder auf das, was wir mit *„Resonanz-Motivation“* umschreiben, anspricht. Auch Kombinationen sind natürlich möglich:

* *„Formen mittels Nachahmungsgesten“*: Der Trainer nützt „Lernen durch Nachahmung“, indem er (für die Haltungs- und Bewegungsaufgaben) Körpersprache, Mimik und Bewegung einsetzt.
* *„Verstecktes Formen“:* Der Hund wird beobachtet. Setzt er sich beispielsweise, so verbinden wir sein freiwilliges Verhalten mit dem entsprechenden Hörzeichen. Mit zunehmender Konditionierung lässt sich der Vorgang umkehren. Der Hund setzt sich auf das vorausgegangene Hörzeichen. Der Vorgang kann durch Bestärkungen nach dem Sitzen und dem begleitenden Hörzeichen intensiviert und beschleunigt werden.
* *„Objekt-Motivation“*: Man verwendet Motivationsobjekte (z.B. Futter-MO oder Beute-MO), um damit beabsichtigte Bewegungen, Haltungen oder auch komplexere Verhaltensweisen einzuleiten. Bei den komplexeren Lernvorgängen sind meistens mehrere Schritte nötig.
* Formen durch *„Resonanz-Szenario“:* Man sucht für die anliegende Aufgabe nach bestehenden Verhaltensmustern, welche das Phänomen der Aufgabe beinhalten (Phänomen-Double) und analysiert die entsprechenden Auslöser. Auf dieser Grundlage wird ein wiedererkennbares „Szenario“ geschaffen, welches beim Hund einen Reaktionsmechanismus auslöst (AAM oder EAAM, siehe S. 103). In manchen Fällen liegen die Auslösereize in der Situation selbst. In andere Fällen bedarf es zusätzlicher Stimuli.

Das zuletzt vorgestellte Formen verblüfft angesichts der direkten – ganzheitlichen und stufenfreien Vermittlung und wegen der hohen Eintrittswahrscheinlichkeit.

Mit welcher Vorübung beginnen?

Da jede gelungene Übung gute Voraussetzungen für folgende Aufgaben bietet und weil der risikoärmere Weg nicht nur sicherer, sondern auf Dauer auch kürzer ist, sollte man in der Tierpädagogik immer damit beginnen, was dem Tier leichter fällt (mit wenigen Ausnahmen). Für die anliegende Frage bedeutet das: Der Hund selbst gibt uns an, mit welcher der drei Grundübungen wir beginnen. Um dies in Erfahrung zu bringen, leiten wir ein Basisspiel ein und experimentieren (kurz!) mit den drei Grundhaltungen. Zeigt sich der Hund für eine der Haltungen besonders gut disponiert, dann beginnen wir mit dieser Aufgabe. Sind keine Unterschiede zu beobachten, liegt die Reihenfolge im Ermessen des Ausbilders.

Wann zur nächsten Übung übergehen?

Zu dieser Frage kommen die bereits erwähnten Methoden *„Elementar-Phänomen Ausbreitung“* und *„Sättigungsdistanz“* in Einsatz. Konkret: Der Hund lernt möglichst früh alle drei Vorübungen der „Grundhaltungen“. Bevor sich die erste Vorübung gefestigt hat, also bevor sie der Hund auf Grund vieler gelungener Wiederholungen automatisch und fast immer fehlerfrei ausführt, also vor Erreichen der *Sättigung*, gehen wir zur zweiten Übung über. Dann folgt der Wechsel der ersten beiden Übungen, dann die dritte und zuletzt der willkürliche Wechsel aller drei Übungen untereinander.

Vorübung [Liegen]

Eine bewährte Methode der ersten Annäherung ist das *„Lernen nebenbei“ (verstecktes Lernen)*: Legt sich der Hund zu Hause von sich aus hin, so begleiten wir dieses Verhalten mit dem entsprechenden Hörzeichen. Nach einigen Tagen (oder Wochen) wird der Hund in der Lage sein, sich auf das Hörzeichen hin zu legen. Diese Methode ist bei besonders nervösen oder ängstlichen Hunden erfolgreich. Sie lernen die Verknüpfung sozusagen „en passant“ – nebenbei. Für untermotivierte Hunde ist eher das Gegenteil, also hochaktive Stimulation angesagt. Der ausgeglichene Hund bedarf keiner extremen methodischen Schritte. Auf die Vermittlung durch passives Lernen kann man daher in vielen Fällen verzichten.
Ein anderer Ansatz zur *ersten Annäherung* an eine Aufgabe ist das Nutzen hundlicher Verhaltensweisen, welche einen Teil der Aufgabe bereits beinhalten. Diese biologisch verankerten Ansatzpunkte gilt es zu finden und methodisch umzusetzen. Auch für das [Liegen] gibt es ein arteigenes hundliches Verhalten, welches sich methodisch nutzen lässt.

Ausgehend von der Basisübung

Das Futter (bzw. Ball oder Beißwurst) wird mitten im Spiel unter dem Knie oder der Wade am Boden versteckt. Das unter der Wade versteckte Futterstück wurde vorher bewegt und durch Laute belebt. Der Hund verbindet diese im Spiel stilisierte Jagdsituation mit uralten, aus dem Wolfserbe stammenden Aktionsroutinen. Dies löst ein Verhalten aus, welches man unter spielenden Welpen in ähnlicher Situation immer wieder beobachten kann: Wenn der Spieljäger keine Chance sieht, die Beute sofort durch den Mäuselsprung zu erwischen, so legt er sich entweder ganz oder zumindest mit dem Vorderteil auf den Boden. Er „legt sich auf die Lauer.“ Da haben wir doch, was wir wollen: „Liegen“! Und zwar hochmotiviert und arteigen.

Wenn es gelingt, die eben beschriebene Situation im Spiel herzustellen, legt sich der Hund oft schon beim ersten Versuch hin. Kontaktscheu oder Näheangst müssen natürlich vorher abgebaut worden sein. Die soeben beschriebene Methode, das Liegen zu vermitteln, ist ein klassisches Beispiel der *Didaktischen Transformation*.

„Verstecktes Lernen“ – so nebenbei wird das freiwillige Abgeben geübt.

„Auf die Lauer legen vor einer Höhle“

Wir animieren die Spielbeute, wie beschrieben, – engagiert und kreativ! Während des Spiels versucht man, den Hund von der Seite herankommen zu lassen. Anschließend versteckt sich die Beute unter unserem Knie, das wie eine Baumwurzel oder eine Höhle wirkt. Die Faust umschließt das Futter. Man kann Teile davon ein wenig vorschauen lassen. Schickt sich der Hund an, sich „auf die Lauer zu legen“, öffnen wir die Faust oder noch besser, wir leiten ein Futter-Beute-Spiel ein. – Hat man den Eindruck, dass sich der Hund nicht ganz hinlegen will, so belohnen wir ihn trotzdem. Wir belohnen bereits den Ansatz zum Liegen. Er wird nach einigen Tagen das erfolgreiche Verhalten verstärken und sich weiter ablegen, wenn wir ihm das Futter ein wenig vorenthalten. Von Wiederholung zu Wiederholung machen wir es dem Hund schwieriger, das Futter aus der Hand aufzunehmen.

Nach wenigen Wiederholungen kann man zusätzlich Körpersprache einsetzen, indem man beispielsweise mit der freien, anderen Hand das Ablegen mitzeigt, ohne jedoch den Hund zu berühren! Nach dem [Liegen] folgt verbales Lob und Freigabe des Futters oder der Beute oder auch abwechselnd ein sich anschließendes, Freies Spiel.

Der Hund wird je nach Übungspensum und je nach Begabung (beider Team-Partner) schon nach einigen Tagen die gelungene Verknüpfung erkennen lassen. Obwohl erst in der Grobform vorhanden, so enthält die Vorübung [Liegen] bereits alles Wesentliche, was später für das prüfungsmäßige [Platz] (oder [Abliegen unter Ablenkung]) erforderlich ist. Hunde, welche die Grundhaltungen in Vorbereitung erfahren haben, zeigen im Übergang zu prüfungsmäßigen Ausführungen i. d. R. keine Probleme.

Wann wird das Hörzeichen [Liegen] gegeben?

Weil Hörzeichen die Gefahr mit sich bringen, dass sich der Hundehalter zu sehr auf die verbale Ebene ausrichtet und zu wenig auf die Körpersprache, ist es besser, das Hörzeichen anfangs wegzulassen. Nach einigen Tagen wird dann der Vorgang mit dem Hörzeichen [Liegen] begleitet.

Die Wirkung des Hörzeichens lässt sich verstärken, indem wir das Signalwort nicht nur einmal, sondern wiederholt aussprechen. Nicht vergessen! Wir sprechen Hörzeichen freundlich aus. An Stelle von „Befehlen" wollen wir sozusagen „freundliche Einladungen" oder auch „spannungsvolle Auslöser" geben. Dies schließt nicht aus, dass in bestimmten Situationen, etwa zur Sicherheit des Hundes, Hörzeichen auch im Unterordnungston gegeben werden. Hunde, die normalerweise freundlich angesprochen werden, reagieren um so besser auf die Ausnahme eines strengen Hörzeichens.

Vorübung [Ab- und Aufsitzen]

Wir unterscheiden zwei Formen des Sitzens. Das Absitzen aus dem Stehen und das Aufsitzen aus dem Liegen.

Eine kurze Einstimmung sichert uns die Aufmerksamkeit des Hundes. Anschließend machen wir uns und – falls ein MO (Futter oder Beute) zum Einsatz kommen soll – auch dieses, interessant. Und, wir denken uns in die gewünschte Übung hinein. Wie immer im Spiel, so ist auch hier *Imagination* angesagt. Das heißt, wir stellen uns den Ablauf genau vor. Wir sehen innerlich den Hund sich Setzen. Genau diesen Vorgang bringen wir in die begleitende Körpersprache. Innere Vertiefung und geistige Vorausnahme werden oft unterschätzt. Die aktive Vorstellungskraft lenkt unsere Bewegungen intuitiv richtig, so dass sie der Hund auf Anhieb aufnehmen kann. In dieser Phase gibt es noch keine Einschränkung bezüglich Körperhilfen. Auch Arm- und Handbewegungen können hilfreich sein. Allerdings darf man nicht vergessen, dass der Erfolg weit mehr von der „Überzeugungskraft der Signale" als vom „Ausmaß der Bewegungen" abhängt.

Ebenso wichtig ist, auf direktem Wege die Freude am gemeinsamen Spiel und an der Aufgabe wachzurufen oder beides zu nutzen. Der Hund kommt auf diese Weise mit immer weniger MO-Bestätigungen aus, und es entwickelt sich mit der Zeit die „Freude in der Erwartung".

[Absitzen]

Auch die Übung [Absitzen] lässt sich aus dem Knien oder Sitzen des Team-Führers oft besser vermitteln als im Stehen. Diesmal ist es nicht das stilisierte Lauern und Agieren vor einem „Mäuseloch" oder vor einer „unterhöhlten Baumwurzel", sondern ein belebter Leckerbissen. Etwa in Form eines stilisierten (durch Summen zum Leben erweckten) „Flattermann", der sich in die Luft erhebt und über dem Kopf des Hundes langsam nach hinten fliegt. Der Hund verfolgt das „merkwürdige Flugobjekt" und wird sich bald in die für das Mitverfolgen bessere Position des Sitzens begeben, wenigstens ansatzweise. Es könnte allerdings auch passieren, dass sich der Hund anstatt zu setzen, blitzschnell umdreht oder hochspringt oder auch rückwärts geht. Im Ansatz der nicht vom Lernziel abweichenden Verhalten fliegt der Flattermann jedoch wieder nach vorn. Nach einigen Wiederholungen wird sich der Hund dann hinsetzen oder zumindest einen Ansatz hierzu zeigen. In diesem Augenblick tritt die Bestärkung ein: Der Flattermann fliegt dicht am Fang vorbei und wird geschnappt (Futterstück oder Spielbeute). Auch das Aufsitzen kann ähnlich aufgebaut werden. Womit man beginnt, zeigt uns der Hund innerhalb eines vorausgehenden Testspiels selbst an.

Mittels Körpersprache (Nachahmung) Absitzen lehren.

Einsatz der Körpersprache

Auch für die Vorübung [Sitzen] bewährt sich bei vielen Hunden (zusätzlich oder als Ersatz zum Futter-MO) die Körpersprache einzusetzen. Hier kommt uns vor allem die zweite, freie Hand zugute, die für den Hund sichtbar nach hinten und in Richtung Boden geführt wird. Manche Hunde weichen allerdings zurück. In diesem Fall empfiehlt sich der Einsatz einer *Passiven Einwirkung*. Nach Bekannt machen mit dem Hindernis (Kiste, Schachtel oder ein „U“, gebildet mittels Leitset oder auch die Ecke eines Raumes) wird die Übung in Verbindung der *Passiven Einwirkung* ausgeführt. Der aufgestellte Gegenstand verhindert das Zurückweichen oder das seitliche Ausweichen des Hundes.

Zeigt der Hund Probleme, sitzt er beispielsweise aus dem Liegen trotz aller Stimulationsversuche nicht auf (dies ist oft der Fall, wenn der Hund das Liegen schon lange kann und die negativen Auswirkungen der Lernsättigung wirksam werden), dann brechen wir (im Sinne unserer konzeptiv-flexiblen Trainingsgestaltung!) die Methode ab und wählen einen alternativen Zweitweg.

Hier ein weiteres Resonanz-Szenario: Im ersten Schritt veranlassen wir den Hund lediglich zum Aufstehen, egal, ob er anschließend steht, geht oder sitzt. Dies erreichen wir, indem wir uns seitlich vom liegenden Hund stellen, ein MO aus der Tasche zaubern und einen Schritt in der Liegerichtung des Hundes nach vorn gehen (für den Team-Führer bedeutet das einen überkreuzenden Schritt). Gleichzeitig geben wir einen deutlichen Bewegungsauslöser. Der Hund wird aufspringen. Die Übung wird wiederholt, wobei der Auslöser jedoch deutlich ruhiger ausfallen soll. In weiteren Wiederholungen wird die Vorwärtsbewegung eingestellt. An Stelle dessen kommt die Körpersprache, welche das Aufsitzen demonstriert, hinzu. Das Hörzeichen wird erst nach ein, zwei Wochen gegeben. Es hat sich gezeigt, dass die frühe Verwendung des Hörzeichens viele Team-Führer verleitet, die Übung im alten Stil des Forderns aufzubauen, bevor der Hund den Ablauf gelernt hat. Auf Leine, Berührung und Hörzeichen im Erlernstadium absichtlich zu verzichten, hilft dem Team-Führer, Motivation konsequent durchzuführen.

Vorübung [Aufstehen] aus Sitzen und Liegen

Ob man mit dem [Aufstehen aus dem Liegen] oder aus dem [Sitzen] beginnt, hängt vom jeweiligen Hund ab. Ein kurzer Test gibt Aufschluss darüber. Angenommen, wir entscheiden uns für das Aufstehen aus dem Liegen. Der Team-Führer steht (oder sitzt in *Startstellung)* neben dem liegenden Hund. Anschließend nimmt er Kontakt auf, macht sich interessant (nicht zu sehr, sonst steht der Hund zu früh auf), geht weg und muntert den Hund auf, mitzukommen (Aufbruchgesten, u.U. in Verbindung eines MO. Besser ist es allerdings, wenn der Hund allein der *Aufbruchgeste* folgt, ohne zusätzliche Motivation. Das MO lenkt von der Übung ab).

Anschließend wird die Übung wiederholt, jedoch ohne nach vorn zu gehen. Wir setzen folgende Nachahmungsgesten ein:

* Beine in den Kniegelenken beugen, und mit beiden Armen einen nach oben sich öffnenden Halbkreise beschreiben.
* Gleichzeitig, und dies ist das Wichtigste, stemmt man den Oberkörper durch Strecken der Beine nach oben. Die reche Hand hält, falls erforderlich, ein Futter oder Beute-MO.

Das Aufstehen aus dem Platz ist in der klassischen Unterordnung nicht gefordert. Aufstehen gehört jedoch ebenso ins Grundprogramm der Haltung wie das Abliegen. Hier die stimulierende Vermittlung durch Körpersprache und Akkustik.

Körperhaltung des Team-Führers

Sie sollte zwei Bedingungen erfüllen:

* Sie muss das Aufrichten erlauben. Hierfür eignen sich beispielsweise der Schneidersitz, kniende Haltungen oder die bereits beschriebene *Startstellung*.
* Der Team-Führer muss in der Lage sein, aus dieser Ausgangshaltung ohne Schmerzen und Probleme aufzustehen. Wer besonders gelenkig ist, kann jede beliebige Sitzhaltung am Boden wählen. Er kann beispielsweise das [Stehen] direkt aus dem Sitzen im Basisspiel einleiten. Durchschnittlich gelenkige, vor allem aber Ältere oder bewegungseinge-

schränkte Menschen sind besser beraten, sich für die *Startstellung* (bei Bedarf auch für die Verwendung eines Hockers) zu entscheiden.

Wichtig ***Der Haltungswechsel muss deutlich gezeigt werden, was sich durch Mithilfe beider Arme und Hände und durch die gesamte Körperhaltung erheblich verstärken lässt.***

Der Team-Führer kniet (beispielsweise in *Startstellung*) rechts neben dem Hund, während der Hund sitzt oder liegt. Herrchen oder Frauchen bringt nun die rechte Handinnenfläche (Finger nicht spreizen! – Kein Geistiger Zügel!) etwa 40 cm vor die Schnauze des Hundes (wird ein Futter-MO verwendet, so klemmt man dieses zwischen Daumen und Zeigefinger). Die linke Hand wird in die rechte gelegt, so dass auch die linke Handinnenfläche zum Hund zeigt. Während man aufsteht, beschreiben beide Hände kreisförmige Bögen nach außen und oben. Würde man die linke Hand von Anfang an hinter dem Hund halten, so könnte er sie nicht sehen. Von vorn kommend, sieht er die linke Hand zumindest im ersten Teil der Bewegung, und wenn sie im weiteren Verlauf außerhalb des Sehwinkels gerät, lässt der sich mitbewegende Arm (bis zur Schulter) erahnen, wohin sich die außer Sicht geratene Hand bewegt hat.

Folgt der Hund der beschriebenen *Nachahmungsgeste*, lassen wir sofort üppiges Lob folgen und bestärken sein Verhalten durch die üblichen Sekundärmotivationen: Futter, Beute, Spiel. Sollte der Hund zögerlich aufstehen, so muss er bereits im Ansatz des Aufstehens belohnt werden. Mehr zu erwarten, würde Risiken beinhalten. Die Belohnung für den Ansatz dient nicht nur der Übung, sondern hilft gleichzeitig, anderen Problem vorzubeugen (oder vorhandene Schwierigkeiten abzubauen). Der Hund hat womöglich Angst oder er steht in irgendeinem Konflikt. Erfährt er aber, dass seine Aktion Lust bringt (Futter, Lob und Spiel), so bestärkt ihn dies unter anderem auch in seiner Selbstsicherheit. Das rechtzeitige Bestärken wird auf diese Weise zum Desensibilisierungsakt. Nach wenigen Wiederholungen wird der Hund das erfolgreiche angedeutete Verhalten verstärken, wenn Sie ihm die Belohnung ein wenig vorenthalten. Er wird weiter aufstehen.

Wurde die Übung einige Tage in der beschriebenen Form gespielt, so kann man das *Geleit-Hörzeichen* [Stehen] einbringen. Nach ein bis zwei Wochen wird die Übung nicht mehr in *Startstellung*, sondern in stehender Haltung vermittelt. Anfangs beugt man noch etwas die Knie, um das Hochstemmen deutlich zu machen, später kann man stehen bleiben. Nach und nach werden die Körperhilfen abgebaut. Mit der Zeit wird das Hörzeichen als stellvertretender Reiz wirksam und die Körperhilfen können ganz entfallen. Ab und zu jedoch ist es vorteilhaft, die Übung wieder von unten aufzubauen, sozusagen im Zeitraffer.

Um von Anfang an zu vermeiden, – etwa das Vorgehen des Hundes – bietet sich auch hier die *Passive Einwirkung* an. Etwa in Form des bereits erwähnten Leitzauns (zur Not reicht auch eine Schachtel oder ein Stuhl aus).

Vorübung [Anhalten]aus dem Gehen.

Für die Erstvermittlung [Anhalten] aus dem Gehen setzen wir in folgendem Beispiel auf *Nachahmung*, *Kommunikation* und auf den Einsatz *Passiver Einwirkung* (in Form des *Geistigen Zügels*).

Wir beginnen mit einem *Freien Spiel*. Wie gewohnt achten wir darauf, dass das Motivationsniveau der Aufgabe angemessen wurde und weder zu hoch noch zu tief liegt. Geht der Hund aufmerksam und erwartungsvoll seitlich einige Schritte mit, ohne hochzuspringen, zurückzubleiben oder wegzusehen, dann ist der Zeitpunkt für die Vermittlung der Aufgabe günstig.

Nachahmungssignale für das [Anhalten] aus der Bewegung

Der Team-Führer wird im Gehen langsamer, stellt das rechte Bein vor den Hund und quer zur Gehrichtung. Gleichzeitig beugt man die Knie ein wenig und dreht den Oberkörper nach links mit. Der Oberkörper wird hierbei leicht vorgebeugt. In dieser Haltung sieht man den Hund an und bleibt wie versteinert stehen. (Mit der tiefen Körperhaltung wirkt der Team-Führer einer möglichen Tendenz des Hundes, sich zu setzen, entgegen.)

Der Team-Führer muss das Stehen bleiben innerlich erleben. Nur so kann er glaubwürdig die Botschaft vermitteln. „Die ganze Welt steht still!“ Er hält den Atem an, spannt die gesamte Körpermuskulatur leicht an und bleibt regungslos stehen (Achtungssignal). Auch hier darf man nicht den Fehler machen, das Stillstehen zu lange auszudehnen. Eine Sekunde oder kürzer reicht anfangs völlig aus. „Antwortet“ der Hund auf diese Botschaft ebenfalls mit Stehen bleiben, und sei es nur einen Augenblick lang, dann ist die Aufgabe für den Anfang erfüllt. Im gleichen Augenblick folgt Lob und *Freies Spiel*.

Wie gewohnt verzichten wir anfangs bewusst auf Hörzeichen. Wir konzentrieren uns voll auf die gestische Kommunikation. Wir erinnern uns: „Zuerst fördern, dann fordern!“

Mit der Zeit kommt das Hörzeichen hinzu. In der Klassischen Unterordnung gibt es ja nur das Stehen aus der Bewegung, welches mit dem Hörzeichen [Steh] vermittelt wird. Wer auf die neuen Sportarten *TEAM-sport* und *TEAM-dance* hinarbeitet, sollte von Anfang an die entsprechenden Hörzeichen einbringen. Für den Haltungswechsel (Stehen, genauer gesagt Aufstehen aus dem Liegen oder Sitzen) heißt es dort [Steh] und das Anhalten aus dem Gehen oder Laufen heißt [Stopp] (oder [Halt]).

Zusammenfassung

Der Hund hat in der Basisübung nicht nur Berührungsängste abgebaut, sondern ein gesundes Maß an Vertrauen zur Körpernähe seines Team-Partners gewonnen. Gleichzeitig wurde die Beißhemmung auf ganz natürliche Weise geübt und gefestigt. Und er hat bei den ersten Zielspielen [Liegen], [Sitzen] [Aufstehen] und [Anhalten] Freude erfahren. Das grundgelegte Vertrauen, die gemeinsame, spielerische Beschäftigung ebenso wie das kleine Repertoire der erlernten Grundhaltungen wird sich für die folgenden sportlichen Aufgaben als tragfähiges Fundament erweisen.

Leistungsmerkmale der „Paradeübung“

- 100 prozentige *Aufmerksamkeit* während der gesamten Übung. Ohne eine einzige Ablenkbarkeit! (M+H)
- Sichtlich hoch ausgeprägte *Spiel-Appetenz*. (H)
- Stressfreie Akzeptanz des *Geistigen Zügels* (Tabu-Signal). (H)
- *Respondierende Kommunikation*. (M+H)
- Glaubwürdige Vermittlung der primären und sekundären Motivationen. (M)
- Positive Aufnahme der *primären und sekundären Motivationen*. (H)
- Hochaktive Annahme des *aktionsauslösenden Signals*. (H)
- *Integral motivierendes Freies Spiel*, gefolgt von...
- ... richtigem *Anbeißen* lassen, ...
- ... *Beute-Streiten* und
- *konflikt- und problemfreiem Auslassen* (beispielsweise mittels *Konkurrenz-MO* oder einer der anderen Ausmethoden).

(M = Mensch, H = Hund)

„Paradeübung“

Diese Übung beinhaltet nahezu alle Gesichtspunkte der *Lind-art®-Team-Ausbildung.*

Dem Zuschauer bietet sich ein Bild von Aktivität, Team-work und Harmonie. Das gemeinsame Tun ist Spiel, – und der unvoreingenommene Betrachter kann sich der freudigen Ausstrahlung dieses Mensch-Hund-Teams kaum entziehen.

Ablauf der Paradeübung

Da kommt ein Team-Führer mit seinem Hund auf den Platz, stellt sich in einer bestimmten Art und Weise vor den Hund, und von diesem Augenblick an ist der Hund innerlich höchst engagiert, heftet seine Augen an jede Bewegung seines Spielpartners, hält die Ohren spitz, atmet ein, wenn der Team-Führer einatmet, und hält den Atem mit ihm an; bleibt ohne irgendein Zeichen von Unterwerfung, Zwang oder Angst lauernd am Boden liegen. Das spannungsvolle Warten macht ihm offensichtlich Spaß. Der Team-Führer schleicht sich in geduckter Haltung vom Hund weg, – auf leisen Sohlen in geschmeidigen Schritten, den Körper schwebend tragend. Er fixiert den Hund fortwährend mit den Augen, um ihn dann, nach einiger Entfernung mit den auslösenden Signalen der Bewegung (und der Stimme) aufspringen zu lassen. Der Hund rast herbei, und es folgt ein Freies Spiel nach allen Regeln der Kunst.

Anhalten mittels „Geistigem Zügel“ und Körpersprache.

Analyse der Paradeübung

Dem Kenner fällt noch einiges mehr auf. Er hat gesehen, dass der Team-Führer sein MO in einer gedachten Linie zwischen den Augen des Hundes, der symbolhaften Hand des *Geistigen Zügels* und den Augen des Team-Führers hält (*Augen-MO-Linie*). Es ist ihm nicht entgangen, wie der Team-Führer kurzzeitig das MO, dann wieder den Geistigen Zügel oder die eigene Mimik betonte, – wie die einzelnen Komponenten ständig in Balance gehalten wurden und ein untrennbares Ganzes bildeten. Und es fiel ihm auf, dass der Hund wie in Trance vertieft war und sich durch keine Ablenkung irritieren ließ. Und es wurde sichtbar, wie sich die mobilisierenden mit den zügelnden Kräften im Gleichgewicht befanden. Das Ganze sieht erstaunlich leicht aus.

„Paradeübung“ zuerst Ablegen,...

...dann in Front drehen und Wegschleichen,...

Voraussetzungen

Intuition, Beobachtungsgabe, Vorstellungskraft, Imagination (Verwandlungskunst), Phantasie und Kreativität sind gefragt. Lauter Eigenschaften, die, wie wäre es anders möglich, besonders im Spiel und in der Kunst gefragt sind. Doch wer weniger geschickt ist, auch der kann es lernen. Bis zu einem gewissen Grad. Hierbei hilft die Aneignung des umfangreichen Fundamentes theoretischer Kenntnisse. In die Tiefe dieses Fundaments reichen die caniden Verhaltensweisen, wobei adaptive Appetenzverhalten ebenso zum Einsatz kommen wie weitgehend vorprogrammierte Instinkthandlungen und Reflexe. In die Breite reichen die vielfältigen Kommunikationsdetails, deren sich der Team-Führer mittels Haltung, Mimik und Gestik, Berührung und auch Geräusche bedient. Das *Tabu-Signal* des Geistigen Zügels anzuerkennen hat der Hund in der Regel vorher schon gelernt, und auch das lauernde Warten wurde in kleinen Schritten aufgebaut.

Wenn man einer ausgereiften Paradeübung zuschaut, so gewinnt man den Eindruck, es könne gar nicht anders ablaufen. Im Vergleich erkennt sogar der Nicht-Fachmann, dass der eine Hund eben noch zu wenig „Appetit“ aufs gemeinsame Spiel zeigt, ein anderer überdreht ist, ein dritter sich viel zu leicht ablenken lässt oder gar den Team-Führer durch allerlei Aktionen dominiert.

Die Paradeübung ist wie eine Art Gradmesser der *Mensch-Hund-Harmonie*, ein Test des erreichten Team-Work, eben eine Vorzeigeübung.

Bis beide Team-Partner auf dem Niveau des *Reifen Spiels* zu kommunizieren gelernt haben, sind in der Regel vier bis acht Monate vergangen. Auf dem Niveau des *Reifen Spiels* sollte sich der Team-Führer befinden, wenn er nach vorliegendem Lehrwerk die Teamvorführung, als die „neue Form“ der alten „Unter“-Ordnung erlernen möchte.

Es hat keinen Sinn, die Paradeübung zu beginnen, so lange man noch Schwierigkeiten hat, hoch konzentriert und lauernd zu gehen. Der Körper darf keine nennenswerten Bewegungsausschläge nach links oder rechts machen, denn das würde den Team-Führer sofort verraten. Am besten übt man dieses Szenario erst einmal ohne Hund.

...„Augen-MO-Linie“,...

...nach dem Herankommen „Freies Spiel“.

Paradeübung in einzelnen Schritten

1. Hund aus dem Auto holen und Gassi führen.
2. An den Eingang des Hundeplatzes gehen (oder der Spielwiese).
3. Einstimmen (Animieren mittels MO, es aber vorenthalten).
4. Achtung-Geste, Blickkontakt und *Respondierende Kommunikation* aufbauen.
5. [Abliegen] oder [Sitzen]
6. Hundeführer dreht sich in Front und schleicht sich vis a vis davon.
7. Balance zwischen *Motivieren* und *Geistigem Zügel.*
8. Aktionsauslöser
9. Freies Spiel (MO noch vorenthalten)
10. Anbeißen lassen
11. Beutestreiten
12. Loslassen
13. Hund kommt von allein zurück. [Aus] (Konkurrenz-MO oder andere Technik), anschließend Auslöser für Wiederaufnahme des Spiels.
14. 10. bis 13. einige Male wiederholen, dann...
15. Spielende.

Spiel und Stopp

Eine weitere Steigerung erfährt die *Paradeübung* in *„Spiel und Stopp“*. In dieser Spielübung soll der Hund hoch motiviert werden, wobei der Team-Führer mitten im Spiel erstarrt und gleichzeitig den Geistigen Zügel einsetzt. Ob zusätzlich ein Hörzeichen gegeben wird (beispielsweise [Stopp]) oder nicht, ist individuell zu entscheiden.

Der Hund erstarrt in der augenblicklich wahrgenommenen Körperhaltung. Er wartet auf den neuen Auslöser, ohne die Haltung zu verändern. Im Stopp soll keine bestimmte Haltung assoziiert werden, sondern der Hund soll lernen, in jeder Haltung auf die Stopp-Signale zu verharren und abzuwarten. In *Spiel und Stopp* steht die *Team-Balance* nochmals auf dem Prüfstand, und zwar mit hohem Anspruch. Wer Spiel und Stopp überzeugend vorführt, der hat bewiesen, dass der Hund selbst in hoher Trieblage führbar bleibt. Trotz des Einsatzes von Autoritätssymbolen darf die Harmonie nicht gestört werden.

Kapitel 3
Alle Übungen Schritt für Schritt

Trainingsvorbereitung

Es empfiehlt sich, das vorliegende Kapitel zuerst einmal in Ruhe durchzulesen, um sich einen Überblick zu verschaffen. Danach ist zu überlegen, womit man beginnt.

* Das gleichzeitige Verwalten einzelner Lernprogramme nennen wir *Parallelübung*. Vorschläge für sich anbietende *Parallelübungen* finden Sie jeweils zu Beginn einer neuen Übung.
* Bei vielen Übungen ist es ratsam, sie in Einzelteile zu zerlegen und später zusammenzuführen. Auf diese Weise werden mit der Zeit immer mehr Übungen parallel geführt, mitunter jede in einem anderen Aufbaustadium.
* Wo es sinnvoll erscheint, werden Vorübungen und Teilaufgaben miteinander verknüpft. Fast abgeschlossene Übungen stehen gerade erst begonnenen gegenüber. So gestaltet sich das Training betont abwechslungsreich, spannend und herausfordernd. Der Wechsel zwischen Übungen mit unterschiedlichem Könnensstand lässt sich in vielfacher Weise vorteilhaft nutzen.

Da sich nicht in jeder Übung alle möglichen Varianten beschreiben lassen, sollten Sie versuchen, methodische Wege einer bestimmten Übung auch auf andere Übungen zu übertragen („Nachahmung" oder „Nutzung des Kurzzeitgedächtnisses" lassen sich beispielsweise bei nahezu jeder Übung anwenden).

Wichtig ***Der hier vorgestellte Aufbau, ebenso wie die Platzierung der Parallelübungen, dient lediglich als Modell. Für jeden Hund, für jedes Team muss eine individuelle Didaktik ausgearbeitet werden. Die hier vorgelegte Reihenfolge ist also nicht verbindlich.***

Übungsaufbau

Einige übergeordnete Vorschläge sollte man jedoch einhalten. Dazu gehört beispielsweise, dass wir Übungen mit hohem Primärmotivationsanteil (Sprünge oder Herankommen) an den Anfang der Ausbildung und weniger primär-attraktive Aufgaben wie etwa die Freifolge ans Ende stellen. Aber gerade die wenig attraktiven Aufgaben verdienen unsere besondere Aufmerksamkeit. Hierzu bietet sich das didaktische Prinzip der *kleinen und kleinsten Lernschritte* an.

Wir greifen Teilbereiche heraus und formen sie um mit dem Ziel, den Primärmotivationsanteil deutlich zu erhöhen. Aus Einzelteilen werden in sich geschlossene, eigene Aufgaben mit hohem Lustpotential. Später werden die Einzelteile dann nach und nach zur fertigen Übung zusammengefügt.

Ein weiteres, wichtiges didaktisches Prinzip ist die optimale Nutzung der Zeit. Es hat sich bewährt, Aufgabenvermittlungen eher kurz zu gestalten und lieber mehrere kleine Aufgaben hintereinander vorzunehmen als eine Aufgabe breitzutreten. Eine Trainingseinheit beinhaltet bei dieser Vorgangsweise zwischen vier und acht (+/- zwei) kurze Detailaufgaben.

Parallelübungen und *Problemhilfen* sind jedoch vom Team-Führer aufzustellen und individuell zu entscheiden.

Lässt der Hund in der ersten Annäherung (Vermittlung) und in der Folge zunehmend Fertigkeit erkennen, dann sollte man nicht auf die schnelle Fertigstellung der Übung hinarbeiten. Während der vier letzten klassischen Lernstufen *Detaillernen, Festigung, Abwandlung und Absicherung* können durchaus neue Aufgaben miteingebaut oder abwechslungsweise zur ersten mitgeführt werden (auch hier sprechen wir vereinfacht von Parallelübungen). Der Hund sollte sich möglichst früh an Unterscheidungsaufgaben gewöhnen.

Von „Spiel und Stopp" zu „Spiel und Ziel"

Wir gehen davon aus, dass das Team inzwischen *Spiel und Stopp* beherrscht. Außerdem hat der Hund innerhalb seiner vorbereitenden Ausbildung in *TEAM-Balance* die Grundhaltungen [Sitzen], [Liegen], [Stehen], [Aufstehen] und [Anhalten] gelernt und natürlich den *Geistigen Zügel.*

Nun können die Grundhaltungen in „Spiel und Stopp" integriert werden. Der Übergang von *„Spiel und Stopp"* zu *„Spiel und Ziel"* sollte fließend erfolgen: Nicht zu oft, nicht zu viele, und nicht zu viele Aufgaben hintereinander! Wichtig ist, dass die im Spiel aufgebaute Stimmung auch bei Zielspielen erhalten bleibt.

Ausführung der Übung

Nach dem „Stopp" hält der Team-Führer die Spannung noch für einen Augenblick aufrecht, um anschließend eine der Grundhaltungen ([Sitzen] oder [Liegen] bzw. [Platz]) einzubauen. Anfangs in gewohnter Weise mittels *Nachahmungsgesten* und/oder Futter (bzw. Beute-MO). Aus dem Sitzen oder Liegen lässt sich dann auch das Aufstehen einbringen. Mit zunehmender Sicherheit ist die *Zügelhand* nur noch bei Bedarf einzusetzen.

Man wird sehen, dass die Lauerphase im „Stopp" hervorragende Grundlagen für ein engagiertes und schnelles Ausführen der anschließenden Aufgabe bietet. Im Stopp befindet sich der Hund in einer hohen positiven Lusterwartung. Er ist konzentriert, neugierig darauf, was kommt und er ist hoch motiviert. Gleichzeitig befindet er sich in einer ausgewogenen, aufnahmebereiten und gezügelten Stimmungslage.

Die Wirkung dieser positiven Faktoren wurde durch den konsequenten Aufbau der Spielappetenz erreicht. Die Aufgabe selbst, ebenso wie ihr zeitliches und räumliches Umfeld, aber auch die sozialen Komponenten der syntonen Kommunikation, das folgende Lob in Verbindung mit anschließendem Futter oder Beute bilden eine geschlossene Einheit *Integrativer Motivation.*

Vorbereitung, Einstimmung und Richteranmeldung

Gedankliche Vor- und Nachbereitung

Nicht jedem liegt es, sich außerhalb des Trainings Gedanken oder gar Notizen über das Üben zu machen. Dem gegenüber steht die Tatsache, dass sich ganzheitliches Vorgehen komplex gestaltet und nicht ganz einfach zu überblicken und zu verwalten ist. Und wer wüsste nicht, dass einem oft wichtige Dinge im entscheidenden Augenblick nicht mehr einfallen. Auch alte Gewohnheiten stehen dem Erfolg oft entgegen. Fehler machen wir alle, das wäre nicht so schlimm. Fatal ist nur, dass wir leider immer wieder die gleichen Fehler machen. Alles in allem empfiehlt sich, die Erfahrungen allgemeiner Unterrichtspraxis zu nutzen. Dort ist man tagtäglich mit ähnlichen Problemen konfrontiert, und seit Generationen beschäftigen sich hervorragende Wissenschaftler und Praktiker um Vertiefung der Einsichten und um deren praktische Umsetzung.

Von einem verantwortungsvollen Grundschullehrer erwartet man, dass er die Unterrichtsstunde gründlich vorbereitet, dass er sie fächerübergreifend und unter Nutzung moderner Lehrmittel durchführt und, dass er über Erfolg und Misserfolg der Stunde reflektiert.

Wichtig **Dieser dreifache Weg – Planung, Durchführung und Reflexion – bietet allerbeste Voraussetzungen für ein Höchstmaß an Unterrichtsqualität.**

Trainingseinheit planen

Der Team-Führer macht sich Tage vor dem Training in aller Ruhe vorbereitende Gedanken. Am Ende dieser Planung steht die Gliederung des methodischen Konzepts. Entsprechende Vorsatzbildungen runden das Programm ab. (Vorsatzbildungen helfen vor allem gegen schlechte Gewohnheiten).

Zuerst muss man sich einige übergeordnete Fragen beantworten:

- „Was will und kann ich eigentlich mit meinem Hund erreichen?"
- „Wo stehe ich mit meinem Hund?"
- „Wo liegen die Stärken, wo die Schwächen meines Hundes, und, nicht zu vergessen, wo liegen meine eigenen Stärken und Schwächen?"
- „Welche (problemfreien) Übungen können vorübergehend ausgesetzt werden?"
- „Was will ich in welcher Zeit erreichen?"

Erst wenn diese Fragen beantwortet wurden, ist es sinnvoll, sich einen mittel- und langfristigen Plan zu erstellen. Die konkreten didaktischen und methodischen Detailüberlegungen zur nächsten Trainingsstunde kommen ganz zum Schluss. Konkrete Fragen wären hier etwa:

- „Worauf sollte ich mich konzentrieren?"
- „Welche methodischen Varianten und Alternativen wurden schon eingesetzt?"
- „Mit welchem Erfolg?"
- „Soll ich auf Zurückliegendem aufbauen oder einen methodischen Neubeginn anstreben?"
- „Welche didaktischen Stufen bieten sich für die einzelnen Lernziele an?"
- „Welche methodischen Wege sind zu beschreiten, welche Alternativen bereitzustellen?"
- „Welche Inhalte sind in Querverbindungen zu planen und wie?"

Die Beantwortung dieser Folgefragen verleiht der Trainingsgestaltung bereits wertvolle Ansätze.

Viele Pädagogen raten dazu, didaktisch-methodische Gedanken in irgendeine Form zu bringen, sie aufzuschreiben oder auf ein Diktiergerät zu sprechen.

Wichtig ***Indem man Fragen und Antworten nicht nur denkt, sondern sozusagen „archiviert", vertiefen sich die Inhalte (mehrkanaliges Lernen!).***

Zum Vorteil der Planung gesellt sich dann noch die verbesserte Erinnerung und Präsenz der aufgestellten Lernziele, der allgemeinen Vorsätze und der konkreten Vorgangsweisen.

Mentales Training

Um Vertiefung geht es auch beim *mentalen Training* und der davon abgeleiteten *mental-methodischen Planung* (innerhalb dieser Planung stellt man sich nicht nur seine eigenen Leistungen vor, sondern auch, wie der Hund wohl auf das methodische Vorgehen antworten würde). Prozesse mittels Vorstellungskraft, also auf rein geistiger Ebene (= *mental*) durchzuspielen, bringt mehrere Vorteile:

- Mentales Training ebenso wie *mental-methodisches Planen* laufen ohne Risiko ab. Gerät man in einen Engpass, so kann das Gedankenspiel ohne Schaden abgebrochen, die Hindernisse aus dem Weg geräumt und der nächste Durchgang in Sekundenschnelle wieder neu begonnen werden.
- Mentales Training kann an jedem Ort und zu jeder Zeit durchgeführt werden. Also zu Hause, ohne Hundeplatz und ohne Hund, kurz vor dem Zubettgehen oder mitten in der Nacht, in einer Kaffeepause, im Zug oder beim Warten vor der Ampel.
- Mentales Training kostet kaum Zeit und es ermüdet weniger, als man sich das eigentlich vorstellt.

* Mentales Training kann zwar die Praxis nie ersetzen, aber es kann sie ganz hervorragend ergänzen und verbessern helfen. Mentale Praktiken helfen nicht nur, bereits begonnene Vorgänge zu vertiefen und zu festigen, sie eignen sich ebenso im kreativen Bereich. Etwa beim geistigen Durchspielen verschiedener methodischer Wege. Je mehr Erfahrungsinhalte gespeichert sind, desto vielversprechender gestaltet sich mentales Training.

Kurz vor dem praktischen Training sollte man sich die wichtigsten Punkte des vorausgegangenen methodischen Konzepts und der davon abgeleiteten Vorsatzbildung nochmals kurz in Erinnerung rufen. Wir nennen das *Memorieren* (mittels Stichworten = Memorandum und Vorsatzbesinnung).

Reflexion der Übung

Unmittelbar nach dem Training sollte man sich nochmals vor Augen halten, was sich beim Üben bewährt hat und was nicht. Wir nennen diesen letzten Schritt Rückbesinnung bzw. *„Reflexion“*. Aus der Reflexion ergibt sich, was beizubehalten und was zu ändern ist. Das unmittelbare Reflektieren ist eines vom Wichtigsten beim Üben! – Es gibt Instrumentalsolisten, die nach dem öffentlichen Konzert, wenn alle Leute bereits den Saal verlassen haben, sich nochmals hinsetzen und die Fehlerstellen des Konzertprogramms kurz durchspielen. Erst danach sind sie bereit, Autogramme und Presseinterviews zu geben. Eine vorbildliche Reflexion!

Die gedankliche Vor- und Nachbereitung sieht aufwendiger aus, als sie tatsächlich ist. Zuerst macht man sich Gedanken bezüglich der Lernziele und der Vorsätze, bevor man zum x-ten Mal in die Fußstapfen alter Fehler tritt.

Und nach dem Training? – Haben Sie Mut, die soeben beendete Trainingseinheit kritisch zu hinterfragen. Sie werden überrascht sein, wie beide, Vor- und Nachbereitung, die Trainingsqualität verbessern helfen!

Das methodische Konzept kostet einmal in der Woche etwa zwanzig Minuten, die Vorsatzbesinnung (Memorandum) direkt vor dem Üben dauert nicht länger als drei Minuten, und auch die nach dem Üben anschließende Reflexion nimmt in der Regel nicht mehr als fünf Minuten in Anspruch. Übrigens, je öfter man nach dieser „dreifachen Vergegenwärtigung“ vorgeht, um so routinierter wird man in der Ausübung und Nutzung derselben.

Materielle Vorbereitung

Unter *materieller Vorbereitung* verstehen wir Vorkehrungen wie etwa das Bereitstellen benötigter Hilfsmittel, Vorbereitung am Trainingsplatz, die für Wetter und Vorhaben geeignete Kleidung usw.

Man sollte sich vor Trainingsbeginn darüber im Klaren sein, was alles gebraucht wird und wo es bereitstehen soll:

- Werden etwa Geräte benötigt?
- Steht die Schrägwand am richtigen Ort und in der richtigen Steilstellung?
- Ist ein MO oder eine Hilfsperson für das [Voraus] vorgesehen?
- Sind die MO's, die zum Einsatz kommen sollen, in einwandfreiem Zustand?
- Welche Übungen erfordern Gegenstände aus dem Bereich der *Passiven Einwirkung* usw.?
- Ist die richtige Trainingsweste vorhanden und wurden Anoraks oder Westen vor dem Training geschlossen?

Team-Vorbereitung

Hierzu zählen alle Überlegungen und Vorkehrungen, die einer optimalen physischen und psychischen Verfassung des Team-Führers und des Hundes dienen:

- Nicht zu viel oder zu wenig essen; der Abstand zur letzten Mahlzeit sollte weder zu lang noch zu kurz sein.
- Man sollte ausgeruht sein,
- innerlich ausgeglichen,
- in positiver Grundstimmung,
- und ausreichend Zeit haben usw.
- Der Hund sollte vor dem Training ausreichend Zeit haben, sich zu lösen („Pfützchen" und „Häufchen").
- Vorsicht nach längeren Autofahrten oder in der kaltern Jahreszeit: Gelenke und Muskeln immer schonend aufwärmen und vorsichtig, zunehmend belasten!

Pannen, die auf Grund mangelhafter Vorbereitung am Platz passieren, wirken sich auf das Trainingsergebnis in der Regel nachhaltig negativ aus. Sie machen den Team-Führer nervös, unsicher oder gar wütend und sie führen beim Hund zu Leerläufen, Fehlverknüpfungen oder Ablenkbarkeit.

Spaziergang und Aufwärmtraining

Jeder Hundesportler weiß: vor dem Training muss man den Hund ausreichend Zeit geben, um sich lösen zu können. Wer sofort wieder umdreht, darf sich nicht wundern, wenn der Hund mitten im Training seine Notdurft verrichten will. Hunde geben ihren Urin bekanntlich nicht auf einmal, sondern in Raten ab. Für das anschließende Üben hat sich der ruhige, entspannende Spaziergang bewährt. Der Hund soll sich physisch und psychisch lockern. Wenn es erforderlich scheint, soll man überschüssige Lauf- oder Spiellust maßvoll abreagieren lassen. Wir haben immer wieder beobachtet, dass beispielsweise anhaltendes Bellen oder Hochspringen, allein durch Laufen oder Spielen vor dem Training, vermieden werden kann.

Was häufig unterschätzt wird, ist die Belastung der Muskeln und Gelenke während des Spiels und des Trainings. Daher sollte man dem Üben ein gezieltes, der Tagestemperatur angepasstes Aufwärmen (warming up) vorausgehen lassen.

Vorsicht ***Das Aufwärmtraining nicht gleich mit Sprüngen oder abrupten Stopps beginnen. Vor allem nicht nach längeren Autofahrten! Erst einmal leicht und locker aufwärmen, dann steigern.***

Auch der Team-Führer sollte sich Aufwärmen! Man geht anschließend um vieles geschmeidiger, aufrechter und natürlicher. Außerdem macht einen die Bewegung auch innerlich aktiver.

Im Idealfall beginnt man mit gezielten Dehnungsübungen (Stretching), gefolgt von einigen Bewegungselementen für Beine, Wirbelsäule, Schultern, Arme und Kopf. Den Abschluss bildet ein kurzer Dauerlauf mit eingeschobenen Sprints. Wer schon fortgeschritten ist, wird einige Links-, Rechts- und Kehrtwendungen sowie das Anhalten und Angehen üben, jedoch ohne Hund!

Beginn der Team-Vorführung

Einstimmung: Zuneigung und Vertrauen

Als erstes gilt es, sich selbst einzustimmen. Hierzu einige Gedanken: Die gemeinsamen Stunden mit dem Hund gehören für viele von uns mit zum Schönsten. Was liegt also näher, als sich von Herzen darauf zu freuen und die gemeinsame Zeit richtig auszukosten. Die Römer sagten schon: *„carpe diem!“* (= Pflücke den Tag wie eine kostbare Frucht). Und von Werner Bergengruen stammt der schöne Satz: *„Ein Tag kann eine Perle sein, ein Jahrhundert nichts“.* Aber warum das Glück auf den Tag beziehen? Eine halbe Stunde, ja ein Augenblick kann zur Kostbarkeit werden. Wenn man wenig Zeit für den Hundesport zur Verfügung hat, dann sind Vorbereitung und Einstimmung doppelt wichtig. Und wenn man eher viel Zeit hat oder einem das Training zur Last wird, dann sollte man sich daran erinnern, wie sehr man sich früher genau den Zustand gewünscht hat, in welchem man sich nun befindet. Der Mensch neigt ja leider dazu, das Glück der Gegenwart unbeachtet zu lassen. Es scheint mitunter, als liefen wir unserem Glück buchstäblich davon.

Einführung kleiner Rituale

Zur eigenen positiven Grundeinstellung, die man kraft Einsicht und Willen steuern kann (!) und soll, gehört noch der wichtige, verbindende Gedanke an den Hund. Auch unser Begleiter soll Freude haben beim gemeinsamen Üben! Bei allen Überlegungen und Vorsätzen dürfen wir diesen Punkt, der uns an die *Drei Zinnen* erinnert, nie aus den Augen verlieren! Ich kenne Menschen, die das ernst nehmen. Sie knüpfen diesen Gedanken beispielsweise an ein Ritual: Wenn sie dem Hund das Halsband (oder je nachdem auch das Fährtengeschirr) umlegen, dann denken sie daran, ihm feierlich das Band der Freundschaft anzulegen. Sie machen sich bewusst, dass Wohlergehen und Glück dieses uns anvertrauten Wesens in ihren Händen liegt und sie nehmen sich vor, gut zu diesem Wesen zu sein. Während dieser kurzen Zeremonie rufen sie die Zuneigung zum Hund bewusst wach und sie teilen dies mittels Stimmungsübertragung und zarten, innigen Gesten mit. – Liegt das Halsband schon an, dann nehmen sie das Anklinken des Karabiners als Ritual der Verbindung.

Dieser erste Teil der Einstimmung lässt die gegenseitige Zuneigung und das Vertrauen spürbar werden, und zwar im Team-Führer und im Hund. Wer diesen Teil der Einstimmung als festen Bestandteil des Übungsrituals pflegt und ausbaut, kann sich mit der Zeit sicher sein, den Hund in jeder Situation allein durch das Anlegen des Halsbandes in jene Stimmung zu bringen, um die sich manch andere mit aufwendigen Spielen bemühen.

Motivationsbalance

Hier geht es um ein kurzes, einstimmendes Spiel, das so genannte *Reife Spiel.*

Der Team-Führer hat gelernt:

* Integrative Motivation mittels Körpersprache (*Respons-Kommunikation!*) so zu vermitteln, dass der Hund in eine hohe Aktionsbereitschaft gerät und sich kaum noch durch irgend etwas ablenken lässt;

* die Balance zwischen Motivation und Geistigem Zügel zu halten, so dass die aktive Vitalität seines Hundes nicht nur verfügbar wird, sondern auch stets unter Kontrolle bleibt;
* die Motivation und in der nächsten Sekunde den *Geistigen Zügel* zu betonen, wobei der Hund in beide Richtungen gleich gut führbar wird.

Mit einem Wort, der Team-Führer hat es geschafft, seinem Hund alle Übungen lustvoll (freudig) zu vermitteln, gleichzeitig den Hund in jedem Augenblick in seinem Bann zu halten, und drittens, nie die Führungsrolle aus der Hand zu geben. Das ist das Meisterstück der Balance.

Dieser Teil des Einstimmens (= Motivationsbalance) muss vom Team-Führer genau auf den eigenen Hund und auf dessen momentanen Ausbildungsstand sowie die anliegenden Lernziele abgestimmt werden. Der eine Hund muss bereits im Warmspielen ein- oder mehrmals zum Anbeißen kommen, einem anderen Hund wird man den Anbiss vorenthalten. Es gibt leider keine Rezepte für die individuelle Einstimmung.

Autoritätsbalance

Zur Balance im Einstimmen gehört außerdem – vor allem bei fortgeschrittenen Teams, – dass auch die Autorität des Team-Führers vermittelt wird. Leider wird dieser Bereich des Team-work immer wieder vernachlässigt. Motivieren allein reicht (für die meisten Hunde) nicht aus! Aber es ist nicht leicht zu beschreiben, wie man die Autorität vermittelt. Auf keinen Fall durch rohe Gewalt. Worauf es ankommt, ist die innere Gestimmtheit des Team-Führers. Körperhaltung, Körperspannung, Kopfhaltung, Blick, Atmung, Gangweise, Hörzeichen und mimische Kommunikation müssten dem Hund neben den bereits beschriebenen motivierenden Inhalten auch Autorität vermitteln. Diese Qualität des Trainings stellt sich in der Regel nicht von alleine ein. Auch das will gelernt sein. Ein gutes Team zeigt auch bei strömendem Regen, bei Hitze oder unter Ablenkung noch eine überzeugende Vorführung.

Erfahrene Turnierkämpfer strahlen das aus, was soeben umschrieben wurde. Man erkennt sie allein schon an der Grundstellung. Spätestens jedoch an den ersten Schritten. Das Vorführen lässt neben der vielgerühmten Freude auch ein wenig Appell, sprich *„Unter“Ordnung* erkennen. Und das muss auch so sein. Dieser Autoritätsanteil innerhalb der Vorführung ist unentbehrlich. Im Idealfall wird er zwar überdeckt von Freude, Harmonie und Vitalität. Aber er ist dennoch vorhanden. Im Hintergrund und jederzeit aktivierbar. Wer das nie geübt hat, dem fehlt in seiner Vorführung eine markante Qualität.

Team-Führer, welche die Einstimmung allein auf Motivation aufgebaut haben, sollten sich diese Zeilen zu Herzen nehmen und einen Teil des Einstimmens auch der „Unter“Ordnung widmen. Das heißt nicht, dass der Hund nach der warmen Dusche (Motivation) die kalte (Schmerz oder psychischen Druck) erfahren soll! Aber je klarer und konsequenter die Autorität allein schon durch das Auftreten des Team-Führers vermittelt wird, desto zuverlässiger wird sie der Hund akzeptieren. Mit der Zeit wird auch dieser Punkt nicht nur bei Auftritten, sondern bereits beim Üben für beide Team-Partner immer selbstverständlicher und verleiht somit mehr Sicherheit.

Eintreten

Die Prüfung oder das Turnier beginnt bekanntlich nicht mit der Richteranmeldung, sondern bereits mit der Annäherung zum Platz. Wir nennen diesen wichtigen Vorgang *Eintreten*.

Mit dem noch am Anfang seiner Ausbildung stehenden Hund machen wir das Warmspielen in unmittelbarer Nähe des Übungsplatzes. Wir verringern auf diese Weise die Gefahr, dass sich der Hund auf dem Weg zum Übungsplatz wieder ablenken lässt oder wegen der langen Wegstrecke in punkto Vorenthaltung überfordert wird (und infolgedessen mit allerlei ungewollten Aktionen oder Abwendung aufwartet). Der fortgeschrittene und mehr noch der ausgebildete Hund muss in der Lage sein, sich ab dem Warmspielen durch keine Ablenkung mehr irritieren zu lassen. Er muss auch längere Wegstrecken bis zum Übungsplatz in hoher Konzertration und in Erwartungshaltung bewältigen.

Haben Team-Führer und Hund das Eintreten gelernt, dann bringt das Team für die folgende Richteranmeldung und für den Beginn der Vorführung denkbar vielversprechende Voraussetzungen mit. Auch das Eintreten sollte wie ein Ritual geübt werden, auf welches man sich am entscheidenden Tag notfalls auch unterbewusst verlassen kann.

Wie lernt man das Eintreten?

Man beginnt auf dem Vorfeld des Übungsplatzes. Etwa vier bis acht Wochen werden auf dem (anfangs kurzen!) Weg zum Übungsplatz ein oder zwei *Freie Spiele* eingeschaltet. Wir beginnen von Anfang an, das MO an der MOT-Krawatte (oder in einer Tasche versteckt) mitzuführen und es lediglich für das Spiel hervorzuholen. Es ist wichtig, dass der Hund nicht nur auf das MO lauert, sondern ständig den Team-Führer beobachtet. Dies erreichen wir, indem wir auf dem gesamten Weg zum Übungsplatz kommunizieren: entweder mittels Mimik und Stimme oder nur mit einem von beidem. Bevor die Hand zum MO greift, muss das folgende *Freie Spiel* durch Zunahme der Spannung im Gesichtsausdruck angekündigt werden.

Ergänzt wird die Aufmerksamkeit des Hundes durch die *Respons-Kommunikation* beim täglichen Spazierengehen. Ab und zu wird auch ein MO herausgeholt oder ein sich anbietender Naturgegenstand genutzt.

Sobald der Hund eine sichere Erwartung auf dem Weg zum Übungsplatz zeigt, geht der Team-Führer dazu über, das Eintreten einmal mit, das andere Mal ohne *Freies Spiel* zu gestalten. Eine weitere Gestaltungsvariante liegt darin, das *Freie Spiel* zwar einzuleiten, aber nicht mit dem Anbiss zu beenden, sondern mit dem Vorenthalten.

Das Eintreten geht dann nahtlos in die Richteranmeldung über.

Von Ekard Lind entwickelte Spezialweste für die Hundeausbildung (MO®-Vest).

Richteranmeldung

Während des Eintretens, bzw. Wartens auf die Richteranmeldung muss sich der Team-Führer auf allerlei Vorgänge konzentrieren:

* Wie lange dauert es noch?
* Wie weit bin ich entfernt?
* Wo steht der Mitantretende?
* Muss ich mich eher auf Distanz zu ihm halten (einer der Hunde zeigt Antipathiesignale)?
* Wenn ja, auf welcher Seite trete ich zum Richter hin usw.?

Man stelle sich vor, wenn zu diesen Entscheidungen, die in Sekundenschnelle zu treffen sind, noch hinzu kommt, dass sich der Hund unkonzentriert oder mangelhaft motiviert zeigt. Der Richteranmarsch könnte zum Spießrutenlauf werden, was dem Hund sicher nicht entgeht und sich wiederum auswirken wird. Der Teufelskreis ist perfekt! Nein, es ist wirklich besser, man übt das Eintreten ebenso wie den Richteranmarsch und die Meldung wie eine Übung. Und zwar mit Spruch und allem drum und dran!

Wenn man sich nämlich im Training einmal bewusst selbst reden hört, so könnte es sein, dass man damit ganz und gar nicht zufrieden ist.

Psychologen haben herausgefunden, dass sich Sympathie oder Antipathie in den ersten sieben Sekunden einer Begegnung einstellen. Eine einmal gewonnene Einstellung ist schwer zu korrigieren. Das heißt, es ist durchaus nicht gleichgültig, wie wir vor den Richter treten!

Wem also an einem erfolgversprechenden Auftritt vor dem Richter gelegen ist, der wird nicht daran vorbeikommen, auch diesen Teil der Prüfung zu üben, und durch Training zur zweiten Natur werden zu lassen. Nicht jedem liegt diese Form des Trainings.

In der TEAM-Balance-Prüfung werten vier Juroren. Jeder Richter bewertet einen Bereich

Unterordnungsübungen

Ablegen und Herankommen

Dass wir mit dem [Ablegen in Verbindung mit Herankommen] beginnen, hat mehrere Gründe. Diese Übung steht der *Paradeübung* von allen Aufgaben am nächsten. Auch dort finden wir: Ablegen, Warten und auf den Auslöser zu Herrchen galoppieren. Wir können also auf Bekanntes zurückgreifen. Erfahrene Pädagogen fragen bei jeder neuen Aufgabenstellung, wo sie anknüpfen können. Sie machen hierbei nichts anderes, als die Techniken des Gehirns nachzuahmen. Auch dort wird bei jedem neuen Eindruck das riesige Reservoire des Unterbewussten nach Ähnlichem durchforstet, nach Analogien gesucht usw. Ein weiterer Vorteil liegt darin, dass sich der Team-Führer an einer relativ einfachen Aufgabenstellung in die Motivationsdidaktik und -methodik einüben kann und hierbei wichtige Erfahrungen sammelt.

Und noch ein Vorteil ist zu erwähnen: Aus dem [Ablegen und Herankommen] lässt sich in direkter Anknüpfung die Übung [Ablegen des Hundes unter Ablenkung] entwickeln. Wir werden sehen, dass das [Ablegen unter Ablenkung] mit dem Anspruch auf *Mensch-Hund-Harmonie* durchaus keine laue Pflichtübung mehr ist, sondern hohe Anforderungen an beide Team-Partner stellt.

Phase 1

Aufbau aus der Paradeübung

Parallelübungen: [Platz] aus dem Stehen und aus der Bewegung, Vorübungen [Sitzen], [Liegen] [Stehen] und [Vorsitzen], [Spirale], [Vorsitzen], [Grundstellung aus dem Vorsitzen], [Bekannt machen mit Hürde und Kletterwand] sowie andere.

Der Team-Führer nähert sich , wie gewohnt, mit dem bereits eingestimmten Hund dem Übungsplatz: Das heißt in unserem Sinne: „Das Team tritt ein".

Häufiger Fehler

Der Team-Führer will dem hochspringenden Hund entgehen, indem er das MO in unerreichbare Höhe bringt. Dies aber veranlasst einen tüchtigen Hund noch mehr hochzuspringen, hat er doch bisher im Spiel erfahren, dass seine Tüchtigkeit belohnt wird. Woher soll er wissen, dass in diesem besonderen Falle seine Bemühung fehl am Platze ist. Richtig wäre es, den Hund entweder vom Hochspringen abzulenken oder eindeutig den *Geistigen Zügel* einzusetzen.

Problem Hochspringen

Problemhilfe gegen ständiges Hochspringen während des Eintretens

- Eigentlich sollte der Team-Führer gelernt haben, die für jede Aufgabe optimale Motivationsbalance herzustellen. Wurde das versäumt oder nicht ausreichend aufgebaut, dann sollte der Team-Führer unbedingt zuvor daran arbeiten, das erforderliche Gleichgewicht herzustellen. Gelegentliches Hochspringen wird allerdings bei vitalen Hunden immer wieder mal vorkommen. Dem kann man begegnen, indem man die Strecke des Eintretens bewusst kurz hält. Auf dem Weg lässt sich das Hochspringen weitgehend vermeiden, wenn man mit dem MO tief spielt, und sich im Spiel in mehr oder minder großen Kreisen dem Eingang nähert. Der Hund wird damit beschäftig sein, dem MO nachzujagen. Der längere Weg im Außenkreis hält ihn zusätzlich auf Trab.

Der Hund wird im Eingangsbereich des (ablenkungsfreien!) Übungsplatzes abgelegt. Abliegen hat der Hund im Spiel oder innerhalb der weiter vorne angeführten Parallelübungen gelernt, etwa zu Hause im Zimmer, in der Garage oder im Garten. Im Idealfall kann er bereits im Liegen lauernd warten und auf den Auslöser explosiv aufspringen und zum Team-Führer galoppieren.

Wir entfernen uns vom Hund wie bei der *Paradeübung*: Wegschleichend, kommunizierend, die Balance haltend zwischen Motivation und Geistigem Zügel. Wir entfernen uns so weit, wie es der Hund verträgt. (Viele überfordern den Hund durch zu weites Entfernen oder zu langes zeitliches Ausdehnen, oder durch beides.) Bis hierher hat sich zur *Paradeübung* nichts geändert.

Stilisierte Auslöser

Nun kommt jedoch etwas entscheidend Neues hinzu:

Der Hund wird nicht mehr, wie gewohnt, durch eine schnelle Bewegung, durch den (*natürlichen!*) *Auslöser*, abgerufen, sondern aus der in der Prüfung geforderten ruhigen Haltung, also mittels eines *stilisierten Auslösers*. Der Hund wird uns aufmerksam beobachten, während wir uns aus der geduckten Spannungshaltung aufrichten, entspannen und kurz (anfangs ein bis zwei Sekunde, nicht länger!) stehen bleiben. Währenddessen kommunizieren wir jedoch weiterhin mimisch mit dem Hund:

* Wir sehen ihn ununterbrochen an; mit sprechenden Augen; – nach Belieben auch mit (nonverbal!) sprechenden Lippen; – kurz, mit ausdrucksvoller Mimik.

Nach diesen zwei Sekunden ruhigen Stehenbleibens kommt – wie gewohnt – der *Auslöser*: Anfangs noch in Verbindung mit einer ruckartigen Bewegung, etwa mit dem ganzen Körper oder der Hand zum MO, nach Belieben auch mit Veränderung der Position in die gewohnte, etwas abgeduckte Spannungshaltung. Gleichzeitig wird das Hörzeichen [Hier] gegeben. Aber bitte freundlich! Keine Befehle! Denken Sie über Ihr ganz persönliches [Hier] nach. Wie wollen Sie, dass der Hund zu Ihnen galoppiert? – Genauso sollte das [Hier] klingen! Freundlich, fröhlich, aufmunternd, vital, explosiv, feurig, aber bitte nicht fordernd, befehlend! In der reifen Form sind es nur noch minimale Signale, höchst dezent, aber für den Hund aussagekräftig. Der Hund wird, wie in der *Paradeübung* gelernt, in gestrecktem Galopp zu Ihnen laufen.

Schnelles Herankommen

Damit Ihr Hund nicht nur herkommt, sondern beim Herankommen gerade bleibt, mögliche Näheängste abbaut, und damit er nicht zu früh abbremst, lassen wir ihn Monate lang durch die Beine laufen. Beine breit stellen, das MO tief, direkt am Boden führen und erst im letzten Augenblick, wenn der Hund auf Grund seiner Geschwindigkeit nicht mehr außen an den Beinen vorbeilaufen kann, durch die Beine nach hinten werfen. Es ist sehr zu empfehlen, die Übung zuerst einige Male ohne Hund zu üben!

Auch das Durchwerfen will gelernt sein! Nicht irgendwohin werfen, sondern tief, am Boden entlang und in gerader Verlängerung der Laufrichtung. Und nicht zu weit: etwa vier bis acht Meter.

Nach dem Durchwerfen wird der Hund, (vorausgesetzt, er hat richtig Spielen gelernt) mit dem Beute-MO sofort zurückkehren und mit dem Team-Führer spielen wollen. Bevorzugt der Team-Führer Futter, dann muss er natürlich für das Zurückkommen des Hundes weitere Futterstücke bereithalten.

Problem Vorbeilaufen

Problemhilfe gegen seitliches Vorbeilaufen

- Sollte der Hund trotz aller Voraussicht seitlich an den Beinen vorbeigelaufen sein, dann ist die Übung in dieser Form nicht gleich zu wiederholen! Das Risiko der Festigung durch Wiederholung ist zu groß. Wir legen den Hund unmittelbar vor uns ab. Links und rechts neben dem breitbeinig stehenden Team-Führer werden zwei Zäune aufgebaut (passive Einwirkung – seitliche Blockade mittels Leit-Set), so dass der Hund nicht mehr seitlich vorbeilaufen kann. An Stelle der Zäune können auch (bekannte und freundlich angenommene) Personen eingesetzt werden. Wofür man sich auch entscheidet, in jedem Fall muss der Hund – wie immer – mit der veränderten Situation vertraut gemacht werden. Erst wenn er sich arglos zeigt, darf mit der Übung begonnen werden. Es folgt ein kurzes Freies Spiel, ohne dass der Team-Führer seine Position verändert. Im geeigneten Augenblick, wenn der Hund schon in Richtung Beinmitte läuft, wird dann das MO nah am Boden durch die Beine geworfen. Es empfiehlt sich, die Hilfen der seitlichen Blockaden nicht zu früh abzubauen.

Freies Spiel

Es schließt sich ein *Freies Spiel* an – Beutestreiten nach allen Regeln der Kunst: tief spielen; MO um die Beine führen; MO springt, hüpft, läuft zick-zack, versteckt sich usw.; auf jedes Ziehen und Rucken des Hundes ein wenig nachgeben; glaubwürdig Schwächen zeigen; das Ganze mit Stimme unterstützen; bei tüchtigen Aktionen des Hundes entsprechend mehr nachgeben; im richtigen Augenblick loslassen; mit Konkurrenz-MO den Hund sofort wieder an sich binden; freiwilliges Abgeben nach einer der Aus-Methoden (z.B. durch Beutetausch, Überlisten oder Stimulieren zur Ruhe). Nach dem Freien Spiel kann [Ablegen und Herankommen] gegebenenfalls in gleicher oder leicht abgewandelter Form noch ein bis zwei Mal wiederholt werden. Wenn der Hund keine Fehler mehr macht, dann sollte man kleine Abwandlungen einbringen.

Phase 2

Hörzeichen [Hier] im Signal-Timing

Die Vorübungen [Sitzen] und [Vorsitzen] sollten inzwischen aufgebaut worden sein.

Tipp zum Trainingsaufbau

Wiederstehen Sie der Versuchung, verfrüht zur jeweils nächsten Stufe weiterzugehen. Bringen Sie sich nicht aus falschem Ehrgeiz um die bereits erworbenen Grundlagen, sondern lassen Sie sich Zeit bei der Ausbildung! Auf der anderen Seite darf man aber, wie wir inzwischen wissen, nicht zu lange auf einer Stufe stehen bleiben (Sättigungsdistanz!). Im Idealfall wird der Hund immer, (auch nach Abschluss der höchsten Prüfungsstufen!), in einem Zustand der stets präsenten Herausforderung gehalten. Dies erreicht man durch Abwandlung, durch Erweiterung, aber auch durch Einbinden neuer Aufgaben, die nicht unbedingt zum Prüfungsrepertoire zählen müssen. Wir haben beispielsweise mit großem Erfolg ältere, ziemlich ausgelaugte Schutzhunde durch Aufgaben aus dem Agility-Bereich oder TEAM-dance wieder auf die Beine gebracht oder auch umgekehrt, alte Agility-Hasen mittels Anforderungen aus SchH, TEAM-dance oder TEAM-sport wieder motiviert.

Nach etwa acht bis zwölf Wochen wird sich der Team-Führer bereits auf die volle Distanz entfernen können, wobei der Hund aufmerksamst lauert. Auch das ruhige Stehen des Team-Führers wird sich bereits auf drei bis fünf Sekunden ausdehnen lassen.

Auslösesignal

Jetzt ändern wir eine scheinbare Kleinigkeit, die jedoch von ausschlaggebender Bedeutung ist. Der *stilisierte Auslöser* [Hier] wird nicht mehr gleichzeitig mit der entsprechenden Körperhilfe gegeben, sondern eine halbe Sekunde vorher. Sofort nach dem [Hier] erfolgt die Unterstützung durch die bekannten *ursprünglichen Auslösesignale*. Es wird sich zeigen, dass der Hund in wenigen Wochen auf das ruhige Stehen des Team-Führers kurz vor dem Abrufen mit derselben gesteigerten Aufmerksamkeit und mit einer hochgespannten, aber beherrschten Erwartungshaltung reagiert wie vordem bei der Paradeübung. Das Signal-Timing sichert uns, dass der Hund wirklich das Hörzeichen erwartet und sich nicht nur nach der Körperhilfe richtet.

Wiederum nach einigen Wochen geht der Team-Führer dazu über, die Zeit vom [Hier] bis zum Einsetzen der stimulierenden Körperhilfen auszudehnen.

Wichtig ***In dieser Phase kann man die auferlegte Wartezeit unregelmäßig verändern. Ab und zu jedoch sollten dem [Hier] sofort die stimulierenden Körpersignale folgen (nach der „magischen halben Sekunde“).***

Der eine Hund braucht nach drei oder vier Mal „länger warten“ bereits wieder eine Bestärkung, der andere benötigt die „magische Bestärkung“ nur alle zehn oder gar fünfzehn Mal. Hinzu kommt: das individuelle Verhältnis kann auch von Übung zu Übung und von Tag zu Tag differieren.

Phase 3
Kurzzeitiges aufrechtes Gehen einbringen – Motivationsinseln

Normalerweise ist das aufrechte Gehen des Menschen für den Hund nicht besonders interessant. Noch weniger das aufrechte, ruhige Stehen. Im Sport soll der Hund in der am wenigsten motivierenden Haltung, nämlich dem ruhigen Stehen des Team-Führers, Aufmerksamkeit und Freude zeigen. Um diese Aufgabe für den Hund artgerecht zu erfüllen, müssen wir uns schon etwas einfallen lassen. Beispielsweise durch *Motivationsinseln.*

Die gewünschte Stimmungslage steht uns nach wie vor aus der *Paradeübung* zur Verfügung. Wir schalten nun zwischen die Phasen des spannungsvollen Wegschleichens immer wieder einige (wenige!) Schritte in normaler, aufrechter Gehweise dazwischen. Nach dem aufrechten Gehen folgt etwa ein Abducken und der bekannte Auslöser. Oder man dreht sich wieder zum Hund, erstarrt für einige Augenblicke und lässt dann den Auslöser folgen. Mit anderen Worten: Zwischen die ursprünglich anhaltenden Motivationsaktivitäten werden kleine Keile nicht motivierender Ausdrucksformen gebracht. Da gerade diesen „motivationsarmen Zeiten“ vorübergehend immer Motivationen mit anschließendem Spiel folgen, werden diese ursprünglich langweiligen Zeiten für den Hund interessant und lustfördernd (*Reizfärbung*). Bei ausreichender Wiederholung gerät der Hund auch ohne nachfolgende Verstärkung in Stimmung *stellvertretender Reiz zweiter Generation*). Mit den Wochen werden die *Motivationsinseln* immer seltener gegeben. Unregelmäßig und unvorhersehbar. Und alsbald wird der Hund die Spannung selbst bei ruhigem, aufrechtem Gang des Menschen halten können. Dieses Ergebnis kann man (in hoher Qualität) nur durch immer wieder einsetzende Motivationen aufrecht erhalten!

Phase 4
[Vorsitzen] kommt hinzu

Voraussetzung: Der Hund hat das [Vorsitzen] als Vorübung (Parallelübung) bereits gelernt.

Da wir den Hund bisher immer in vollem Galopp durch die Beine laufen ließen, müssen wir das [Vorsitzen] schrittweise einbauen. Wir beginnen damit, den Hund aus einer Distanz von drei bis sieben Metern herankommen und vorsitzen zu lassen. Aber auch hier lassen wir ihn einmal durch die Beine laufen, das nächste Mal vorsitzen. Die anschließende Grundstellung vermeiden wir noch, denn diese ist eine der häufigsten (oft nicht erkannten) Ursachen für schiefes Vorsitzen (übrigens häufig ein Kriterium für einen besonders klugen Hund!). Nach dem Vorsitzen spreizen wir die Beine und lassen den Hund wie gewohnt durchlaufen. Das festigt die Richtung.

Parallelübung zur Verbesserung des Vorsitzens

Um das Absitzen nach dem Herankommen zu verbessern, sollte der Hund parallel zur Ausführung aus der Distanz (durch die Beine laufend) das [Vorsitzen] aus drei bis fünf Meter lernen. Auch dieser Vorgang wird mittels Körpersprache, eventuell verstärkt durch ein MO, durchgeführt: Der Team-Führer hält das MO vor dem Bauch.

Wichtig ***Das MO muss mit beiden Händen und wirklich in der Mitte gehalten werden, denn einseitiges oder schiefes Halten ist oft Ursache für schiefes Vorsitzen.***

Beim Näherkommen des Hundes wird das MO in der ersten Phase mit beiden Händen nach oben geführt. Gleichzeitig wird das Hörzeichen [Sitt] gegeben. Während des Hochbewegens kann eine der beiden Hände als *Geistiger Zügel* eingesetzt werden, um etwa das Hochspringen zu verhindern. Oder die zweite Hand wird als Bewegungshilfe eingesetzt mit dem Ziel, dass der Hund sich schneller setzt. Der Hund wird jedoch nicht berührt, die Bewegungshilfe wird lediglich als Körpersprache eingesetzt. Auch gegen Anstoßen kann die zweite Hand eingesetzt werden. Wichtig ist jedoch, dass die Bewegungshilfe abwechselnd mit der einen und anderen Hand gegeben wird. So lässt sich schiefes Vorsitzen als Folge auf Bewegungshilfen vermeiden.

Parallelübung für näheres Vorsitzen

Für näheres Vorsitzen bietet sich neben der Verstärkung der Körpersprache und der Motivation ein leichtes Zurücklehnen an.

Problemhilfe ***gegen zögerliche Annäherung und befangenes Vorsitzen. (Die Beschreibung enthält wichtige Anhaltspunkte, welche generell für die „Umformung" einer Übung gelten.)***

Manche Hunde werden beim Näherkommen deutlich langsamer. Oft, weil sie bei der Annäherung, besonders beim [Vorsitzen] schlechte Erfahrungen gemacht haben. Das vielfach zu beobachtende Zurechtrücken des Hundes in das „korrekte" [Vorsitzen], verbunden mit Unmutäußerungen, Schimpfen oder Zwangseinwirkungen, hinterlässt beim Hund negative Emotionen mit den bekannten Folgen. Aus Raummangel können wir nicht näher auf die verschiedenen Ausprägungen „vorsitzgeschädigter" Hunde eingehen. Wir sprechen im Folgenden von „Befangenheit" und meinen damit die vielen Verhaltensauffälligkeiten, welche sich auf Grund der beschriebenen Korrekturen im Vorsitzen einstellen können.

Ein wichtiger Punkt ist das Hörzeichen. Wie wir wissen, wirkt dieses nicht nur als Auslöser für die bezweckte Übung, sondern für die damit verbundene Erwartungshaltung des Hundes. Daher empfiehlt sich, das Hörzeichen phonetisch zu verändern oder – in extremen Fällen – sogar ein neues Wort zu verwenden (plus phonetische Neufassung: freundlich, hohe Stimmlage usw.). Auch der Ort der Übung sollte vorübergehend gewechselt werden.

Zuerst schaffen wir einmal eine gewisse Distanz, indem wir die problematische

Übung (hier das [Vorsitzen]) vorübergehend weglassen. Das allein reicht jedoch oft nicht aus. Abhilfe schafft die Rückgewinnung des Vertrauens und der Neuaufbau dieses Übungsteils in Richtung positive Motivation. Ist die „Befangenheit" des Hundes im Näherkommen stark ausgeprägt, empfiehlt sich, zuerst die Basisübung wieder ins Programm zu nehmen (siehe S. 111). Hat sich der Hund daraufhin von seinen Kontaktängsten erholt, so legen wir ihn mitten aus der Basisübung ab, setzen uns in einigen Schritten Entfernung hin und rufen ihn her, um sofort wieder im Basisspiel weiterzumachen. Zeigt sich der Hund innerhalb der Basisübung nach einiger Zeit frei von „Befangenheit", kann die Entfernung nach und nach erweitert werden. Mit zunehmender Sicherheit des Hundes im Näherkommen stehen wir dann und wann einmal auf und spielen im Stehen mit ihm. Oder wir gehen beim Heranrufen des Hundes in die Hocke. Sollten die Angstsymptome im Stehen wieder auftreten, wird das Spiel im Sitzen oder in der Hocke (*Startstellung* eignet sich auch hier gut) weitergeführt.

Alternative Nutzung von Ablenkung, Bewegungsmotivation und Spiel

Während des Herankommens dreht sich der Team-Führer um, gibt Signale der Bewegungsaufforderung, läuft mit dem Hund ein Stück (in möglichst hohem Tempo) und lässt anschließend ein *Freies Spiel* folgen. Während des Laufens kann vorübergehend das Hörzeichen [Hier] (freundlich ausgesprochen!) mehrmals wiederholt werden, um es zu festigen.

Problemhilfe gegen zögerndes Starten

Zögerliches oder langsames Starten des Hundes (was bei richtigem Aufbau auf der *Paradeübung* nicht sein dürfte), lässt sich beheben, indem man sich mitten aus dem aufrechten Weggehen unvermittelt und blitzschnell zum Hund umdreht, die üblichen Startsignale gibt und zum Freien Spiel einlädt. Das Umdrehen erfolgt in wechselnder Distanz. Einmal gleich nach den ersten vier Schritten, dann nach 15 oder 30 Schritten usw.

Problemhilfe Vorsitzen bei Welpen und Junghunden

Welpen setzen sich gerne im Abstand von einem halben Meter (oder mehr) vor, damit sie (neben anderen Gründen) besser zum Team-Führer aufsehen können. Das lässt sich vermeiden, wenn man den Welpen beim Herankommen zwischen die Beine gehen lässt und durch ein Futter-MO belohnt. Nach einigen Wochen schließt man die Beine, und der Welpe wird sich dicht vorsetzen.

Problemhilfe gegen schiefes Vorsitzen

Sitzt der Hund schief vor, so sollte man ihn nicht durch Rückwärtsgehen ausrichten. Man darf nicht vergessen, dass der Hund nicht in der Lage ist, in Punkten zu denken. Auch sein Raumempfinden dürfte erheblich von unseren abstrakten räumlichen Vorstellungen abweichen! Weshalb sollte aus seiner

Schon im Welpenalter kann der Hund lernen, nah heranzukommen und dicht vorzusitzen. Anfangs lässt man den Hund durch die Beine laufen, das sichert ein geradliniges dichtes und zügiges Herankommen.

Erlebnisfähigkeit „schiefes" Vorsitzen, (das aus seiner Sicht gar nicht „schief" ist!) weniger gut sein als „gerades" Vorsitzen? Das Ausrichten durch Rückwärtsgehen wird der Hund in der Regel anders interpretieren als vom Team-Führer erhofft. Der Hund wird annehmen, dem Vorsitzen folgt ein zweites Vorsitzen. Er wird sich wahrscheinlich weiterhin beim Ankommen schief hinsetzen, um sich anschließend ausrichten zu lassen. Das aus „Hundesicht schlüssige Verhalten" gibt nicht wenigen Team-Führern Anlas zu anschließenden Zwangsmaßnahmen, was sich aber in vielen Fällen rächt, indem der Hund infolgedessen zögernd näher kommt, sich in respektvollem Abstand absetzt und möglicherweise noch die Ohren anlegt, misstrauisch zur Seite oder ängstlich nach unten blickt. Vorbei ist es für lange Zeit (bei manchen Hunden für immer!) mit dem freudig-vitalen Herankommen.

Einsatz der Gerte

Um sicherzugehen, dass der Hund zuverlässig gerade vorsitzt, nutze ich seit Jahren *Passive Einwirkungen* (etwa zwei Gerten), die beim Näherkommen aus dem Handgelenk hochgehalten werden und einen Trichter bilden, in welchen der Hund einläuft und sich dabei (ohne irgendeine Berührung!) ausrichtet. Bevor man die Gerten, welche als Leitlinien fungieren, einsetzt, muss man den Hund an sie gewöhnen, indem man sie im Freien Spiel mit dabei hat und ihm damit sanft übers Fell streicht. Dann legt man sie wie zwei Schienen direkt vor sich auf den Boden, etwa 1,5 m auseinander.

Der Hund läuft beim Herankommen durch die am Boden liegenden Gerten und gleich anschließend, wie gewohnt durch die Beine. Hat er diesen Test bestanden, kann man zur eigentlichen Übung übergehen: Die Gerten werden senkrecht am Körper

Dies gilt bei allen „Passiven Einwirkung": Zuerst wird der Hund an die Gegenstände gewöhnt, bzw. die Unbefangenheit kurz getestet. Die Gerten werden auf den Boden gelegt, der Hund kommt her, beschnuppert sie, steigt darüber oder darauf.

Beim Herankommen werden die trichterförmig gehaltenen Gerten geschlossen und der Hund auf diese Weise in die Mitte geleitet.

anliegend nach unten gehalten und beim Näherkommen des Hundes locker anfangs nur einige Zentimeter, – später bis zur Waagrechten – angehoben und gleichzeitig in eine V-Form gebracht. Während des Einlaufens werden die Gerten (auf Höhe der Augen des Hundes) bis zur Parallelstellung geschlossen. Sitzt der Hund gerade vor, folgt nach Belieben ein Freies Spiel.

Alternative Aus dieser Situation macht es Sinn, das Freie Spiel mit einem Schritt rückwärts zu beginnen oder sogar ein paar kleine Schritte zurückzuweichen. Der Hund saß ja bereits gerade. Dieses zusätzliche Rückwärtsgehen wird das nahe und freudig-erwartungsvolle Vorsitzen verstärken, ohne eine vorausgegangene Fehlleistung zu festigen! – Kurz vor Beginn des Freien Spiels lässt man die Gerten unauffällig in der Hand nach unten kippen, um zusätzlich das MO greifen zu können, ohne dem Hund dabei mit der Gerte vor der Nase zu fuchteln. Im geeigneten Augenblick lässt man die Gerten dann unauffällig fallen. Es empfiehlt sich, den Ablauf erst einmal ohne Hund zu üben.

Einsatz von Leitpflöcken

An Stelle der *Leitgerten* können auch *Leitpflöcke* oder *Leitzäune* (Leit-Set) verwendet werden. Auch an diese muss man den Hund erst gewöhnen. Bei einem unbefangenen Hund reichen hierzu in der Regel zwei bis drei Wiederholungen an ein bis zwei Tagen aus. Man führt den Hund einige Male durch die Leitpflöcke (oder die Zäune), und lenkt ihn gegebenenfalls anfangs durch Bewegung, Futter oder ein Beute-MO ab. Dann legt man ihn direkt vor der Leitpflockgasse ab, stellt oder hockt sich hinter die Gasse und stimuliert den Hund mittels MO und Körpersprache zum Durchlaufen. Im nächsten Schritt steckt man die Leitpflöcke in der bewährten V-Form (Trichtereffekt) und lässt den Hund nach und nach aus weiterer Entfernung durchlaufen. Da wir die Leitpflöcke bzw. Gerten auch für das Detaillernen (und mögliche Korrekturen) anderer Übungen benötigen, lohnt sich der Aufwand. Im Idealfall wird der Hund möglichst früh mit unterschiedlichen Leittechniken vertraut gemacht: Neben Gerten und Pflöcken eignen sich auch Campingklappstühle oder Campingliegen, Bierkisten, große Schachteln und anderes. Es liegt auf der Hand, dass der Hund auf diese Weise auch allgemein an Unbefangenheit zunimmt!

Leitpflöcke für einen geradlinigen Abschluss beim Herankommen.

Wichtig ***Der Wechsel von Gegenständen vermittelt eine zusätzliche Herausforderung. Der Hund wird belastbarer, unablenkbarer und anpassungsfähiger.***

Phase 5

Schnelles Abstoppen beim Annähern

Nachdem der Hund gelernt hat, in gestrecktem Galopp und gerade heranzukommen, geht es darum, dass er im letzten Augenblick abstoppt. Die Krönung des freudigen, temperamentvollen Herankommens liegt im überzeugenden Abbremsen auf den letzten Metern vor dem Team-Führer. Erinnern wir uns an das olympische Bekenntnis zur elitären Leistung. Für den Richter ebenso wie für den Sportausübenden lautet die entscheidende Frage: Was ist die bessere „Leistung"? Auf unsere Übung übertragen hieße das: Wer leistet mehr? Der Hund, welcher freudig galoppierend herankommt und fünfzehn bis zehn Meter vor dem Team-Führer immer langsamer wird, das Galoppieren sozusagen auspendeln lässt

Schnelles Abstoppen durch Einsatz des Doppelzügels.

oder jener Hund, der das Herangaloppieren bis „nahe an den letzt möglichen Zeitpunkt“ ausdehnt und erst kurz vor dem Team-Führer abstoppt? Die Antwort ist klar. Der zweite Hund zeigt mehr Vitalität, mehr aktivierte Freude, mehr „Körperbeherrschung“, mehr Schnelligkeit, mehr Anpassung usw.

Besonders vitale Hunde zeigen das schnelle Abstoppen von sich aus, im Bewegungsluxus ihrer Jugend. Aber leider verliert sich dies mit der Zeit.

Zunächst muss der Team-Führer durch einige Versuche herausfinden, wie lang die Wegstrecke des Abbremsens ist.

Alternative Man verzichtet auf die Versuche und beobachtet, ab welchem Punkt der Hund abzubremsen beginnt. Man merkt sich die Stelle, markiert sie und schätzt ab, um wie viel der Hund schätzungsweise in der Lage wäre, die Strecke zu verkürzen. Ganz ohne Versuche kommt natürlich auch auf diese Weise nicht aus. Die im Experiment ermittelte Strecke nennen wir den „Bremsabstand“, den Beginn der Strecke den „Übergangspunkt“.

Der didaktische Aufbau zielt darauf ab, dass der Hund nie weiß, ob die Übung mit „durch die Beine laufen“ oder mit „Vorsitzen“ beendet wird. Beide Situationen wurden jedoch auf hohem Motivationsniveau vermittelt. Nun kommt uns zugute, dass der Hund die ruhig stehende Haltung bereits positiv angenommen und mit einer hohen Erwartungshaltung besetzt hat. Wir legen uns am „Übergangspunkt“ am Boden eine für den Hund unsichtbare Markierung ab (zum Beispiel seitlich). In dem Augenblick, wo der Hund die Markierung passiert, spreizen wir wie gewohnt die Beine und lassen ihn durchlaufen, unterstützt durch Stimulation und das nach hinten geworfene MO. Bis hierher bleibt für den Hund alles beim alten.

Richtig Abstoppen

Es wäre riskant, den Hund gleich beim ersten Mal aus vollem Galopp abzustoppen. Er muss erst einmal mit dieser neuen Aufgabe und der entsprechenden Körpersprache vertraut werden. Deswegen legen wir den Hund nicht weiter als auf die Länge des doppelten „Bremsabstandes“ ab, stimulieren ihn und rufen ihn dann in gewohnter Weise. Beim Passieren des „Übergangspunktes“ machen wir mit dem gesamten Körper eine Bewegung, die das plötzliche Anhalten vermittelt.

Gleichzeitig drehen wir die Handinnenflächen nach vorn und spreizen die Finger (*Geistiger Zügel*). Damit der Hund jedoch nah vorsitzt, sollte man die Hände nicht zu weit entgegenstrecken, sondern dicht am Körper lassen. Das Abstoppen wird nur so oft wiederholt, bis sich der Hund daran gewöhnt hat und den schnellen Stopp ausführt. Ab diesem Zeitpunkt wird der schnelle Stopp nur noch ab und zu (und zwar unregelmäßig!) ausgeführt. Unter zehn Herankommen mit Durchlaufen wird etwa ein bis drei Mal gestoppt.

Zusammenfassung Der Hund weiß bis zum „Bremspunkt“ nicht, ob er durchlaufen kann oder ob er Stoppen soll. Weil die Übung viel öfter im Durchlaufen als mit Bremsen endet, erwartet der Hund eher das Durchlaufen und stellt sich auf Tempo ein. Das erhält den Galopp auch in der entscheidenden Strecke vom Übergangspunkt bis zum Team-Führer. Das Abstoppen selbst macht dem Hund als Geschicklichkeitsherausforderung sichtlich Spaß. Zusätzlich wird das Stoppen durch anschließendes Spiel positiv bestärkt. Eine weitere Verfeinerung besteht darin, dem Hund den „Schnellen Stopp“ mittels Mimik anzukündigen. Nach dem Abrufen lächeln wir den Hund wie gewohnt an.

Kurz vor dem Passieren des „Kritischen Punktes" bringen wir erhöhte Konzentration und Spannung in den Gesichtsausdruck. (Anfangs übertreiben, später nur noch andeuten).

Phase 6

[Platz aus der Bewegung]

Bis hierher haben wir das [Herankommen aus der Bewegung] von der Paradeübung aus entwickelt. Da dem prüfungsmäßigen Herankommen jedoch das [Platz] vorausgeht, müssen wir die Übung irgendwann einmal daraufhin umgestalten. Zu welchem Zeitpunkt der Ausbildung man das [Herankommen aus dem Platz] in den Ausbildungsplan aufnimmt, ist individuell zu entscheiden. Wir gehen davon aus, dass der Hund die Grundhaltungen schon in *TEAM-balance* kennen gelernt hat. Wurde [Sitz], [Platz] und [Steh], ebenso wie die Vorübungen der [Freifolge] parallel zum [Herankommen] geübt, so müsste der Hund spätestens in Phase 5 reif sein für ein erfolgversprechendes Zusammenfügen der Teilübungen.

Wenn der Hund das Herankommen die ersten Male aus [Sitz] oder [Platz] ausführt, dann empfiehlt sich, kurz nachdem der Hund sitzt oder liegt, mit ein, zwei „schleichenden" Schritten (wie in der Paradeübung) die positive emotionale Verknüpfung herzustellen (*Motivationsinsel*). Wir erinnern uns an den pädagogischen Grundsatz: „Anknüpfen, wo immer möglich!"

Phase 7

Lernpause

Wurde die Übung [Herankommen] durch Wiederholung erfolgreich vermittelt, so können wir entweder zu den beiden letzten Lernstufen *Abwandlung* und *Festigung* übergehen oder aber auch eine „Lernpause" einlegen. Viel spricht für die „Schöpferische Pause"! Man darf nicht übersehen, dass nicht nur das Üben, sondern auch allein die Zeit für Veränderungen des bereits Gelernten sorgt. Konzertisten wissen um die ungeheure Kraft der Zeit. Das hochvirtuose Klavierstück beispielsweise braucht neben aller manuellen Fertigkeit auch Zeit. Zeit, um in die tieferen „Kammern" des Unterbewusstseins abzusinken. Zeit, um mit den zahllosen Eindrücken, welche im Gehirn gespeichert sind, verbunden zu werden.

Wichtig ***Weder das häufigste, noch das längste oder beste Üben kann die ZEIT ersetzen, die zur inneren Ausreifung einer Fertigkeit erforderlich ist.***

Man hält also eine fast abgeschlossene Übung ganz gezielt im *Schwebezustand*. – Hören wir also endlich damit auf, uns (und unseren Clubkameraden) Woche für Woche immer wieder beweisen zu wollen, was unser Hund alles kann!

Kurz nach der Festigung einer Übung kann man diese entweder vorübergehend ganz absetzen oder nur noch sporadisch ab und zu einmal einbauen. Wurde sie ganz abgesetzt, kommt sie anschließend wieder neu, diesmal selbstverständlich in Zeitraffertempo auf den Plan.

Phase 8

Spannungsaufbau und Grundstellung als Abschluss der Übung

Die [Grundstellung aus dem Vorsitzen] kommt verhältnismäßig spät hinzu. Das [Vorsitzen] ebenso wie die [Grundstellung] und das [Vorsitzen aus der Grundstellung] werden in eigenen Abschnitten beschrieben. Bis das [Herankommen] auf Phase 8 steht, müsste die [Grundstellung aus dem Vorsitzen] vermittelt worden sein.

Der Zusammenschluss des [Herankommens] mit dem prüfungsmäßigen Abschluss in der [Grundstellung] bereitet in der Regel kaum Probleme.

Sitzt der Hund in Folge der Grundstellung schief, sollte man auf die bereits beschriebenen Leitzäune, Leitpflöcke oder Leitgerten zurückgreifen. Wichtig ist, dass der Hund nicht nur schnell ankommt, sondern auch erwartungsvoll vorsitzt. Dies erreicht man anfangs durch stimulierende Kommunikation beim Ankommen des Hundes (Mimik und falls noch erforderlich: Ganzkörpersprache) und durch anschließendes Spiel, später allein durch unauffällige Gesichtsmimik. Manche Team-Führer halten ein Leckerli im Mund versteckt und spucken es dem Hund beim Vorsitzen zu. Der Hund schaut natürlich auf und steht gleichzeitig in positiver Erwartung.

Die kommunikativ gehaltene Spannung wird im Idealfall (im Turnier und in Prüfungen) zirka drei Sekunden lang gehalten. Im Training variiert man die Dauer zwischen einer und zirka zehn Sekunden. Das Lösen der Spannung erfolgt wie gewohnt durch ein freundliches [Fuß] und, – wenn der Hund in der Grundstellung angekommen ist, – anschließendes Freies Spiel oder Futter. Es ist ratsam, mit Grundstellungen sparsam umzugehen! Beherrscht der Hund den Abschluss in der Grundstellung, sollte man sie eher selten fordern und gleich nach dem Herankommen oder Vorsitzen zum Freien Spiel (alternativ Futter entgegenspucken oder Bewegungsspiel) übergehen.

Phase 9
Abwandlung und Abwechslung

Leider wird die *Abwandlung*, einer der wichtigsten Punkt der klassischen Lernstufen, oft vernachlässigt. Angesichts der Vorteile, die sich mit abwandelndem Üben verbinden, ist dies unverständlich. Abwandlung ist ja kein Selbstzweck, sondern dient gleichzeitig der Festigung, Vertiefung, Absicherung und Aufrechterhaltung der Motivation. Inhalte, an denen kein Sportler vorbei kann.

Hier einige Anregungen zur Abwandlung der Übung [Herankommen]:

* Die Richtungsmöglichkeiten des Übungsplatzes wechseln: rauf, runter, aber auch die kurzen Strecken nach links und rechts; später auch diagonal.
* Länge der Strecke wechseln: von 20 bis 100 Meter, soweit es die örtlichen Möglichkeiten erlauben.
* Übungsplatz wechseln. Auch auf für den Hund unbekanntem Gelände (nach Einholen der Erlaubnis der Eigentümer beispielsweise auch auf Wiesen, über Sand oder Felder).
* Wechseln des Motivationsbereiches: einmal mit Futter, das andere Mal mit Spielbeute, ein drittes Mal mit Bewegungsmotivation (nach dem Herankommen und Vorsitzen mit einem Lauf- und Sozialspiel beginnen, das am Ende auch in ein Beute- oder Futterspiel übergehen kann).
* Wechseln des MO's: unterschiedliches Futter, unterschiedliche Spielbeute-MO's
* Wenn der Hund schon weit fortgeschritten ist und das Bringen über die Hürde bereits gelernt hat: Aufstellen eines (niederen!) Hindernisses (oder eines Agility-Tunnells) an einem beliebigen Ort der Laufstrecke.

Phase 10
Absicherung

Die Übergänge der Absicherung und Abwandlung sind fließend. Ein nicht geringer Teil der Absicherung ergibt sich aus der fortwährenden Abwandlung. Um dem Hund zu noch mehr Sicherheit zu verhelfen, steigern wir die Leistungsanforderung und/oder die Ablenkung. Vor Übertreibungen, vor allem aber vor zu früh angesetzten Überforderungen sei gewarnt! Der Hund ist in der Lage, extreme, ja geradezu unwahrscheinliche Ablenkungen fehlerfrei zu bestehen, wenn man schrittweise steigert.

Checkliste **Absicherung**

Ablenkung schrittweise steigern

- Verlängern der Strecke.
- Aufstellen von Hindernissen links und/oder rechts der Lauflinie.
- Aufstellen von einzelnen zunächst ruhig stehenden, später sich bewegenden Personen links und rechts der Lauflinie.
- Heranrufen des Hundes durch eine Gasse von Leitpflöcken (in Abwandlung auch durch Leitpflöcke, die auf jeder Seite mit Markierungsband verbunden wurden).
- Heranrufen des Hundes durch die Gasse einer Menschenmenge (schrittweise enger gestalten). Steigerung: Die Menschen bewegen sich.
- Links und/oder rechts der Laufstrecke befinden sich Team-Führer mit ihren angeleinten Hunden; zunächst ruhig stehend, dann sich mehr und mehr bewegend; schließlich machen die seitlich stehenden Team-Führer ein Freies Spiel mit ihren (vorerst zur Sicherheit angeleinten) Hunden.
- In der Menschengruppe werden Geräusche erzeugt: Schirm aufspannen, Tüte knallen, Lachen, Klatschen, Föhn oder Rasenmäher einschalten, Fahrrad schieben und Klingeln usw.

Der Fantasie sind keine Grenzen gesetzt. Abwechslungen erfrischen nicht nur den Hund, sondern bilden auch für den Team-Führer einen nicht zu unterschätzenden Reiz.

Phase 11

Erhaltung der Motivation

Übungen, die der Hund beherrscht, dürfen nicht endlos wiederholt werden!

Vorübergehende *Abstinenz* ist eine der vielversprechendsten Vorkehrungen gegen zunehmende Lustlosigkeit, – gegen die gefürchtete *Versandung der Motivation*. *Abwandlung* und *Abwechslung* sind die beiden anderen Maßnahmen dagegen. Erinnern wir uns an den alten Spruch der Römer: „*Variatio delectat*“ (= Abwechslung erfreut). Abwechslung auf allen Ebenen! Die meisten Hunde entwickeln (weitgehend übungsbedingt!) eine Vorliebe für einen bestimmten Motivationsbereich und bestimmte MO's. Es hat sich jedoch bewährt, dieser Vorliebe nicht pausenlos nachzugeben, sondern das *Vorzugs-MO* von Zeit zu Zeit vorübergehend abzusetzen, bzw. durch ein anderes auszutauschen. Auch wenn der Hund daraufhin nicht die gewohnte Handlungsbereitschaft zeigt! Nach einigen Wochen gestauter Lust wird der Hund mit seinem Vorzugs-MO wieder in gewohnter Frische spielen.

Abliegen unter Ablenkung

Die Lernphasen *Vermittlung* (Erste Annäherung) und *Erlernen* des [Abliegens unter Ablenkung] hat der Hund bereits bei der Paradeübung und im Abliegen mit Herankommen erworben. Abliegen und Warten kann er schon. Trotzdem werden wir der Übung [Abliegen unter Ablenkung] ein eigenes Kapitel widmen. Zu weit ist die heute praktizierte Ausführung dieser Übung von dem, was sie eigentlich beinhaltet, entfernt. Ursprünglich war das [Abliegen unter Ablenkung] für den Gebrauchshund zugeschnitten. An jedem x-beliebigen Ort und allen Ablenkungen zum Trotz auf Herrchen oder Frauchen zuverlässig zu warten, das war früher das Aushängeschild einer gelungenen Ausbildung. Davon sind wir heute weit entfernt. Abliegen unter Ablenkung wird alles andere als praxisbezogen gehandhabt.

Liegt der Hund ruhig da und verändert er seine Haltung nicht erheblich, so hat er das Soll erfüllt. Es gibt keinen Punkt mehr für die aus erzieherischer wie sportlicher Sicht höhere Leistung eines aufmerksamen,

Anfangs entfernt man sich einige Schritte. Aus heiterem Himmel folgt ein Auslöser (in Verbindung mit einem signifikanten Laut!) und das Freie Spiel.

erwartungsvollen und aktionsbereiten Liegens. Es ist wieder die gleiche, alte Geschichte: Der Formalismus treibt Blüten und das Wesentliche kommt zu kurz.

Meiner Vorstellung nach dürfte die volle Punktzahl für diese Übung nur dann gegeben werden, wenn der Hund die gesamte Zeit des Abliegens unter Ablenkung mit gespitzten Ohren liegen würde, das Versteck nicht aus den Augen lassend, und in einer signifikanten Erwartungshaltung – aufmerksam, spannungsvoll, selbstsicher, kontrolliert und stressfrei – wartet.

Phase 1

Kurzes Warten auf variable Aktivitäten des HF

Kann der Team-Führer auf der bisher beschriebenen Teamausbildung aufbauen, so dürfte die hohe Anforderung auch dieser Übung greifbar nahe liegen. Auch hier kommt es darauf an, die Aufgabe lustvoll zu gestalten und durch geschickte Motivationsbalance der Einzelteile untereinander und durch Reihenfolge, Intensität und Häufigkeit der Teilübungen zielführend auf die vollständige Ausführung hinzulenken.

Wir legen den Hund in gewohnter Weise ab, entfernen uns spannungsvoll von ihm und drehen uns mitten im Weggehen um, geben einen akustischen und gestischen Auslöser und rufen ihn damit zu uns her. Beim Team-Führer angekommen, folgt Spiel und Lob. Auf diese Weise lernt der Hund, das Weggehen des Team-Führers mit großer

Aufmerksamkeit zu verfolgen. Dass der Hund auf Grund dieser Übung irgendwann einmal aus dem Abliegen von alleine aufstehen könnte, ist eine reine Hypothese, die wir in mittlerweile zwölf Jahren nicht ein einziges Mal bestätigt fanden. Im Gegenteil! Hunde, die immerzu mit der Herausforderung, trotz hoher Erwartung warten zu müssen, konfrontiert wurden, sind in diesem Punkt zuverlässiger.

Anschließend wiederholen wir die Übung, diesmal aber gehen wir bis ins Versteck (bzw. bei SchH I vor das Versteck). Dort bleiben wir nur kurz, zeigen uns ab

Das Versteck wird interessant gemacht, abwechslungsreich und unvorhersehbar. Am Ende muss ein Spiel folgen. Keine Angst, der Hund läuft im „Ernstfall" der Prüfung nicht unkontrolliert zum Versteck!

und zu seitlich oder lassen eine Hand oben drüberschauen. Auch Geräusche können gemacht werden. Es folgen Momente der Stille. Dann treten wir heraus, nähern uns dem Hund in spannungsvoller Haltung (diese intensiven Hilfen werden später abgebaut) und rufen ihn nach einigen Schritten wie gehabt ab.

Dann wiederholen wir die Übung noch ein drittes Mal, diesmal jedoch rufen wir den Hund zu uns in Richtung Versteck. Dort folgt wie gewohnt eine beliebige Form der Bestärkung. (Variieren!).

Der Hund lernt auf diese Weise drei verschiedene Dinge:

- Das Weggehen des Team-Führers kann sich als höchst vielversprechend entpuppen,
- ebenso das Warten hinter der Wand,
- auch beim Zurückgehen kann es Frauchen oder Herrchen einfallen, zu einer lustvollen Aktion einzuladen.

Warten hat er gelernt. Das kann er. Ein im Spiel gereifter Hund wird in der Lage sein, die drei beschriebenen Aufgaben auf Anhieb zu lösen. Wenn nicht, so hat man vorher gepfuscht. In derartigen Fällen ist der beste Rat, zuerst einmal das Niveau des *Reifen Spiels, Motivavationsbalance* und vor allem den *Geistigen Zügel* zu erlernen.

Von der oft genutzten „Notlösung", eine Hilfsperson könne beim abgelegten Hund stehen bleiben und die Leine in die Hand nehmen, um eventuelles Aufstehen zu verhindern, halten wir nicht viel. Allzu leicht rutscht man auf diese Weise wieder in das alte Fahrwasser: „Zwang, wenn die Methode (oder der Hundeführer) versagt."

Phase 2

Variieren

Im weiteren Verlauf dehnen wir, je nach Hund, eine der Variablen aus. Beispielsweise verlängern wir die Zeit, oder den Abstand zum Hund, oder wir reduzieren die Aktionen hinter dem Versteck. Außerdem ändern wir die Reihenfolge der Teilübungen. Auch der Ablegeort und das Versteck werden von Übung zu Übung gewechselt. Das dient nicht nur der Absicherung, sondern langfristig auch dem Erhalt der Motivation. Bei allen Entscheidungen in Richtung Variabilität darf man jedoch den Schwierigkeitsgrad (Anspruchsniveau) nicht überziehen. Auch das Kombinieren von Veränderungen ist vor allem anfangs mit Verstand (das heißt pädagogisch vorausdenkend!) vorzunehmen. Die Wartezeit wird in der zweiten Phase bei ein bis zwei Minuten liegen. Die volle Ausdehnung auf längere Zeiten empfiehlt sich für viele Hunde erst wesentlich später.

Phase 3

Ausbau der aktionslosen Zeiten

Das Training sollte (das gilt auch für andere Übungen) im Hinblick auf lange Wartezeiten in aktionslosen Phasen so gestaltet werden, dass die Wartezeit selbst zur Motivation wird. Das kann natürlich nur eintreten, wenn die Länge der Wartezeit den Hund nicht überfordert und wenn nach der Wartezeit lustvolle Aktionen folgen. Wir werden daher ab und zu kurze (!) aktionslose Phasen einbauen. Das heißt Zeiten, in

Aufmerksames Abliegen.

welchen der Team-Führer nichts unternimmt, also weder optische noch akustische Signale gibt. Gleichzeitig wird in dieser Phase die Abwechslung weiter ausgebaut. Der Team-Führer versteckt sich nicht nur im Versteck, sondern auch mal hinter einem Baum oder Zaun, hinter einer Wand. Oder er geht sogar ins Clubhaus, mischt sich unter Leute usw. Wichtig ist auch hier: der Hund soll lernen, dass er für sein Warten belohnt wird. Mitten im Weggehen, oder wenn sich der Team-Führer unter Leute gemischt hat, dreht er um und ruft den Hund ab, geht ihm entgegen und spielt mit ihm. So könnte das etwa aussehen. Der Phantasie sind keine Grenzen gesetzt. In jeder Situation darf sich der Hund jedoch nie verselbstständigen. Erst nach dem Auslöser darf er aufspringen und seinen Platz verlassen. Kommt er zu früh her, wird er auf den alten Platz zurückgeführt und dort abgelegt.

Phase 4

Ablenkungen, Absicherung

Nun dehnen wir die Wartezeit noch weiter aus. Das heißt jedoch nicht, dass der Hund ab jetzt drei Minuten, eine Woche später vier Minuten usw. abliegen soll. Wir werden den Hund weiterhin, solange wir die Übung [Abliegen unter Ablenkung] ausbauen, mehrmals hintereinander (nach Belieben auch nach zwischengeschalteten Aufgaben) abliegen lassen, wobei nach wie vor die kurzen Zeiten überwiegen. Allerdings wird die Wartezeit zusehends ausgedehnt.

Zeigt sich der Hund nach wie vor motiviert und kontrolliert, so kann man langsam dazu übergehen, Ablenkungen einzubauen. Etwa derart, dass einige Hilfspersonen auf- und abgehen, ihren Hund an der Leine führend, immer näher am abliegenden Hund vorbeigehen usw. Hier allerdings kann eine Hilfsperson, die den abliegenden Hund mit einer Leine gegen mögliche Aggressionen absichert, durchaus sinnvoll sein.

Wichtig ***Nach wie vor gilt – der Hund darf nicht überfordert werden. Also in kleinen Schritten steigern. Zuerst einzelne Ablenkungen, dann mehrere Ablenkungen kombinieren.***

Ablenkungen können akustisch, visuell, geruchlich, bei extremen Herausforderungen taktil (Berührung) eingebracht werden. Hat der Hund die Ablenkung bewältigt, folgt wie gewohnt Lob und Belohnung.

Ablegen als „Unter“Ordnung

Der Hund wird in der Nähe eines Verstecks abgelegt. Eine Hilfsperson hält ihn an einer Vier-Meter-Leine. Der Team-Führer entfernt sich in einem spitzen Winkel zum Versteck, so dass er durch einen einzigen Schritt für den Hund außer Sicht kommt. Das stellt für den Hund eine starke Belastung dar. Er möchte seine Position verbessern, um Herrchen wieder zu sehen. Aber er muss liegen bleiben. Auch hier kann man jedoch Zwang weitestgehend umgehen, indem man die Übung erst gegen Ende der Ausbildung, wenn der Hund schon gut führig ist, einfügt und die Belastung in kleinen Schritten vermittelt: Anfangs nur einen Schritt in den toten Winkel und sofort wieder zurück in den sichtbaren Bereich. Später mehrere Schritte oder im toten Winkel verweilen. Kurz nach dem Zurücktreten in den sichtbaren Bereich kann ein Spiel und Belohnung folgen.

Phase 5

Prüfungsmäßige Ausführung

Wir beginnen mit einem Richteranmarsch, der nachfolgenden Meldung und dem Ablegen des Hundes. Werden diese Elemente erst in der fünften Phase eingebaut, so empfiehlt sich, kurz nach der Anmeldung beispielsweise eine Belohnung oder Spiel folgen zu lassen. Das kann entweder mit dem Anbiss bzw. der Futtergabe oder aber mit dem Vorenthalten enden.

Nach dem Abliegen wird die Übung wie eine Art Test prüfungsmäßig durchgeführt, wobei der Team-Führer den zur Verfügung stehenden Freiraum der Kommunikation über Blickkontakt nicht ungenutzt lassen sollte. Je mehr die vorausgegangenen Hilfen zurücktreten, desto wichtiger werden die noch erlaubten Signale im Bereich natürlicher Haltung und Bewegung!

Wichtig ***Die entscheidende Kunst liegt meiner Auffassung nach darin, mit dem Hund allein durch natürliche Signale ebenso gut zu kommunizieren wie durch üppige Körpersprache und andere Hilfen. Voraussetzung hierfür ist, dass wir uns stets unserer eigenen Emotionalität bewusst sind und diese immer besser steuern lernen. Allein das Weggehen vom abgelegten Hund oder das Herantreten kann entweder nichtssagend aussehen oder aber höchst motivierend wirken.***

Nach dem Herantreten an den Hund nimmt man Blickkontakt mit ihm auf (nur so weit nach links drehen, dass man mit dem Hund Blickkontakt aufnehmen kann). Ein Lächeln wirkt oft Wunder! Schaut der Hund auf, so baut man mehr und mehr die innere Spannung auf, wartet das O.K. des Richters ab und ruft den Hund mit einem freundlichen [Fuß] aus dem Platz in die Grundstellung. Sofort anschließend folgt ein Feuerwerk an Belohnung und Spiel.

Betonung der Wiederholung

Die Belohnung an dieser Stelle sollte lange Zeit nahezu jedes Mal erfolgen, damit der Hund nach dem Abliegen und der Grundstellung gewohnheitsmäßig in eine hohe Erwartung gerät. Wir sehen, kein Prinzip lässt sich unter der Vorgabe lebensnaher Vorgänge ohne Ausnahme durchhalten. Auch nicht das Prinzip der Abwechslung. Es ist eben eine Frage der Kreativität, mit Abwechslung einerseits und mit Wiederholung andererseits zielführend umzugehen. In der anliegenden Situation betonen wir bewusst die Wiederholung und nicht die Abwechslung. Nur so wird es möglich sein, den Hund auf eine wenig motivierende Situation vorzubereiten. Lernt der Hund: „am Ende des Wartens und der Grundstellung kommt das Spiel“, dann wird seine Erwartung einsetzen. Lernt er, wie es üblich ist, Abliegen ist langweilig, so wird er emotional abbauen und sich höchstwahrscheinlich von Turnier zu Turnier mehr auf das konzentrieren, was sich für ein Hundeherz anbietet. Der Team-Führer gerät dabei immer mehr außerhalb des Interesses. Kommt er dann zurück, tritt neben seinen Hund und gibt diesem das strenge [Fußß!], dann kann man am Ausdruck des Hundes etwa Folgendes ablesen (vermenschlicht ausgedrückt): „– Herrchen da. – Übung also zu Ende. – Und jetzt kommt: Oh je: schon wieder [Fußß!]“.

Auch Pausen müssen sein!

Hürde und Kletterwand – erste Annäherung

Hürde

Die Belastungen, die bei Sprüngen über Hürde und Steilwand von der Vorderhand aufzufangen sind, werden oft unterschätzt. Vor allem die punktuellen Kräfte, welche nicht in neue Bewegung abgeleitet werden, führen oft zu Zerrungen oder nachhaltigen Überbelastungen. Wiederholen sich ähnliche Vorgänge, so sind mitunter lebenslange Schäden die Folge. Manche Rassen und Individuen eignen sich besser, andere weniger gut für Sprünge. Ungeachtet vorhandener Prädestination sind Sprünge im Rahmen ernstzunehmender Abnutzung und erheblicher Risiken zu sehen. Ähnlich wie das Pferd, so ist auch der Hund anfällig im Bereich der Vorderhand. Schonung und Vermeiden von Risiken heißt die Devise. In Bezug auf die Ausbildung ergeben sich daraus wichtige Erweiterungen. Beim Springen geht es daher neben didaktisch-methodischen Überlegungen vordergründig um die Gesunderhaltung. Die immer wieder anzutreffenden Fehler sind auf methodischer Seite das mehr oder minder ausgeprägte Erzwingen des Sprungs an Stelle einer freudigen Vermittlung der Aufgabe, aus anatomisch-physikalischer Sicht sind es vor allem die viel zu früh geforderten Sprunghöhen und die vielen Sprungwiederholungen ebenso wie die physiologisch ungünstigen Ausführungstechniken, die dem Hund unnötig überdimensionierte Punkt- und Schockbelastungen abverlangen. Zudem werden die Sprungleistungen oft ohne Aufwärmen und Vorbereitung (Einspringen) durchgeführt.

Die negativen Folgen sind dementsprechend vielfältig und teils gravierend: Vorzeitige Verscheißerscheinungen und irreparable Gelenkschäden findet man bei relativ vielen Hunden vornehmlich jener Hundesportarten, wo Sprungleistungen im Repertoire stehen. Hinzu kommt, dass verhältnismäßig viele Hunde motivationale Probleme beim Springen über die Hürde zeigen. Diese Probleme sind um so unverständlicher, als Springen an sich hochpotenzierte Primärmotivation beinhaltet. Laufen und Springen macht dem Hund Freude, auch ohne MO, Futter oder sonst was. Hat der Hund hier Probleme, so ist er entweder krank, zu dick, erblich belastet, oder der Mensch hat Demotivationen verursacht. Leider trifft Letzteres immer wieder zu, indem Hunde viel zu früh und ohne vernünftigen methodischen Aufbau zum Springen veranlasst, bzw. mehr oder minder gezwungen werden. In Folge dessen treten dann Fehler auf. Der Hund läuft außen am Hindernis vorbei, streift, setzt an der Oberkante auf, kommt betont langsam zurück, setzt sich in weitem Abstand vor, lässt das Bringholz fallen usw.

Worauf ist zu achten?

* Zunächst geht es einmal darum, Gesundheitsrisiken zu vermeiden. Daher empfiehlt sich vor dem Springen ein kurzes *warming-up* und einige Sprünge auf niederer Höhe.
* Wiederholungen sollte man betont sparsam durchführen. Beherrscht der Hund gegen Ende der Ausbildung die Übung, so sind Wiederholungen bei risikobehafteten Rassen (und Individuen) entsprechend einzuschränken!
* Es gibt Ausbilder, welche dazu raten, den Hund erst ab neun bis zwölf Monaten springen zu lassen. Nun, über niedere Hindernisse kann auch schon ein Welpe springen, ohne Schaden zu leiden. –Also setzen wir die Hürden anfangs betont nieder. Beherrscht der Hund alle anderen Teile des Sprungs, so ist die Höhe in der Regel nicht das Problem. Probleme bereiten mangelndes Vertrauen, Überforderung, schädlicher Stress,

Der Hürdensprung wird betont auf das Zurückkommen orientiert.

beeinträchtigte Selbstsicherheit, gestörte Unbefangenheit oder Demotivation. Lauter Faktoren, für die (mit Ausnahmen) der Team-Führer die Verantwortung trägt.

Es ist daher sinnvoll, die Springaufgaben trotz ihres hohen Anteils an Primärmotivation sorgsam und durchdacht aufzubauen.

Phase 1

Vorübung Sprung über die Hürde (erste Annäherung und Erlernstufe)

Pädagogischer Hinweis Wir nutzen Nachahmung, Sozialerlebnis, Primärmotivation und Sekundärmotivation sowie die Motivationsbereiche Bewegung und Geschicklichkeit.

Aufbau der Übung

Ein ausgebildeter Hund, der beispielhaft springt, sorgt gemeinsam mit seinem Team-Führer für das Vorbild. Die Hürde wird extrem tief eingestellt (für mittelgroße Hunde reichen beispielsweise 15 bis 20 cm schon aus). Um seitliches Vorbeilaufen von vornherein auszuschließen, werden links und rechts neben der Hürde ausreichend hohe (und lange) Tabuzäune (Passive Einwirkung) aufgebaut. Der junge Hund, welcher die Übung zum ersten Mal macht, wurde zuerst mit den Geräten vertraut gemacht. Anschließend stellt sich der Team-Führer mit dem angeleinten, jungen Hund seitlich neben die Hürde. Der ausgebildete Hund läuft mit seinem Team-Führer auf den Platz. Beide springen gemeinsam über die Hürde. Und zwar hin und zurück. Beim Rücksprung wird das MO in Laufrichtung (also hinaus in Richtung Eingang) geworfen. Während das Vorbild-Team hinausläuft, ahmt das zweite Team den Vorgang nach: Beide springen über die Hürde (Hin- und Rücksprung). Beim Rücksprung wird das MO geworfen. In dieser Anordnung sind Fehler weitgehend ausgeschlossen.

Aber noch viel wichtiger ist: Der Sprung wurde von Anfang an auf mehreren Ebenen positiv motivational verankert (*Integrative Motivation!*):

* Vorbild stimuliert zum Nacheifern.
* Gemeinsam mit Frauchen oder Herrchen springen macht enorm Spaß (soziale Komponente).

* Die Aufgabe ist leicht zu bewältigen (Anspruchsniveau).
* Das Umkehren nach dem ersten Sprung beinhaltet zusätzliche Stimulation.
* Nach dem Rücksprung fliegt das MO.

Wichtig ist, dass diese Form über Wochen hin wiederholt wird. Es empfiehlt sich, Hürde und Zäune aufgestellt zu lassen und vorübergehend bei jedem Trainingstag einige Male darüber zuspringen. Der beschriebene Aufbau lässt sich auch in der Gruppe durchführen. In diesem Falle ist es vorteilhaft, zwei oder drei Hürden aufzubauen, so dass die Teams im Kreis laufen und darübe springen können. Das Üben in der Gruppe setzt allerdings voraus, dass die Hunde untereinander gut sozialisiert sind. Leinen sollte man beim Springen aus Sicherheitsgründen nicht verwenden. Der Team-Führer muss in der Lage sein, den Hund auch ohne Leine an sich zu „binden" – mittels Motivation, oder, wenn nötig, durch Autorität. Auch hier vermeiden wir anfangs das Hörzeichen!

Hörzeichen einführen

Nach einigen Wochen kommt das Hörzeichen [Hopp] hinzu. Inzwischen hat nicht nur der Hund, sondern auch der Team-Führer Vertrauen und Selbstsicherheit gewonnen. Herrchen weiß, er kann sich auf seinen Hund verlassen. In dieser inneren Sicherheit ist keine Veranlassung mehr gegeben, den Sprung zwanghaft zu fordern. Das Hörzeichen dient vielmehr als freundliche Einladung für ein freudiges Ereignis. Auf diesen wesentlichen Unterschied kann nicht oft genug hingewiesen werden. Man kann die ganze Übung mit einem hart ausgesprochenen Hörzeichen zerstören. Wichtig ist außerdem, dass das Hörzeichen rechtzeitig gegeben wird! Der Hund weiß zwar selbst, wann er abspringt. Aber er kann durch das Hörzeichen in seinem eigenen Timing erheblich beeinflusst und dabei auch gestört werden. Am besten, man beobachtet den Hund während des gemeinsamen Springens, um herauszufinden, wo er abspringt. Kurz vorher sollte das Hörzeichen erfolgen. Im Absprung oder danach ist es, wie gesagt, zu spät.

Phase 2

Abwechslung

Wie schon erwähnt, hat man die strenge chronologische Aufeinanderfolge von Lernschritten zu Gunsten offener, curricularer Modelle aufgegeben. Das heißt, Abwandlung kann beispielsweise schon in die Erlernstufe mit einfließen.

Beispiel ***Während der Vermittlungs- und Erlernstufe kann das Springen auch bei Spaziergängen eingesetzt werden: über Gräben, Hindernisse, Bäche oder niedere Mauern. Es eignet sich alles, was eine ähnliche Beschaffenheit zur Trainingshürde aufweist. Es liegt auf der Hand, dass in den beschriebenen Situationen erheblich mehr Primärmotivationen bereitstehen als im isolierten und weitgehend gleichbleibenden Hundeplatzumfeld.***

Kletterwand (A-Wand)

Ähnlich wie bei der Hürde gilt auch für die A-Wand: Neben der Motivation sind Schonung und Risikovermeidung in die didaktischen Überlegungen einzubinden. Wobei anzumerken ist, dass die SchH-Kletterwand im Vergleich zur Hürde noch höhere Risiken beinhaltet. In der Agility muss der Hund die so genannten *Kontaktzonen* mit allen vier Pfoten berührt haben. Dank dieser genialen Idee kann nur bei gelenkschonender Ausführung volle Punktzahl erreicht werden. Es ist unverständlich, weshalb diese vorbildliche Regelung nicht längst von allen anderen Hundesportarten, die den Klettersprung im Programm haben, aufgegriffen wurde. Leider umgehen immer mehr Agility-Sportler die ursprüngliche Idee

Hürde – Abwandlungen für junge Hunde

Ist der Hund noch nicht ausgewachsen, so kann man die Zeit, bis die Hürde höher gestellt werden darf, sinnvoll nutzen, indem man jetzt schon Abwandlungen einbringt:

- Wechsel des Hürdenstandortes.
- Verwendung einer anders geformten Hürde.
- Verwendung von Stockhürden (die auch ein unten Durchlaufen ermöglichen).
- Wechsel der Farbe (z.B. durch Überdecken mit andersfarbigem Plastiktuch).
- Wechsel des MO.
- Variieren der Anlauflänge und/oder der Strecke von der Hürde bis zum Team-Führer (beide Distanzen können auch asymmetrisch variiert werden).

der Kontaktzonen, indem sie den Hund konditionieren, in einer Art Weitsprung aufzuspringen. Das sichert natürlich, dass der Hund mit allen vier Pfoten die Kontaktzonen berührt. Da es jedoch die schonendere und sportlich höhere Leistung darstellt, wenn der Hund ohne Unterbrechung der Laufbewegung die Wand anklettert, sollte man vom Aufspringen, in welcher Form auch immer, Abstand nehmen. Gerade in der Agility, wo ohnehin schon enorm viel Vorderhandbelastung auftritt, sollte man überflüssige Risiken und Abnutzungsfaktoren vermeiden.

Aus Sicherheitsgründen ist es ratsam, erst einmal die technischen Voraussetzungen der Kletterwand zu prüfen:

* Steht sie fest am Boden?
* Sind Latten und Schrauben gut verankert?
* Weist die Kletterwand eine rutschfeste Unterlage (wir empfehlen Marotech-Matten) auf?
* Ist die Kletterfläche frei von Verletzungsgefahren (vorstehende Metall- oder Holzteile u. Ä.)?
* Außerdem können Raureif und Eis dem Hund sehr gefährlich werden.

Phase 1

Vorübung Kletterwand (erste Annäherung)

Die A-Wand wird anfangs sehr flach gestellt, etwa auf 20 bis 25 Grad Neigung. Das Flachstellen allein reicht jedoch nicht aus. Der Hund muss von Anfang an lernen, beim *Anklettern* ebenso wie beim *Abklettern* abzubremsen und trotzdem die Übung als Ganzes selbstsicher, vital und zügig zu zeigen. Hat der Hund gelernt, die Kletterwand anspringend und abspringend zu bewältigen, wird es enorm schwierig, die gefestigte Gewohnheit später abzulegen.

Auch hier gilt: Am Anfang geht es vor allem um Vertrauen! Wir nähern uns, aus einer arglosen spielerischen Stimmung heraus der Kletterwand, klettern möglicherweise selbst hinauf (wenn sie das aushält!), und setzen uns etwa ins erste Drittel. Währenddessen beobachten wir den Hund. Zeigt er sich unbefangen oder ängstlich?

Im weiteren Verlauf lassen wir etwa einen Ball (oder Schleuderball bzw. andere MO's) hinunterrollen. Der Hund wird mit dem am Boden aufkommenden Ball spielen. Nach einigen Wiederholungen lassen wir den Ball nicht mehr hinunterrollen, sondern stimulieren den Hund, zu uns hinaufzuklettern, um sich das MO zu holen. Hierzu setzen wir uns so weit nach oben, wie es dem Hund leicht zumutbar scheint. Bei uns angekommen, spielen wir mit ihm auf der Kletterwand.

Vorsicht ***Der Hund darf in der sensiblen Lernstufe der ersten Annäherung (Vermittlungsstufe) nicht überfordert werden. Im Vordergrund steht das Lernziel der Vertrauensbildung!*** Es gibt sicher zahlreiche Team-Führer, die meinen, derartige „kindische" Vorübungen seien unnötig und nur für „schwache

Hunde“ oder für ihrer Meinung nach „minderwertige Rassen“ erforderlich. Sie selbst könnten sich derartige „Umwege“ sparen und gleich „zur Sache“ gehen. Es sind dies aber dieselben Leute, die immer wieder selbst gravierende Probleme verursachen. Der scheinbare Mehraufwand, am Anfang einer jeden Übung ein solides Fundament aus Vertrauen und Unbefangenheit zu bilden, lohnt sich im weiteren Verlauf und hilft, den Ausbildungsweg weitgehend störungsfrei, angenehm und ökonomisch zu gestalten. Langfristig gesehen ist dies nicht nur der erfolgversprechendere, sondern auch der kürzere Weg.

Die *Erste Annäherung* behutsam anzugehen hat aber noch weitere Vorteile:

* Der Ausbilder kann während des Übens den Hund genau beobachten und dabei sicher abschätzen, wie die Bewältigungschancen der nächst geplanten methodischen Schritte liegen.
* Das Beobachten bietet sich an, um die individuelle Methodik bis ins Detail gedanklich zu optimieren (*Mental-methodische* Vorgangsweise).

Phase 2

Schonendes und fehlerfreies Anklettern (Erlernstufe)

Die Wand steht immer noch auf 20 bis 25 Grad (oder ein wenig steiler). Hat der Hund die *Erste Annäherung* bewältigt, so bauen wir das schonende Anklettern ein. An Stelle von Zwang vertrauen wir auch hier den bewährten Wegen der *Positiven Motivation*, der *Passiven Einwirkung* oder einer Kombination aus beidem.

Vertraut machen mit der flach gestellten A-Wand.

Problemhilfe 1 gegen das Überspringen der Kontaktzonen

Wir legen den Hund unmittelbar vor der Kletterwand ab, und zwar so, dass die Vorderpfoten auf der Höhe der Kante liegen. Nach vorausgegangenem Spannungsaufbau wird der Hund mit [Bring] (SchH), [Los] oder einem anderen Hörsignal zum Starten freigegeben. Das MO wird jedoch im unmittelbaren Bereich des Ankletterns gehalten und eben dort wird ein kurzes *Freies Spiel* durchgeführt. Das Spiel endet damit, dass der Hund dem MO, welches sich jetzt nach oben bewegt, nachklettern muss. Wie immer, so ist auch hier die Wahl des Motivationsbereichs und des MO`s wohl zu überlegen. Man darf jedoch nicht erwarten, dass der Hund nach zehn Wiederholungen gegen das Aufspringen gefeit sei! Wochen und Monate wird es sicher dauern, bis sich das gewünschte *Anklettern* gefestigt hat. Und oft kommt man ohne zusätzliche „Passive Einwirkungen" nicht aus.

Klettersprung

Klettern über den Kamm der A-Wand

Der Hund wird vor der Wand abgelegt, der Team-Führer steigt von der gegenüberliegenden Seite nach oben, so dass Blickkontakt entstehen kann. Mittels Körpersprache, gegebenenfalls in Verstärkung mit Futter- oder Beuteanimation und in Verbindung des Hörzeichens [Bring] (oder [Los]) wird der Hund zum Anklettern veranlasst. Erfahrungsgemäß bildet der Sichtkontakt die oft entscheidende Hilfe. Der Hund wird mittels MO über die Kletterwand geführt, beispielsweise mit der schon erwähnten *Futterfaust*, wobei man die Faust beim Abwärtsklettern und vor allem kurz vor dem Ende so hält, dass der Hund lernt, sich mit allen vier Läufen entgegenzustemmen (zu Bremsen). Bei der flachgestellten Wand fällt dies verhältnismäßig leicht.

Der Hund soll jedoch nicht aus Angst entgegenstemmen, sondern in der Absicht, nah am MO zu bleiben. Zur Absicherung lassen viele Agility-Sportler den Hund am Ende der Kletterwand absitzen (oder auch abliegen), und zwar so, dass die Vorderpfoten auf der Wiese, die Hinterpfoten auf dem Holz stehen. Das Gleiche lässt sich dann einige Zeit später mittels Ball oder Beißwurst in einem höheren Motivationsniveau wiederholen.

Problemhilfe 2 gegen das Überspringen der Kontaktzonen

Kann der Hund beispielsweise schon durch einen Tunnel laufen, kann man ihn etwa ein, zwei Schritte vor der Kletterwand aufstellen und auf diese Weise das Anspringen vermeiden. Auch gegen den stark belastenden Absprung auf der gegenüberliegenden Seite lässt sich der Tunnel einsetzen.

Rundbögen gegen Anspringen.

Was sich ebenfalls gut bewährt hat, ist der Wechsel unterschiedlicher Methoden gegen das Anspringen. Das fehlerfreie Bewältigen der Kontaktzonen ist in der Agility von ausschlaggebender Bedeutung. Fehlerfreiheit zählt mehr als Geschwindigkeit. Daher spricht viel für eine mehrfache Absicherung in diesem Punkt.

Problemhilfe 3 gegen das Überspringen der Kontaktzonen

Alternative mittels einiger Rundbügel (auch „Under", „Bögen", „Bügel" genannt).

Zuerst muss man den Hund, wie bei allen *Passiven Einwirkungen* an den neuen Gegenstand gewöhnen. Manche Hunde benötigen hierzu lediglich einen einzigen Test. Bei anderen ist eine behutsame, schrittweise Annäherung vonnöten. Wir haben die Rundbügelmethode technisch und methodisch weiterentwickelt, indem wir drei Rundbügel hintereinander stellen. Die Rundbügel weisen unterschiedliche Höhen und Tiefen auf. Sie bilden in ihrer Gesamtheit eine Art Trichter („Trichterbügel"). Weitere methodische Bereicherungen: Bügel werden nicht nur vor und hinter Hindernissen aufgestellt, sondern ähnlich wie Hürden mitten in den Parcours, und das Untendurchlaufen wird mit dem Hörzeichen [Tief] verbunden.

Sicherung des Durchlaufens

Damit der Hund auch sicher durchläuft, legen wir ihn unmittelbar vor dem ersten Bügel ab und zeigen das MO dicht hinter dem Bügel. Wer noch wenig Erfahrung hat, sollte vielleicht den Hund erst einmal auf ebener Erde durch Trichterbügel laufen lassen. Im Augenblick, wo der Hund sich tief macht, um durchzulaufen, geben wir das Hörzeichen [Tief] und nach dem Durchlaufen fliegt der Ball oder es folgt ein *Freies Spiel*. Nach einigen Wiederholungen wird das Hörzeichen entsprechend früher gegeben. Zugegeben, es dauert lange (Monate!), bis der Hund allein auf die *Pas-*

Geistiger Zügel gegen Abspringen.

sive Einwirkung und das Hörzeichen [Tief] schonend und fehlerfrei anklettert.

Doch der Aufwand lohnt sich:

- Die *Tiefmethode* sorgt für ein betont schnelles Anklettern und Abklettern in fließendem Bewegungsablauf.
- Der Hund sucht sich selbst die motorisch optimale Technik. Er hat gelernt, die Kontaktzonen auch ohne Hilfe des Team-Führers korrekt zu bewältigen.
- Der größte Vorteil jedoch besteht darin, dass der Hund aus der Entfernung geführt werden kann. Der Agility-Führer muss nicht am Anfang und Ende der Hindernisse stehen, um mit der stimulierenden Hand für Tempoänderungen zu sorgen.

Problemhilfe 4 gegen das Überspringen der Kontaktzonen

Hat der Hund den *Geistigen Zügel* gelernt, so lässt sich das Einhalten der Kontaktzonen auch damit absichern. Die gespreizte Hand bleibt in diesem Falle nicht (wie beim [Steh]) stehen, sondern fährt in der Bewegung mit. Gleichzeitig wird das Hörzeichen [Laangsam] oder noch besser [Tieef] gegeben. Anzustreben ist, dass der Hund die Kontaktzonen mit möglichst wenig Geschwindigkeitsreduktion bewältigt. Ich habe aus dieser Sicht mit speziellen Tunnels, die vor und hinter jedem Kontaktzonengerät aufgebaut wurden, experimentiert. Gut bewährt haben sich durchsichtige Halbtunnels (Querschnitt wie bei den oben beschriebenen Bügeln). Um eine Verletzungsgefahr auszuschließen, wurden anfangs an den Rändern farbige Tesabänder aufgeklebt. Nach kurzer Zeit waren sie entbehrlich.

Im Sonderfall der Wippe wurden die durchsichtigen Tunnels fest angeschraubt. Abstandsstücke sorgten für eine ausreichende Breite. Mit der Zeit gewöhnte sich Banja an die durchsichtigen Tunnels und lief in nahezu vollem Tempo fehlerfrei über die Kontaktzonengeräte, auch wenn die Tunnels entfernt wurden. Der *Geistige Zügel* aus Distanz in Verbindung mit dem Hörzeichen [Tief] rundete diese Methode ab.

Phase 3

An- und Abklettern im Tempo

In der nächsten Phase soll der Hund lernen, auch bei schneller Annäherung die Schrägwand ohne Sprung anzuklettern. Wir legen den Hund wie bei der *Paradeübung* anfangs zwei oder drei Schritte von der Schrägwand ab, schicken ihn entweder durch die Tiefs, durch einen Tunnel oder wir nutzen die Futterfaust (oder einen Ball). Wichtig ist, dass wir uns anfangs nah beim Hund befinden. Wird der Abstand zu groß gewählt, kann es vorkommen, dass der Hund trotz gediegener Vorbereitung nun doch beginnt, die Schrägwand anzuspringen.

Der Abstand wird im weiteren Verlauf nach und nach vergrößert, und an Stelle der „Trichterbügel" können einzelne Bügel verwendet werden. Die Platzierung des Tiefs kann dann abwechselnd (in vertretbarem Rahmen) weiter weg oder nah am Aufgang platziert werden.

Eine Verstärkung des Tiefeffektes lässt sich einbringen, indem man zirka 5 bis 8 Meter vor der A-Wand einen Bügel setzt und direkt vor der Wand keinen mehr. Bei der A-Wand angekommen, hat der Hund das Hörzeichen und die Bewegung noch im Kurzzeitgedächtnis. Setzt der Team-Führer jetzt das Hörzeichen [Tief] kurz vor der Wand nochmals ein, so ist die Ausführung viel wahrscheinlicher, als wenn der beschriebene Effekt nicht vorausgegangen wäre.

Für das fehlerfreie Abklettern empfiehlt sich, dicht hinter dem Rundbogen, ein MO abzulegen. Findet der Hund nach dem Abklettern direkt hinter dem Tief regelmäßig ein MO, so wird er lernen, rechtzeitig abzubremsen. Auf diese Weise verbinden wir die *Motivationsmethode* mit der *Passiven Einwirkung*. Mit der Zeit lässt sich die Distanz erweitern. Zusätzlich kann man die vorher beschriebenen Rundbögen in den Parcours setzen.

Wichtig** **Wann die A-Wand steiler gestellt wird, muss von Hund zu Hund anders entschieden werden. Überforderung ist zu vermeiden. Viel wichtiger als die Höhe sind jedoch die Lernziele des korrekten und schonenden An- und Abkletterns. Selbst wenn der Hund gelernt hat, über die steile Wand zu klettern, sollte man die Wand ab und zu wieder flacher stellen (variabel), etwa zur Temposteigerung, oder, bei entsprechendem methodischen Vorgehen, auch gegen Kontaktzonenfehler.

Vorübungen zur Freifolge

In keiner anderen Übung steht die Mensch-Hund-Harmonie derart auf dem Prüfstand wie bei der Freifolge. Nirgendwo anders zeigen sich die Team-Qualitäten derart offen wie hier. Die zentrale Aufgabe der Freifolge liegt nicht im Bewältigen irgendwelcher athletischer Leistungen, sondern in der Demonstration all dessen, was geglückte Team-Vorführung im Idealfall ausmacht: beispielhaftes Vertrauen, intakte Rangordnung bei gleichzeitig ausgeprägter Selbstsicherheit beider Partner, beständige Aufmerksamkeit, hochgradige Motivation bei gleichzeitiger Führigkeit, Zuverlässigkeit, Anpassungsbereitschaft, Empfänglichkeit, temperamentvolle Vitalität, hohe Erwartungshaltung sowie innere Ungezwungenheit (sprich Freiheit). Insgesamt also der Ausdruck einer freudigen, positiven Einstellung zum Leben, zum Team-Partner und zur gemeinsamen Bewältigung der gestellten Aufgaben.

In der Freifolge werden die Hauptkriterien des Teams sozusagen um ihrer selbst willen demonstriert, und nicht im Dienste einer sportlichen, athletischen oder Geschicklichkeitsleistung. Das Team selbst wird zur Leistungsforderung. Es liegt auf der Hand, dass wir hier von einem Niveau sprechen, das am Ende, und nicht am Anfang der Ausbildung zu erwarten ist. Um die *Mensch-Hund-Harmonie* in eine gefestigte, abrufbereite Vorführung zu bringen, werden daher Jahre liebevollen, gediegenen, geduldigen und konsequenten Umganges mit dem Hund erforderlich sein.

Vortäuschung des „freudigen" Hundes

Die traditionelle „Unter"Ordnung fordert zwar den „freudigen" Hund. Bei näherer Betrachtung ist jedoch die volle Reichweite dieser Forderung weder erkannt noch formuliert worden, und auch die pädagogischen Konsequenzen wurden bislang nicht gesehen. Auch die richterliche Beurteilung steht oft noch weit hinter den Anforderungen einer zeitgemäßen Bewertung zurück. Im Hinblick auf die richterliche Beurteilung müssten den eingangs erwähnten qualitativen Kriterien mindestens ebenso viel Bedeutung zugemessen werden wie den äußeren, formalen. Die Folgen dieser widersprüchlichen Gegebenheiten sind verheerend. Auf der einen Seite wird die Meinung aufrechterhalten, es sei alles in Ordnung, auf der anderen Seite haben sich Ausbildungspraktiken etabliert, die zugegebenermaßen die „Vortäuschung" des freudigen Hundes zum Ziel haben. Sie gelten als erfolgreich und legitim, so lange der Richter nichts merkt. Ein auf Betrug basierender sportlicher Geist jedoch ist über kurz oder lang zum Scheitern verurteilt. Es ist hier nicht die Rede von den „kleinen" Betrügereien, etwa den versteckten Hilfen in einer Prüfung oder einem Turnier. Diese Unkorrektheiten sind aus dem Affekt geboren und schaden dem Hund nicht. Die Rede ist aber von jenen Leuten, die vorsätzlich und von langer Hand Schmerz als auch artwidrige Manipulationen methodisch einsetzen; – mit den Zielen der Täuschung und Übervorteilung.

In jedem Zeitalter reinkarniert das biblische *„non servam"* („ich werde", sprich „ich will nicht dienen!"). Den „freudigen Hund" ernst zu nehmen aber hieße, bereit zu sein, den ethischen, sportlichen und individuellen Idealen zu folgen und das wiederum bedeutet unter anderem: Dienen! Auch wenn dieses Wort im Vokabular des modernen Menschen immer seltener vorzukommen scheint:

* Dienen, indem man die eigenen Ziele zumindest abwägt im Vergleich zur Würde und Arteigenheit des Hundes.
* Dienen, indem man bereit ist, die Zeit des Reifens und der Entwicklung abzuwarten.
* Dienen, indem man wachsen lässt, an statt dies oder jenes zu erzwingen.

Wichtig ***In diesem Dienen tut sich eine neue Unabhängigkeit, eine neue Freiheit auf. Mit dem Hund liebevoll umzugehen, auch wenn, ja gerade wenn man etwas von ihm will, das befreit von den Fesseln der Gewalt, des Zorns und anderer Unzulänglichkeiten. Es befreit von Egozentrik und von der Einsamkeit, die sowohl der Team-Führer als auch der nicht verstandene Hund erleidet.***

Es liegt auf der Hand, dass dies alles nicht von Anfang an, nicht in wenigen Übungsstunden und auch nicht mit einigen Tricks zu gewinnen ist. Da uns [Freifolge] nicht reine „Unter"Ordnung bedeutet, sondern das freiwillige, freudige Miteinander-Gehen, werden wir daher auch die [Leinenführigkeit] nicht mittels Halskette und Leine, sondern mit Hilfe unserer geistigen Verbindungen aufbauen. (Nicht wenigen Team-Führern bringt die Leine übrigens mehr Probleme als Nutzen.) Und wir werden die Freifolge nicht an den Anfang der Ausbildung stellen, sondern sie durch mehrere Vorübungsphasen behutsam vorbereiten. Die stoffliche Leine verwenden wir, wenn überhaupt, erst gegen Ende der Ausbildung.

Phase 1

Vorübungen zur Freifolge – Vertrauen und positive Ersterfahrungen

Um von Anfang an zu vermeiden, dass der Hund die Freifolge mit Unlustgefühlen verbindet, verzichten wir auf Leine oder andere *Aktive Einwirkungen*. Außerdem trennen wir das eher legere [Bei Fuß gehen] auf der Straße von der Prüfungs- und Turnier-Freifolge durch unterschiedliche Hörzeichen. Beispielsweise [Leine] oder [Bein] im normalen Umgang zum Unterschied vom turniermäßigen [Fuß] (siehe Geleit-Hörzeichen S. 77).

Mit spielerischen, aber zielführenden Vorübungen haben wir dem Hund unsere Nähe bereits als etwas Lustvolles vermittelt. Durch zahllose Spiele um die Beine, ebenso wie durch die vielen Berührungen in der Basisübung wurden auch die Beine vertrauensvoll angenommen. Auf diesem kostbaren Fundament lässt sich nun erfolgversprechend aufbauen.

Freiwilligkeit entwickeln

Beim Spazierengehen, oder auch auf dem Übungsplatz, wenn sich der Hund ohnehin gerade an unserer linken Seite befindet, gehen wir mit dem Hund wie gewohnt einen Teilkreis (Radius zirka 4 Meter). Gleichzeitig geben wir dabei wiederholt das freundliche Hörzeichen [Fuß], und kraulen ihn auf seiner rechten, also innen liegenden Backenseite, indem wir unsere Handinnenfläche nach außen rollen. Diese Handstellung ist ein wenig gewöhnungsbedürftig, – und bei kleinwüchsigen Hunderassen lässt sich diese Übung nicht ausführen.

Es ist besser, den Hund innen zu kraulen, weil wir auf diese Weise von Anfang an unserem Credo treu bleiben, die Freiwilligkeit des Hundes zu entwickeln. Manche Hunde sprechen darauf hervorragend an. Sie zeigen dies mit erhobenem Kopf, entspannt geöffnetem Fang und hängender Zunge, einem erhabenen, freien, federnden Trab, wie er überzeugender kaum vorstellbar ist.

Für Hunde, die weniger gut auf Sozialakte ansprechen, nutzen wir Futter oder Spielbeute. Man muss sich aber darüber im Klaren sein, dass Futter und Beute beim einfachen Geradeausgehen stark in Richtung Sekundärmotivation tendieren.

Wichtig ***Die Freifolge bietet weder einen Sprung noch irgendeinen Gegenstand, welcher zur Motivation beitragen könnte. Die Motivation lastet ganz auf den Schultern des Team-Führers. Aber dieser präsentiert sich oft nicht sonderlich motivierend. Allein schon sein Geh-Tempo wirkt sich für den Hund eher demotivierend aus. Der Hund würde viel lieber traben (die Durchschnittsgeschwindigkeit eines mittelgroßen Hundes im Trab beträgt immerhin zirka 14 bis 18 km/h, also ein Tempo, welches dreimal schneller ist als das Gangtempo des Menschen).***

In der traditionellen Ausbildung setzt man Leinenrucke, Futter, Beute oder eine Mischung daraus ein, um den Hund zum Mitkommen zu motivieren. Klar, weshalb der Hund bei diesem Aufbau mitgeht: Er wartet auf das Futter, bzw. auf die Beute oder er geht mit, um sich auf diese Weise Unannehmlichkeiten zu entziehen. Der Team-Führer bleibt ihm dabei oft gleichgültig. Die Gefahr ist groß, dass damit das Ziel, die Freifolge selbst als Erlebnis zu gestalten, entgleitet. Das vorhin beschriebene Kraulen hingegen vermittelt primäre Motivationsanteile für das gemeinsame Gehen, denn es handelt sich hier um einen Sozialakt, um eine betont gemeinschaftliche Handlung.

Verschiedene Motivationsbereiche nutzen

Die Motivationsbereiche, von denen hier schon die Rede war (Haltung und Bewegung, Mimik und Gestik, Akustik, Futter, Beute und Berührung), – lassen sich auch abwechselnd einsetzen oder mischen. Man beginnt beispielsweise mittels Körpersprache und Hörzeichen [Fuß] einen großen Teilkreis einzuleiten und zeigt das MO. Dann folgt einige (wenige!) Schritte lang das tangentiale Geradeausgehen bei intensiver mimischer Kommunikation (Spannungsaufbau). Anschließend wird das MO nicht gleich gegeben, sondern ein Bewegungsspiel in Verbindung des vorenthaltenen MO eingeleitet. Das Bewegungsspiel bindet den Hund oft mehr an den Team-Führer (und an das vorausgegangene, gemeinsame Gehen!) als ein weggeworfener Schleuderball oder die angebotene Beißwurst!

Die andere Alternative, den Hund mittels Futter zur Freifolge zu stimulieren, hat sich ebenfalls bei vielen Hunden als erfolgreich erwiesen. Gottfried Dildei hat dieser Methode eine entscheidend neue Richtung gegeben, indem er den Hund nicht füttert, sondern durch geschickte Herausforderung und nachfolgende Belohnung den Hund dazu bringt, dass dieser, um das Futter zu bekommen, selbst aktiv wird.

Phase 2

Vorübungen zur Freifolge – „Außenspirale" und „Innenspirale"

Einer der Gründe, weshalb so viele Hunde eine eher lustlose Freifolge zeigen, liegt in der Überforderung, der sie beim Erlernen dieser Übung ausgesetzt wurden.

Der Hund soll dicht beim Team-Führer gehen, nach ganz bestimmten Vorgaben, nämlich Schulter an Knie, – er soll nie abweichen, darf weder vordrängen noch zurückbleiben, und er muss oft gleich von Anfang an die gesamte Länge des Übungsplatzes mehrmals hintereinander mitgehen, vielleicht sogar noch Links-, Rechts- und Kehrtwendungen mitmachen. Anhalten und Angehen soll er natürlich auch schon können.

Tief und am Boden spielen und im Spiel den Hund dicht herankommen lassen. Durch das Spiel um die Beine werden diese mit der Zeit vertrauensvoll angenommen. Auf diesem Fundament lässt sich die Freifolge sehr gut aufbauen.

Wer auch nur ein wenig pädagogisches Denken mitbringt, müsste erkennen, dass der Hund angesichts der Vielfalt von erwarteten Einzelleistungen, aber auch im Hinblick auf den hohen Anteil formeller Ansprüche, maßlos überfordert wird. Und das bei einer Übung, die dem Hund eine eher unnatürliche Bewegungsform abverlangt und motivational ungleich weniger bietet als jede andere Übung des Programms!

Wichtig ***Wir lassen daher anfangs alles weg, was nicht unmittelbar mit der Freifolge zu tun hat. Anhalten, Angehen, Seit- und Kehrtwendungen werden später behandelt, eigens geübt und erst gegen Ende der Ausbildung zusammengefügt.***

Das Gehen [Bei Fuß] führen wir außerdem anfangs nur über eine Länge von lediglich vier bis acht Schritte aus. Nicht mehr! Der Hund braucht in keiner anderen Übung so viel Zeit für eine gefestigte positive Motivation. Die Gründe hierfür haben wir aufgeführt. Also, lassen wir ihm die nötige Zeit und gehen wir in der Freifolge in kleinen und kleinsten Schritten vor. Im Alter von eineinhalb bis zwei Jahren wird der Hund dann die ausgereifte Freifolge zeigen können.

Um den Hund langsam auf das gemeinsame Gehen vorzubereiten, vergrößern wir alsbald den Radius des eingeleiteten Vollkreises, so dass der Bogen immer flacher wird und sich einer Geraden nähert. Damit keine Missverständnisse auftreten! Es geht hier um Teilkreise, nicht um Vollkreise! Und es werden anfangs nicht mehr als vier bis acht Schritte gegangen! Wenn der Hund freudig und engagiert außen mitgeht, lassen wir den Bogen in eine Tangente auslaufen. Umgekehrt kann man auch mit der Tangente beginnen und anschließend einen immer enger werdenden Kreis einleiten.

Aufbau der Spirale

Die Spirale lässt sich als Außenspirale oder als Innenspirale üben. Im ersten Falle geht der Hund außen, wobei er den längeren Weg hat. Oder er geht innen und muss

erheblich langsamer gehen als der außen gehende Team-Führer. Die Außenspirale bereitet unter Anderem die Rechts-Wende vor, die Innenspirale die Links-Wende.

Der Hund soll für die Freifolge anfangs in eine eher gemäßigte Aktionsbereitschaft gebracht werden. Also nicht zu hoch motivieren! Das MO (falls eines verwendet wird), soll in der linken Hand gehalten werden. In der rechten würde der Hund höchstwahrscheinlich schief gehen und zudem bedrängen. Eine andere Möglichkeit ist, das MO an der MOT-Krawatte oder an der Schulter zu befestigen. Es hat sich bewährt, temperamentvolle Hunde vorher gut auslaufen zu lassen und vor den Freifolgevorübungen eher zu beruhigen (z.B. ein Zuneigungsspiel mittels Berührung) oder aber die Freifolge an das Ende der Trainingseinheit zu setzen.

Das Angehen

Es soll ruhig, auf keinen Fall sprunghaft vermittelt werden. Dies erreichen wir durch eine eher gedämpfte Körpersprache. Auf diese Weise beugen wir unerwünschten Verhaltensweisen wie Hochspringen, Bedrängen oder Kneifen vor. Neigt der Hund immer noch zum Hochspringen, so ist es ratsam, entweder auf einen schwächeren Motivationsbereich überzuwechseln, die Motivation zu reduzieren oder den Hund vorher unter Umständen bis zur leichten Ermüdung auslaufen zu lassen. Hat der Hund den *Geistigen Zügel* gelernt, so wird man überrascht sein, wie einfach sich das Problem durch den Einsatz der gespreizten Hand lösen lässt. Vorpreschen oder Zurückhängen kann man ähnlich wie bei der Paradeübung durch die *Regulative Motivation* und den *Geistigen Zügel* steuern. Die eine Hand stimuliert, die andere bremst. Die entscheidenden Motivationsimpulse jedoch liegen auf sozialer Ebene. Diese werden zum Großteil mimisch und durch „Stimmungsübertragung" vermittelt.

Die „Außenspirale" wird als „Motivationsinsel" eingesetzt: Nach einigen Schritten Geradeausgehens leitet der Team-Führer eine Spirale ein, geht dabei in die Hocke und stimuliert den Hund. Am Ende der Spirale folgt ein „Freies Spiel".

Intensivierung mittels MO

Ist der Hund nach einigen Schritten auf der gedachten Tangente in einer aufnahmebereiten, lerngünstigen Stimmungslage, dann beginnen wir, die Kommunikation zu intensivieren und Spannung aufzubauen. Wenn nötig, in Verbindung mit Verstärkern (Geräusche, Gesten, Bewegung). Gleichzeitig drehen wir in Form einer *Spirale* mehr und mehr nach innen. Anfangs kann die Wirkung der Spirale durch Intensivieren mittels MO noch verstärkt werden. Später sollte die Kommunikation allein ausreichen. Im Mittelpunkt der Spirale sollte die Motivation ihr höchstes Niveau erreicht haben. Dort wird dann das MO tangential weggeschleudert oder innerhalb eines Freien Spiels der Anbiss ermöglicht. In ähnlicher Weise lässt sich die Spirale auch mit Futter-MO gestalten.
Der Hund lernt hierbei folgendes:

* Er muss aufmerksam sein, um die Richtungsänderung des Team-Führers nicht zu versäumen.
* Er wird bemüht sein, in der Spirale nahe am Team-Führer zu bleiben.
* Die Aktionsbereitschaft wird innerhalb der Spirale zunehmen.

Mit der Spirale erreichen wir, dass der Hund aufmerksam, freiwillig und freudig Richtungsänderungen folgt. Und zwar dicht am Team-Führer. Die Spirale dient also nicht nur der Freifolge, sondern sie bereitet gleichzeitig Seitwenden, Kehrtwenden und die Acht (Gruppe) vor.

Phase 3

Kurze Freifolgen und Motivationsinseln

Nach einigen Wochen wird der Hund äußerst konzentriert zum Team-Führer hinaufsehen und er wird die Spirale bereits beim Spannungsaufbau erwarten. Jetzt können wir die Übung ausbauen, indem wir nach einer Spirale einige Schritte geradeaus gehen, um dann die nächste Spirale folgen zu lassen. Wir hangeln uns sozusagen von *Motivationsinsel* zu *Motivationsinsel*. Auf diese Weise werden auch die ursprünglich wenig motivierenden Strecken des Geredeausgehens lustvoll gefärbt.

Phase 4

Abbau der Motivationsinseln

In der weiteren Folge werden die Motivationsinseln in der bereits beschriebenen Art und Weise abgebaut. Und es werden die Gehstrecken ausgedehnt. Der Hund gibt den Maßstab an.

Wichtig ***Das Anspruchsniveau (Schwierigkeitsgrad) soll so niedrig gehalten werden, dass keine Überforderung eintritt, und gleichzeitig so hoch, dass genügend Herausforderungsreize gegeben sind.***

Auch die Tagesverfassung des Hundes gilt es in diesem Zusammenhang zu berücksichtigen. Was am letzten Mittwoch noch genau richtig war, kann eine Woche später zu viel oder zu wenig sein.

Es sei nochmals gesagt: Die Freifolge ist auf lange Sicht zu planen. Lassen Sie sich bei dieser Aufgabenstellung genügend Zeit. Man darf nie vergessen: auch zwischen den Unterordnungsübungen steht das Team auf dem Prüfstand, und dort begegnet uns wiederum die Freifolge.

Problemhilfe Vordrängen

Dem Vordrängen des Hundes kann man durch Einsatz des *Geistigen Zügels* oder durch das Werfen des MO`s nach hinten erfolgreich begegnen. Oder wir verwenden eine Fliegenklatsche als *Geistigen Zügel*. Halten Sie sich einmal die Fliegenklatsche dicht vor die Augen, um die bremsende Wirkungsweise nachzuempfinden. Um Missverständnisse auszuschließen: Fliegenklatsche (oder Gerten) sind nicht dazu da, dem

Hund weh zu tun. Die *richtungsleitende* oder *bewegungsbremsende* Funktion reicht völlig aus. Selbst der Einsatz von nur „wenig“ Gewalt hat sich erfahrungsgemäß nicht bewährt. Wie soll denn der Hund verstehen, dass seine hohe emotionale Beteiligung, die bisher bei der Freifolge immer belohnt wurde, auf einmal unerwünscht ist? Aktive Einwirkungen sind also zu vermeiden. Besser ist es, das für diese Übung angebrachte Motivationsniveau von Anfang an richtig anzusetzen und durch ständiges Ausbalancieren im idealen Bereich zu halten. *Passive Einwirkungen* aller Art dienen als zusätzliche Hilfe und ebenso wirkungsvoll als Prophylaxe oder zur Korrektur.

Die Fliegenklatsche dient als „verlängerter Arm“ des Geistigen Zügels.

Balance zwischen „MO-Stimulation“ für Aufmerksamkeit und “Geistiger Zügel“ gegen Vordrängen.

Der Leitzaun fördert parallel ausgerichtetes Mitgehen.

Problemhilfe Zurückhängen

Hängt der Hund zurück, so wirft man das MO nach vorne und verstärkt die Kommunikation ebenso wie die anschließende Sekundärmotivation. In diesem Fall würde man auch die Vorbereitungen entsprechend ändern.

Mit Hunden, die sehr schnell vom einen Extrem ins andere wechseln, sollte man nur so lange üben, wie sie eine Stimmungslage halten können. Das ist bei manchen Hunden nicht länger als zehn Sekunden! Danach hinaus ins Auto. Nach fünf Minuten wieder herein für weitere zehn Sekunden.

Weitere Problemhilfen

- Geht der Hund schief, überprüfen wir als erstes die Position des MO. Ist dort keine Korrektur erforderlich, so setzen wir *Passive Einwirkungen* ein (mobiler *Leitzaun*).
- Zeigt der Hund Probleme mit dem nahen Mitgehen, so helfen wir uns mit der Spirale in Verbindung gesteigerter Motivation.
- Bedrängt der Hund, hilft die Innenspirale oder der *Leitzaun* (der Hund geht auf der linken Seite des Leitzaunes, während der Team-Führer rechts vom Zaun geht).

Passive Einwirkung

Hierfür eignen sich Bretterwand, Hauswand, Mauer, Holzstoß, Hecke ebenso wie die bereits erwähnten Leitpflöcke. Zuerst gewöhnt man den Hund an das Objekt, dann folgt ein Freies Spiel (in der Nähe des Objektes) und das gemeinsame Vorbeigehen. Zeigt sich der Hund unbefangen, kann man die *Passive Einwirkung* in das Übungsprogramm einbauen. Aus dem *Teilkreis* oder der *Spirale* treffen wir tangential auf den Zaun, an welchem wir einige Schritte entlang gehen. Der Hund wird sich auf Grund der passiven Einwirkung parallel zum Team-Führer einrichten. Es folgt ein Freies Spiel, einmal mit, ein andermal ohne Bestätigung.

Korridorzaun für Parallelausrichtung und für Rückwärtsrichten.

Dann gehen wir auf der anderen Seite in die entgegengesetzte Richtung, so dass sich der Hund weiterhin links neben uns befindet.

Der mobile Leitzaun hat den Vorteil, dass man auf beiden Seiten üben kann. Wer übrigens seinen Hund die Freifolge links und rechts gehend beibringen möchte (erforderlich für Agility sowie für die Sportarten TEAM-sport und TEAM-dance), sollte damit nicht zu lange warten. In TEAM-dance und TEAM-sport heißen die Hörzeichen für beidseitige Freifolge [Li] und [Re].

Vorübungen Teilkreis, Umkreisen, Sitzen, Liegen, Stehen

Zeitliche Abfolge der Vorübungen

Wir haben bereits in der *Basisübung* die drei Grundpositionen [Liegen], [Sitzen] und [Stehen] untereinander unbevorzugt und nahezu gleichzeitig vermittelt. Das mag verwundern, denn nach traditioneller Ausbildung werden die Übungen [Sitz], [Platz] und [Steh] aufeinanderfolgend vermittelt, wobei sich die Ausbilder in der Regel an der zeitlichen Folge der Prüfungsstufen orientieren. [Platz] und noch mehr das [Steh] wird oft lange nach der Übung [Sitz] eingeführt. Dies führt immer wieder zu allerlei Problemen. Der Hund lernt ja im [Sitz] nicht nur Sitzen, sondern er verbindet damit (ganzheitlich!) eine Menge anderer Inhalte, die uns oft verborgen bleiben. Beim Anhalten und Absitzen nimmt der Hund die Aufgabe nicht, wie man als Mensch anzunehmen geneigt ist, als eigenständige Übung auf, sondern als Teil der Freifolge. Der Hund lernt, sich in der Freifolge beim Anhalten zu setzen, in der weiteren Ausbildung folgt er dann allein dem Hörzeichen [Sitz], und später lernt er sich auf das Hörzeichen zu setzen, obwohl der Hundeführer alleine weitergeht. Aber in jedem Falle ist es das Sitzen, worauf es ankommt. Lange erfährt er nach dieser Ausbildungsmethode nichts anderes. Erst viel später, oft nach mehr als einem Jahr, soll der Hund dann in der Freifolge auf einmal „Stehen“. Die Probleme sind vorprogrammiert, denn das Absitzen läuft inzwischen längst automatisch ab. Selbst ein Mensch wäre mit diesem abrupten Wechsel überfordert! Man stelle sich vor, Kupplung und Bremse wären von heute auf morgen vertauscht. Die Verwechslung würde nicht ausbleiben. Und weil es dem Hund an Einsicht fehlt, tritt bei ihm zur *Verwechslung* noch der *Konflikt* hinzu. Wird er zu allem Überdruss auch noch geschimpft, so versteht der Hund seine Hundewelt nicht mehr.

Vermittlung in einem Lernabschnitt

Daher ist es ebenso schlüssig wie vorteilhaft, die zu verwechselnden Übungen in einem Lernabschnitt zu vermitteln. Die gleichzeitige Vorgangsweise im Sinne von Parallelüben ist damit jedoch nicht gemeint. Gleichzeitiges Einüben verschiedener Aufgaben würde den Hund eher verwirren. Wir gehen daher anders vor:

Die erste Vorübung wird so lange geübt, bis der Hund die beiden fundamentalen Lernstufen *Vermittlung* und *Erlernen* sichtbar angenommen hat. Dann wird die Übung nicht weiter vertieft, sondern vorübergehend abgesetzt, und man geht zur nächsten Vorübung über. Während die zweite auf ein vergleichbar hohes Niveau gebracht wird, ruht die erste! Erst wenn die zweite annähernd gleich gut gekonnt wird, kommt der Wechsel beider Übungen hinzu.

Nach diesem Übungsaufbau gibt es für den Hund keinen Grund, eine der Übungen zu meiden, wodurch automatisch die andere eine Bevorzugung erfahren würde. Der Hund hat dabei ausnahmslos angenehme Erfahrungen gemacht. Und es stehen der Unterscheidung und Anpassung nicht, wie bei herkömmlicher Ausbildung, jahrelange

Wiederholungen im Wege! Auch hier haben wir wieder ein pädagogisches Phänomen des Faktors Zeit vor uns. Zeit, richtig eingespannt, lässt sich als zusätzliches Zugpferd im Dienste didaktischer Ziele nutzen. Nachdem die Unterscheidung von Sitzen und Liegen (oder Sitzen und Stehen) gelungen ist, kommt nach dem gleichen Vorgang die dritte Grundhaltung, das [Stehen] hinzu. Diese wird wiederum bis zum Erlernstadium geübt. Anschließend folgt der Wechsel aller drei Übungen untereinander.

Beginn der Vorübungen

Hier geht es auch darum, das Gelernte nicht nur im *abgeschirmten Milieu* zu Hause, sondern auch im Freien, etwa auf dem Übungsplatz, durchzuführen und der prüfungsmäßigen Form schrittweise näher zubringen. Nach wie vor muss der Team-Führer für ein *Entspanntes Feld* sorgen und die methodische Vorgangsweise so gestalten, dass sich der Hund unbefangen und in gelöster Gestimmtheit befindet. Diese Forderungen gelten nicht nur im *Freien Spiel*, sonder auch in den eingeflochtenen *Zielspielen*. Wir können jetzt dazu übergehen, im Freien Spiel, etwa nach dem [Abliegen und Herankommen], die Vorübungen für [Sitzen], [Liegen], [Stehen] und [Vorsitzen] einzubauen.

Welchen Motivationsbereich man wählt, welches Motivationsniveau anzustreben ist und welches MO sich am besten eignet, all dies muss auf den individuellen Hund zugeschnitten werden. Futter beinhaltet in der Regel weniger Risiken, weil es nicht so leicht Übermotivationen auslöst. Futter taugt daher für wenig erfahrene Team-Führer und auch für bestimmt veranlagte Hunde als auch für bestimmte Übungen oft besser. Mit welcher der vier Vorübungen man am besten beginnt, zeigt uns der Hund selbst an. Wurde die Basisübung jedoch gewissenhaft geübt, so spielt die Reihenfolge eine untergeordnete Rolle.

Bei Ablenkungen sollte man sicherheitshalber vorübergehend das Motivationsniveau erhöhen. Freies Spiel ist angesagt.

Wichtig ***Die Frage, wie das methodische Vorgehen aussehen soll, beantworten wir uns wie gewohnt durch kreatives Suchen nach Möglichkeiten, Aufgaben lustvoll zu gestalten (Didaktische Transformation). Und dies gilt für jede noch so kleine Teilaufgabe!***

Vorübung [Teilkreis]

Parallelübungen [Sitzen], Vorübungen Hürde und Kletterwand

Mitten im Freien Spiel stimulieren wir den Hund mittels Körpersprache (wenn erforderlich, zusätzlich durch Futter- bzw. Beute-MO), an unserer linken Seite einige Schritte im Uhrzeigersinn mitzugehen (+ steht für Uhrzeigersinn; - für Gegenuhrzeigersinn). Der Radius des gedachten Kreises beträgt je nach Größe und Ausbildungsstand des Hundes zwischen drei und vier Schritte. Anfangs reicht es völlig aus, wenn der Hund ein Segment von 20 bis 40 Grad des gedachten Kreises (dicht am Team-Führer) mitgeht. Also zwei bis drei Schritte. Geht man zu lange weiter, so muss man damit rechnen, dass der Hund anfängt, ungeduldig am Team-Führer oder zum MO hochzuspringen oder sich ablenken zu lassen. Zeigt der Hund anhaltende Aufmerksamkeit, ohne zu überdrehen, so kann man bereits hier den Vollkreis einbringen.

Anschließend wird das MO entweder tangential oder zentripetal (in Richtung des gedachten Mittelpunktes) geworfen oder auch der Anbiss angeboten (Schleuderball oder Beißwurst). Nutzt man Futter, so wird dieses freigegeben. Der Hund lernt auf diese Weise, sich eng am Team-Führer zu halten, einige Meter freifolgend mitzugehen und beim Beschleunigen sich eng am Team-Führer vorbeizubewegen. Damit der Hund auch in dieser Situation nicht nur dem Ball nachjagt, sondern den Team-Führer ansieht, empfiehlt sich, das MO unterschiedlich anzubieten: einmal in die Luft werfen, das nächste Mal in beiden Händen haltend anbeißen lassen, ein andermal auf den Boden schleudern oder kurz vor dem Werfen mit dem MO noch einige „Haken" schlagen. Zusätzlich kann man den Zeitpunkt des Werfens variieren. Der Hund wird versuchen, dem Team-Führer den Fortgang der Dinge aus der Physiognomie abzulesen, vor allem dann, wenn das Spiel mit viel Mimik, Körpersprache und Stimme bereichert wird.

Vorübung [Umkreisen]

Unter der Voraussetzung, dass der Hund die Vorübung [Vollkreis] bewältigt, können wir bereits hier das [Umkreisen] üben, um damit die klassische [Kehrtwende] oder verschiedene Aufgaben in den Sportarten TEAM-sport und TEAM-dance vorzubereiten. Hierzu geht man ein wenig in die Hocke, führt das MO oder Futter um die Beine und stimuliert den Hund, um die Beine zu kreisen, und zwar einmal im Uhrzeiger-, das andere Mal im Gegenuhrzeigersinn. In der ersten Phase wird das Futter bzw. MO wie eine Stafette von einer Hand in die andere abgegeben. In der zweiten Phase dreht sich der Team-Führer gleichzeitig gegen den Hund. Bewegung und Handling sind nicht ganz einfach. Es ist ratsam, beides zunächst „Solo" zu üben.

Vorübung [Sitzen]

Phase 1

[Sitzen]

Im Augenblick des Absitzens geben wir das Hörzeichen [Sitt] (Hörzeichen dem Ausführungstempo angleichen). Nach einiger Zeit (etwa ein bis zwei Wochen) ändern wir das *Signal-Timing*, indem wir mit dem Hörzeichen beginnen und kurz darauf die Körpersprache folgen lassen. Kurz heißt in diesem Zusammenhang: weniger als eine Sekunde.

Ab und zu geben wir dann das Hörzeichen mitten aus dem *Freien Spiel*, ohne vorausgegangene Warte- oder Spannungsphase. Jetzt wird sich zeigen, wie aufmerksam und erwartungsvoll der Hund uns begleitet. Der hoch motivierte Hund wird sich auf unser Hörzeichen schnell hinsetzen und lauern. Auch das Lauern soll anfangs nur eine Sekunde oder weniger dauern. Sofort danach geht man in ein *Freies Spiel* über oder man bietet das MO zum Anbeißen an. Die Dauer des Lauerns wird nach und nach verlängert.

Zur Verstärkung kann das Hörzeichen über die gesamte Dauer des Absitzens wiederholt und durch verbales Lob ergänzt werden. Auch die Wiederholungshörzeichen bitte nicht fordernd, sondern freundlich!

Unvollständiges Absitzen

Das [Sitz] aus dem *Freien Spiel* heraus einzubringen, bringt die Gefahr, dass sich der Hund infolge der hochmotivierten Erwartungshaltung und der damit verbundenen Muskelspannung nicht ganz absetzt.

Hinzu kommt: Das *unvollständige Absitzen* ist für den Team-Führer nicht leicht zu erkennen. Daher fällt dieser weit verbreitete Fehler oft gar nicht oder erst spät auf. Das fehlerhafte Absitzen hat sich durch Wiederholung dann oft schon gefestigt. Zur Vermeidung dieses Fehlers muss der Team-Führer gut abschätzen, wie hoch er den Hund im Freien Spiel motiviert.

Hat sich das unvollständige Absitzen schon gefestigt, hilft oft nur der vorübergehende Wechsel zu einem schwächeren Motivationsbereich. Trotzdem dauert es oft Monate, bis sich der Hund unter diesen Umständen dann vollständig setzt. Leider gestaltet sich dieses korrigierte vollständige Absitzen oft betont langsam, was wiederum so manchen Team-Führer veranlasst, mittels Druck und Zwang die Übung schneller machen zu wollen. Das Ergebnis ist leider immer dasselbe. Der Hund wird in dieser Situation nicht schneller, sondern entweder noch langsamer, oder er beginnt damit, die Übung zu meiden. Oder er sucht die verlorengegangene Harmonie durch Übersprunghandlungen, etwa dem Ausweichen in das [Liegen] oder [Stehen] (selten) zu kompensieren. In dieser Situation muss man Ruhe bewahren und sich frei von Ungeduld oder gar Zorn halten. Die Übung sollte neu aufgebaut werden, ganz von Anfang. Die besten Erfahrungen haben wir beim Neuaufbau mit Hilfe der *Basisübung* gemacht. Die veränderte Körperhaltung, das *Entspannte Feld* und das abgeschirmte Milieu werden ihre Wirkung nicht verfehlen.

Ein Wort an die Richter

Unvollständiges Absitzen wird oft übermäßig stark abgewertet. Tritt das unvollständige Absitzen in Verbindung einer allgemein schwachen Vorführung auf, ist die Abwertung sicher gerechtfertigt. Oft jedoch sind es gerade die hoch motivierten, freudigen und aufmerksamen Hunde, die nicht ganz absitzen. Hier müsste man relativieren. Die Grundfrage im Sinne der Sportlichen Idee lautet: Was ist die höhere Leistung? Unvollständiges, aber hoch motiviertes Absitzen oder vollständiges Absitzen eines gelangweilten, nach allen Seiten sich umsehenden Hundes? Man darf nie vergessen, dass die höhere Motivation ebenso wie die höhere Erwartungshaltung immer auch das höhere Risiko beinhalten. Fehler, die also auf das Konto einer im Grunde genommen hoch zu bewertenden Grundleistung gehen, dürfen im Hinblick auf damit verbundene Begleiterscheinungen nicht unrelativiert negativ beurteilt werden. „Freudigkeit“ und darauf zurückführende Fehler müssten innerhalb einer gerechten Bewertung abgewogen werden!

Wird die Übung am Anfang der Ausbildung im Freien Spiel eingesetzt, so kommt es noch nicht darauf an, dass der Hund bei Fuß sitzt, sondern dass er sich sofort auf das Hörzeichen freudig, vital und schnell hinsetzt und erwartungsvoll sitzen bleibt. Wer jedoch gut mit *Passiven Einwirkungen* (Leitzaun, Pflöcke oder andere Gegenstände) umgehen kann, dem sei empfohlen, diese möglichst früh einzusetzen. Der Hund lernt so von Anfang an auch den formalen Teil der Übungen richtig auszuführen.

Problemhilfe gegen schiefes Absitzen

Leitzaun

Zuerst muss man den Hund an Leitpflöcke gewöhnen. Zeigt sich der Hund unbefangen, kann man mit der Übung beginnen. Der Team-Führer geht mit seinem Hund in einen Teilkreis, wobei er auf der Höhe des Leitpflockes das Hörzeichen [Sitz] gibt. Der Abstand zwischen Leitpflock und Team-Führer muss ausreichend bemessen werden, so dass sich der Hund nicht hindurchzwängen muss und andererseits aber auch nicht zu viel Platz hat.

Leitgerte

Eine Variante, ebenfalls mittels *Passiver Einwirkung*, bietet der Einsatz einer Gerte oder eines Stockes, welche(r) kurz vor dem Absitzen seitlich senkrecht neben den Hund gestellt wird, so dass dieser bei eventuellem Ausweichen die Gerte berühren würde. Die Gerte hat den Vorteil, dass die Übung nicht nur auf vorprogrammierte Punkte, nämlich dort wo Pflöcke oder Zäune aufgestellt wurden, beschränkt bleibt. Zäune und Leitpflöcke, oder ersatzweise auch andere Gegenstände wiederum bieten den Vorteil, dass man beide Hände frei hat und in keiner direkten Verbindung zur *Passiven Einwirkung* steht. Für welche Form man sich auch entscheidet, wichtig ist, dass die *Passive Einwirkung* konsequent Wochen und Monate hindurch ausnahmslos eingesetzt wird. Als vorteilhaft hat sich erwiesen, mit dem Zaun zu beginnen, dann auf Pflöcke überzugehen und zuletzt die Gerte zu verwenden.

Phase 2

[Sitzen] Abbau der Hilfen

Kurz nach der erfolgreichen Vermittlung des korrekten [Absitzens Bei Fuß] (mittels Passiver Einwirkung) kann man dazu übergehen, die Körpersprache nach und nach zu reduzieren, bis schließlich nur noch das Hörsignal gegeben wird. Nach dem Absitzen und anschließenden Lauern folgt ab jetzt nicht immer ein neues Spiel, sondern etwa eine andere Übung (Abliegen mit Heranrufen, Vorübung über die flach gestellte Kletterwand, Abliegen unter Ablenkung usw.) Es sei nochmals betont, dass es hier um die Vorübung des Sitzens geht. Die vollständige Prüfungs- und Turnierübung kommt erst später dran.

Hat der Hund das [Sitzen] gelernt, setzen wir die Übung ab und gehen zum [Liegen] über (bzw. umgekehrt, wenn man mit dem [Liegen] begonnen hat).

Leitpflöcke als Passive Einwirkung.

Vorübung [Liegen]

Parallelübungen: Teilkreise +; Vorübung Kletterwand oder Hürde sowie die bereits beschriebenen Übungen.

Phase 1

Ausbau der Vorübung [Liegen]

Für den auszubildenden Hund hat sich in der Übung [Liegen] Futter als geeignet herausgestellt.

Hier ein entsprechender Vorschlag in Stichworten: Futter zeigen, damit imponieren, laufen, verstecken, das Futter zur Beute werden lassen, Stimme einsetzen usw. Zeigt der Hund genügend Aufmerksamkeit und Handlungsbereitschaft, wird das Futter in der Faust versteckt. Um uns interessant zu machen, bringen wir die Faust in die gedachte Verbindungslinie der beiden Augenpaare. Wenn sich die Augen von Mensch und Hund begegnen, beginnen wir mittels Mimik (evtl. auch in Verbindung mit Lauten oder den Hund ansprechend) zu kommunizieren. Kurz vor dem Hörzeichen atmen wir ein, bringen Spannung in den gesamten Körper und in die Mimik. Mitten in das Aussprechen des Hörsignals lassen wir die Faust auf den Boden fallen. Im Sinne des *Signal-Timing* darf die Bewegung erst kurz nach dem Hörzeichen einsetzen.

Alternative Man lässt den Hund zuschauen, wie ein anderer (fortgeschrittener) Hund die Übung vormacht (Lernen durch Nachahmung). Nach einigen Wiederholungen wird

Schnelles Platz mittels Körpersprache.

der demonstrierende Hund außer Sichtweite gebracht und der beobachtende Hund kommt an die Reihe.

Phase 2

Vorübung [Liegen] bzw. [Platz] in der Erlernstufe

Je nach Alter, Reife und Trainingsstand kann man alsbald damit beginnen, das Liegen durch entsprechende Veränderung der Körpersprache vitaler und schneller zu gestalten. Doch Vorsicht! Wenn der Hund noch nicht darauf reagiert, sollte man damit unbedingt noch warten. Geduld bei jungen Hunden! Die Schnelligkeit kommt schon noch. Bei manchen Hunden tritt erst zwischen neun oder zehn Monaten eine deutliche Schnelligkeitszunahme ein. Reifungsprozesse folgen eigenen Regulatoren und brauchen Zeit.

Eine Möglichkeit, die Vitalität zu steigern, liegt im Wechsel des MO's. Viele Hunde (teils rassebedingt) zeigen auf die Spielbeute ungleich höherer Handlungsbereitschaft als auf Futter. Was liegt näher, als den Motivationsbereich zu wechseln.

Alternativ Vorübung [Liegen] mittels Spielbeute

Die Übung bleibt nahezu unverändert. An Stelle des Futters hält die Hand beispielsweise einen Schleuderball. Vorsicht, während der Bewegung in Richtung Boden das MO nicht vom Hund wegziehen, da er sonst dem MO nachfolgt und vorspringt oder robbt. (Wer Angst vor den Pfoten oder Krallen hat, kann einen Handschuh verwenden.) Wir schleudern also die Hand senkrecht nach unten, wobei der Handrücken nach oben zeigt. Das MO muss gut festgehalten werden und es dürfen keine Anbißstellen frei liegen (beispielsweise die Schleuderleine). Wirft sich der Hund auf den Boden, wird die Hand gedreht, geöffnet und das MO freigegeben, – möglicherweise schließt sich ein Freies Spiel an. Die gespielte „fliehende Beute" stimuliert natürlich mehr als die sich öffnende Hand.

Hat der Hund bereits im Basisspiel die Vorübung [Liegen] gelernt, so kann man auf üppige MO-Hilfen verzichten. In diesem Falle reicht es aus, den Hund mittels Körperspannung, Mimik und Hörzeichen ins [Platz] zu stimulieren. (Hier dürfte die schnelle Ausführung des [Platz] schon zu erwarten sein). Erst anschließend folgt dann Lob und Spiel.

Vorübungen [Liegen] und [Sitzen] im Wechsel

Hat der Hund die Übung [Liegen] aufgenommen, so testen wir, ob er das inzwischen ausgesetzte [Sitzen] noch kann. Sollten hier wider Erwarten Schwierigkeiten auftreten, so muss das [Sitzen] nochmals im Zeitraffer von vorn aufgebaut werden. Anschließend werden die beiden Übungen [Sitzen] und [Liegen] im Wechsel geübt. Wichtig ist, dass der Team-Führer nicht eine der beiden Übungen motivational bevorzugt! Der Hund ist während der ersten Wechsel genau zu beobachten. Zeigt er beide Übungen gleichermaßen motiviert und gekonnt, ist dies ein untrügliches Zeichen für einen ausgezeichneten zurückliegenden methodischen Aufbau. Lässt der Hund bei einer der beiden Übungen Schwächen erkennen, so ist diese Übung nochmals vorzunehmen, gegebenenfalls in methodischer Abwandlung oder durch Nutzung eines alternativen Weges.

Vorübung [Stehen] (Anhalten)

Streng genommen gibt es nicht nur das „Stehen aus dem Gehen oder Laufen". Das „Aufsehen aus dem Sitzen oder Liegen" ist eine ebenso natürliche und unentbehrliche Verhaltensweise. Für das Fehlen dieser Aufgabe in den klassischen Hundesportunterordnungen gibt es keinen vernünftigen Grund. In den Sportarten TEAM-sport und

TEAM-dance wurde das „Aufstehen aus dem Sitzen oder Liegen“ aufgenommen, neben zahlreichen anderen, neuen Aufgaben. Und es wurde in jahrelanger Entwicklungsarbeit ein völlig überarbeitetes und erweitertes *Hörzeichenkompendium* geschaffen.

Die Vorüberlegungen hinsichtlich Motivationsbereich und Wahl des MO's gelten weiterhin. Kann der Hund [Sitzen] und [Liegen], bzw. [Sitz] und [Platz] einzeln und im Wechsel ausführen, setzen wir beide Übungen vorübergehend ab und gehen zum [Stehen] über (bzw. [Steh]). Inzwischen hat der Hund in der *Parallelübung* gelernt, *Teilkreise* zu gehen und den Team-Führer einige Schritte in der Freifolge zu begleiten.

Phase 1

Vorübung [Stehen] (erste Annäherung)

Auch die Vorübung [Stehen] wird mit Hilfe der Körpersprache vermittelt. Wir achten darauf, das *Motivationsniveau* in der *Vermittlungsstufe* nicht zu hoch anzusetzen. Für das Erlernen reicht auch hier die konzentrierte Aufmerksamkeit und eine mittlere *Aktionsbereitschaft* aus.

Der Team-Führer stimuliert seinen Hund mittels Körpersprache und Futter- bzw. Beute-MO, bis der Hund die nötige Aufmerksamkeit zeigt. Anschließend folgt entweder ein *Freies Spiel*, oder, falls dieses für den Hund nicht angebracht ist, das Locken des Hundes in den *Teilkreis*. Der Team-Führer bereitet das eigene Stehen bleiben gedanklich gut vor, wartet einen geeigneten Augenblick ab und gibt das (freundliche) Hörzeichen [Stehen] bzw. [Steeh]. Hat der Hund das [Stehen] noch nicht gelernt, sollte die Ausführung zunächst ohne Hörzeichen erfolgen. Kommt es dann hinzu, so ist es anfangs kurz nach der einsetzenden Körpersprache zu geben. Nach einigen Wiederholungen sollte das Hörzeichen jedoch vor der Körperhilfe gegeben werden (*Signal-Timing!*). Genau genommen setzt dann die Körpersprache während des Wortes [Stehen] ein. Gemeinsam mit dem „e“ des [Stehen] kommt die Körperbewegung. Während des Abbaus der Hilfen wird die (reduzierte) Körpersprache dann noch etwas später gegeben.

Körperhilfe

Sie kann sehr unterschiedlich ausfallen, je nach Naturel der beiden Team-Partner. Die Körperhilfe soll anfangs nicht zu abrupt erfolgen, sondern dem Ausführungstempo angepasst werden. Wir simulieren einen Körperausdruck, der dem bereits beschriebenen *Achtungsignal* ähnelt. Das heißt, wir bleiben „wie angewurzelt“ stehen. So, als hätten wir etwas besonders Interessantes bemerkt. Wir halten die Luft an und verharren einen Augenblick in dieser erstarrten Haltung. Wird das eigene Stehen bleiben überzeugend gespielt, so ahmen die meisten Hunde die Haltung erstaunlich gut nach. Manche Hunde stehen dann in Vorstehhaltung. (Für dieses natürliche, arteigene Verhalten würde ich als Richter keinen Punkteabzug geben.)

Dass sich manche Hunde dann schließlich doch setzen, liegt oft daran, dass man den Hund überfordert hat. Man hätte nicht warten dürfen, bis sich der Hund nach kurzem Stehen unterbewusst an die ähnliche Situation des [Sitzen] erinnert und sich dann prompt mit dem Ziel hinsetzt, auf diese Weise in den Genuss des Futters oder der Beute zu kommen. Die Bestätigung des gewünschten Verhaltens hätte die ersten Male im Ansatz des Stehensbleibens gegeben werden müssen. Nach wenigen Wiederholungen ist der Hund dann in der Lage,

Will sich der Hund nach dem Anhalten absetzen, so ist dies vom Team-Führer im Ansatz zu bemerken und entsprechend zu verhindern – entweder durch Weitergehen oder durch betontes Tiefhalten des „Geistigen Zügels“.

das Stehen auch etwas länger zu halten. Längeres, motiviertes Stehen lernt der Hund erst mit der Zeit sicher auszuführen.

Problemhilfe gegen fälschliches [Sitzen]

Sind Timingfehler bereits gemacht worden, so kommt man an leichten Hilfen oft nicht vorbei. Eine ebenso einfache wie wirksame Hilfe besteht darin, den Hund beim [Stehen] die linke Hand unter die Hüfte zu halten (später reicht die Berührung an der Flanke). Will sich der Hund trotzdem noch hinsetzen, so sollten wir der Versuchung widerstehen, ihn ärgerlich oder durch schmerzhaftes Hochziehen daran zu hindern. Es reicht aus, die unerwünschte Aktion durch *Passive Einwirkung* zu vereiteln. Man drückt also nicht mit der Hand hoch, sondern der Hund spürt selbst, dass er im Hinsetzen an einen Widerstand gerät.

Gegen ungewolltes Absitzen nach dem Stehen bietet sich an, den Hund kurz an der Flanke zu berühren. „Berühren" reicht! Keinen Druck ausüben.

Eine andere Möglichkeit gegen das Verwechseln von [Stehen] und [Sitzen] bietet ein flaches Band, das dem Hund unter den Hüften durchgeführt wird und das Absitzen verhindern hilft. Das Band hat den Vorteil, dass der Team-Führer deutlich weniger Körperbewegungen für die Korrektur benötigt und seine aufrechte Haltung weitgehend erhalten kann. Auch die bereits beschriebene Gerte kann eingesetzt werden. Diesmal nicht im Sinne der *Impulsiven Berührung*, sondern als Bewegungsbegrenzung. Band oder Gerte lassen sich auch von einer Hilfsperson führen.

Wichtig ***Bei allen Hilfestellungen sollte man unbedingt sachlich bleiben und negativen Emotionen keinen Raum geben. Eine wichtige Erkenntnis moderner Erziehung – auch der Erziehung unserer Kinder (!) – liegt darin, bei notwendigen Korrekturen die positive Grundstimmung des Lernenden nicht zu beeinträchtigen oder gar zu zerstören. Dem Selbstwertgefühl nicht entgegenzuarbeiten rächt sich. Besser ist es, die positiven Kräfte des Individuums wachzurufen und zu aktivieren. Vorbild und Einsicht erweisen sich langfristig ergiebiger als Zynismus oder Gewalt!***

In unserem Beispiel hieße das: Wir hindern den Hund wie beschrieben auf weitgehend passive Art am unerwünschten Verhalten. Bleibt der Hund auf Grund unserer Hilfestellung stehen, lösen wir die *Passive Einwirkung* möglichst unauffällig auf. Gleichzeitig lenken wir den Hund mittels Körpersprache ab. Es folgt Lob und/oder Spiel.

Phase 2

[Stehen] aus unterschiedlichen Bewegungen

Hat der Hund das [Stehen] in der Vermittlungs- und Erlernstufe gut angenommen, folgt das Stehen in unterschiedlichen Situationen: Aus dem gemeinsamen Gehen im *Teilkreis* oder mitten im *Freien Spiel*. Weiterhin ist darauf zu achten, dass das Hörzeichen jetzt kurz vor Einsetzen der Körpersprache gegeben wird (*Signal-Timing!*). Die Körpersprache wird nach und nach abgebaut.

Wechsel [Sitzen] [Stehen]

Nach erfolgreichem Abschluss der Vermittlungs- und Erlernstufe im [Stehen] werden [Sitzen] und [Stehen] im Wechsel geübt. Anschließend folgt der Wechsel [Stehen] [Liegen]. Es ist darauf zu achten, dass keine Bevorzugung einer der beiden Übungen eintritt. Einer eventuell eingetretenen Bevorzugung kann man durch verstärkte Motivation der schwächeren Übung entgegentreten. Wir achten in der Phase des Wechsels noch mehr als sonst darauf, dem Hund sehr viel Freude zu vermitteln. Je entspannter die Atmosphäre, desto leichter lernt der Hund.

Spannungen, Irritationen, schädlicher Stress, Angst, Frustration, Misstrauen und andere problematische Gefühlslagen können sich bei Unterscheidungsaufgaben besonders stark auswirken.

Wechsel [Sitzen], [Stehen] und [Liegen]

Wenn der Hund bisher keine schlechten Erfahrungen gemacht hat, kann der soeben beschriebene Zweierwechsel möglicherweise übersprungen werden. Tage vor dem ersten Wechsel aller drei Aufgaben testet der Team-Führer seinen Hund nochmals in den einzelnen Aufgaben [Sitzen], [Stehen] und [Liegen], indem er nach jeder Übung eine kleine Pause einfügt oder andere Übungen dazwischen reiht. Verlief der Test positiv, so werden nun alle drei Vorübungen in unterschiedlicher Reihenfolge gewechselt. Erweist sich der Hund bei einer Übung etwas untermotiviert, so kann dies durch entsprechende Verstärkung dieser Übung ausgeglichen werden.

Vorübung [Vorsitzen]

Phase 1

Vorübung [Vorsitzen] (erste Annäherung, HF am Boden sitzend)

Im [Abliegen und Herankommen] hat der Hund schon gelernt, durch die Beine zu laufen. Auch in der Vorübung [Vorsitzen] werden wir anfangs ganz besonders darauf achten, das volle Vertrauen in Körpernähe und Körperkontakt zu gewinnen und zu festigen. Dieser Punkt wird oft unterschätzt, leider auch von erfahrenen Hundeführern und Ausbildern. Den Hund stimulierend heranzulocken, reicht nicht aus! Für das freudige und vitale Vorsitzen ist nicht nur die Motivation ausschlaggebend, sondernd auch das Maß des Vertrauens und der positiven Gestimmtheit in der Nähe des Team-Führers.

Übungsaufbau

Wir legen den Hund in unserer Nähe ab und entfernen uns wie bei der *Paradeübung*. Nach zirka drei Schritten drehen wir uns in Front zum Hund und setzen uns wie bei der Basisübung auf den Boden.

Wir stimulieren den Hund (mittels Futter- oder Beute-MO; – oder mit Zuneigungsgesten) zu uns zu kommen. Wir umschließen das MO mit der Faust, animieren das Futter sicht- und hörbar, legen die Faust vor uns auf den Boden und rufen den Hund nach einigen spannungsvollen Sekunden zu uns heran. Damit der Hund nicht zu schnell wird, haben wir die Entfernung auf drei Schritte Abstand beschränkt. Kommt der Hund näher, so bewegen wir das MO am Körper entlang nach oben und lehnen uns gleichzeitig zurück. Ein unbefangener Hund wird mit den Vorderpfoten auf uns klettern, um näher zu kommen. Zeigt er Berührungsängste, so sind diese im Sinne der Basisübung zuerst abzubauen. Zeigt sich der Hund kontaktfreudig und unbefangen, so gehen wir dazu über, uns nicht mehr nach hinten zu lehnen, sondern den Oberkörper aufrecht zu halten. Gleichzeitig setzen wir die freie Hand ein, dem Hund mittels Gesten beim Vorsitzen zu helfen. Sitzt der Hund vor oder zeigt er auch nur den Ansatz hierzu, folgt Lob und Spiel, wobei der Team-Führer sitzen bleibt.

(Die Übung setzt intakte Rangordnung voraus! Ist diese nicht gegeben, so muss zuerst die beschriebene TEAM-balance hergestellt werden.)

Mit der Zeit werden dann auch die Hörzeichen [Hier] und [Sitt] eingebracht.

Phase 2

Vorübung [Vorsitzen] (Team-Führer stehend)

Nach ein bis drei Wochen wird ein normal veranlagter Hund Freude an der Übung zeigen, und die Körpernähe des Menschen wirkt sich eher als zusätzliche Motivation denn als Hindernis aus. Auch das [Sitzen] dicht vor dem Team-Führer dürfte in annähernd der gleichen Zeit zur Verfügung stehen.

Nun kann man dazu übergehen, das [Vorsitzen] im Stehen auszuführen. Bei Welpen oder eher kleinwüchsigen Hunden muss jetzt aber berücksichtigt werden, dass sie sich oft im Abstand zum Team-Führer hinsetzen. Nicht aus Scheu oder Angst, sondern, um entweder besser Blickkontakt aufnehmen zu können und/oder, um sich im Abstand einen Vorteil für das erwartete Spiel zu verschaffen.

Hat sich der Hund an den weiten Abstand gewöhnt, ist es oft schwierig, auf das nahe Vorsitzen umzustellen. Daher sollte man unbedingt von Anfang an das dichte Vorsitzen einbringen.

Um auch kleinwüchsigen Hunden und Welpen ein nahes Vorsitzen zu vermitteln, stehen wir mit gegrätschten Beinen, führen das Futter durch die Beine nach hinten und lassen den Hund zwischen unseren Beinen absitzen. Nach einigen Wochen schließen wir die Beine (Phase 3) und man wird sehen: der Hund sitzt dicht vor. Zur Aufrechterhaltung empfiehlt sich, die Beingrätsche sporadisch weiterhin beizubehalten und den Hund, solange er noch wächst, nicht zu oft bei geschlossenen Beinen vorsitzen zu lassen. (Wer diese Übung mit seinem großen Hund durchführen möchte, kann sich auf zwei Erhöhungen stellen).

Einsatz von Gerten gegen schiefes Vorsitzen und zum Absichern der korrekten Vorsitzposition, egal, aus welcher Richtung der Hund angelaufen kommt.

[Sitz], [Platz], [Steh]

[Sitz]

Während der Vorübungen hatten sich zahlreiche Gelegenheiten geboten, den Hund genau zu beobachten. Und man konnte sich die ständig präsenten didaktischen Fragen aktuell und zuverlässig beantworten.

Aus diesem Grund testen wir den Hund, bevor wir die Vorübungen beenden und zur Prüfungsform übergehen:

- Sitzt er ganz ab?
- Kann er warten?
- Bleibt er erwartungsvoll und gleichermaßen gezügelt sitzen?
- Hält er die Konzentration?
- Beantwortet er den Auslöser zum Herankommen oder Abliegen ebenso selbstsicher wie explosiv?

Wurden die Vorübungen gewissenhaft durchgeführt, so müsste sich der Team-Führer all diese Fragen mit einem zweifelsfreien JA beantworten können. Auf dieser Basis ist das „vorzügliche“ [Sitt] bereits in greifbarer Nähe.

Methodisches Konzept

Jetzt geht es darum, ein individuelles methodisches Konzept aufzustellen. Hierzu die üblichen einkreisenden Fragen:

- Welcher methodische Weg scheint für den betreffenden Hund am vielversprechendsten?
- Welcher Motivationsbereich und welches MO empfehlen sich für die jeweils anliegende Übung?
- Wie hoch ist das *Anspruchsniveau* (Schwierigkeitsgrad) zu setzen?
- Zeigt der Hund Fehlverknüpfungen oder verspricht der eingeschlagene Weg direkt zum Ziel zu führen?
- Wie hoch soll man den Hund motivieren? Bei Übermotivation müsste man mit Hochspringen, mit unvollständigem Absitzen oder anderen Fehlern rechnen. Untermotivation hingegen würde die Übung langsam machen und zu Unaufmerksamkeit führen.
- Was lässt man vorausgehen? Ein *Freies Spiel*? Beutestreiten? Futter?
- Wie weit kann der Hund schon [Bei Fuß] gehen?
- An welchem Punkt der Freifolge ist das Sitzen angeraten?
- Benötigt man für das parallele, seitliche Mitgehen dicht am Bein etwa noch den *Freifolge-Zaun* oder andere *Passive Einwirkungen*?

Ist man sich in groben Zügen über das didaktisch-methodische Vorgehen im Klaren, so sollte man nicht versäumen, besondere Aktivitäten des Team-Führers, wie etwa das Aussprechen des Hörzeichens, die zur Kommunikation und als Hilfe einzusetzende Körpersprache oder auch die Nutzung irgendwelcher Hilfsmittel zu prüfen und zu üben.

Überprüfung von Hörzeichen

Auf dem inzwischen erreichten Niveau werden geringe Unterschiede in Haltung, Bewegung und Sprache immer wichtiger. Man geniere sich nicht, das Hörzeichen [Sitt] in einer ruhigen Stunde einmal wirklich auf Herz und Nieren zu prüfen:

- Wie lange soll das „Ss“, das „i“ und das „t“ klingen?
- Wie stark will man das „t“, wie scharf das „ss“ sprechen?
- Welchen Charakter will man dem Hörzeichen geben? Rein freundlich oder mit ein wenig Unterordnungsanteil? Betont auf Erwartung oder eher beruhigend, dämpfend?

Oft werden Hörzeichen entweder zu sehr befehlend, überpowert oder aber auch zu lässig gegeben. Meistens jedoch unreflektiert. Die Folgen gestalten sich dementsprechend.

Es hat sich bewährt, das Hörzeichen in der Oberstufe anfangs nicht zu explosiv zu geben. Das Hörzeichen sollte also genauso gegeben werden, wie es der erwarteten Ausführung der Übung entspricht. Hat der Hund gelernt, auf die Signale des Team-Führers vertrauensvoll einzugehen, dann hat man alle Trümpfe in der Hand, auch für außergewöhnliche Situationen. Ein Hund, der volles Vertrauen zu seinem Team-Partner mitbringt, verträgt auch einmal ein betont strenges Hörzeichen, ohne seine Selbstsicherheit zu verlieren. Das Gleiche gilt für die Körpersprache. Wir raten dem ambitionierten Hundesportler daher immer wieder, sich Haltung, Bewegung und Sprache bewusst zu machen und wo nötig, gezielt zu üben. Es lohnt sich, von Zeit zu Zeit alle Übungen mental an seinem geistigen Auge (und Ohr!) vorbeiziehen zu lassen (ohne Hund!), die wichtigsten Handgriffe und Körperaktionen ebenso wie die Aussprache der Hörzeichen zu überprüfen und zu vervollkommnen. Die *Team-Vorführung* wird davon erheblich profitieren.

Übung [Sitz] mit dem Hund

Der Hund hat die Grobform der Übung inzwischen gelernt. Jetzt geht es darum, die äußere Form zu üben und die Team-Vorführung zu perfektionieren. Gegebenenfalls ist auch die Intensität und Schnelligkeit der Ausführung noch zu verbessern.

Phase 1

[Sitz]

Wir beginnen wie gewohnt mit dem individuellen Einstimmen. Anschließend gehen wir einige Schritte in der Freifolge, bereiten uns selbst und den Hund mittels Körpersprache auf das Sitzen vor, steigern kurz vor dem Hörzeichen die Gesamtspannung und geben dann im richtigen Augenblick das Hörzeichen [Sitt]. Unmittelbar danach (*Signal-Timing*!) folgt die Körperhilfe, falls sie noch erforderlich ist.

Sitzt der Hund vollständig, verharren wir zirka zwei bis drei Sekunden unbeweglich erstarrt neben dem Hund und halten den Atem an. Anschließend lösen wir dann die Übung in geeigneter, dem Hund individuell angepasster Form auf (Lob und Spiel). War die Motivation zu hoch, und sitzt der Hund infolge dessen nicht ganz ab, reduzieren wir die Stimulation bei Wiederholung. Sitzt der Hund dann immer noch nicht ganz ab, helfen wir ihm mittels Körpersprache und warten, bis er sitzt. Hat er sich vollständig abgesetzt, folgt Lob und Spiel. Für die Folge nehmen wir uns vor, diesen Hund vorher erst ausgiebig auslaufen oder sich im Spiel abreagieren zu lassen.

Phase 2

In Front drehen nach dem [Sitz]

Bis zum Erstarren bleibt die Übung unverändert wie in Phase 1. Jetzt soll der Hund jedoch kurz nach dem Erstarren weiterhin sitzen bleiben, während sich der Team-Führer langsam in Front zum Hund dreht. Sitzen zu bleiben, während der Team-Partner eine Bewegung fortsetzt oder einleitet, bedeutet für den Hund, der im Rudel der Bewegung der Meute folgt, eine beachtliche Anforderung. Hier kommt uns wieder die *Paradeübung* und der *Geistige Zügel* zugute. Wird beides richtig eingesetzt, dürfte das in Front drehen (schleichender Weise!) keine Schwierigkeiten bereiten. Hat sich der Team-Führer vor den Hund gestellt, bleibt er wiederum ein bis drei Sekunden erstarrt in aktiver Haltung stehen, um dann wie gewohnt akustische und visuelle Auslöser folgen zu lassen. (Bei überaktiven Hunden kann anschließend Lob und Sozialkontakt zur Entspannung beitragen.)

Phase 3
Kurzes Entfernen nach dem [Sitz]

An Stelle des „In-Front-Drehens" geht der Team-Führer nach dem Hörzeichen [Sitt] geradeaus weiter. Während des Weitergehens lassen wir den Hund keine Sekunde aus den Augen. Anfangs sollte zur Sicherheit noch kurz nach dem Hörzeichen der *Geistige Zügel* gegeben werden, ohne jedoch dadurch die Bewegung des Weitergehens wesentlich zu verändern. Nach einigen Schritten folgt das gewohnte Erstarren, Warten, neuerliche Spannung aufbauen und das Auslösen. Sollte der Hund Anzeichen zum Vorgehen zeigen, hilft man sich mit dem Entgegenbringen des gesamten Körpergewichtes – zusätzlich zum *Geistigen Zügel*.

Variante Wer in der glücklichen Lage einer zur Verfügung stehenden Hilfsperson ist, kann diese zur Absicherung des Sitzens in Phase 3 einsetzen. Wie bei allen Veränderungen, so ist auch das Mitgehen der Hilfsperson vorher zu üben, und der Hund schrittweise damit vertraut zu machen. Der Einsatz einer Hilfsperson bringt mehrere Vorteile: Zum einen kann der Hundeführer viel früher mit dem Abbau der Körperhilfen beginnen, zum anderen braucht er sich nicht umzudrehen, um ein eventuelles Verlassen der Position zu bemerken und außerdem kann die Hilfsperson Fehlleistungen vorbeugen oder sie auf der Stelle korrigieren.

Die Hilfsperson geht in der Freifolge dicht hinter dem Hundeführer her. Nach dem Hörzeichen [Sitt] geht der Hundeführer weiter, die Hilfsperson tritt neben den Hund, kniet sich zu diesem nieder und verhindert mittels Körpersprache (eventuell Einsatz des *Geistigen Zügels*) das Vortreten. Das Knien ebenso wie die nachfolgende Körpersprache müssen ruhig und vertrauenswürdig gestaltet werden! Es liegt auf der Hand, dass sich diese Form des Trainings nicht für alle Rassen und Temperamente eignet. Hinzu kommt, dass der Hund durch die Hilfsperson abgelenkt und dadurch die Bindung zum Team-Führer gestört wird.

Phase 4
Entfernung vergrößern

Das Entfernen wird weiter ausgebaut. Waren es bis hierher nur einige Schritte, so entfernen wir uns jetzt bis auf 20, 40 (ab und zu noch mehr) Schritte vom Hund. Neu kommt hinzu, dass der Hund aus dem Weitergehen heraus belohnt wird. Dies bewirkt, dass er auch während des Weggehens konzentriert und motiviert bleibt. Damit der Hund die Sitzposition nicht unaufgefordert verlässt, verbinden wir das Auslösen aus der Bewegung mit einem aufmunternden Hörsignal. Das MO (Futter oder Beute) wird unregelmäßig von Mal zu Mal in anderer Entfernung und in unterschiedlicher Art und Weise geworfen. Einmal nach links, dann nach rechts, vorne oder hinten, einmal hoch, dann auf den Boden, und wieder ein andermal lassen wir den Hund zu uns herlaufen und das MO anbeißen.

Phase 5
Abbau der Körperhilfen

Die Körperhilfen werden nun sukzessive abgebaut. Übrig bleibt der natürliche Spannungsaufbau, der mit der Vorbereitung zur Ausführung verbunden ist. Ab und zu wird nun die Übung in vollem Umfang durchgeführt: Der Team-Führer setzt den Hund ab, geht die vorgeschriebene Zahl an Schritten weiter, dreht sich um, bleibt kurz stehen, geht zum Hund zurück und stellt sich an dessen rechte Seite. Dann folgen einige Sekunden erneuten Spannungsaufbaus für das kommende Angehen. Auch hier kann eine (vertrauenswürdige!) Hilfsperson wertvolle Dienste leisten, indem sie den Hund genau beobachtet und etwaige Fehler oder Stimmungsveränderungen sofort mitteilt.

Phase 6
Automatisieren des Absitzens

Nach angemessener Zeit lässt sich das prüfungsmäßig vorgeschriebene, automatisierte Sitzen (ohne Hörzeichen) entwickeln, oder, wenn es der Hund schon kann, verbessern und absichern.

Phase 7
Abwandlung und Festigung

Anschließend wird die Übung abgewandelt und gefestigt. Damit der Hund in jeder Lage flexibel bleibt, gehen wir nicht immer zum Hund zurück, sondern rufen ihn ab und zu auch zu uns, um ihn zu einem Freien Spiel einzuladen oder in eine andere Übung überzuleiten. „Altgediente" Hundesportler haben vielfach Angst vor variablen Aufgabenstellungen. Die Automation ist ihnen derart in Fleisch und Blut übergegangen, dass sie sich nicht vorstellen können, dass ein Hund Übungen zuverlässig ausführt, auch wenn sie in anderer Reihenfolge oder gar abgewandelt trainiert werden. Aber sie vergessen, dass der rein auf Automation aufgebaute Sport eine Erfindung des Menschen ist, nicht der Natur! Daher sollten wir wenigstens im Training für Abwandlung und Abwechslung sorgen! Eben diese Abwandlungen dienen der Festigung und gleichzeitig der Erhaltung der Motivation. – Zur Festigung eignen sich darüber hinaus neue, noch stärkere und unvorhersehbare Ablenkungen. Der Phantasie sind keine Grenzen gesetzt.

Nach dem Sitz dreht sich der Team-Führer spannungsvoll in Front.

Problemhilfe gegen Verwechslung

Hat der Hund Sitzen, Liegen und Stehen richtig gelernt, wird er die Übungen nicht verwechseln. Müssen jedoch vorausgegangene Ausbildungsfehler korrigiert werden, so empfiehlt sich, zunächst einmal alle drei Übungen auf ein annähernd ausgeglichenes, positiv besetztes Emotionsniveau zu bringen! Während dieser Zeit stellt man formale Leistungsforderungen tunlichst in den Hintergrund. Der Hund soll wieder Freude an der Ausführung der problematischen Übung haben, und der Team-Führer hilft ihm dabei, indem er das Vertrauen wieder aufbaut und für die Rückgewinnung der Selbstsicherheit seines Hundes sorgt. Erst wenn die Übung auf diese Weise besser zu werden beginnt, sind formale Forderungen wieder angebracht. Wir warnen ausdrücklich und wiederholt vor Hau-Ruck-Korrekturen, denn diese lassen das Problem in der Regel nur noch stärker hervortreten.

Bei Haltungs-„Verwechslung“ sollte man vorübergehend nur die problematische Haltung üben. Diese jedoch ist neu aufzubauen. Von den ersten Schritten an: Basisspiel, Vorübung usw. Gelingt es, die Übung wieder positiv zu besetzen, ist in der Regel das Problem gelöst. In gravierenden Korrekturfällen empfiehlt sich, die problematische Übung vorübergehend abzusetzen und den Neuaufbau wie bereits beschrieben auszudehnen (Umfeld, Hörzeichen, Ort, Stimmung usw.).

Problemhilfe gegen Folgen von Zwangseinwirkungen

Leider kommt es immer wieder vor, dass Hundeführer meinen, sie könnten das Sitzen mittels Zwang schneller machen. Ihr Hund setzt sich zwar, aber ihrer Meinung nach nicht schnell genug. Oft wird er dann angeschrieen oder mittels starken Leinenrucken zu schnellerem Absitzen gezwungen. Die meisten Hunde reagieren auf diese Form der Einwirkung genau entgegengesetzt. Anstatt sich schneller zu setzen, werden sie noch langsamer. Der Hund büßt seine gewohnte Selbstsicherheit ein. Zögern ist oft die Folge. Hört der Team-Führer dann immer noch nicht auf, den Hund sinnlos zu drangsalieren, folgt als nächste Reaktion das Ausweichen, Verweigern oder die Flucht des Hundes. Entweder er legt sich hin, statt zu sitzen oder er bleibt stehen und macht gar nichts mehr oder er sucht sein Heil in der Flucht. Diesem Hundeführer ist es tatsächlich gelungen, alle Warnzeichen zu übersehen und dem Hund ebenso wie sich selbst ein ernsthaftes Problem zu schaffen. Denn aus diesem Stadium hilft in der Regel nur ein langer, geduldig aufgenommener Weg in die entgegengesetzte Richtung. Und dieser besteht in der Rückgewinnung des Vertrauens, der Selbstsicherheit, der Motivation und der Freude. Warum nicht gleich so? Es gibt andere Möglichkeiten, Übungen schneller zu gestalten. Wir werden im weiteren Verlauf einiges kennen lernen.

Problemhilfe gegen schiefes [Sitz] oder [Sitz] in seitlichem Abstand

Gegen schiefes Sitzen hat sich der Einsatz von Leitpflöcken oder Leitzäunen bewährt. Es werden einige Pflöcke in einem Kreis von 6 bis 8 Metern aufgestellt. Das Team geht innerhalb der Hindernisse im Kreis, wobei jeweils auf der Höhe eines Pflocks ein [Sitt] erfolgt. Es empfiehlt sich, das Gehen im Kreis ebenso wie das Anhalten zuerst einmal „Solo“ zu üben, – ohne Hund.

Geht der Hund ständig schief, ist nach den Ursachen zu fragen (in welcher Hand wird das MO gehalten? usw.). Bei ständigem Schiefgehen ist die *Passive Einwirkung* des Leitzauns angesagt.

Dieselbe Anordnung hilft auch gegen seitliches Ausweichen. Hier gilt es jedoch zusätzlich zu prüfen, ob das Ausweichen nicht tiefer liegende Ursachen hat. In diesem Falle kommt man an einem Wiederaufbau unter entsprechend neuer Ausrichtung nicht vorbei (TEAM-balance von Anfang an!).

[*Platz*]

Die Vorüberlegungen zu den Übungen [Sitz], [Platz] und [Steh] sind annähernd die gleichen. Umso mehr, als alle drei auf den Vorübungen aufbauen. Die entsprechenden Fragen können in den ersten Abschnitten der Übung [Sitz] nachgelesen werden (siehe S. 186).

Auch beim [Platz] sollte der Team-Führer erst einmal ohne Hund üben, und auf die Einzelheiten des Hörzeichens und der Körpersprache achten. Beim gemeinsamen Üben ist man viel zu sehr mit dem Hund beschäftigt. Darunter leidet natürlich das Prüfen der eigenen Verhaltensweisen.

Sind die Trockenübungen abgeschlossen, so folgt wie gewohnt der Test im *Freien Spiel* oder auch in der *Einstimmung*:

* Wie weit ist der Hund in der Übung [Platz] schon fortgeschritten?
* Benötigen wir den Freifolgezaun?
* Was ist zu erwarten?
* Wie aktiv, wie freudig, schnell und exakt zeigt sich der Hund?
* Stimmt die *Motivationsbalance*?

Die Beantwortung dieser immer wieder zu stellenden Fragen ist bereits ein Teil der sich anschließenden Didaktik und Methodik.

Phase 1

[Platz]

Wir beginnen wie gewohnt mit Einstimmen, Angehen, Vorbereiten der Übung und dem Aufbau der gesteigerten Konzentration und inneren Spannung. Dann folgt das Hörzeichen [Platz]. Unmittelbar danach (*Signal-Timing*!) folgen die Körpersignale: Abstoppen der Schritte; der Oberkörper wird nach links gedreht; gleichzeitig geht man ein wenig in die Hocke und gibt die entsprechenden Körperhilfen. Auch hier folgt wieder am Ende der Bewegung das Erstarren und das spannungsvolle Verharren in dieser Position – etwa zwei bis drei Sekunden lang. Währenddessen halten wir den Atem an und suchen den Blickkontakt des Hundes. Dann folgt das Auflösen mittels Spiel und/oder Lob.

Erscheinungsbild der Übung

- Beim [Platz] ist darauf zu achten, dass das Aussprechen des Hörsignals ebenso wie die nachfolgende Körpersprache annähernd auf dem Niveau der zu erwartenden Ausführung stehen. Es bringt nichts, wenn der Team-Führer in euphorischer Erwartung ein explosives Hörzeichen gibt und blitzschnelle Körperbewegungen zeigt, während die Ausführung des Hundes ein ganz anderes, viel langsameres Erscheinungsbild gibt. Damit die Körpersprache wirksam werden kann, sollte sie zunächst das Erscheinungsbild der Übung möglichst real wiederspiegeln. Erst nach und nach geht man dazu über, durch gezielte Veränderung der Körpersprache und des Hörzeichens das Verhalten zu beeinflussen. Je besser diese Abstimmung gelingt, desto direkter wird der Hund die Signale umsetzen lernen. Auch das nachfolgende Spiel ist in diesem Sinne individuell und situativ zu gestalten. Erst wenn alle Komponenten der Kommunikation pädagogisch sinnvoll eingebracht werden, wird der Hund seinem Partner buchstäblich von den Augen ablesen, was dieser von ihm will. Und bei motivationalem Aufbau wird der Hund das Letzte geben, um das umzusetzen, was er gelernt hat.
  Hat sich der Hund auf den Boden geworfen (wohlbemerkt aus Freude und nicht aus Angst), so wird das MO nicht nach vorn, sondern nach hinten geworfen. Auf diese Weise erreichen wir, dass der Hund noch schneller abstoppt, denn er erwartet die Belohnung in der entgegengesetzten Richtung. Um schiefes Abliegen zu vermeiden, werfen wir das MO einmal links, das andere mal rechts neben dem Hund nach hinten. Die Übung kann einige Male wiederholt werden, wobei man beim ersten Mal die Erwartungen nicht zu hoch ansetzen darf. Das Werfen in die entgegengesetzte Richtung wirkt außerdem dem Vordrängen entgegen.

Weitere Phasen

Die weiteren Phasen können in Anlehnung an den beschriebenen Aufbau beim [Sitz] durchgeführt werden (in Front drehen; – einige Schritte weitergehen; –

Geistiger Zügel; – beim Entfernen unregelmäßiges Auslösen; – Hilfen abbauen; – möglicherweise Hilfsperson miteinbeziehen usw.).

[Steh]

Nachteile traditioneller Methoden

Methode 1 Vielfach versucht man heute noch, den Hund mittels Leinenruck zum Stehen zu bringen. Der Ruck über die Leine hat aber den Nachteil, dass damit – physikalisch gesehen – nicht nur ein Zug nach hinten, sondern ein Drehmoment um die Querachse entsteht, was den Hund zum Absitzen veranlasst.

Nicht alle Team-Führer geraten gleich in Zorn. Aber die Selbstbeherrschung nutzt nur zum Teil, wenn der Betreffende meint, durch Wiederholung des beschriebenen Übungsaufbaues würde der Hund schon mit der Zeit lernen, was von ihm gefordert wird. Ignoriert der Hundeführer das Fehlverhalten und lässt er das Sitzen wiederholt zu, so wird sich das Fehlverhalten mit jeder einzelnen Wiederholung mehr und mehr stabilisieren. Stärkere Rucke bewirken dann keineswegs den gewünschten Erfolg, sondern sie verstärken lediglich das Drehmoment und die damit verbundene Information für den Hund, sich zu setzen. Er weiß ja nichts vom geplanten Stehen, welches er bei dieser Ausbildungsmethode ja noch nicht kennen gelernt hat. Selbst wenn der Hund nach einiger Zeit über weitere Zwangsmaßnahmen zeigt, was von ihm erwartet wird, so erfährt er doch die neue Übung [Stehen] von Anfang an in negativer emotionaler Besetzung. Und dann wundern sich Hundeführer, wenn der Hund bei der geringsten Abweichung der Umwelteinflüsse das Stehen verweigert oder an Stelle des Stehens sich setzt, zögernd stehend bleibt oder einige Schritte nachgeht. Man müsste einsehen, dass der Hund menschliche Wertmaßstäbe nicht nachvollziehen kann. Wenn sich für ihn das Stehen mit Unlust verbindet, dann wird er sich dieser Unlust durch eine Aktion zu entziehen suchen. Die nächstliegende Aktion aber ist für viele Hunde das Sitzen. Im Sitzen haben sie oft schon bereits als Welpen gute Erfahrungen gemacht; – haben Futter erhalten und sind gelobt worden. In Konfliktsituationen flüchten sich Hunde oft in ihrer Hilflosigkeit in tief verankerte, mit positiven Emotionen verbundene Verhaltensweisen.

Methode 2 Man bindet dem Hund die normale Führerleine als Schlinge um die Hüfte und hakt den Karabiner vorne am Halsband ein. Dadurch entsteht eine Art Tragegriff. Der Hund soll nun während der Freifolge hochgehoben und mit dem Hörzeichen [Steh] sofort wieder abgesetzt werden. Der Hund streckt in der Luft die Beine und bleibt beim Wiederaufsetzen auch prompt stehen. Sehr praktisch gedacht. Aber leider bringt auch diese Methode mehrere Nachteile mit sich. Erstens ist das Hochheben eines mittelschweren oder gar schweren Hundes für Frauen, für Jugendliche, ältere oder auch für nicht besonders kräftige Männer kaum durchführbar, und zweitens ist die Körperbewegung des nach unten Greifens und Hochhebens relativ aufwendig. Lange, bevor das Hörzeichen folgt, liest der Hund an der Körpersprache ab, was folgt. Und schließlich wird der Hund diese Prozedur nicht gerade als angenehm empfinden.

Methode 3 Dann gibt es natürlich noch die Zwangsprofis, die genau wissen, wie man vorgehen muss, um Fehlverknüpfungen auszuschließen. Der Hund wird mit einem starken Ruck am Stachelhalsband zum abrupten Stehen veranlasst, gleichzeitig wird er durch die Hüftschlinge, die eine Hilfsperson führt, am Absitzen gehindert. Technisch gesehen führt diese Vorgangsweise zweifellos zum Ziel. Aber zu welchem Ziel? Glaubt jemand allen Ernstes, dass der Hund bei dieser Methode Freude erlebt? – Anschließend wird dann oft der Ball geworfen, damit der Hund doch noch eine positive Erfahrung machen kann. Und viele meinen, weil der Hund anschließend dem Ball nachjagt, sei die Übung „spielerisch" vermittelt worden – nur mit ein wenig „Ernst" dabei. Hier wird übersehen, dass durch den Ball ein Instinkt ausgelöst wurde. Das reaktive Nachjagen ist daher kein Gradmesser für die vorausgegangene Befindlichkeit des Hundes! Auch Stromanhänger haben ihre ganz bestimmten Techniken für das [Steh].

Was wir von all diesen Zwangsmethoden halten, dürfte inzwischen klar geworden sein. Eine deutlich humanere Methode besteht darin, wenigstens in der *Ersten Annäherung* (Vermittlungsstufe) auf jeden Zwang zu verzichten, und das [Stehen] mittels Futter oder in unserem Sinne auf integrale, ganzheitliche Art und Weise zu vermitteln und den Leinenruck erst einzusetzen, wenn der Hund das Stehen beherrscht und bisher Freude an der Übung hatte. Aber selbst damit ist man noch deutlich von den Möglichkeiten einer konsequenten, lustvermittelnden Ausbildung entfernt.

Ohne Zwang zum [Steh]

Zugegeben, es ist nicht leicht, für das [Steh] einen zwangsfreien Weg zu finden. Vor allem, wenn die Übung attraktiv in Form eines engbegrenzten Stoppens (so ähnlich wie der Stopp der Westernreiter) angestrebt wird. Wir beschreiben hier zwei von mir entwickelte Methoden.

Bei der ersten kommt die *Passive Einwirkung* zum Einsatz, bei der zweiten stehen *Nachahmung, canides Bewegungsrepertoire*

Mitten aus der Freifolge dreht sich der Team-Führer in Front und setzt gleichzeitig den Geistigen Zügel ein.

und *Körpersprache* im Vordergrund. Wir haben diesen zweiten Ansatz bereits mehrfach kennen gelernt (Motivationsresonanz): Bei den Kommunikationsgesten und bei der Vermittlung des [Liegen] (vor der Höhle auf die Lauer legen).

Passive Einwirkung Hier dient uns entweder der unmittelbar nach dem Hörzeichen vor die Nase gehaltene *Geistige Zügel* (Hand mit gespreizten Fingern) oder ein Netz, welches an eine Leine angenäht wurde und von zwei Hilfspersonen bedient wird.

Das Netz liegt zuerst am Boden und die Hilfspersonen halten die beiden Enden der Leinen. Zuerst muss der Hund mit dem Netz vertraut gemacht werden. Team-Führer und Hund gehen auf das Netz zu, sehen es an, berühren und beschnuppern es. Dann wird das Netz von den Hilfspersonen einmal langsam und ruhig in der Nähe des Hundes nach oben gezogen. Dieser Vorgang wird gegebenenfalls einige Male wiederholt. Zeigt sich der Hund unbefangen, kann die Übung beginnen.

Das Team geht auf das Netz zu. Kurz vor dem Netz, genauer gesagt unmittelbar davor gibt der Team-Führer das Hörzeichen und bleibt abrupt stehen. In diesem Augenblick wird das Netz (möglichst unauffällig und nicht zu schnell) hochgezogen und gespannt. Anschließend folgt Lob und/oder Spiel. Zeigt sich der Hund dennoch verunsichert, ist es in der Regel besser, eine andere Methode vorzuziehen. Hat der Hund jedoch die sich aufrichtende Barriere unbefangen angenommen, indem er stehen blieb, so kann man schrittweise dazu übergehen, zusätzlich die Körpersprache für ein schnelles Stoppen einzusetzen und das Netz schneller hochzuziehen. In der ausgeprägten Form steht der Team-Führer wie bereits bei Sitz und Platz wie versteinert still, fixiert den Hund oder sieht konzentriert und regungslos am Hund vorbei in die Ferne. Nach einigen Wiederholungen kommt das Hörzeichen hinzu. Hierbei ist das Signal-Timing nicht zu vergessen! Zuerst [Steh], dann die Hilfen.

Resonanzmotivation Ihr liegt die Beobachtung zu Grunde, dass Hunde in einer Art Meuteeffekt Bewegungen eines Einzelnen unter bestimmten Bedingungen nachahmen. Wir haben in diesem Zusammenhang bereits die Aufbruchgesten erwähnt. Etwas ähnliches lässt sich beim plötzlichen Abstoppen im Spiel eines Hunderudels beobachten. Stoppt einer abrupt und stellt sich im Stopp in die Achtungposition, so bleiben vielfach auch andere Rudelmitglieder mitten im Lauf stehen. Der Team-Führer wartet einen Sprung des Hundes ab (es reicht ein kleiner Hüpfer), springt mit, so dass Hund und Team-Führer etwa gleichzeitig am Boden aufkommen. Im Sprung wird das Hörzeichen [Steh] gegeben. Beim Aufkommen geht der Team-Führer in die *Achtungposition* (etwas in die Knie), hält den Atem an, erstarrt, bleibt stehen wie in einer Momentaufnahme, fixiert den Hund oder sieht in die Ferne. Das Erstarren wird etwa ein bis zwei Sekunden gehalten, und in diesem Augenblick soll der Hund den Eindruck gewinnen: *„Die ganze Welt steht still“.*

Der Hund wird diese Körperbewegung in Verbindung des bereits bekannten Hörzeichens nachahmen. Anschließend folgt der Auslöser und wie gewohnt Lob und/oder Spiel.

[Steh] aus der Freifolge heraus

Nach einiger Zeit, wenn der Hund das attraktive, plötzlich stoppende Stehen aus dem Sprung zeigt, kann man dazu übergehen, das [Steh] auch aus der Freifolge heraus, ohne Sprung, einzuleiten. Wichtig ist, dass nun die *Vorbereitung*, sozusagen als mentaler Ersatz zum Sprung, dem Hörzeichen vorausgeht. Im Idealfall wird das Hörzeichen so gegeben, dass der Hund genügend Zeit hat, aus der Bewegung heraus das Anhalten einzuleiten. Diesen Zeitpunkt muss der Team-Führer, je nach Schrittweite und Frequenz seines Hundes herausfinden. Bei vielen Hunden liegt der ideale Zeitpunkt im Ansatz eines soeben aufgehobenen Vorderlaufes. Die Optimierung des Zeitpunktes (ebenfalls eine Perspektive des *Signal-Timings!*) verspricht in der Regel eine Verbesserung der Motorik und Ästhetik. Als Ergänzung kann auch im Augenblick des Stoppens oder noch besser kurz danach der *Geistige Zügel* eingesetzt werden.

[Steh] in Entfernung

Der Übergang zum Stehen des Hundes in Entfernung wird ähnlich wie beim [Platz] aufgebaut. Zuerst entfernt sich der Team-Führer nur ein oder zwei Schritte vom stehenden Hund. Auch hier kann das Mitgehen des Hundes durch Einsatz des *Geistigen Zügels* vereitelt werden. Dann wird der Abstand nach und nach erweitert und die Hilfen abgebaut. Während des sich Entfernens wirft der Team-Führer jeweils an anderer Stelle und in anderer Form das MO (*Variable Belohnung* – in Verbindung eines akustischen Auslösers).

Es empfiehlt sich, das Stehen noch lange in der beschriebenen Form mit dem Hund mitzumachen, und zwischendurch immer wieder das Stehen aus dem Sprung zu üben. Während der gesamten Ausbildung des [Steh] benötigt der Team-Führer weder eine Berührung des Hundes, noch einen einzigen Ruck, noch irgendeine andere Art schmerzhafter Einwirkung. Das [Steh] wurde, wie alle anderen Übungen, allein auf *positiver Resonanzmotivation* aufgebaut. Durch die Bindeglieder *Vertrauen, Autorität* und *Respons-Kommunikation*. Als Folge dieser ganzheitlichen Ausbildung wird sich der Team-Führer lange Jahre eines aufmerksamen, vitalen, schnellen und zuverlässigen [Steh] seines Hundes erfreuen.

[Steh] aus dem „normalen Schritt" und aus dem „Laufschritt"

Die ideale Ausführung des [Steh] aus dem Gehen müsste anders aussehen als das Stehen aus dem Laufschritt. Ein abruptes Anhalten aus dem „normalen Schritt", dem Gehen, sieht unnatürlich und unbeholfen aus. Umgekehrt erweckt ein [Steh] aus dem Laufschritt, das erst nach einigen Schrittfolgen zum Stillstand kommt, den Eindruck einer stümperhaften, unbeherrschten Ausführung. Beim [Steh] aus dem Laufschritt hingegen ist das explosiv ausgesprochene Hörzeichen überzeugender, denn der Hund hat nur sehr wenig Zeit, das Signal innerhalb einer oder höchstens zwei Schrittfolgen umzusetzen. Braucht er zu viele Schritte und zu lange zur Umsetzung, so ist dies aus sportlicher Sicht zweifellos die minderwertige Ausführung, welche Abzug verdient. Das [Steh] aus dem normalen Schritt sollte harmonisch und dem Gangrhythmus angepasst aussehen. Der Hund dürfte nicht zwischen zwei Schritten zum Stehen kommen, sondern beide Vorderbeine sollten auf gleicher Höhe stehen. Beim [Steh] aus dem Laufschritt kommt das Stehen zwischen zwei Schritten kaum vor. Aber beim [Steh] aus dem Gehen wird ein aufmerksamer, gut führiger Hund fehlerhaft stehen, wenn der Team-Führer das Hörzeichen zu spät oder zu früh gibt oder wenn er es zu schnell oder zu vehement ausspricht. Ein Hörzeichen in zwingender Aussprache wird bei führigen

Hörzeichendifferenzierung [Steh]

> Je nachdem, ob das [Steh] aus dem Laufschritt oder aus dem Gehen gezeigt wird, muss das Hörzeichen entsprechend anders gesprochen werden.
In der Regel ist man gut beraten, das Hörzeichen aus dem [normalen Schritt] (besser wäre der Begriff „aus dem Gehen") dem Tempo angepasst eher ruhig zu sprechen. Wird es unangemessen schnell ausgesprochen, so hat der Hund oft Mühe, das Signal in eine ausgeglichene Bewegung umzusetzen. Es entsteht dann ein unschöner Ruck, der weder motorisch noch ästhetisch überzeugt. Auch hier wäre im Hinblick auf die Leistungsbeurteilung ein Umdenken angebracht. Nach sportlicher Auffassung müsste die bessere Leistung in jedem Falle auch besser benotet werden. Die Nivellierung von Leistungsunterschieden widerspricht dem Elitebekenntnis. Sie ist ebenso unsportlich wie ungerecht.

Hunden bewirken, dass der auf gleiche Höhe nachzustellende Vorderlauf wieder zurückgestellt wird oder aber gar nicht erst abgehoben wird. Beide Varianten sind Ausdruck mangelhafter Team-Führung.

Wie wir den Hund im [Platz] oder [Steh] aufmerksam halten, wurde bereits im Abschnitt [Ablegen und Herankommen] ausführlich beschrieben (siehe S. 137).

Impulsive Berührung

Eine weitere von mir entwickelte Methode, um einzelne Übungen vitaler, schneller, formal besser und insgesamt überzeugender zu gestalten, ist die *Impulsive Berührung*. Im Sinne der *Reizsummation* kommt zur Körpersprache und dem Hörzeichen noch die Berührung hinzu. Berührung jedoch nicht mit dem Ziel der Schmerzübertragung oder eines stellvertretenden Signals für Zwang oder Appell, sondern Berührung in rein anregender Wirkung. Die Berührung besteht in einem extrem kurzen, man könnte sagen, blitzartigen Touch, welcher mittels einer Gerte übertragen wird.

Wichtig ***Der Hund wird nicht mit der Gerte geschlagen, sondern lediglich impulsiv berührt; weit unterhalb jeglicher Schmerzgrenze! Auch das gesamte Umfeld dieser aktiven Einwirkung hat nichts mit Zwang oder Appell zu tun. Die freundliche und einladende Stimmung wird durch die Methode der Impulsiven Berührung nicht untergraben, sondern unterstützt. Der Hund führt die Übung unter Impulsiver Berührung nicht schneller und früher aus, um physischem oder psychischem Schmerz zu entgehen, sondern auf Grund der stimulierenden Botschaft, die in der explosionsartigen, kurzzeitigen Berührung liegt.***

Das in ähnlichen Lernsituationen immer wieder entgegengehaltene Argument, der Hund würde in der Prüfung, wo diese oder jene Hilfe wegfällt, versagen, zeigt nur, wie wenig von den Lerngesetzen begriffen wurde. Ein Hund, der infolge *Impulsiver Berührung* im Training ein verändertes Verhalten (= Lernen) zeigt, hat längst die vorausgehenden Ereignisse als *stellvertretende Signale* transportiert. Er wird dann, wenn der ursprüngliche Auslöser für ein Verhaltensdetail wegfällt, genau das gleiche Verhalten zeigen. So, als hätte die spezifische Auslösung stattgefunden. Allerdings muss man dem Hund zusätzliche, eindeutige und zuverlässig eintretende Auslöser anbieten. Am besten haben sich Auslöser bewährt, welche unmittelbar vor dem ursprünglichen Detailsignal platziert werden *(Signal-Timing!)*. Finden diese Zusammenhänge in der Methodik keinen Niederschlag, so wird genau das eintreten, was man vermeiden möchte. Der Hund versagt, wenn man die Hilfe absetzt.

In unserem Fall: Berührt man den Hund vor dem Aussprechen des Hörzeichens, so wird er auf Grund der zeitlichen Abfolge zuerst die Berührung erwarten. Fällt die Berührung in der Prüfung weg, so erlebt der Hund als erstes die Entbehrung (!) eines vertrauten Ablaufs, was ihn möglicherweise verunsichert. In der Folge kann es dann vorkommen, dass er das folgende Hörzeichen zwar mit den Ohren, nicht aber mit dem Gehör (dem damit verbundenen zerebralen Gehirnzentrum) wahrnimmt. Fehl- oder Übersprungverhalten oder auch nur das reine Ausbleiben der erwarteten Übung ist in dieser Situation das Naheliegendste, was man erwarten muss. Leider wird die hier beschriebene, häufig vorkommende Situation im Hundesport immer noch dahingehend interpretiert – der Hund würde den Team-Führer „reinlegen", „austricksen" oder gar „sich auflehnen" wollen oder der Hund sei dumm. In Wirklichkeit hat sich der Ausbilder in Unwissenheit oder Ignoranz ein Eigentor geschossen. Um im Bild zu bleiben: Was kann der Ball dafür? – Echte Verweigerungen kommen selten vor, das sollte man sich merken.

Vom [Steh] zum [Sitz] (Impulsive Berührung / Ausführung durch den Team-Führer)

Bei allen Veränderungen, neu hinzutretenden Ereignissen oder einzuführenden Gegenständen gilt der Grundsatz: Zuerst muss man den Hund mit der neuen Situation vertraut machen.

So sollte man den Hund auch vor dem Einsatz der *Impulsiven Berührung* ein bis zwei Wochen lang an die Gerte gewöhnen. Nebenbei lernt der Team-Führer damit umzugehen. Die Gerte wird je nach Situation rechts oder links gehalten, und zwar so, dass sie möglichst wenig auffällt. Man hält sie locker in der Hand, das Ende zeigt senkrecht nach oben und die gesamte Gerte liegt an der hinteren Innenseite des Armes an. So fällt sie am wenigsten auf und gleichzeitig erlaubt diese Haltung, dass beide Arme im Gehen weiterhin locker herunterhängen und im Rhythmus des Gehens (gegengleich) schwingen. Ab und zu lässt man die Gerte dann aus dem Handgelenk heraus nach unten schwingen und streicht dem Hund sanft über Rist oder Flanken. Der Phantasie sind auch hier keine Grenzen gesetzt.

Wegen des leichteren Handlings und wegen der unauffälligeren Einwirkung empfiehlt sich, das [Sitz] zuerst aus dem Stand zu üben: Der Hund steht neben dem Team-Führer. Letzterer hält die Gerte mit der rechten Hand hinter seinem Rücken zirka 10 bis 20 cm über der Kruppe. Es folgt wie gewohnt das Vorbereiten, in Spannung bringen und schließlich das Hörzeichen [Sitt]. Unmittelbar nach dem Hörzeichen – nicht gleichzeitig! – folgt die *Impulsive Berührung*, wobei die Gerte kurz auf die Kruppe federt und sofort wieder angehoben wird. Sitzt der Hund, folgt Lob und Spiel, wobei auch die Gerte streichelnd miteingebunden werden kann. Man sollte nicht dem Irrtum verfallen, in „kräftigeren" Berührungen, die dann einen ganz anderen Charakter bekommen, eine „Leistungssteigerung" zu erwarten. *Vorbereitung, in Spannung bringen* (mittels Körpersprache, Mimik und Atmung), *Hörzeichen* und *Impulsive Berührung* bilden eine Einheit, die als Reizsummation nach der alten Einsicht Aristoteles wirkt: *„Das Ganze ist mehr als die Summe seiner Einzelteile"*.

Man kann die *Impulsive Berührung* noch verstärken (für sensible Individuen nicht geeignet), indem man die Gerte mit der linken Hand ein wenig vorspannt und nach dem Hörzeichen wie eine Feder auf die Kruppe prallen lässt. Diese Ausführung hat leider den Nachteil, dass sie deutlich auffälliger ist. Man sollte in jedem Fall beide Techniken beherrschen und gegebenenfalls damit abwechseln.

Vom [Platz] zum [Sitz] (Impulsive Berührung / Ausführung durch den Team-Führer)

Der Hund liegt am Boden und schaut erwartungsvoll zum Team-Führer auf. Nach erfolgter Vorbereitung baut der Team-Führer wie gewohnt die Spannung auf und gibt das kontrollierte Hörzeichen [Sitt] (oder [Fuß]). Unmittelbar anschließend folgt eine *Impulsive Berührung* mit der Gerte auf die Brust, und zwar von schräg unten nach oben.

[Sitz] (Impulsive Berührung / Ausführung durch eine Hilfsperson)

Ist man in der glücklichen Lage, mit einer zuverlässigen Hilfsperson üben zu können, so lässt sich die *Impulsive Berührung* auch von der Hilfsperson ausführen. Es dürfte klar sein, dass sich der Hund an das Hinterhergehen der Hilfsperson erst einmal gewöhnen muss. Im Dreier-Team ist wichtig, dass der Hund zu beiden Personen Vertrauen hat. (Für manche Hunde ist das Hinzutreten einer Hilfsperson nicht anzuraten).

Ist das Dreier-Team eingespielt, so bieten sich einige unverkennbare Vorteile: Der Team-Führer kann ohne die geringste Körperhilfe, genau wie in der Prüfung, mit seinem Hund die Freifolge gehen und unmittelbar nach dem [Sitt] führt dann die Hilfsperson die *Impulsive Berührung* aus.

[Platz] (Impulsive Berührung / Ausführung durch den Team-Führer)

Da sich die *Impulsive Berührung* beim [Platz] und [Steh] nur im Hinblick auf die Haltung und Führung der Gerte unterscheidet, beschränken wir die Beschreibung auf diesen Unterschied. Der übrige Aufbau ist ähnlich.

Die Gerte wird hinter dem Rücken gehalten, etwa 20 bis 35 cm über dem Rist. Die Vorspannung durch die linke Hand ist ebenfalls möglich. Wie beschrieben, erfolgt der Touch kurz nach dem erfolgten Hörzeichen. Auch hier kann die *Impulsive Berührung* durch eine Hilfsperson gegeben werden.

[Steh] aus dem [Laufschritt] und aus dem [Gehen] (Impulsive Berührung / Ausführung durch den Team-Führer)

Die Gerte wird in der rechten Hand gehalten und der Touch erfolgt unmittelbar nach dem Hörzeichen [Steh] auf die Brust.

[Steh] aus dem [Platz] (Impulsive Berührung / Ausführung durch den Team-Führer)

Die Gerte wird hinter dem Körper gehalten und nach dem Hörzeichen [Steh] erfolgt die *Impulsive Berührung* von unten nach oben gegen die Hüften. In dieser Phase ist vorausgesetzt, dass der Hund beim Aufstehen weder seitlich noch nach vorn abweicht.

[Sitz], [Platz], [Steh] aus der Entfernung

In einigen Hundesportarten (Obedience, Agility , TEAM-sport sowie TEAM-dance) werden die Übungen [Sitz], [Platz] und [Steh] auch aus der Entfernung verlangt, was in sportlicher Hinsicht die höhere Leistung darstellt und auch im Hinblick auf zeitgemäße Gebrauchshundeeigenschaften zweifellos Vorteile bringt. Wer diese Übungen für Prüfungen benötigt, oder sie einfach aus Freude lernen möchte, der sollte mit dem Aufbau aus der Entfernung nicht zu lange warten (*Sättigungsdistanz!*). Schutzhunde haben erfahrungsgemäß große Probleme mit Abänderungen von Übungen. Man denke nur an das beidseitige Gehen und Laufen in der Agility oder in TEAM-sport und TEAM-dance oder an die bereits erwähnten Stockhürden, welche Schutzhunde gewöhnlich unterlaufen.

Da sich die Ausführung des [Sitz], [Platz] und [Steh] aus der Entfernung für alle drei Übungen in ähnlicher Weise stellt, reicht es aus, wenn wir die Beschreibung auf eine der drei Übungen beschränken.

Selbstständiges Agieren

Das Problem besteht darin, dem Hund zu vermitteln, dass er die Übungen genau dort, wo er sich befindet, ausführen soll und nicht während der Ausführung sich zum Team-Führer begeben darf. Das ist nicht ganz leicht für den Hund, war er bisher doch immer gewohnt, die Übungen in unmittelbarer Nähe des Team-Führers auszuführen. Bei fortgeschrittenen Team-Aufgaben in anderen Bereichen als im Hundesport erwartet man jedoch, dass jeder Team-Teilnehmer vorübergehend auch eigenständig Aktionen bewältigt. In der modernen Gruppenpädagogik nutzt man alle Möglichkeiten, die sich in der Gruppe bieten. Man nennt das *Binnendifferenzierung*. Selbstständiges Agieren ist also keineswegs auf Solisten beschränkt, sondern bedeutet auch im Team eine der fest etablierten Möglichkeiten. Übungen in Entfernung zum Team-Führer auszuführen, stellt eine Art Bindeglied von *Team-Aufgaben* zu *Solo-Aufgaben* dar. Bevor der Hund selbstständige Aktionsketten ausführen kann, muss er ja zuerst einmal lernen, bereits Bekanntes nicht nur direkt beim Team-Führer, sondern auch in beliebiger Entfernung, und unter Ablenkung und auch dann, wenn sich der Team-Führer entfernt, zuverlässig auszuführen.

Um die Grundübungen [Sitz], [Platz] und [Steh] aus der Entfernung zu üben, nutzen wir *Körpersprache, Passive Einwirkungen* und den *Geistigen Zügel*. Möglicherweise auch eine Hilfsperson. Wichtig ist, dass von Anfang an Fehler vermieden werden.

Phase 1

[Sitz] aus der Entfernung – direkt vor dem Barrierezaun (Passive Einwirkung)

Der Hund wurde wie immer gewissenhaft (!) auf die *Passive Einwirkung* vorbereitet, bevor sie innerhalb einer Übung zum Einsatz kommt. Je mehr man mit dieser Methode umgeht, desto schneller und effektiver gestaltet sich mit der Zeit das Vertrautmachen mit neuen und andersartigen *Passiven Einwirkungen*.

Wir verwenden beispielsweise den bereits erwähnten Zaun. Dieser ebenso wie die Leitpflöcke haben gegenüber festen Gegenständen den Vorteil, dass der Hund einerseits zum Team-Führer hindurchsehen kann, gleichzeitig aber den Effekt der Barriere erlebt. Damit der Hund nicht aufsteht und außen um die Barriere läuft, darf diese nicht zu kurz sein. 5 bis 8 Meter reichen in der Regel aus. Zuerst wird die Übung [Sitz] wie gewohnt aus dem [Platz] ausgeführt: Der Team-Führer steht direkt vor dem Hund (einziger Unterschied – Team-Führer und Hund sind durch den Zaun getrennt). Nach dem Hörzeichen [Sitt] ist der Hund genau zu beobachten. Wie reagiert er auf die Barriere? Bei der Tendenz, vorzugehen, wird der *Geistige Zügel* eingesetzt.

Für zunehmende Entfernung bietet sich der Frontzaun an.

Gegen schiefes oder unruhiges Liegen hilft der Zaunkorridor.

Zeigt der Hund in dieser Anordnung keine Probleme, so werden in gleicher Anordnung auch die Übungen [Platz] und [Steh] geübt, und zwar in jeder Konstellation, also auch das [Steh] aus dem [Platz] und umgekehrt. Im weiteren Verlauf vergrößert man schrittweise den Abstand zum Hund, ohne ihn zu überfordern.

Alternative Barrierekorridor Manche Hunde drehen sich bei Verwendung des Barrierezauns beim Haltungswechsel zur Seite. Hier empfiehlt sich, links und rechts zusätzlich entweder einen Pflock oder weitere Zäune aufzustellen, oder aber von Anfang an den Zaun in U-Form aufzustellen.

Phase 2

Entfernung zum Barrierezaun ausdehnen

Der Hund wird nicht mehr direkt am Zaun abgelegt, sondern in einer Entfernung von einigen Metern. Bewältigt der Hund auch diese Aufgabe, so ist man von der Ausführung ohne Hilfen nicht mehr weit entfernt. Wenn die Übung allerdings das erste Mal ohne Zaun ausgeführt wird, sollte man sich nicht allzu weit vom Hund entfernen, und zuerst testen, wie er sich in einem Abstand von zwei Metern verhält. Geht alles gut, so können wiederum alle Konstellationen aus [Sitz], [Platz] und [Steh] geübt werden, abwechselnd und in unregelmäßiger Reihenfolge.

Auch das Anbinden des Hundes (Fährtengeschirr) an einen Pflock hatten wir vorübergehend im Programm. Es hat sich allerdings gezeigt, dass der Hund, wenn er die gespannte Leine spürt, oft seitlich ausweicht. Außerdem sind Methoden, welche die Freiwilligkeit des Hundes ansprechen, vorzuziehen.

[Sitz] aus der Entfernung mittels Körpersprache oder Gerte

Hier noch eine andere Alternative, die sich vor allem für Team-Führer anbietet, die einerseits keine Hilfsperson hinzuziehen wollen oder können, und die andererseits ungern mit Zäunen und anderen Geräten hantieren. Ohne zusätzliche Personen und ohne Geräte auszukommen, macht den Team-Führer unabhängig, was sich in vielen Situationen natürlich als vorteilhaft erweist.

Der Team-Führer legt den Hund etwa ein bis zwei Meter vor sich ab und gibt das Hörzeichen [Sitt]. Unmittelbar nach dem Hörzeichen (*Signal-Timing!* Nicht gleichzeitig!) streckt er dem Hund ein Bein entgegen. Der Hund wird jedoch nicht berührt! Das Bein wirkt ähnlich wie der Zaun. Da die

Kurz nach dem Hörzeichen [Sitz] (Signal-Timing!) wird das gestreckte Bein gehoben.

Einwirkung nicht von außen, sondern für den Hund sichtbar vom Team-Führer ausgeht, ist sie nicht mehr als *Passive Einwirkung* einzustufen. Wichtig ist, dass *die optisch-psychische Einwirkung* im *Signal-Timing* erfolgt, also kurz nach dem Hörzeichen und nicht gleichzeitig! Beherrscht der Hund die drei Übungen nach einiger Zeit in jeder Konstellation (nach etwa ein bis zwei Monaten), so kann man dazu übergehen, den Abstand vorsichtig zu vergrößern. Zwischendurch jedoch empfiehlt sich, immer wieder in unmittelbarer Nähe zu üben.

An Stelle des Beins, oder in Abwechslung dazu, dient uns die bereits bekannte Gerte, welche sozusagen als verlängerter Arm dem Hund direkt vor die Nase gestreckt wird. Es sei aber nochmals betont: Die Einwirkung auf der Ebene des *Barrieresignals* reicht völlig aus (wir setzen voraus, dass die Rangordnung des Teams in Ordnung ist).

Zwang in der Ausbildung?

Bevor man Gewalt einsetzt, sollte man alle anderen Mittel auskosten. Passiert es aber doch einmal, dass dem Team-Führer entgegen ursprünglicher Absicht eine Grobheit unterläuft (was je nach Naturel nicht auszuschließen ist), so wird der Hund, der zu 99% freundlich ausgebildet wurde, seltene Ausrutscher normalerweise kompensieren (sofern sie nicht jedes Maß übersteigen). Außerdem kann man beobachten, dass das Ausmaß schmerzhafter (physischer und psychischer) Einwirkung bei sonst freundlichem Umgang in der Regel um vieles harmloser ausfällt als bei jenen Team-Führern, die Zwang ohne ethische Reflexion einsetzen oder gar als festen Bestandteil der Ausbildung gebrauchen. Andererseits darf man nicht vergessen, dass ein Hund, der in der Ausbildung 99% Freundlichkeit erlebt, auf Grobheit, Zorn und Zwang um vieles sensibler reagiert als ein durch permanente Gewalteinwirkung abgestumpfter Hund.

Sitz aus der Entfernung mittels Gerten, die überkreuz gehalten werden.

Sitz aus der Bewegung

Wir greifen auf die bereits vermittelte *Vorübung* [Sitz] zurück, indem wir den Hund einige Male aus der Bewegung vorsitzen lassen. Auf diese Weise steht das Vorsitzen im Kurzzeitgedächtnis und erhöht damit die Eintrittswahrscheinlichkeit in der nachfolgenden Aufgabe der [Grundstellung nach Vorsitzen].

Ausführung

Herankommen, Vorsitzen, Vorbereitung, Spannung aufbauen, Vollkreis, Freies Spiel (Belohnung noch vorenthalten!) – dann aus dem Freien Spiel heraus im geeigneten Augenblick [Sitt], Erstarren, gegebenenfalls Geistigen Zügel einsetzen, einige Sekunden in erstarrter Haltung warten, dann auslösen (Lob und Belohnung).

[Grundstellung aus dem Vorsitzen]

Es gibt zwei Ausführungsvarianten zur [Grundstellung aus dem Vorsitzen]:

* Der Hund umkreist den stehenden Team-Führer von vorn kommend, um sich anschließend links daneben zu setzen.
* Der Hund dreht sich von vorn kommend gegen den Uhrzeiger, wobei er ebenfalls auf der linken Seite des Team-Führers ankommt.

Beide Varianten haben Vor- und Nachteile. Der Bewegungsablauf verläuft beim Umkreisen in der Regel harmonischer, allerdings ist der Hund für einen Augenblick nicht mehr im Sichtfeld des Team-Führers.

Grundstellung durch Umkreisen

Dass wir diese wichtige Übung nicht gleich in den Anfang des Programms aufnehmen, hat gute Gründe:

* Die Grundstellung stellt eine äußerst komplexe Übung dar, die aus vier schnell aufeinanderfolgenden Einzelaufgaben besteht: aus dem Herankommen, dem Vorsitzen, der Drehung (bzw. dem Umrunden) und dem seitlichen Sitzen. Aus methodischer Sicht spricht einiges dafür, mit der Grundstellung so lange zu warten, bis die vier Aufgaben, einzeln betrachtet, auf einem brauchbaren Niveau stehen. Unter dieser Voraussetzung ist der Zusammenschluss der Teilübungen erfolgversprechend.
* Die Grundstellung ist jene Übung, die bei weitem am häufigsten vorkommt. Jede Übung beginnt und endet mit der Grundstellung. Die damit verbundene Fülle der Wiederholungen macht sich zwar anfangs noch nicht bemerkbar, aber mit den Jahren wirkt sie sich aus. Der Hund muss im Verlaufe seiner Sportkarriere Tausende stereotype Grundstellungen absolvieren. Im Hinblick auf Motivation – zu viele. Daher empfiehlt es sich, die komplette Grundstellung nicht an den Anfang zu stellen und insgesamt sparsam mit Wiederholungen umzugehen.
* Der Hund lernt die Grundstellung in einem Bruchteil an Aufwand, wenn er die Einzelübungen *Herankommen, Vorsitzen, Teilkreise* und *Sitzen* schon beherrscht. Aber auch der andere methodische Ansatz, welcher auf ganzheitliche Aufgabenvermittlung abzielt, führt zum Erfolg. Allerdings ist für diesen Weg viel Erfahrung und Detailwissen erforderlich (Resonanzmotivation in Verbindung mit Passiven Einwirkungen).

Mentalpädagogik am Beispiel der Grundstellung

Ein erfolgreicher Pädagoge ist ständig bemüht, Vorgänge gedanklich durchzuspielen. Er kreiert mental allerlei Blickwinkel und stellt daraufhin Fragen, immer wieder Fragen. Gestatten Sie also bitte für einen Abschnitt lang lautes Denken, teils im Telegrammstil. Dies soll den Leser dazu inspirieren, selbst kreativ vorzugehen.

Hat man sich im Falle der Grundstellung beispielsweise einmal gefragt, aus welchen Einzelteilen sie besteht oder welcher Motivationsbereich und welches MO sich für diese Übung besonders eignet? Die Antwort dieser simplen, naheliegenden Fragen zeitigt möglicherweise auf Anhieb wichtige Konsequenzen.

Herankommen, Vorsitzen und der Abschluss der Übung sind klar. Der neuralgische Teil besteht zweifellos in der Drehung, bzw. im Umrunden. Aha! Dann wird man tunlichst den Motivationsbereich und das MO daraufhin abstimmen. Das war bereits ein ergiebiger Blickwinkel, welcher sofort neue Fragen aufwirft:

„Aus welchen Einzelkomponenten besteht das Umrunden? – Klar: 180-Grad-Wende; eng an den Beinen; nicht hochspringen; vital schnell; trotz Tempo harmonischer Bewegungsablauf (keine Ecken oder Rucke); im Scheitelpunkt des Umrundens wieder Blickkontakt zum Team-Führer; Tempo weich auffangen; schnell und erwartungsvoll sitzen; formal fehlerfrei sitzen (parallel und vollständig absitzen); hoch konzentriert und erwartungsvoll drei Sekunden verharren. – Oh! Das ist viel! Wird nur möglich sein bei überdurchschnittlich hoher Motivation. Für meinen Hund ist da das Beißleder angesagt. – Oder doch nicht? – Nein, das Beißleder kann man nicht so gut werfen. Welches andere MO? Worum geht es eigentlich? Vital schnell! – Also brauch' ich anfangs erst einmal das Element des Nachjagens. Das heißt Tempo. Welches MO bringt das am besten rüber? – Klar! Ball, Schleuderball, – was noch? Ja! Wie wär's mit dem asymmetrischen Ball! – Ein wie ein Hase davonhüpfendes MO wäre wirklich nicht schlecht. Man könnte also den asymmetrischen Ball auf den Boden werfen. Das würde den Hund sicherlich zum schnellen Umkreise stimulieren. Aber da schaut der Hund vor lauter Nachjagen nach vorn und nicht zum Team-Führer auf. – Schlimm? Nein! Zuerst mal die 180-Grad-Wende auf Motivation und Tempo, und ein wenig später dann erweitern, zum Hochsehen motivieren und [Sitz] einbringen…“

Der Ablauf des Umkreisens muss unbedingt vorher ohne Hund geübt werden.

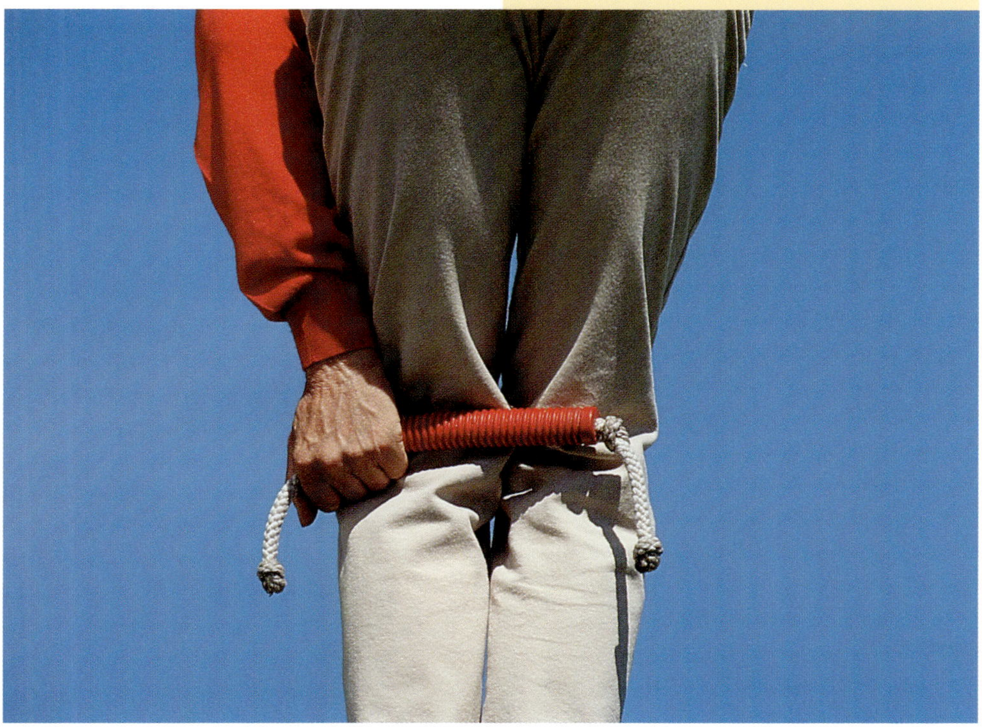

Nach diesem kurzen Exkurs in *mentales Formen* wieder zum Programm. Sie haben es erraten, *Trockentraining* ist angesagt. Keine Angst, Trockentraining macht Spaß. Und die Früchte zu ernten, macht nochmals Spaß und gibt gleichzeitig die Bestätigung dafür, dass man auf dem richtigen Weg ist.

Inzwischen haben uns Blickwinkel, Fragen und Antworten zu einer relativ klaren inneren Vorstellung vom Übungsverlauf verholfen. Die Entscheidung ist auf einen bestimmten Motivationsbereich und auf ein ausgewähltes MO gefallen.

Solo-Training (ohne Hund) für [Grundstellung aus dem Vorsitzen]

Zum Aufwärmen spielen wir zunächst einmal ganz zwanglos mit dem MO. Auf dem Programm stehen: Handling, Verschiedenes ausprobieren, Verfeinern und Spielen. Dann vergegenwärtigen wir uns den Übungsablauf: Der Hund läuft vor unserem geistigen Auge auf uns zu, wir lächeln ihm entgegen, er sitzt vor, wir bauen einige Sekunden Spannung auf (Mimik) und beobachten ihn. Im Spannungshöhepunkt kommt das Hörzeichen [Fuß]. Da fällt einem möglicherweise noch ein wichtiger Punkt ein, den man vergessen hat: *Primärmotivation*! Der Hund soll sich so viel wie möglich auf den Team-Führer konzentrieren, und nicht nur das MO anvisieren. Also: MO einmal hinter dem Rücken vorschauen lassen oder aus der Tasche holen (oder das an der MOT-Krawatte hängende MO kurz sichtbar machen), dann in die Augen-MO-Linie bringen, Mimik „sprechen" lassen, und zwar so, dass die Mimik den kleinen Bewegungen des MO mitunter vorausgeht. Hund beobachten! Wenn der Hund abwechselnd zum Team-Führer und zum MO schaut, dann ist die *Integrative Motivation* gelungen – Primär- und Sekundärmotivation wurden zu einer Einheit verschmolzen. Hochachtung!

Wenn der Zeitpunkt günstig ist, Spannungshöhepunkt bewusst dem Auslöser vorausgehen lassen. Die rechte Hand hält das MO fest und lässt es rechts neben dem Knie vorschauen (zusätzliche Animationen möglich). Die linke Hand hält die Schleuderleine links vom linken Knie. Die rechte Hand hält das MO für den Hund sichtbar rechts vom rechten Knie. Nach dem Hörzeichen [Fuß] wird das MO hinter den Knien nach links und vorn gezogen und auf den Boden geworfen. Die ersten Male nicht zu schnell.

Zusätzlich entwickeln wir noch eine zweite Grundtechnik. Hier wird das MO nicht mehr weggeworfen, sondern der Hund darf gleich nach dem Umkreisen anbeißen. Aus dieser Form lässt sich dann nahtlos das Umkreisen mit abschließendem Vorsitzen aufbauen. Für den folgenden Abschnitt folgt wieder „lautes Denken" innerhalb mentalen Formens.

Hoch motiviertes Umkreisen üben mittels „Geistigem Zügel" und „MO".

Vorsicht ***Mit der steigenden Spannung wird auch die Aktionsbereitschaft zunehmen. Nicht überziehen! Rechtzeitig aufhören.***

„Mensch, wenn der so richtig in Fahrt ist und dem Ding nachjagt, wohlgemerkt hinten rum, dann könnte natürlich die Hand in Gefahr sein. Was tun? – Ich suche nach einer Technik, die mir die Hand absichert. – Wie?“ (Nachdenken... – keine Antwort). Neue Frage: „Wie müsste denn die Hand ankommen? – So, dass sie irgendwie geschützt wird. –Okay, aber wie? – Oder wodurch? – Zusatzgerät? – Manschette wie bei der Florett-Technik? – Nein, zu umständlich. – Was kommt noch in Frage?“ (Nachdenken...) – „Beine! – Oberschenkel! – Knie. – Klar, die beiden Knie könnten Deckung bieten. Die Hand müsste so ankommen, dass sie beim Anbiss in Deckung steht. – Ausprobieren!!“

Es folgt das Experimentieren: Zuerst mit zwei Händen, wobei sich herausstellt, dass der Wechsel zu viel Zeit in Anspruch nimmt, zu unsicher abläuft und Risiken aufweist. Die Experimente ergeben: Die Drehung des MO`s müsste mit einer Hand ausgeführt werden. Im weiteren Verlauf zeigt sich: Wegen der besseren Führung eignen sich Beißwurst oder „Langer-MOT“ besser als Bälle oder Schleuderbälle und es kristallisiert sich folgende Technik heraus.

Variante 1
Anbiss aus der Hand

Man beugt die Knie (wenig), fasst das MO mit der linken Hand an einem Ende

und bringt es hinter die Knie. Dabei berührt die Handinnenfläche die Kniekehlen. Auf der rechten Seite schaut das MO ein wenig hervor. Die rechte Hand wird als *Geistiger Zügel* eingesetzt. Kurz nach dem Hörzeichen [Fuß] wird die Hand am linken Knie entlang nach vorn bewegt, wobei die Handinnenfläche ständig in Berührung des Beins bleibt. Die Hand wird so weit nach vorn geführt, bis der Daumen das rechte Knie berührt. Anders gesagt: Die linke Hand geht so weit vor, dass sie in Deckung der Knie gelangt. Der Hund bekommt nach dem Hörzeichen [Fuß] Gelegenheit, dem um die Knie kreisenden MO nachzujagen und anzubeißen. Die Hand ist jedoch auf Grund der günstigeren, innen gelegenen Bahngeschwindigkeit schneller und bereits zu Beginn der Bewegung stets in Deckung des linken Beins. Diese Technik ist höchst effizient und selbst die schnellsten Hunde sind bei dieser Anordnung nicht mehr überlegen. Aber die Technik muss zuerst „Solo" geübt werden. Für die anschließende Ausführung im „Duo" ist zu berücksichtigen: Je nach Temperament des Hundes ist sie anfangs langsamer oder schneller auszuführen. Man wird überrascht sein, folgendes zu beobachten: War man in herkömmlichen Methoden oft zu langsam oder an der Grenze, so bietet die hier beschriebene Anordnung eher die Gefahr, dass man die Bewegung für den Hund viel zu schnell ausführt.

Kehrtwende

Variante 2

Dies ist in der Ausführung die einfachere Variante, bei welcher die Handaußenfläche die Kniekehlen berührt. Sie hat leider folgende Nachteil: Das Mo zeigt für einen Augenblick nach vorn, vom Hund weg (ungünstige Voraussetzung für den Anbiss).

Die Hand wird für einen Augenblick durch das MO vom Bein weg nach außen abgedrängt (Risiko: Der Hund erwischt die Hand an Stelle des MO).

Wichtig ***Zeigt der Hund bereits in den Teilaufgaben [Herankommen] und [Vorsitzen] Fehler, so sollte man zuerst diese Fehler beheben, bevor man das Umkreisen hinzunimmt.***

Zur Korrektur bei Hunden, die in weitem Bogen umkreisen, hilft der U-Zaun. Zuerst allerdings muss der Hund daran gewöhnt werden und auch dieser Vorgang ist anfangs ohne Hund zu üben.

Problemhilfe *gegen schiefes Herankommen und [Sitzen]*

Gegen das schiefe Sitzen bauen wir als vorbeugende Maßnahme den Barrierezaun auf (ersatzweise auch Leitpflöcke).

Problemhilfe *gegen Auspendeln während des Umkreisens*

Hier eignet sich ein Barrierezaun, der in U-Form aufgebaut wird.

Phase 1

[Grundstellung aus dem Vorsitzen] – Motivation; erste Annäherung, Grobform

Jetzt kommt der Hund ins Spiel. Die Ausführung lehnt sich an das vorher beschriebene Trockentraining an: Herankommen, Vorsitzen, Vorbereiten, Spannungsaufbau, Auslösen (zunächst ohne Hörzeichen), Umkreisen, MO auf den Boden schleudern, Lob und Spiel. Nach einigen Wiederholungen kommt das Hörzeichen hinzu. Außerdem muss man darauf achten, die innere Vorstellung als auch die („Solo" vorgeübte) Motorik nicht um jeden Preis realisieren zu wollen. Wir erinnern uns an den Vorsatz der *"Konzeptiv-flexiblen Entscheidung"*. – Flexibel bleiben bei der Verwirklichung des vorgefassten Ablaufes! Im Umgang mit dem Hund gilt es, sich auf jede Situation neu einzustellen und blitzschnell Entscheidungen zu treffen. Je unvoreingenommener man neuen Situationen innerlich gegenübertritt, desto besser sind die Chancen für eine optimale Wertung der Gegebenheiten und für die jeweils anliegende Entscheidung. (Man stößt immer wieder auf die Vorteile des vorausgegangenen Solo-Trainings).

Ausführung Vorsitzen und Spannungsaufbau gehen voraus. Damit der Hund nicht zu früh startet, setzen wir den *Geistigen Zügel* ein. Dann folgt der Auslöser durch die Bewegung oder auch bereits in Verbindung des Hörzeichens [Fuß]. Während der Drehung bücken wir uns aus dem Stehen tiefer und führen das MO kurz vor dem Fang, unterstützt durch stimulierende Laute und Körpersprache. Der Team-Führer dreht sich um die eigene Achse und stimuliert den Hund zum mitlaufen. Je nachdem, wie gut der Hund darauf anspricht, können mehrere Vollkreise

ausgeführt werden. Das Aneinanderreihen mehrerer Vollkreise hat einige Vorteile. Dies gibt uns Gelegenheit, den Hund länger und abwechslungsreicher zu motivieren, und es macht die Übung interessanter und lustvoller. Außerdem beugt es dem zu frühen Langsamer werden im Umkreisen vor. Am Ende werfen wir das MO nach vorn auf den Boden (bei Futter-MO entsprechend abzuändern). Sollte der Hund seitlich ausweichen, wird der Leitzaun eingesetzt.

Phase 2

Umkreisen und Anbiss

Bisher hat der Hund nach der 180-Grad-Drehung oder den Vollkreisen immer dem MO nachjagen dürfen. Diese kostbare Erwartungshaltung würde möglicherweise beeinträchtigt, würde man die komplette Übung jetzt schon mit seitlicher Grundstellung abschließen. Es empfiehlt sich folgende Zwischenstufe: Wir nutzen eine der beiden, auf S. 211 beschriebenen Techniken des direkten Anbeißens (aus der Hand): Beißwurst oder *Langer-MOT* wird in der linken Hand hinter dem Knie gehalten. Ablauf wie gehabt: Das freie Ende schaut rechts neben dem Knie vor. Die rechte Hand wird als *Geistiger Zügel* eingesetzt. Spannungsaufbau, Auslöser (evtl. in Verbindung mit Hörzeichen [Fuß]), MO nach vorn bewegen, Anbiss aus der Hand, Lob und Spiel. (Es empfiehlt sich, die Übung auch weiterhin dann und wann mit dem Wegwerfen des MO's zu beenden).

Phase 3

Umkreisen und anschließende Grundstellung

Hat der Hund Phase 2 mit Bravour bestanden, so sind im nächsten Schritt kaum noch Probleme zu erwarten. An Stelle des Anbeißens nach dem Umkreisen folgt das Sitzen links neben dem Team-Führer. Da der Hund mit hoher Erwartungshaltung nach vorn kommt, müssen wir ihn abstoppen. Hier können wir auf das in TEAM-balance erlernte *Spiel und Stopp* zurückgreifen. Das MO wird nach dem Umkreisen vorenthalten, an Stelle dessen kommt das Hörzeichen [Sitt] in Verbindung entsprechender Körperhilfen. (Springt der Hund hoch, wird der *Geistige Zügel* eingesetzt). In dem Augenblick, wo der Hund ruhig und korrekt sitzt, folgt der Anbiss sowie Lob und Spiel.

Phase 4

Hilfen abbauen

Nach und nach reduzieren wir die Hilfen, lassen immer häufiger das Hörzeichen weg und belohnen nicht jedes Mal sofort nach dem abschließenden Sitzen, sondern erst nach einem anschließenden *Freien Spiel* oder einer angeschlossenen *Spirale*.

Phase 5

Abwandlung, Festigung und Absicherung

Die Übung wird nach den inzwischen bekannten Modellen abgewandelt, gefestigt und abgesichert. Hierzu gehört auch, dass man nicht nur auf dem Hundeplatz übt, sondern überall und in abgeänderter Form. Auch die Variable Belohnung ist hierbei einzubringen.

Grundstellung durch Seitstellen

Phase 1

Parallel-seitliches Nachrücken

Wie bei vielen Übungen, so ist auch hier in der Vergangenheit viel Gewalt eingesetzt worden. Unnötigerweise, denn auch die Grundstellung durch seitliches Stellen ist bei entsprechender Methodik nicht schwieriger einzuüben als andere Übungen. Leider wird jedoch auch hier vielfach der Fehler gemacht, die Übung in einem einzigen Lernschritt aufbauen zu wollen. Einmal mehr empfiehlt sich auch hier das Prinzip der kleinen und kleinsten Lernschritte.

Der Hund sitzt links neben dem Team-Führer in [Grundstellung]. Nach einigen Sekunden spannungsvollen Wartens tritt der Team-Führer einen kleinen Schritt rechts zur Seite. Damit der Hund nicht vorzeitig mitgeht, kann der *Geistige Zügel* eingesetzt werden. Nach erneutem Spannungsaufbau folgen Körperhilfen, um den Hund zum Nachkommen anzuregen. Das Hörzeichen lassen wir in dieser Phase noch weg. Es würde uns vom pädagogischen Ziel der freiwilligen, lustvollen Ausführung ablenken. Auch während der Ausführung kann man dem Hund mittels Gestik und Mimik helfen. Selbst wenn sich der Hund schief daneben setzt, sollte man den Standort

trotzdem nicht verlassen und so lange Körpersprache und Stimme einsetzen, bis sich der Hund korrekt gesetzt hat. Gleich anschließend folgt Lob und Belohnung.

Phase 2
Nachrücken und Drehen
(Position des Team-Führers: spitzer Winkel zum Hund)

Hat der Hund die Phase 1 erfolgreich abgeschlossen, gehen wir dazu über, uns in einen spitzen Winkel seitlich zu stellen. Jetzt muss der Hund nicht nur parallel nachrücken, sondern er muss sich zusätzlich nach rechts drehen (um die Hochachse). Auch hier helfen wir während der gesamten Ausführung mittels Körpersprache.

Phase 3 und 4
Nachrücken und Drehen
(Position des Team-Führers: 90°, später 180° zum Hund)

Der spitze Winkel wird im weiteren Verlauf auf 90° und später auf 180° erweitert. Der Vorteil dieses Aufbaus liegt darin, dass der Hund immer aus der gleichen Position startet. Es ist der Team-Führer, der seine Stellung verändert. Auf diese Weise lernt der Hund in kleinen Lernschritten die (aus seiner Position gesehene) Rechtsdrehung sowie das seitliche Nachrücken.

Phase 5
Grundstellung aus dem Vorsitzen (durch Seitstellen)

Zeigt sich der Hund in Phase 3 und 4 zuverlässig, so kann der Team-Führer direkt in Front vor den Hund treten und die Ausführung einleiten, oder aber er lässt den Hund zu sich herankommen und fährt dann fort. Die Grundstellung ist natürlich auch aus der stehenden Haltung des Hundes möglich.

Abwandlung, Festigung und Absicherung werden in gewohnter Weise ausgeführt (dann und wann auch einmal mit Bringholz im Fang üben!).

Die andere Variante der Kehrtwende: Hier dreht der Hund vor dem Team-Führer und stellt sich abschließend seitlich parallel. Die Vermittlung erfolgt auch hier durch Körpersprache.

Wechsel des Motivationsbereichs und/oder des MO's

Wechsel des Motivationsbereichs

Auf die Bedeutung einer abwechslungsreichen Pädagogik wurde bereits mehrfach hingewiesen. Abwechslung lässt sich auf mannigfache Art und Weise einbringen. Unter anderem auch durch den Wechsel des Motivationsbereichs und des MO's. Ob gleich von Anfang an in verschiedenen Motivationsbereichen und mit unterschiedlichen MO's umgegangen werden kann, muss von Hund zu Hund individuell entschieden werden. Hunde brauchen eine gewisse Zeit, um Motivationen derart zu vertiefen, dass sie zu Appetenzen werden. Bei manchen Hunden wirkt sich das parallele Vorgehen in unterschiedlichen Bereichen für die Ausprägung der Spielappetenz störend und verzögernd aus. In diesen Fällen sollte man daher nicht zu früh wechseln. Zeigt der Hund beim Auftreten der Reizsituation eine gefestigte, intensive Handlungsbereitschaft, kann man dazu übergehen, entweder das MO, den Motivationsbereich oder beides zu wechseln. Manche Hunde vermögen von Anfang an auf verschiedenen Motivationsbereichen zu spielen, andere bevorzugen sehr stark einen bestimmten Bereich, etwa Futter, Spielbeute, Bewegung oder Sozialumgang. Vor allem auf lange Sicht gesehen bringt eine Ausbildung, die möglichst viele Motivationsbereiche einschließt, erhebliche Vorteile. Je vielfältiger die Spielappetenzen ausgeprägt sind, desto mehr didaktische Wege bieten sich an, und die methodischen Möglichkeiten sind dann nahezu unbegrenzt. – Auch gegen die *Versandung der Motivation*, sprich Abstumpfung, ist Abwechslung im Motivationsbereich und im MO ein ebenso einfaches wie wirksames Mittel.

„Was wird Herrchen wohl jetzt aus der Schatzkiste zaubern?“

Hinweis an Ausbilder

Ausbilder sollten sich selbstverständlich in allen Motivationsbereichen gleich gut auskennen. Nur so sind sie in der Lage, dem breiten Spektrum individueller Hundenaturells gerecht zu werden. Leider findet man im Zusammenhang mit den Motivationsbereichen immer noch viel zu viele Vorurteile und Einseitigkeiten. Grundsätzlich gibt es keine „besseren" oder „schlechteren" Motivationsbereiche! Derartige Denkweisen sind lebensfremd. Beute- und Futtergurus hat es schon immer gegeben. Ihre einseitigen Methoden halten sich jedoch nicht lange. Bedauerlich ist jedoch, dass Tausende von Hunden an den Folgen contra-individueller Pädagogik leiden. Hunde, die dann oft aufgegeben oder durch „neue" ersetzt werden.

Zugegeben, wenn man viele Jahre einen bevorzugten Motivationsbereich genutzt hat, fällt der Wechsel nicht leicht. Der Mensch liebt seine ausgetretenen Spuren, je älter er ist, um so mehr! Wir möchten jene Leser, die sich angesprochen fühlen, ermuntern, versuchsweise auch einmal neue Wege zu beschreiten. Leider sind sich viele gar nicht bewusst, dass sie jahraus jahrein dieselbe Belohnung offerieren. Die Abstumpfung ist damit natürlich vorprogrammiert. Das Fatale daran ist jedoch: Die Quittung folgt nicht sofort auf dem Fuß, weshalb der Team-Führer auch keine Veranlassung sieht, etwas zu ändern. Der junge Hund zeigt sich noch lange Zeit vital. Nach Jahren aber wird das Ausmaß des Schadens dann doch unübersehbar. Und dann ist ein Teil des Schadens irreparabel. Daher sollte man sich von Zeit zu Zeit eine ehrliche Antwort auf die Frage geben, wie man den Hund belohnt. Viele haben sich auf den Schleuderball, die Beißwurst, die Belohnungshappen, den Tennisball oder das Quietschy eingeschworen und nutzen jahraus jahrein das gleiche. Nach dem Motto „Tusde was, kriegste was" (aber immer das gleiche). Sie machen sich wenig Gedanken darüber, wie man den Hund am Ende der Übung bestmöglich belohnen könnte. Man versetze sich doch nur einmal in die Lage des Hundes! Der weiß doch schon beim Griff nach dem MO, was kommt. Sind das die Reize des Lebens? Der Vorsatz zur Abwechslung reicht in der Regel jedoch nicht aus. Abwechslungen muss man finden und erfinden und man muss sie konkret planen.

Motivationsobjekt wechseln, wie hier zum Beispiel zum Long-MOT.

Beispiele für Belohnung

Man könnte z. B. die „Belohnung“ nach einer Übung weder mit Futter noch mit Beute, sondern in Form eines Bewegungsspiels gestalten: Dem Hund davonlaufen, Haken schlagen, Geschicklichkeitsherausforderungen einbauen (Agility-Geräte und alles, was sich in der Umgebung anbietet), mit ihm balgen. Wer es weniger aktiv möchte: Hunde lieben Zuneigungs- und Berührungsspiele. Man kann die Ereignisse und Gegenstände eines Spaziergangs nutzen, wie z. B. auf einem Baumstamm balancieren. Alles, was in der Natur abläuft, bietet eine Fülle von zusätzlichen Simulatoren, die in der „motivationsmageren“ Hundeplatzumgebung fehlen. Sehen Sie sich in Ihrer Umgebung um und nutzen Sie die Dinge.

Für die Wahl des Motivationsobjektes (MO's) gelten ähnliche Überlegungen. Die unterschiedlichen Motivationsbereiche ebenso wie die verschiedenen MO`s beinhalten nicht nur aus der verhaltenspsychologischen, sondern auch aus pädagogischer Sicht jeweils bestimmte Vorgaben (*Determinationen*). Die „klassischen vier Spielbeuten“ sind Ball, Beißwurst, Schleuderball und Quietschy. Jede spricht verschiedene spezifische Beutefangelemente an. Je nachdem, ob sich innerhalb einer bestimmten Übung mehr das Beutefangelement „Nachjagen“, „Tragen“ oder „Überwältigen“ anbietet, wird man das entsprechende MO auswählen (vorausgesetzt, der Hund hat gelernt, verschiedene Mo´s anzunehmen).

Einmal mit Futter-MO, ein andermal mit Beute-Mo spielen.

Abwechslung beim Apportieren

Aus pädagogischer Sicht sprechen aber auch praktische Überlegungen für den Wechsel des MO's. Denken wir nur an das *Apportieren*. Ursprünglich war ja das *Apportieren* eine der klassischen Aufgaben der Gebrauchshundeausbildung. Der Hund sollte lernen, allerlei Dinge zu bringen, nicht nur ein Bringholz, sondern Gegenstände aller Art. Im Mondioringsport wird die (nachahmenswerte!) Variabilität der Aufgabenstellung bewusst erhalten. In jeder Prüfung, in jedem Turnier legt man den Bringgegenstand neu fest. Auf Wechsel der Form, der Konsistenz, der Temperatur usw. wird besonderer Wert gelegt. In den Prüfungsordnungen der Begleit- und Schutzhundeausbildung ist das Apportieren hingegen auf einen immer gleichen Gegenstand, nämlich das Bringholz, reduziert.

Das sollte den Team-Führer nicht davon abhalten, zumindest im Training von der starren Form abzugehen und das *Apportieren* mit allerlei Gegenständen zu üben.

Futter- und Spielbeute

In den Bereichen Futter- und Spielbeute, also dort, wo wir (im Gegensatz zu *Bewegung* und *Zuneigung)* Gegenstände einsetzen, bieten sich zahllose unterschiedliche Objekte an. Wenn man „normalerweise" mit dem Schleuderball übt, kann man zur Abwechslung einmal eine Beißwurst, ein Leder, einen Jutesack oder ein Quietschy verwenden.

Vollkreise, Schlangenlinien und Acht

Vollkreis rechts (360° +)

Der *360°-Kreis*, auch *Vollkreis* genannt, baut auf dem bereits behandelten *Teilkreis* auf. Das Vertraut machen ist daher nicht mehr erforderlich. Wir bezwecken mit dem relativ früh im Ausbildungsprogramm stehenden Vollkreis, Wenden und Kehren in freudiger und schneller Ausführung aufzubauen. Das Problem der Aufgabe liegt auf der Hand. Verlässt der Team-Führer die Geradeausrichtung, so muss sich der Hund entsprechend anpassen. Geht der Hund innen, muss er langsamer werden, läuft er außen, muss er das Tempo steigern, um auf gleicher Höhe und dicht beim Team-Führer zu bleiben. Mangelnde Konzentration und Motivation fallen in Wenden besonders stark auf. Abhilfe schafft die Methode, den Hund beim Vollkreis höher zu motivieren als beim Geradeausgehen. Die Temposteigerung mitzumachen, bedeutet dem Hund gesteigerte Stimulation (vorausgesetzt, er hat dabei bisher lustvolle Erfahrungen gemacht).

Erfährt der Hund die Richtungsänderung als Lustgewinn und erfährt er anschließend, dass nach jedem *Teilkreis* oder *Vollkreis* ein motivierendes Spiel folgt, wird er schon auf die ersten „Vorboten" des erwarteten Lustereignisses mit gesteigerter Aufmerksamkeit und Aktionsbereitschaft antworten. Wir sagen, der Hund *„antizipiert das Ereignis"*. Das heißt, er nimmt das Ereignis vorweg.

Bereits im Ansatz einer Rechtsdrehung steht der Hund schon in einer gesteigerten, positiven Erwartungshaltung. Man sollte jedoch nicht über das Ziel hinaus schießen. Die Drehung darf aus ästhetisch-physiologischen Gründen nicht zum Selbstzweck werden. Schnell ja, aber nicht schnell auf Kosten der harmonischen Gesamtbewegung! Mit anderen Worten: Keine abrupten Tempo- oder Richtungswechsel, kein Bruch in den Bewegungen! Die höhere sportliche Leistung liegt nicht in der (nur!) schnelleren Bewegung, sondern in der „natürlichen, anmutigen und schnellen Bewegung". Harmonie soll uns zur Verpflichtung und zum Maßstab werden, auch im Hinblick auf Bewegungsabläufe. Damit sind wir eigentlich schon mitten in der Praxis.

Phase 1
Vollkreis rechts – Erlernstufe

Wir beginnen mit einem *Freien Spiel,* bringen den Hund dann in die Grundhaltung [Sitz], bauen Spannung auf, kommunizieren mit dem Hund, geben den einladend freundlichen Auslöser [Fuß] und leiten daraufhin den Vollkreis nach rechts ein. Hier gilt es, die Reihenfolge der Aktionen nicht wahllos zu vermischen. Im Idealfall wird zuerst das Hörsignal gegeben, unmittelbar gefolgt von den natürlichen Körpersignalen der entsprechenden Bewegung. Damit der Hund den Blick sowie den Kopf in die neue Richtung bringt, kann man (anfangs) zusätzlich das MO in die Bewegungsrichtung führen.

Beim Hineinführen in den Vollkreis wird der Hund weiterhin mittels Körpersprache und MO stimuliert. Geht der Hund temperamentvoll und korrekt mit, folgt gelegentlich Lob und Spiel.

Phase 2
Lernstufen, Wiederholung und Abwandlung

Nach einiger Zeit wird der Team-Führer bemerken, dass allein schon die Körpersignale, die beim Richtungswechsel in natürlicher Weise gegeben werden, für den Hund ausreichen, seine Bewegung anzupassen. Ab diesem Augenblick ist es nicht mehr notwendig, innerhalb jeder Drehung zu motivieren. Es reicht dann aus, abwechselnd auch erst am Ende des Kreises das MO zu zeigen, bzw. anzubieten.

Mit der Zeit gehen wir dazu über, den Kreis zu variieren, indem wir Radius und/oder Tempo verändern. Oft lassen wir den Hund auch mehrere Vollkreise hintereinander mitlaufen. Den Radius dehnen wir bis auf etwa 4 Schritte aus. Die Körpersprache wird nach und nach abgebaut mit dem Ziel, die ursprünglich üppigen Signale mehr und mehr auf Mimik und Atmung zu konzentrieren.

Vollkreis links (360°)

Der Vollkreis im Gegenuhrzeigersinn wird zwar nicht direkt gefordert, wir brauchen jedoch den Effekt des Links-Kreises für die Links-Wende und für die Acht (Freifolge durch die Gruppe). Der Aufbau ist ähnlich wie beim 360°-Kreis +: MO in der linken Hand halten, kurz nach Einleiten der Linksdrehung MO nach links in Richtung Mitte bewegen. Der Hund folgt mit dem Kopf und der übrige Körper wird die Drehrichtung mitmachen.

Auch hier gilt: MO-Hilfe baldmöglichst abbauen. Bei auftretenden Problemen auf Teilkreise reduzieren und unmittelbar danach bestärken. Radius zunächst 2 bis 4 Schritte, anschließend weniger. Den Hund aber nicht verängstigen oder zu sehr bedrängen. Keine Gewalt. Fehler ignorieren. Sofort belohnen, wenn nach vorausgegangenen Fehlern das richtige Verhalten gezeigt wird.
Ziel: Variabler Radius und variables Tempo.

Schlangenlinien

Schlangenlinien sind im Pferdesport seit langem fester Bestandteil der Ausbildung. S- oder Schlangenlinien stellen das Bindeglied zwischen Vollkreis und Acht dar und sind daher aus methodischer ebenso wie aus praktischer und sportlicher Sicht sinnvoll und wichtig. Es ist unverständlich, weshalb man diese wichtige Übung in der heute praktizierten Hundesport-Unterordnung immer noch ausklammert.

Phase 1
S- bzw. Schlangenlinien

Der Aufbau gestaltet sich ähnlich wie beim *Vollkreis.* Nach dem Hörsignal folgt (im Sinne des *Signal-Timing)* die Ganzkörperbewegung mit einzuleitender Innenlage („in die Kurve legen") und anschließend die Bewegung des MO in die gewünschte neue Richtung.

Eine der wichtigsten Vorübungen für freudige, exakte und schnelle Wenden und Kehren ist mehrfaches 360°-Umrunden mit anschließendem Freien Spiel.

Das Ziel der S-Linien liegt in einer harmonischen Anpassung der Gehweisen beider Team-Partner, wobei die Übergänge fließend erfolgen müssen. Ruckartige Bewegungen sind fast immer ein Zeichen für Unvermögen. Dies gilt auch in anderen Sportarten. Wir werden auf diesen Punkt noch zurückkommen.

Mit der Zeit werden dann die Hilfen sukzessiv abgebaut, bis schließlich die natürlichen Körpersignale übrigbleiben. Diese reichen für den Hund völlig aus.

Die S-Linien sind in ihrem Schwierigkeitsgrad nicht zu unterschätzen, vor allem, wenn sie in Tempo, Amplitude und Frequenz variabel vorgezeigt werden. Wir raten jedem Hundesportler, Schlangenlinien zu üben, auch wenn sie noch nicht im Prüfungsprogramm stehen.

Acht

Die Acht verbindet die drei vorausgegangenen Elemente: Vollkreis rechts, Schlangenlinie und Vollkreis links. Die Übung begegnet uns innerhalb der Freifolge beim Gang durch die Gruppe.

Wurden die vorausgegangenen Übungen Vollkreis und Schlangenlinie gewissenhaft geübt, so bildet die Acht in der Regel kaum noch Schwierigkeiten. Am Ende der Acht sollte ab und zu die Grundstellung eingebaut werden. Spätestens danach jedoch ist die Acht nahezu ausnahmslos mit Belohnung und/oder Spiel zu beenden. Gerade in der Acht kann sich das Team bei erheblicher Ablenkung wirkungsvoll präsentieren. Wichtig ist bei dieser Übung, dass der Hund echt Spaß hat am schnellen und körpernahen Mitlaufen. Wenn der Team-Führer selbst nicht mehr empfindet als nur eine Pflichtübung, woher soll dann der Hund die Freude nehmen? Für mich ist die Acht durch die Gruppe eine der schönsten Übungen in der gesamten Unterordnung. Bei hohem Anspruch (physiologisch-ästhetischer Bewegungsablauf beider Team-Partner, Ausstrahlung, Harmonie und Vitalität) ist sie sicherlich eine der schwierigsten.

Phase 1

[Acht durch die Gruppe]

Der Team-Führer sollte für die [Acht] ein gutes Raumvorstellungsvermögen mitbringen und daran arbeiten, die [Acht] selbst fehlerfrei gehen zu lernen. Auch diese Übung ist vor allem anfangs und in Abständen „Solo" zu üben. Es empfiehlt sich, vor Beginn einen Peilpunkt zu wählen. Außerdem kann man mittels zwei Punktmarkierungen am Boden (oder Leitpflöcke) die beiden Mittelpunkte markieren. Man wird sehen, es ist nicht einfach, eine in jeder Hinsicht einwandfreie Acht zu gehen: Geringfügige Blick-, Kopf- und Schulterbewegung beim Einleiten des ersten Vollkreises, gleichzeitig die zentripetale Gewichtsverlagerung, harmonische, natürliche Schrittfolge, locker schwingende Arme, aufrechte Körperhaltung, elastisches Gehen, Durchlässigkeit der Schwingung vom Fuß bis zum Scheitel, Gleichförmigkeit der zurückgelegten Ganglinie (einwandfreier Kreis, weder in Form eines „Ei`s" oder einer „Kartoffel"), harmonischer Wechsel im Schnittpunkt. Ein Kenner würde die Fehler sofort sehen. Ist man in der Lage, die Acht selbst in beschriebenem Umfange fehlerfrei zu gehen, kommt der Hund ins Spiel. Nun werden viele eine große Überraschung erleben: Hat man die Acht im Team, also mit Hund, vorübergehend abgesetzt und an der eigenen Gangweise und Haltung gearbeitet, so geht der Hund bei Wiederaufnahme des Team-Trainings oft auf Anhieb in nicht mehr wiederzuerkennender Weise besser als vorher. Dies ist ein schlagender Beweis dafür, dass es leider immer wieder der Team-Führer ist, welcher minderwertige Übungsausführungen zu verantworten hat.

Und noch eines wird man bemerken: Man geht anders, wenn man eine klare Vorstellung der eigenen Haltung und Bewegung erarbeitet hat. Ausstrahlung und Selbstbewusstsein nehmen zu, die Vorführung bekommt Profil und Aussagekraft. Es steht nicht mehr nur der folgsame Hund im Vordergrund, sondern die „Team-Vorführung". Und damit wären wir wieder im Kern unserer Thematik: Team-Vorführung als Ergebnis der Mensch-Hund-Harmonie.

Phase 2

Gang durch die Gruppe

(Abwandlung und Absicherung)

In der Gruppe (an gehenden Personen vorbei) kann es schon vorkommen, dass die geometrische Acht nicht durchführbar ist. Das schadet jedoch nichts, weil auch der Betrachter den Sachzwang wahrnimmt und die Anpassung der Form an die Gegebenheiten akzeptiert.

Wichtig ***Im Training immer und immer wieder Belohnen! Nur selten wird die Belohnung ausgesetzt, sozusagen als Test. Aber selbst beim Aussetzen folgt sie dann mitunter etwas später: etwa nach der Grundstellung oder einige Schritte danach.***

Trockentraining auf einem Seminar „Meisterhafte Vorführung der Unterordnung". Aufrechtes Gehen – physiologisch richtig und im Sinne einer ausstrahlungsintensiven Vorführung – will gelernt sein.

Apportieren

Das [Bringen] nimmt in den Prüfungsordnungen verschiedener Hundesportrichtungen eine zentrale Stellung ein. In der Schutzhund-PO kommt das Apportieren in variierter Form dreimal vor. Keiner anderen Leistung wird derart viel Bedeutung zugemessen. Ob das gerechtfertigt ist, steht auf einem anderen Blatt. Von insgesamt 100 Punkten entfallen 40 Punkte auf die drei Bringvarianten (10 Punkte für [Bringen auf ebener Erde], 15 Punkte für [Bringen über die Hürde] und weitere 15 Punkte für [Bringen über die Schrägwand]). Zweifellos zählen die drei Bringvarianten zu den komplexesten und gleichzeitig dekorativsten Übungen der PO-Programme. Hier zeigt sich, ähnlich wie bei der Freifolge, ob ein freudiger oder unter Druck stehender Hund präsentiert wird.

Keine andere Übung hat den Erfindergeist der Hundesportler mehr herausgefordert wie das [Bringen]. Das Repertoire reicht von eingesetzten Motorwinden, über Strommethodik bis hin zu Starkzwang mittels geschliffenem Stachelhalsband und weniger drakonischen Mitteln. Angesichts dieses

Das Bringholz wird direkt vor die Beine gelegt. Der Hund lauert in Entfernung wie bei der „Parade-übung". Hier das von Ekard Lind entwickelte MO-Bringholz mit physiologisch unbedenklichem Gummikern.

vielfältigen Angebotes von Möglichkeiten, die vom Starkzwang bis zum Spiel alles zu bieten scheinen, wundert es, dass Bringübungen trotzdem für zahlreiche Team-Führer ein Dauerproblem bedeuten. Die Ursachen hierfür sind vielfältig. Manche Team-Führer setzen offensichtlich von vornherein auf den für ihren Hund ungeeigneten Zwang, andere verlieren bei spielerischem Ansatz vorzeitig die Geduld und wieder andere springen konzeptionslos von einer heilversprechenden Lösung zur anderen (ähnlich wie im Schutzdienst).

zu kommen, muss man sich immer wieder Zusammenhänge aus der Verhaltensbiologie vergegenwärtigen. Hundliches Verhalten kann (vereinfacht ausgedrückt) rein reflexgesteuert sein, es kann instinktiv erfolgen oder auf Anpassungsprozesse (z.B. Appetenzverhalten) zurückgeführt werden. Auf das Ineinandergreifen aller Erscheinungsformen haben wir bereits hingewiesen. Für die anstehende Aufgabe ergibt sich daraus:

Das Weglaufen als stilisiertes Beutemachen zu gestalten, stellt in der Regel keine Schwierigkeit dar. Der domestizierte Wolf, der uns im fetalisiert gehaltenen Hund begegnet, akzeptiert auch noch im Erwachsenenalter den Apportiergegenstand als Beuteersatz. Hier wird wie gesagt eine weitgehend instinktgesteuerte Handlung ausgelöst. Für das Zurückbringen jedoch muss die Motivation, auf der sich das gewünschte Verhalten aufbauen kann, erst gefunden und vermittelt werden. Überlassen wir den Hund sich selbst, so macht er sich entweder mit der Beute davon, oder aber er läuft im Imponiergehabe um den Team-Führer herum (in Sicherheitsabstand), wobei er zum Spielmacher avanciert.

Die Lösung liegt darin, den Anfang der Übung, also das Nachjagen und Fassen der Beute betont auszuklammern und erst einmal eine Aktionsroutine zu bilden, welche

Zuerst wird mit dem Bringholz gespielt, und zwar vorwiegend im hohen Motivationsniveau: rasante, engagierte Konterspiele, kurz und intensiv.

Kern der Aufgabenstellung

Das Problem beim Bringen ist bekannt: Der Hund läuft lieber dem geworfenen Bringgegenstand nach als dass er ihn freudig zurückbringt. Warum sollte er auch? Im Welpenalter hat er gelernt, Spielbeute bringt man in Sicherheit, und wenn man von den Geschwistern aufgespürt wird, dann gilt es, die Beute mit allen Mitteln zu verteidigen. Und jetzt soll er auf einmal freudig wedelnd die Beute zurück zu Herrchen oder Frauchen bringen?

Um zu einem für Team-Führer und Hund zufriedenstellenden Übungsaufbau das freudige Heranbringen der Beute zum Lernziel hat. Obwohl die Übung laut Prüfungsordnung mit dem Hörzeichen [Bring] eingeleitet wird, macht es aus methodischer Sicht wenig Sinn, das einzige und daher kostbare Signal – in seiner Funktion als *Stellvertretender Reiz* – für einen Vorgang zu verschwenden, der, wie gesagt, ohnehin instinktgesteuert ist. Hinzu kommt, dass ausgerechnet für das Zurückkommen als den problematischeren Teil, kein stimulierendes Signal mehr zum Einsatz kommt.

Phase 1

Erste Annäherung

Appetenz auf Bringgegenstand aufbauen
Parallelübungen [Herankommen und Vorsitzen], [Aus], [Grundstellung aus Vorsitzen].

Die Lernstufe der *Ersten Annäherung* (Vermittlungsstufe; Vertrauensbildung) erübrigt sich, wenn der Bringgegenstand schon vorher im *Freien Spiel* zum Einsatz kam. Welches MO als Bringgegenstand verwendet werden soll, ist individuell zu entscheiden. Im Idealfall ist es ein Gegenstand, mit welchem der Hund ausgesprochen gerne spielt. Die üblichen Bringhölzer aus Hartholz haben sich für den Apportieraufbau nicht bewährt. Das Holz ist viel zu hart, vorstehende Spreißen können den Hund verletzen und auch das Beißgefühl ist bei Hartholz eher demotivierend.

Übungsaufgabe Apportieren

> Die wichtigste Änderung besteht darin, den Bringgegenstand (Bringsel, bzw. MO) lange Zeit nie wegzuwerfen. Der Hund lernt die Situation des Wegschickens in Verbindung mit dem Hörzeichen [Bring] erst nach frühestens zwei Monaten zum ersten Mal kennen! Zuerst soll der Hund erfahren, dass es Spaß macht, zum MO hinzulaufen, dass er beim Ankommen um die Beute streiten und dabei gewinnen kann, wenn er sich tüchtig zeigt. Nach seinem „Sieg" soll er erleben, dass ihm die erbeutete Spielbeute weder zwanghaft noch hinterlistig abgenommen wird. Er darf sie behalten. Damit das Spiel weitergeht, ohne die soeben vermittelte Selbstsicherheit aufs Spiel zu setzen, nutzen wir für das [Aus] eine der beschriebenen, möglichst stressfreien Methoden (siehe S. 123). Im Idealfall hat der Hund bereits in der Paradeübung und im Freien Spiel das angstfreie, freiwillige [Aus] gelernt! Nach einiger Zeit wird der Hund auf das Hörzeichen [Bring] im Galopp zum Team-Führer laufen, den Bringgegenstand aufnehmen und mit dem Team-Führer Beutestreiten. Bald darauf lernt der Hund das MO zu tragen und längere Zeit zu halten. Jetzt kann man dazu übergehen, den Bringgegenstand ab und zu nicht mehr direkt vor dem Team-Führer, sondern in die Mitte zwischen Hund und Team-Führer oder auch direkt vor dem Hund abzulegen. Man wird sehen, der Hund nimmt das MO wie gewohnt auf und läuft zum Team-Führer. Parallel zu diesem Aufbau lernt der Hund Herankommen und Vorsitzen sowie die Grundstellung nach vorausgegangenem Vorsitzen. Gegen Ende des Apportierprogramms folgt das Zusammenfügen der einzelnen Teilaufgaben.

Der auswechselbare Gummikern ist weich und wird deshalb gerne von den Hunden aufgenommen. Außerdem besteht keine Verletzungsgefahr wie bei Harthölzern.

Aus den genannten Gründen empfiehlt sich das von mir entwickelte Bringholz mit (austauschbarem) Gummikern, in welches der Hund ohne Hemmungen reinbeißen kann, und welches sich wegen der beiden Halteleinen hervorragend zum Beutestreiten eignet.

Der Hund hat gelernt, „unter Spannung zu Lauern" und er kann bereits auf Hörzeichen Herankommen. Damit sind wichtige Grundlagen für das *Apportieren* vorhanden. Nun geht es darum, diese geschickt zu nutzen. Zuerst aber muss die Appetenz auf den Bringgegenstand aufgebaut werden. Dies ereichen wir, indem wir das Bringholz kurz zeigen, wieder verstecken, damit angeben, vorenthalten, selbst damit spielen und auf allerlei Art und Weise die Neugier und Spiellust des Hundes wecken.

Problemhilfe *bei mangelnder Appetenz auf das Bringholz*

Es hat keinen Sinn, die anschließenden Phasen zu üben, solange der Hund zu wenig Interesse und Lust am Apportiergegenstand zeigt. Abhilfe schafft entweder der Wechsel auf einen anderen Apportiergegenstand. Möglicherweise wählt man vorübergehend das Vorzugs-MO. Oder aber man baut das Bringholz auseinander und reduziert es vorerst auf den Gummikern. Wir führen in diesen Fällen ein Seil oder Tuch durch den Gummikern, um beim *Beutestreiten* rechts und links anfassen zu können. Eine dritte Variante kommt aus dem Schutzdienst: Der Hund wird von einer Hilfsperson an der Leine gehalten (unter Verwendung eines Brustgeschirrs), während der Team-Führer das Bringholz an einer 2 Meter Leine (ohne Metallteile! – Palstek als Verbindung!) am Boden hin und herschleudert, zwischendurch wieder in die Hand nimmt und vielerlei Reize bietet. Und zwar so, dass der Hund nicht gleich zum Zug kommt. Spricht der Hund gut darauf an, folgt Anbiss und Beutestreiten, wobei die Hilfsperson gegenhält. Der Team-Führer zeigt im Kontern Schwächen und lässt den Hund in einer tüchtigen Aktion gewinnen. Anschließend folgt Laufen und Tragen.

Wichtig *Für viele Hunde hat sich bewährt, ein eher schweres Bringholz zu verwenden. Dies fördert einen festen Griff und wirkt dem punktezehrenden „Knautschen" von Anfang an entgegen.*

Bevor man mit dem Aufbau des Apportierens beginnt, hat der Hund schon lange den Fun-MOT akzeptiert.

Apportieren nach Ekard Lind (in Stichworten)

Mit dem Bringholz Wegschleichen wie bei der „Paradeübung" (das kennt der Hund schon aus seiner Team-Balance-Zeit) –

dann das Bringholz vorsichtig ablegen, Spannung aufbauen und ...

... wie gewohnt mit einem „Auslöser" abrufen.

Beim Ankommen hochmotivierendes Spiel.

Phase 2

Neugier und Beutestreiten

Wer immer noch Probleme mit dem [Aus] hat, sollte für den Beutetausch vorsichtshalber das Vorzugs-MO in der Tasche mitführen.

Wichtig **_Das Neugierig machen aus Phase 1 führen wir in modifizierter Form während des gesamten Übungsaufbaus weiter! Mit dem Ziel, dass der Hund eines Tages allein schon durch das gemeinsame Gehen zum Bringholzständer in eine lust- und erwartungsvolle Stimmung gerät._**

Erweitertes Neugierig machen: Der Team-Führer legt den Hund ab und geht zum Bringholzständer (Wegschleichen wie bei der Paradeübung). Dort dreht er sich um, so dass der Hund nicht sehen kann, was er vom Ständer nimmt. Darauf folgt das Neugierig machen aus Phase 1. Anschließend ruft er den Hund mittels Hörzeichen [Bring] ab. Das Einbringen des Hörzeichens [Bring] hat den Vorteil, dass es sich von Anfang an mit schnellem Herankommen verbindet. Dem herankommenden Hund verwehren wir zunächst das Holz, indem wir einige Schritte im Kreis gehen und den Apportiergegenstand immer wieder verstecken (unter der Jacke, hinterm Rücken usw.). Es folgt entweder das *Freie Spiel* mit anschließendem *Beutestreiten* oder auch der nahtlose Übergang zu Phase 2.

Bewegungs- und Laufspiel

Nach *Beutestreiten* und [Aus] (evtl. mittels Beutetausch) legen wir den Hund wie bei der *Paradeübung* ab, bewegen uns von ihm weg, zeigen ab und zu das versteckte Bringholz und entfernen uns, rückwärts schleichend, auf eine Distanz von 5 bis 10 Schritten. Dort legen wir das Bringholz auf den Boden, bauen Spannung auf und rufen den Hund mit dem Hörzeichen [Bring] zu uns heran. Der Hund wird herangaloppieren und das Holz aufnehmen. In diesem Augenblick greifen wir in die seitlichen Leinen und beginnen das *Beutestreiten*. Es gelten die bereits erwähnten Forderungen:
Tief spielen, glaubwürdig Schwächen zeigen, nicht übermächtig gegenhalten, jedem Gewichtseinsatz des Hundes muss ein mehr oder minder ausgeprägtes Nachgeben folgen, usw. Auch Körpersprache und Stimme werden eingesetzt.

Zeigt sich der Hund tüchtig, geben wir nach und lassen schließlich los. Im Idealfall schließt sich in nahtlosem Übergang ein Bewegungsspiel an. Der Hund trägt die Beute, der Team-Führer zeigt seine Anerkennung für die erbrachte Tüchtigkeit, und muntert den Hund zu einem Laufspiel auf. Aber nicht derart, dass der Hund argwöhnen muss, man will ihm nachlaufen, um ihm die Beute abzunehmen. Der Team-Führer läuft also eher in die entgegengesetzte Richtung und muntert den Hund auf, mitzulaufen. Auf diese Weise lenken wir den Hund auch vom Imponieren ab. Das Imponieren ist nämlich oft Ursache fürs Knautschen oder dafür, dass sich der Hund zum Spielführer machen möchte. Ablenkung durch Bewegung wirkt beidem entgegen. Das Tragen des Bringgegenstandes hat außerdem den Vorteil, dass der Hund lernt, das MO lange, fest und ruhig zu halten.
Im Laufen muss er es fester halten als im Stehen oder Vorsitzen!.

Nach einigen Trainingseinheiten kann man Phase 2 bereits auf niedere Hürden und die flach gestellte Kletterwand übertragen, was in der Regel mit einem sichtbaren Motivationsgewinn für die Übung verbunden ist. Wir erinnern uns: Laufen und Springen, aber auch das Bewältigen von Hindernissen beinhaltet hohe Anteile an Primärmotivation. Voraussetzung ist natürlich, dass die entsprechenden Vorübungen (Hürde und Kletterwand) geübt wurden.

Phase 3
Tragen und Langsamer werden

Das Vorspiel des Neugierig machens wird weiterhin praktiziert – mit Variationen. Es folgt wie in Phase 2 das Abrufen mit [Bring].

Zeigt der Hund mittlerweile ein schnelles Herankommen, nimmt er das MO gut auf und erwartet er anschließend das *Beutestreiten*, so gehen wir dazu über, das MO nicht immer direkt vor uns auf den Boden abzulegen, sondern auch abwechselnd nach hinten durch die Beine zu werfen. Das kennt der Hund schon. Mit dieser Übung verfolgen wir zweierlei Ziele:

* Die Übung dient als Test, ob der Hund das MO bereits zurückbringt, wenn es nicht dicht beim Team-Führer lag.
* Der Hund wird motiviert, auch in der Annäherungsphase schnell zu bleiben und in gerader Richtung heranzukommen.

Anschließend trägt der Hund das MO unter viel Beifall und Lob. Das gemeinsame Laufen braucht sich übrigens nicht auf monotone Kreise zu beschränken. Wer es vermag, soll Stopps, Wenden und alles andere, was der Abwechslung dient, einbringen. Vor allem aber langsamer werden, sich

Anschließend: Laufen mit dem Bringholz.

dem Hund nähern, Blickkontakt aufnehmen, und immer wieder vermitteln, dass man ihm das MO nicht abnimmt. Trägt der Hund auch im langsamer Werden ruhig und fest, kann man zum nächsten Schritt übergehen.

Wichtig ***Das Annehmen und Herbringen eines Bringholzes, das nur einige Schritte von uns entfernt liegt, testen wir nur selten.***

Phase 4

Langsamer werden bis zum kurzen Stehen bleiben

Der Aufbau bleibt wie beschrieben erhalten. Der Team-Führer greift während des Mitlaufens ab und zu an das Bringholz, ohne es jedoch dem Hund zu nehmen. Auf diese Weise bereiten wir das spätere (stressfreie!) Abgeben vor. Indem wir langsamer werden, versuchen wir gleichzeitig, den Hund mittels Körpersprache auf uns zu konzentrieren, um ihn anschließend wieder zum Weiterlaufen zu bewegen. Dem gemeinsamen Laufen (mit Tempowechsel) folgt Stehen bleiben und kurzes Warten. Während der gesamten Zeit sollte der Hund das MO ruhig und fest tragen.

Phase 5

[Sitzen] und Tragen

Im nächsten Schritt hält das Team nach mehreren Tempowechseln an und der Hund wird zum [Sitzen] aufgefordert. Es handelt sich hier um das seitliche [Sitzen], nicht um das [Vorsitzen]! Die Aufforderung muss behutsam erfolgen, möglicherweise mittels wohl dosierter Körpersprache, damit der Hund das Holz ruhig und fest hält. Auch hier kann man das „feste" Halten verbessern, indem man ab und zu das Holz angreift, kurz zieht und wieder loslässt. Hat der Hund die Aufgabe bewältigt, folgt wiederum Spannungsaufbau und das gemeinsame Weiterlaufen.

Phase 6

Vom „indirekten" zum „direkten" [Vorsitzen]

Jetzt können wir dazu übergehen, uns nach dem seitlichen [Sitzen] vor den Hund zu stellen. Hat der Hund bisher alle Aufgaben erfüllt, so wird er auch in dieser Situation das Bringholz stressfrei, fest und ruhig halten. Zusätzlich werden wir erleben, dass der Hund gespannt und erwartungsvoll auf die Laufaufforderung wartet. Wir haben uns dem Vorsitzen auf indirektem Wege genähert. Nicht der Hund, sondern der Team-Führer hat sich vor den Hund gestellt. Von hier aus ist nur noch ein kleiner Schritt zum „direkten" [Vorsitzen], welches der Hund ausführt.

Phase 7

Wegschicken mittels [Bring]

Bisher haben wir den Hund noch nie mit [Bring] weggeschickt. Nun kommt der große Augenblick. Wer noch nie einen Hund mit dieser Methode ausgebildet hat, der zweifelt möglicherweise am Erfolg. Das ist verständlich. Aber wir haben auf feststehenden Verhaltensweisen aufgebaut und im neuralgischen Bereich des Zurückbringens, Vorsitzens und Abgebens eine zuverlässige, durch und durch positive Motivation entwickelt! Wenn wir uns nach Monaten hinstellen, den Hund neben uns [Bei Fuß], das Bringholz in der Hand und das erste Mal [Bring] fürs Entfernen verwenden, so wird der Hund dem Apportiergegenstand nachjagen, als hätte er die Übung nie anders ausgeführt. Aber jetzt kommt das Entscheidende: Er wird auch, zum großen Erstaunen des Team-Führers, ebenso schnell und sicher herankommen, wie immer. In seltenen Fällen kam es vor, dass sich ein Hund beim aller ersten Wegschicken mitten im Laufen umdrehte, um sich zu vergewissern: „Darf ich?" Diese Unsicherheit legt sich jedoch binnen weniger Wiederholungen.

Nun darf man nicht den Fehler machen, die Übung weiterhin in vollständiger Form zu trainieren. Hat uns der Hund gezeigt, dass er die Übung ausführen kann, gehen wir wieder zurück zu einer der ersten oder mittleren Phasen und rufen den Hund mit [Bring] zu uns. Nur ab und zu testen wir die vollständige Ausführung, vor allem kurz vor Prüfungen oder Turnieren.

Phase 8

Warten vor dem Starten

Was jetzt noch fehlt, ist das Absitzen vor dem Werfen und das Warten auf den Start nach Hörzeichen. Da unsere Hunde jedoch von Anfang an gelernt haben, lauernd zu Warten, benötigen wir auch hier weder Leine noch andere Zwangsmittel! Die ersten Male legen wir den Hund ab, erst später folgt die Teilübung im Sitzen. Wir nehmen das Bringholz spannungsvoll in die Hand, schleichen uns wie in der Paradeübung einige Meter vom Hund weg, legen das MO ab, kommen zurück, bauen Spannung auf, kommunizieren mit dem Hund und geben mit dem Hörzeichen [Bring] den Start frei. Nach einigen Wiederholungen führen wir diese Detailübung aus der sitzenden Position des Hundes durch. Anschließend werfen wir dann das Holz. Hier kann es nötig sein, dass wir die ersten Male entweder den Geistigen Zügel einsetzen oder weich unter den Hals greifen und das Starten verhindern. Hat der Hund jedoch begriffen, was wir von ihm wollen, wird er mit dem Starten kein Problem mehr haben, denn spannungsvoll zu Warten hat er bis zur Perfektion gelernt. Damit ist das Apportieren nun fast vollständig.

Phase 9

Zusammenstellen der noch fehlenden Teile

Gegen Ende werden die fehlenden Einzelteile [Abgeben] und [Grundstellung aus dem Vorsitzen] hinzugefügt. Es dürfte inzwischen klar geworden sein, dass wir die Teile [Vorsitzen], [Abgeben] und [Grundstellung aus dem Vorsitzen] nur ab und zu verlangen. In der Regel endet das Apportieren mit dem Herankommen und anschließenden Spiel.

Phase 10

Abwandlung und Absicherung

Nahezu alle Teile und Phasen des Apportierens bieten reichhaltige Möglichkeiten zur Abwandlung. Was man bei vielen Hunden schon ab Phase 3 einbringen kann, ist das variable Ablegen des Apportiergegen-

standes. Haben wir es anfangs lange Zeit immer direkt vor den Team-Führer gelegt, so gehen wir mit zunehmender Sicherheit dazu über, die Lage des MO`s zu verändern: Einmal zwei Meter vor uns, dann drei Meter hinter uns (Hund durch die Beine laufen lassen), dann mitten zwischen Hund und Team-Führer, oder auch einmal einen Meter vor den Hund usw. Man wird erstaunt sein, dass der Hund binnen Kürze das MO von jedem beliebigen Ort aus schnell und freudig zum Team-Führer bringt. Auf zahlreichen Seminaren und Turnieren ist die Sicherheit meiner Hunde beim Apportieren selbst von Gegnern respektvoll anerkannt worden. Oft habe ich Quirin das Bringholz irgendwo wahllos hingeworfen, beispielsweise 15 Meter hinter ihn. Auf das Hörzeichen springt er heute noch auf, dreht sich im Aufsprung in Richtung des MO's, fasst es dort schnell und sicher, und galoppiert damit auf kürzestem Weg zu mir. Und das macht er nicht ab und zu und/oder mit diesem oder jenem Fehler, sonder x-mal vor Hunderten von Leuten in der gleichen, überzeugenden Vitalität und Freude. Absolut zuverlässig. Die Behauptung, dass ein zuverlässiges Apportieren nur unter Zwang

erreichbar wäre, ist einfach falsch. Man sollte eher der Frage nachgehen, weshalb man unter den zwangsausgebildeten so wenige ältere Hunde sieht.

Absicherung der Übung

An Stelle von Zwangseinwirkungen nutzen wir die bereits beschriebenen Möglichkeiten:

* Steigerung der Motivation auf ein extrem hohes Niveau,
* Ausführung der Übung ohne jegliche Stimulation,
* Absetzen des Apportierens über einen längeren Zeitraum, um dann die Übung ohne Vorbereitung prüfungsmäßig abzurufen,
* Hinzufügen von Ablenkungen sowie Konfrontation mit Grenzsituationen.

Kurz vor dem Werfen des Bringholzes etwa beleben wir das Holz, holen weit aus, täuschen das Wegwerfen vor und starten plötzlich mit dem Holz weg. Der Hund muss lernen, auch unter diesen Herausforderungen sitzen zu bleiben und zu lauern. Will er aufstehen, setzen wir den *Geistigen Zügel* ein.

Ablenkungen können eingebaut werden, indem man während des Apportierens andere Hunde (angeleint) auf den Hundeplatz führt. Möglicherweise sogar in die Nähe des Geschehens. Oder es gehen bzw. laufen mehrere Personen über den Platz. Oder es üben mehrere Hunde gleichzeitig andere Aufgaben. Es dürfte klar sein, dass derlei Ablenkungen nur von fortgeschrittenen Teams zu bewältigen sind und dass die gebotene Vorsicht einzuhalten ist.

Eine weitere, nicht leicht zu bewältigende Herausforderung ließe sich etwa durch das Ablegen des Bringgegenstandes auf einen Tisch, durch Vergraben des Bringsels oder durch Ablegen mitten in einem Agility-Tunnell herstellen. Derartige Herausforderungen liebt der Hund. Sie dienen also nicht nur der Absicherung, sondern dem Aufrechterhalten der Appetenz. Sie sichern ab und wirken gleichzeitig der gefürchteten Motivationsversandung entgegen. Und sie sind viel, viel natürlicher und wirksamer als so manches, was heute noch im Hundesport in Punkto Absicherung als unersetzlich angesehen wird.

Phase 11

Steigerung der Motivation im Herankommen

Eine zusätzliche Steigerung im Hinblick auf ein vital-schnelles Herankommen wird erzielt, indem wir außer dem Bringgegenstand noch ein zweites MO einsetzen.

Um der Gefahr entgegenzuwirken, dass der Hund den Bringgegenstand fallen lässt, wenn er das Vorzugs-MO sieht, müssen wir den Hund erst einmal mit der Situation des „Lauerns und gleichzeitigen Haltens“ vertraut machen. Es ist schwierig, hier konkrete Vorschläge zu geben. Jeder Hund reagiert anders. Wichtig ist, dass man das Motivationsniveau anfangs nicht zu hoch ansetzt. Denn mit der Zunahme der Aktionsbereitschaft erhöht sich natürlich auch die Gefahr, dass sich der Hund der „alten, leblosen“ und uninteressant gewordenen Beute entledigen will, und diese fallen lässt. Wir haben gute Erfahrungen damit gemacht, den Hund im gemeinsamen Bewegungsspiel den Bringgegenstand tragen zu lassen, gleichzeitig wird das Vorzugs-MO sichtbar an der MOT-Krawatte getragen.

Der Hund wird tragender Weise zum Sitzen stimuliert, und wir bücken uns zu ihm hinunter, so dass das Vorzugs-MO in seine Nähe kommt, gleichzeitig wird der *Geistige Zügel* gezeigt und Spannung aufgebaut. In dieser Kombination steht die gewohnte, erwartungsvolle Spannung im Vordergrund und der Hund lässt den Bringgegenstand in der Regel nicht fallen. Hat er einige Sekunden sitzend und lauernd das

Auch die Grundstellung wird erst einmal trocken geübt: Das MO wird in der linken Hand gehalten und links geworfen. Rechts halten führt dazu, dass der Hund schief geht.

Bringholz gehalten, greifen wir mit einer Hand zum Holz, geben das Hörzeichen [Aus] und greifen kurz danach zum Vorzugs-MO, um es dem Hund entweder zum Anbiss anzubieten oder es wegzuschleudern. Es gehört Fingerspitzengefühl und eine gute Beobachtungsgabe dazu, um diese Übung erfolgreich durchzuführen.

Hat der Hund die Übung angenommen, so wird das Vorzugs-MO in den Übungsablauf des Apportierens eingebaut. Nach jahrelangen Tests mit dieser Methode wurde klar, dass es nicht ideal ist, wenn der Hund nur wegen des Vorzugs-MO`s herankommt. Die Übung sieht überzeugender aus, wenn der Hund etwa ein Verhältnis von 60% für das Vorzugs-MO und 40 % für den Bringgegenstand mitbringt (*Appetenz-Hierarchie*). Dieses Verhältnis lässt sich über die Gestaltung des Spiels steuern (und kann individuell ein wenig schwanken).

Was die praktische Ausführung betrifft, so ist auf optimales *Signal-Timing* zu achten. Das heißt, der Hund sieht erst auf den letzten Metern des Herankommens (also im Bereich des Abstopppens), ob das Vorzugs-MO zum Einsatz kommt oder nicht. Wird dieser kleine, aber enorm wichtige Punkt vernachlässigt, fängt der Hund schon bei der zweiten oder dritten Wiederholung an, sich danach auszurichten, ob das Vorzugs-MO beim Herankommen zu sehen ist oder nicht. Wenn nicht, wird seine Aktionsbereitschaft sichtbar reduziert.

Aufrechterhaltung der Appetenz

Konnte das *Apportieren* bis hierher positiv vermittelt werden, dann kann man dem Team-Führer – und seinem Partner – gratulieren. Ein freudig, vitales, schnelles und exaktes *Apportieren* ohne jeden Druck und Zwang umzusetzen, stellt eine pädagogisch hochstehende Leistung dar. Jetzt gilt es nur noch, die *Appetenz* in der beschriebenen Hierarchie aufrechtzuerhalten und die Übung eher selten zu fordern. Einzelteile daraus ja, dann aber in Abwandlung (Üben im Wald, am Wasser, auf dem Berg, in einem Steinbruch; – Wechsel des Bringgegenstandes, Einbinden kleiner Hindernisse oder Geschicklichkeitsübungen usw.). Zwei Wochen vor einem Turnier wird das Apportieren wieder ganz von vorn in Phase 1 aufgebaut, natürlich im Zeitraffertempo. Auf diese Weise lässt sich die Qualität der Vorführung bis ins weit fortgeschrittene Alter des Hundes erhalten.

Parallelübung Apportieren beim Spazierengehen.

Als Parallelübung, z.B. als Steigerung der Primärmotivation, kann man Spaziergänge dazu nutzen, das Apportieren noch interessanter als auf dem Hundeplatz zu gestalten. Hierzu bietet sich vor allem abwechslungsreiches Gelände an. Anfangs sollte man jedoch ein anderes Apportier-MO verwenden als im Sporttraining: Einen Socken, ein (ungefährliches!) Holzstück oder etwas anderes. Der Aufbau ist ähnlich wie oben beschrieben: Nachdem man den Hund ins Platz geschickt hat, schleicht man sich von der Stelle weg. Im Gelände nutzen wir jedoch die Möglichkeiten vor Ort, um das Spiel attraktiver zu gestalten. Ein Maisfeld bietet beispielsweise hervorragende Möglichkeiten, sich zu verstecken. Auf einem Waldweg lädt vielleicht eine Wegkrümmung oder ein Holzstoß dazu ein, sich außer Sicht zu bringen. Im Augenblick des Auslösens [Bring] kann man dann zusätzlich noch davonlaufen. Kommt der Hund in die Nähe, wirft man den Apportiergegenstand auf den Boden. Es folgt wie gewohnt Beutestreiten und Tragen. Dann und wann kann man das Apportier-MO auch von einem Weg aus ins Gebüsch werfen. Dem MO nicht nur nachzulaufen, sondern es zu suchen, bietet vielen Hunden einen gesteigerten Reiz. Außerdem wird sich der Hund bemühen, möglichst schnell zu sein, um das im Dickicht verschwindende MO nicht zu verlieren. Dickicht, anschließendes Weglaufen und Verstecken des Team-Führers lassen sich bei entsprechenden Bedingungen auch kombinieren. Wegen des im Gras oder Dickicht

verschwundenen MO`s läuft der Hund in gesteigerter Motivation hinaus, und wegen des sich entziehenden Team-Führers bringt er das MO schneller als sonst zurück.

Problemhilfe bei aufbaugeschädigten Hunden

Obwohl das Hinauslaufen in der Regel kein Problem darstellen dürfte, kommt es doch immer wieder vor, dass manche Hundeführer ihrem Hund das Apportieren durch allerlei Unangenehmes derart vermiest haben, dass sich das Hinauslaufen in der Folge zögernd und unsicher gestaltet. Hier hilft oft nur ein völliger Neuaufbau in anderer Umgebung. Die soeben beschriebenen Apportierspiele in freier Natur haben sich auch zur Desensibilisierung apportiergeschädigter Hunde bewährt. Wir wählen

eine möglichst abwechslungsreiche Umgebung, beispielsweise einen Waldweg. Auf dem Waldweg gehend, stimmen wir den Hund gut ein (anderes MO als im Training). Anschließend werfen wir das MO seitlich in den Wald oder ins Gebüsch. Das Suchen nach dem MO lässt den Hund vorausgegangene schlechte Erfahrungen vergessen. Er wird aufmerksam suchen. Der Team-Führer hilft ihm dabei durch aufmunterndes Zusprechen und wenn nötig, durch Zeigen. Beides trägt dazu bei, dass das angeschlagene Vertrauen wieder zunimmt und der Hund Freude am Team-work zeigt. Anschließend folgt Beutestreiten, Loslassen und Tragen. Zeigt sich der Hund nach einiger Zeit frei und unbefangen, so kann man dazu übergehen, sich in kleinen Schritten der Trainingssituation wieder zu nähern: Trainingsbringgegenstand auf dem Spaziergang verwenden usw.

Problemhilfe gegen Fallenlassen beim [Vorsitzen]

Gegen Fallenlassen hilft die eingeschobene Übung [Sitzen Fest]. Während der Hund ankommt und vorsitzt, greift man in die seitlichen Konterleinen des (Motivations!)-Bringholzes und beginnt maßvoll Konterns wiederholt gesprochen. Nach dem [Sitzen] bietet sich an, das Hörzeichen [Fest] variabel und wiederholt auszusprechen. Zeigt sich der Hund freier und selbstsicherer, so kann man auf das Kontern verzichten und an Stelle dessen auf das Hörzeichen [Sitzen – Fest] zurückgreifen.

Für manche Hunde empfiehlt sich anfangs das Laufen mit der Rolleine.

Beutezustreiten. Lockert der Hund darauf den Fang, anstatt fester zu halten, kann man zusätzlich versuchen, sich wegzubewegen. Die Bewegung wirkt oft als ablenkendes Moment gegen die Ursachen des Fallenlassens. Diese sind in der Regel zurückliegende schlechte Erfahrungen im Übungsteil [Vorsitzen] und/oder anschließendem [Aus]. Hält der Hund fester, so kann man das wohldosierte Kontern zeitlich ausdehnen und den Hund währenddessen die verlorengegangene Selbstsicherheit wieder gewinnen lassen. Zum Schluss bekommt der Hund das MO. Anschließend folgt Beutetausch, Laufen oder [Aus]. Nach einigen Wiederholungen kommt das Hörzeichen [Sitzen – Fest] hinzu. Das Hörzeichen wird während des [Sitzens] und während des

Problemhilfe gegen „Knautschen"

Gegen Knautschen gibt es fast so viele Ratschläge wie Hundeschulen: Auf die Nase oder von unten an den Unterkiefer klopfen. Andere raten zum seitlichen Klopfen an das Bringholz, wieder andere halten den gesamten Fang umschlossen usw. Leider versprechen alle diese Zwangseinwirkungen wenig Erfolg, wenn sie nicht gar den Fehler vertiefen. Der Grund hierfür liegt darin, dass man versäumt hat, nach den Ursachen des Knautschens zu fragen. Man ist bemüht, das Knautschen, wie viele (vielsagend!) sagen: „abzustellen", weil es Punkteabzug bringt, aber man bemüht sich nicht darum, die dafür verantwortlichen Ursachen dingfest zu machen. Eine auf Punktemaßstäben basierende Korrektur ist jedoch nicht ausreichend, um tiefliegende psychische Störungen zu beheben oder Konflikte zu lösen.

Das Beste, was wir zu diesem Problem raten können, ist „Beruhigen", „Selbstsicherheit zurückgeben" und vor allem „Ablenken!" Ein Hund, der voll auf ein neues Lusterlebnis gespannt ist, knautscht nicht mehr, sondern hält den Fang ruhig. Ablenkungstechniken haben leider den Nachteil, dass viele Hunde sich wohl neu orientieren, sich aber vorher des leidigen Bringholzes entledigen; – durch Ausspucken, bzw. Fallen lassen.

Läuft der Hund nach dem Aufnehmen einen zu großen Bogen, so hilft der schon aus der Freifolge bekannte U-Zaun.

Aber das Tragen nach dem Herankommen lässt sich in der bereits beschriebenen Form konditionieren. Hat der Hund, frei von negativem Stress, tragen und ruhig halten gelernt (am besten im Laufen), so stehen die Chancen gut für das knautschfreie Vorsitzen. Im Ankommen (gegebenenfalls auch schon vorher) zeigen wir Futter oder eine Spielbeute. Die Ablenkung wird jedoch sanft und weich vermittelt. Die Körper- und MO-Bewegungen dürfen keinen Auslösecharakter annehmen (Gefahr des Abrufens einer jagdlichen Instinkthandlung, was wahrscheinlich das Fallenlassen des Bringholzes zur Folge hätte). Im Näherkommen und Sitzen des Hundes fahren wir mit dem MO am Oberkörper entlang nach oben. Diese Bewegung ist von Mal zu Mal variabel abzuändern, so dass sie interessant bleibt. Der Hund verfolgt diese Bewegung und gerät dabei in eine neue, veränderte Stimmungslage. Mit dem Wechsel der Stimmungslage tritt in den meisten Fällen die vorher aufgetretene, negativ besetzte Befindlichkeit in den Hintergrund. Der Hund verfolgt das MO und hört infolge dessen auf zu Knautschen. Die unterbewusst wirksamen negativen Erfahrungen, die sich im Knautschen zeigten, wurden vorübergehend vom aktuellen Gegenwartsbewusstsein abgekoppelt.

Wichtig ***Wird das „Ablenken" zum festen Bestandteil der Übung, so kann man damit die Ursachen des Knautschens (vor allem den dafür verantwortlichen Ursachen) mit der Zeit wirksam umgehen. Die Ablenkungsvorgänge werden im weiteren Verlauf mehr und mehr abgebaut. Das Mo wird erst nach kurzem Vorsitzen aus der Tasche oder von der MOT-Krawatte geholt usw.***

Dosiertes Ablenken durch ein zweites MO (das im untergeordneten Rang stehen muss), um das Knautschen zu verhindern.

Voraus-Senden

Voraus und Hinlegen

Leider gibt es auch heute noch Leute, die für jede Aufgabe, auch für das [Voraus], mit Zwangszugmaschinen und Strom arbeiten. Erst kürzlich erfuhr ich von folgendem Übungsaufbau: Ein Hundeführer führte vom Stromhalsband eine zusätzliche Leitung an den After des Hundes, klebte sie dort fest in der Meinung, der würde auf Knopfdruck „wie mit Düsentrieb" voranlaufen. Angesichts derartiger Exzesse fragt man sich, wer einem mehr Leid tun soll. Der Hund oder der Mensch.

In der Regel verwendet man in der traditionellen Ausbildung für das Vorauslaufen Futter- oder Beutemotivation. Dass sich der motivationale Aufbau in der Regel gut bewährt, gründet unter anderem auch darauf, dass das Vorauslaufen auf ein Ziel hin von vorn herein stark primärmotiviert ausgerichtet ist. Probleme stellen sich für gewöhnlich bei Hunden ein, die sich schwer vom Menschen lösen. Angst, mangelnde Selbstsicherheit aber auch Krankheit können die Ursachen sein.

Parallelübungen z.B. [Sitz], [Platz] und [Steh], [Tempowechsel] und alle vorangegangenen Übungen.

Voraus-Senden

Phase 1

Umgestaltung aus der Paradeübung (Aufbau mit Hilfsperson)

Auch das [Voraus] (bzw. [Voran]) leiten wir aus der *Paradeübung* ab. Zu Beginn des [Voraus] hat der Hund schon lange gelernt, spannungsvoll zu lauern, zu warten und auf den *Auslöser* hin aufzuspringen und heranzukommen.

Der Team-Führer legt den Hund neben der bekannten und vertrauten Hilfsperson (HP) ab und entfernt sich wie bei der *Paradeübung* zirka 10 bis 20 Schritte vom Hund. Dort richtet er sich auf, sucht Blickkontakt zum Hund und beginnt plötzlich und engagiert mit dem MO am Boden zu spielen. Der Hund wird zum Team-Führer galoppieren und das Spiel mitmachen. Die Hilfsperson hat innerhalb der anliegenden Aufgabe zwar keine aktive Funktion. Trotzdem ist sie insofern nützlich, als der Hund hier bereits den Abschluss der Übung lernt: nämlich das Zurücklaufen von der Hilfsperson zum Team-Führer (Lernen „en passent“ = *Verstecktes Lernen*).

Auf das Einbringen einer Hilfsperson im Anfangsstadium des [Voraus] bin ich relativ spät gekommen, und zugegebenermaßen nur durch Konfrontation mit Problemhunden. Die spätere Übertragung auf alle Hunde hat dann überraschender Weise gezeigt, dass auch sie vom *Versteckten Lernen* deutlich profitierten. Die einzelnen Phasen greifen seither besser ineinander und das Lernen gestaltet sich schneller und risikoärmer. Man sollte also die Reichweite behutsamer Vorgangsweisen wie etwa des *Versteckten Lernens* nicht unterschätzen!

Voransenden: Auf das Hörzeichen [Voran] (bzw. [Voraus]) wird die vorher inaktiv dastehende Hilfsperson aktiv.

Phase 2
Lauern und Warten aus vergrößertem Abstand

Nach einigen Trainingseinheiten wird die Distanz vergrößert, während der Hund lauert.

Phase 3
Nach vorne gehende Person (zuerst inaktiv, dann in Aktion tretend)

Der Team-Führer legt den Hund wie gewohnt neben der Hilfsperson ab und schleicht sich nach vorn. Er dreht sich zur Seite (Schultern in Laufrichtung) und streckt Arm und Hand (welche das MO hält) quer zur Laufrichtung.

Nach einigen Sekunden (anfangs nur eine Sekunde lang!) wird das Hörzeichen gegeben. Ob von vorn (Team-Führer) oder von hinten (Hilfsperson), sollte gut überlegt sein. Bei eher ängstlichen Hunden ist es vorteilhaft, der Team-Führer gibt anfangs den Auslöser. Im Normalfall kann das Hörzeichen von der Position des Hundes aus gegeben werden. Also von der Hilfsperson.

Beim Erklingen des Hörzeichens wird die vorn stehende Person aktiv: Sie setzt (laut) Stimme ein, bückt sich und bewegt das MO gut sichtbar am Boden. Es ist dringend zu empfehlen, diesen Vorgang zuerst einmal ohne Hund zu üben. Hat man sich dafür entschieden, dass nicht der Team-Führer, sondern die Hilfsperson nach vorn geht, und zeigt sich der Hund jedoch durch die Aktionen der Hilfsperson verunsichert, so sollte die Übung neu aufgebaut werden: mit einer anderen Hilfsperson und – der Team-Führer geht nach vorn. (Wir erinnern uns an den Vorsatz der *Konzeptiv-flexiblen Entscheidung*!)

Sichtzeichen

Nach einigen geglückten Wiederholungen kann das übliche Sichtzeichen (nach vorn zeigende Hand) eingebracht werden. In manchen Fällen hat sich bewährt, das Sichtzeichen für den Hund gut sichtbar zu geben, indem man etwas in die Hocke geht und die Hand in Augenhöhe des Hundes nach vorn führt.

Kommt der Hund galoppierend in die Nähe der vorn stehenden Person, wird das MO tief am Boden in einer flachen Flugbahn genau in Laufrichtung geworfen. Die Erfahrung hat gezeigt, dass es hier wirklich darauf ankommt, dass keine Fehler gemacht werden! Der gesamte Vorgang sollte optimal ablaufen. Zu frühes Werfen hat zur Folge, dass der Hund entweder seitlich ausbricht oder aber das MO nicht findet, zu spätes Werfen führt zum Abbremsen, seitliche Wurfrichtungen verleiten den Hund zu Bögen, zu hohe Flugbahn führt zum Abstoppen und Springen (später soll er Liegen!), der zu kurze Wurf führt ebenfalls zum Abstoppen. Fliegt das MO zu weit, so findet es der Hund womöglich nicht oder es landet irgendwo unerreichbar in einem Gebüsch oder Baum (alles vorgekommen!). Je nach

Gestalt und der Kotrastwirkung des MO zum Untergrund hat sich eine Wurfweite von zirka sieben bis zehn Schritten bewährt. Was den Zeitpunkt betrifft, so sollte man erst werfen, wenn der Hund (je nach Tempo) noch zirka 10 bis 15 Schritte vom Team-Führer entfernt ist. Die Flugbahn sollte wie gesagt möglichst flach ausfallen. Unter diesen Voraussetzungen wird der Hund dicht am Team-Führer vorbei laufen, ohne das Tempo oder die Richtung zu ändern. Er wird sich auf das liegende oder noch hüpfende MO bewegungsmäßig erst anpassen, wenn er schon am Team-Führer vorbei ist.

Test gegen Ende dieser Phase

Bevor der Team-Führer den Hund [Voraus] schickt, geht er mit ihm einige großradige Vollkreise. Der Hund wird in der gewohnten Erwartung nach vorn drängen. Hier wird sich nun zeigen, wie gut man bisher aufgebaut hat. Der Hund sollte das Bremsen ohne Leineneinwirkung akzeptieren. Warten hat er inzwischen x mal gelernt. Es müsste ihm in Fleisch und Blut übergegangen sein, versammelt und gleichzeitig höchst gespannt den Auslöser abzuwarten. So auch hier. In vielen Fällen hat sich bewährt, betont langsam zu gehen, anzuhalten, dann nochmals einige Schritte langsam vorzugehen und dann erst den Auslöser in Verbindung mit [Voraus] zu geben.

Phase 4

Stimulation nach dem Hörzeichen

Hat der Hund die Übung bis dahin angenommen, so gilt es jetzt, den zeitlichen Abstand vom gegebenen Hörzeichen [Voraus] bis zum Zeitpunkt, wenn die vorn stehende Person in Aktion tritt, zu verlängern. Anfangs jedoch nur um eine, höchstens zwei Sekunden. Der Hund lernt, dass die erwarteten Reize mitunter erst nach dem Hörzeichen eintreten. Die Verzögerung ist schrittweise auszudehnen.

Motivationsmöglichkeiten

Variante 1 ***Spielmotivation***

An Stelle des seitlichen Vorbeilaufens kann man den Hund auch wie beim Herankommen durch die Beine laufen lassen.

Variante 2 ***Futtermotivation***

An Stelle der Spielbeute lässt sich auch Futter einsetzen. Das Futterstück darf aber nicht zu klein sein. Ganz hervorragend eignet sich ein Kuttelstück, Fisch oder ein anderes, auffälliges und hoch motivierendes Futter-MO.

Variante 3 ***Sozialmotivation***

Hunde, die sehr gut auf Körpernähe, Berührung und Zuwendung ansprechen, reagieren darauf mitunter besser als auf Futter- oder Spielbeute. In diesem Fall empfiehlt sich, mit dem herankommenden Hund ein Zuwendungsspiel (ohne MO`s) einzuleiten, vielleicht in Verbindung mit anschließendem Futter- oder Beute-MO.

Variante 4 ***Bewegungsmotivation***

Betont bewegungsorientierte Hunde belohnt man beim Herankommen mit einem Lauf- und Geschicklichkeitsspiel. (Auf die Möglichkeit, Motivationsbereiche zu mischen oder damit abzuwechseln, wurde hingewiesen.)

Hat der Hund die Übung gut angenommen, so sollte man möglichst bald mit dem Rollentausch beginnen (bei betont gutem Ablauf kann man bereits gegen Ende von Phase 1 damit beginnen). Ab und zu bleibt jetzt der Team-Führer beim Hund und die Hilfsperson geht nach vorn. Vorher muss natürlich einwandfrei fest stehen, dass der Hund die Hilfsperson als Spielpartner annimmt.

Phase 5

Die nach vorn gehende Person versteckt sich (anfangs für den Hund sichtbar).

Der Team-Führer (bzw. die Hilfsperson) entfernt sich vom abgelegten Hund. (Inzwischen sollte man weitgehend in normaler Gehweise vorangehen und mit wenigen, nur noch sporadischen „Motivationsinseln" auskommen). Diesmal bleibt die Person aber nicht stehen, sondern sie versteckt sich (wieder eine *Resonanz-Situation*!). Als Deckung bieten sich verschiedene Möglichkeiten an. Ideal ist natürlich, wenn das Gras (etwa am Rand eines Hundeplatzes) so hoch steht, dass eine liegende Person nicht mehr gesehen wird. Eine andere Möglichkeit zur Deckung bietet ein vorher an kurzen Pflöcken aufgestellter, etwa 3 m breiter und 30 bis 40 cm hoher Deckungszaun. Oder man legt sich einfach unter eine grüne Plane. Gegen Nässe, Schmutz oder Kälte hilft beispielsweise eine Gymnastikmatte als Unterlage.

Eine weitere Möglichkeit ist das Nutzen von Mulden oder die Deckung hinter einem Hang. Vom Verstecken hinter der Schutzwand, hinter Bäumen oder in Büschen am Rand des Hundeplatzes raten wir ab. Dies könnte zu Fehlverknüpfungen führen. Während sich die nach vorn gehende Person in Deckung bringt, darf der Hund das erste Mal dabei zusehen. Der weitere Verlauf ist wieder für jeden Hund individuell zu entscheiden. Soll der Auslöser von der Person, die beim Hund steht, oder von vorn gegeben werden? Nehmen wir an, wir haben uns dafür entschieden, dass der Hundeführer vorn steht und dass er es ist, der das Hörzeichen [Voraus] geben soll.

Nach einigen Sekunden der Spannung ruft die vorn stehende Person das Hörzeichen [Voraus], springt auf und stimuliert den Hund wie gehabt (MO am Boden animieren und die Stimme einsetzen). Kommt der Hund in die Nähe der vorn stehenden Person, so wird das MO (wie in den vorausgegangenen Phasen) geworfen. Gegebenenfalls kann auch ersatzweise ein *Freies Spiel* geboten werden. Zeigt sich der Hund frei und unbefangen, so können die Rollen getauscht werden. Die Hilfsperson steht vorn und der Team-Führer bleibt beim Hund. In manchen Fällen, wenn etwa die Führer-Partner-Beziehung nicht stimmt, kann es vorteilhaft sein, wenn man die Reihenfolge umdreht: es steht dann die Hilfsperson vorn und diese gibt auch den Auslöser.

Phase 6

Auslöser nicht von vorn, sondern beim Hund

Zeigt sich der Hund frei und unbefangen, kann das Hörzeichen im weiteren Verlauf von hinten gegeben werden und/oder der bislang zurückgehaltene Rollentausch stattfinden. Team-Führer, Hilfsperson und Hund gehen gemeinsam auf den Platz. Die Hilfsperson schleicht sich vom abgelegten, lauernden Hund weg und bringt sich in Deckung. Ist das Hörsignal [Voraus] schon gut konditioniert, so gibt diesmal nicht die versteckte Person, sondern derjenige, welcher beim Hund blieb, den (stellvertretenden) Auslöser [Voraus]. Sobald die versteckte Person das Hörzeichen wahrnimmt, springt sie auf, motiviert den Hund und wirft das MO wie gewohnt.

Ab und zu wird das MO dem vorn ankommenden Hund nicht gegeben, sondern zum Ausgangspunkt zurückgeworfen. Die dort stehende Person nimmt es auf und spielt mit dem ankommenden Hund. Auf diese Weise bereiten wir eine spätere Phase vor.

Die Hilfsperson versteckt sich, bleibt unsichtbar und regungslos liegen. Auf das Hörzeichen [Voran] springt sie aus dem Versteck und stimuliert den Hund.

Phase 7

Stimulation erfolgt nach dem Hörzeichen

Hat der Hund die Übung bis dahin angenommen, so gilt es jetzt, den zeitlichen Abstand vom gegebenen Hörzeichen [Voraus] bis zum Aufspringen der versteckten Person zu verlängern. Anfangs jedoch nur um eine, höchstens zwei Sekunden. Der Hund lernt: Motivation tritt immer in Erscheinung; bisher zeitgleich mit dem Hörzeichen [Voraus], jetzt etwas später.

Damit sich die versteckte Person rechtzeitig auf das Aufspringen einstellen kann, empfiehlt sich, die Sekunden zu zählen, die der Hund bis zum Ankommen beim Team-Führer in etwa benötigt. Nach ausreichenden Wiederholungen (an verschiedenen Trainingstagen) kann die Zeit vom Hörzeichen [Voraus] bis zum Aufspringen sukzessiv ausgedehnt werden. Zwischendurch sollte das Aufspringen aber immer wieder unmittelbar nach dem Hörzeichen erfolgen!

Richtungssicherheit

Hier ein für den weiteren Verlauf wichtiger didaktischer Punkt. *Der Hund soll die vielen Male, die er voraus läuft, lernen, dass das Lustereignis zuverlässig genau in jener Richtung zu erwarten ist, in welcher er steht, bzw. läuft.* Wir nutzen *Verstecktes Lernen.*

Viele Hunde sind nicht in der Lage, an einem fremden Ort oder auf einer Wiese das [Voraus] auszuführen. Damit verliert die Übung ihren Gebrauchswert. Sie wird für den täglichen Umgang mit dem Hund buchstäblich wertlos. Und aus sportlicher Sicht steht die Übung auf einem niederen Niveau. Wollen wir das? Um ein zuverlässiges [Voraus] aufzubauen – in jeder Lage – ist es wenig sinnvoll, ja sogar kontraproduktiv, den Hund immer auf die gleiche Strecke zu schicken und an immer gleichem Ort zu belohnen. Wir gehen daher den entgegengesetzten Weg: Das [Voraus] wird von Anfang an in unterschiedlichem Gelände und von Wiederholung zu Wiederholung in verschiedene Richtung und Länge gegeben. Da wir den Hund bei jeder Aktion nach vorn binden, bringt das bis zur Phase 4 nicht die geringsten Schwierigkeiten. Wer nur auf dem Hundeplatz üben kann, der soll wenigstens die dort vorhandenen Möglichkeiten nutzen. Rauf und runter, links und rechts, diagonal in beide Ecken, halbe Strecke usw. Der Hund wird in einigen Monaten an jedem Ort, auch in unbekanntem Gelände, die Übung sicher ausführen. Dies wäre auch aus sportlicher Sicht die höher zu bewertende Leistung. Darüber hinaus würde man der *Appetenzversandung* entgegenwirken. Triftige Argumente, die einen wundern lassen, wie es überhaupt zu einer derartigen Schrumpfung der Gebrauchshundewerte und der bestehenden Einschränkung und Lebensentfremdung kommen konnte.

Phase 8

Aufbau der Entwicklung – Übergabe des MO

Die vorgeschriebene Freifolgestrecke bis zum Hörzeichen [Voraus] nennt man *Entwicklung*. Leider werden im methodischen Aufbau der *Entwicklung* immer wieder folgenschwere Fehler gemacht. Endlich hat man es mit viel Mühe geschafft, dass der Hund wie eine Rakete vorausläuft. Aber nun kommt uns das vorschriftsmäßige [Fuß] in der Entwicklung in die Quere. Ein Alptraum für viele Hunde: Rucke bis zum Überschlagen des Hundes sowie Anschreien und andere Unannehmlichkeiten sollen dem Hund verständlich machen, dass er in der Entwicklung nicht Vorstürmen darf. Wenn ein Hund auf diese Form von Einwirkungen lernt, dass er nur einige Schritte bei Fuß gehen soll und anschließend starten darf, so ist das reine Glücksache und der bei weitem unwahrscheinlichere Verlauf. Viel wahrscheinlicher ist, dass der Hund die Einwirkung mit seiner im Augenblick erlebten

Stimmungslage verknüpft. Und diese ist gekennzeichnet von dem erwarteten nach vorn Laufen. Wird er in dieser Phase negativ motiviert, so überträgt sich dies nicht auf den Detailbereich der Entwicklung, sondern auf die gesamte Übung. Die so behandelten Hunde reagieren natürlich verunsichert, verstehen nicht, weshalb sie gebremst werden, trauen sich nicht mehr wie gewohnt zu starten, sehen sich womöglich verunsichert um, legen sich vorzeitig ab und die Ohren vielsagend an.

Mancher Hundeführer verliert in dieser Situation die Nerven, fühlt sich „reingelegt" oder meint, der Hund „verweigere den Gehorsam". In der Folge betont er dann den Appell, und entfernt sich dabei von dem, was Not täte, noch weiter. Bleibt der Vorgang auf der Ebene der Schuldzuweisung stehen, so hat sein Hund nichts zu lachen. Zwang ist angesagt. „Wollen doch mal sehen...". Und einmal mehr spielt sich die uralte Tragödie des unverstandenen Hundes und der nicht begriffenen pädagogischen Grundregeln ab. Wie die Tragödie endet, wissen wir: Dieser Hundeführer ist in wenigen Augenblicken die gesamte, mühsam bewältigte didaktische Treppe wieder hinuntergepurzelt. Unten angekommen, bleibt im besten Fall die peinliche Einsicht: „Nochmals von vorn, diesmal anders." Ob der Hund allerdings die Erinnerungen vergessen wird, ist nicht sicher.

Schlussfolgerung

Für den Hund sind alle Übungen, alle Anforderungen und Teilaufgaben zunächst einmal wertneutral. Er kann nicht und er wird nie wie ein Mensch in Punkten denken. Aus seiner Sicht gestaltet sich die *Entwicklung* völlig anders als aus der Sicht des soeben beschriebenen Hundeführers: Warum sollte der Hund „langsam", also in einer zum Triebziel völlig konträren Form neben Herrchen oder Frauchen hergehen, wenn doch da draußen die Hilfsperson mit dem MO auf ihn wartet? Ist Zwang die Maßnahme, diesen Konflikt zu lösen? Bei Verhaltensweisen, die sich gegenseitig ausschließen oder zumindest einschränken, wird man immer einen Motivations- und Vertrauensverlust einhandeln, wenn man Zwang einsetzt! Alles, was wir inzwischen in der Pädagogik wissen, unterstreicht die aus Erfahrung gewonnene Erkenntnis: Der bessere Lernerfolg ist unter Nutzung positiver Motivation zu erwarten. Das heißt, wir müssen eine Möglichkeit finden, um nicht nur das Vorauslaufen, sondern die *Entwicklung* für den Hund lustvoll zu gestalten.

Als ich mir bei der Ausbildung meiner Hündin *Banja vom Ratsfels* vornahm, das Einbremsen in der *Entwicklung* zum [Voraus] erstmals ohne jeden Druck, ohne Leine und ohne den Hund zu berühren, einzubringen, war ich mir ganz und gar nicht sicher, ob das überhaupt möglich ist. Um so überraschender gestaltete sich das Training. Von Anfang an zeigten sich die Früchte der Team-Balance: Das Austarieren von Motivation und Geistigem Zügel. Der Hund hatte schon in der Prägungsphase gelernt, in einer ruhenden Haltung zu warten. Und zwar spannungsgeladen und frei von negativem Stress. Sie war bereits beim ersten Versuch in der Lage, stehend, sitzend oder auch liegend so lange zu warten, bis ich ihr das Hörzeichen zum Vorauslaufen gab. Sie war in der Lage, das, was sie in der *Paradeübung* gelernt hatte, auf die neue Situation zu übertragen. Die *Entwicklung*, das heißt in unserem Falle „Warten im Gehen", bedurfte allerdings einiger methodischer Vorübungen. Genau diese wollen wir jetzt beschreiben.

Der Hund soll lernen, seine Aufmerksamkeit im ersten Teil der Übung, also vor und während der *Entwicklung*, dem Team-Führer zu widmen, und erst auf dessen Hörzeichen hin sich sprunghaft nach vorn zu orientieren. Das ist nicht ganz einfach für den Hund, denn seine Erwartungshaltung ist in dieser Situation in der Regel stärker nach vorn gerichtet als zum Team-Führer. Aber aus praktischer ebenso wie aus sportlicher Sicht ist es die höhere Leistung, wenn der Hund so lange wie möglich auf den Team-Führer motiviert ist und erst auf das Hörzeichen hin seine Aktionsbereitschaft entsprechend nach vorn umorientiert.

Eine Hilfsperson entfernt sich wie bei der Paradeübung. Der fortgeschrittene Hund bleibt lauernd stehen.

Aufbau der Entwicklung

Wir setzen voraus, dass der Hund den Rollentausch angenommen hat und zuverlässig und temperamentvoll zur Hilfsperson hinausläuft. Zunächst geht es darum, den Motivationswechsel zu vermitteln. Der Hund soll lernen, im richtigen Augenblick das Interesse nach vorn auszurichten.

Anfangs steht die Hilfsperson nicht vorne, sondern gemeinsam mit dem Team-Führer beim Hund. Der Team-Führer zaubert ein MO aus der Tasche und beginnt ein Freies Spiel. Währenddessen schaut die Hilfsperson zu. Am Ende, nach dem [Aus], wird der Hund in eine der Grundhaltungen gerufen (anfangs ist für viele Hunde das [Platz] zu bevorzugen). Der Team-Führer kniet oder stellt sich neben den Hund, hält die Spannung aufrecht, und gibt das MO (keine ungewollten Auslöser!) behutsam an die Hilfsperson. Diese schleicht sich ähnlich wie in der Paradeübung einige Schritte nach vorn. Wenn die Hilfsperson vorn angekommen ist und ruhig steht, gibt der Team-Führer das bekannte Hörzeichen [Voraus]. In diesem Augenblick wird die Hilfsperson in gewohnter Weise aktiv. Sollte der Hund die Grundhaltung vorzeitig verlassen wollen, so hindert ihn der Team-Führer daran: Mittels Körpersprache, indem er ihn anspricht und vor allem durch den *Geistigen Zügel*.

Nach einigen Wiederholungen geht die Hilfsperson nach der Übergabe des MO`s die gesamte Strecke nach vorn, wobei je nach individuellen Bedürfnissen auch einige *Motivationsinseln* (kurzes, spannungsvolles Stehen bleiben oder Drehen in Richtung Hund) eingebracht werden können. Nach dem Aufrichten und unmittelbar nach dem Hörzeichen [Voraus] folgt das bekannte Szenario.

Phase 9

Entwicklung Anschleichen, Lauern, [Voraus]

Zuerst spielt der Team-Führer wie gewohnt allein mit seinem Hund. Anschließend folgt die theatralisch gestaltete Übergabe. Der Hund wird (ins Lauern) abgelegt und die Hilfsperson geht nach vorn. (Zeigt sich der Hund gut führig, kann man ihn im Stehen lauern lassen. Das Abliegen entfällt. Ist das Abliegen angezeigt, so sollte es nach einigen Wiederholungen durch das stehende Lauern abgelöste werden).

Nachdem sich die Hilfsperson aufgestellt hat, sucht der Team-Führer den Blickkontakt zu seinem Hund und nimmt die Kommunikation auf. Er schleicht, gemeinsam mit dem Hund, ein/zwei vorsichtige Schritte voran, bleibt stehen, duckt sich ab und legt den Hund ins Lauern. Währenddessen kann sich der Team-Führer neben den Hund knien(Startstellung). Wenn der Hund wie gebannt nach vorn starrt, ist das o.k. Nur zwischendurch, ab und zu, holt sich der Team-Führer durch vielsagende, das vorsichtige Anschleichen bekundende, Kommunikationsgesten die Aufmerksamkeit des Hundes. Der Vorgang wird einige Male wiederholt: Anschleichen, Lauern, Anschleichen, Lauern, usw. Dann wird der Hund mit entsprechenden Kommunikationsgesten und dem Hörzeichen [Voraus] nach vorn geschickt. Manche Hunde sprechen so gut auf diese *Resonanz-Situation* (Anschleichen, Lauern, Jagd aufnehmen) an, dass man sie bereits nach wenigen Wiederholungen schon aus dem vorsichtigen Vorwärtsgehen vorausschicken kann.

Phase 10

Entfallen der MO-Übergabe

Hat der Hund die MO-Übergabe angenommen, so können wir mit dem Abbau beginnen. Der Team-Führer kann das Werfen des MO`s vortäuschen oder man verzichtet auf Täuschungstricks und zeigt dem Hund, dass beide Personen ein MO dabei haben. Jetzt kann auch die Hilfsperson wieder von Anfang an vorne stehen, bzw. das Versteck aufsuchen.

Phase 11
Ausgedehnte Entwicklung

Die Entwicklung wird ausgedehnt, indem der Team-Führer vor der Grundstellung zum [Voraus] einige *Teil-* oder *Vollkreise* geht, wobei er den Hund maßvoll stimuliert. Begleitet ihn der Hund aufmerksam und erwartungsvoll, so schwenkt der Team-Führer in Richtung der geplanten Vorausstrecke und hält an, wobei sich der Hund wie gewohnt setzt. Ab hier läuft alles wie gehabt: Angehen mittels [Fuß], Entwicklung und [Voraus]". Die Reihenfolge kann aufgelockert werden, sobald der Hund in der Entwicklung aufmerksam und gezügelt mitgeht. Damit der Hund die Übung überzeugend ausführt, hat sich bewährt, die Entwicklung eher länger als vorgeschrieben auszuführen, denn die zurückgelegte Strecke wirkt richtungsweisend und hilft damit gegen schiefes Vorlaufen. Insgesamt gilt auch für die Entwicklung: Variabilität baut der Motivationsversandung vor. Außerdem sollte der Hund in der Lage sein, nach zwei Schritten ebenso zuverlässig vorauszulaufen wie nach zwanzig Schritten.

Wichtig ***Wenn der Hund das erste Mal aus der Entwicklung vorgeschickt wird, muss die Hilfsperson sofort aufspringen (Prinzip der Risikominimierung = im Erlernstadium sollte man immer nur eine Herausforderung vorgeben).***

Phase 12
[Voraus] mit [Platz]

[Platz] hat der Hund inzwischen schon lange gelernt. Nun binden wir das [Platz] vorsichtig in den Ablauf des Voraussendens ein, indem der Hund in der Vorbereitung zur Entwicklung, also während der Teil- und Vollkreise, ab und zu [Platz] gerufen wird. Dem [Platz] sollte anfangs ein Freies Spiel folgen, um die positive Verknüpfung ins Gegenwartsbewusstsein zu bringen. Danach wird der Hund das Hörzeichen [Platz] inner-

Freies Spiel nach dem Zurückkommen.

halb des folgenden Übungsablaufs in größerer Wahrscheinlichkeit annehmen. Vor allem dann, wenn das [Platz] wie in unserem Falle in einer neuen Gesamtsituation erwartet wird. (Bisher durfte der Hund nach dem Vorauslaufen immer spielen).

Übungsaufbau

Die Übung wird wie gewohnt aufgebaut, allerdings bei relativ kurzer Distanz von zirka zehn Schritten. Einiges spricht dafür, beim ersten [Platz] auf die [Entwicklung] zu verzichten. Nachdem der Hund nach vorn geschickt wurde, ruft der Team-Führer [Platz]. Unmittelbar nach der Ausführung wird der Hund von der vorn stehenden Hilfsperson mittels engagiertem *Freien Spiel* und viel Lob bestätigt. Wohl bemerkt, der Hund liegt nach dem Ausklingen des Hörzeichens [Platz] anfangs kaum eine Sekunde lang. Dann tritt sofort die Belohnung ein. Wir nennen das *„Platz und Spiel“*. Wenn es sich anbietet, kann der Hund bereits in dieser Phase nach dem [Platz] vom Team-Führer wieder zurückgerufen werden. In diesem Falle folgt das anschließende Spiel am Ausgangspunkt.

Mit zunehmender Sicherheit wird die Zeit des Liegens im [Platz] ausgedehnt und anschließend in gewohnter Weise variiert. Es dürfte inzwischen klar sein, dass wir auch hier von einem emotional positiv besetzten, lauernden und erwartungsvollen [Platz] sprechen. Warum sollte der Hund nicht freudig warten? Er hat bisher nichts anderes erfahren, als dass Warten ebenso spannungsvoll wie vielversprechend ist, und dass sein Warten sich lustvoll auflöst.

Ablegen in Laufrichtung

Bei entsprechendem Aufbau lässt sich auch erreichen, dass der Hund in Laufrichtung liegt und sich nicht zum Team-Führer hin ablegt. Wird diese Ausführung beabsichtigt, so lässt man den Hund mehrmals hintereinander abliegen und bestätigt ihn jeweils nach vorne. Die Gesamtstrecke wird dadurch natürlich wesentlich länger, denn die erste Etappe sollte annähernd die Länge der Prüfungsstrecke ausmachen.

Als Vorbereitung für die letzten Ausbildungsstufen gehen wir dazu über, den Hund, wie schon erwähnt, nicht immer vorn zu belohnen, sondern auch dann und wann sofort nach dem Liegen zurückzurufen. Diese Ausführungen sind relativ selten einzubauen, und wenn man sich dafür entscheidet, muss anschließend ein Feuerwerk an Spiel folgen. (Steigerung durch erhöhtes Engagement, Körpersprache, Lob, Wahl des Vorzugs-MO`s usw.).

Phase 13
[Voraus] „ins Leere schicken“

Inzwischen wurde der Hund mit allen Teilaufgaben der Übung [Voraus] vertraut gemacht. Bis hierher sind einige Monate vergangen. Die Sekundärmotivation ist nun das Letzte, was wir absetzen. Wenn wir nun den Hund das erste Mal ins Leere schicken – ohne die gewohnte Motivation von vorn – so machen wir nichts anderes, als den gesamten Vorgang um einen weiteren Baustein zu erweitern. Die Belohnung kommt jetzt nicht unmittelbar nach dem lauernden Warten, sondern erst nach Herankommen zum Team-Führer. Nach einiger Zeit kann der Hund auch darauf verzichten und liegend warten, bis der Team-Führer bei ihm angekommen ist, die Grundstellung einleitet und ein Freies Spiel, Lob oder Futter folgen lässt. In der Prüfung fällt auch dies weg und der Hund wird erst nach Abschluss der Vorführung belohnt.

Phase 14
Festigung und Absicherung

Das [Voraus] ist geradezu für Abwandlungen prädestiniert. Zur Vervollkommnung der Übung schicken wir den Hund

Angehen nach vorausgegangenem Spannungsaufbau.

nicht nur in freiem Feld voraus, sondern auch über Brücken, Gräben, durch eine Baum- oder Buschgruppe, an Personen vorbei usw. Auf dem Hundeplatz bauen wir die unterschiedlichsten Ablenkungen ein: [Voraus] durch eine enge, von Menschen gebildete Gasse; durch Leitlinien und später sogar an (angeleinten) Hunden vorbei. Zusätzlich setzen wir den Hund Geräuschablenkungen aus: Lautsprecher, Klatschen, Feuerzeug, Stimmen, Lachen, Musik usw. Und auch diverse Gerüche dürfen nicht fehlen: Käse, Wurst, Rauch u. A.

Schlussbemerkungen

Wer einen vor Vitalität strotzenden Hund besitzt, der mag überlegen, ob er nicht doch die Übung mit einem nach vorn zu legenden MO aufbaut. Er kann sich die hier beschriebene, höher motivierende Methode (aktive Hilfsperson) für die irgendwann einmal zu erwartende, gewöhnungs- und altersbedingte *Motivationsversandung* aufheben.

Mancher mag die Stirn runzeln, wenn er an 14 Ausbildungsphasen denkt. Zuviel? Zu lange? Zu schwierig? – Keinesfalls! In der Praxis stellen sich diese vielen Schritte eher

als erfrischend und abwechslungsreich heraus! Und sie ergeben sich logisch – einer aus dem anderen. Erfrischend und abwechslungsreich übrigens nicht nur für den Hund! – Jeder einzelne, erfolgreich abgeschlossene Lernschritt bedeutet auch für den Team-Führer und die Hilfsperson ein wirklich aufbauendes Erlebnis. Das [Voraus] in jeder einzelnen Phase lustvoll zu vermitteln, und auch beim neunjährigen Hund noch den gestreckten Galopp zu sehen, dafür lohnt es sich, in den Jahren der Ausbildung Kopf und Herz einzusetzen.

Angehen und Anhalten

Angehen aus dem Stehen

Wenn wir unserer Maxime der Mensch-Hund-Harmonie treu bleiben, dann gewinnen auch die Grundhaltungen und -bewegungen an Bedeutung. Man könnte einwerfen, die Grundhaltungen seien etwas derart elementar natürliches, dass man sie nicht eigens beachten müsse. Jeder könne doch gehen oder stehen. Leider stimmt dieser Einwand nur zum Teil. Der moderne Mensch hat sich in vieler Hinsicht von der Natürlichkeit der einfachsten Bewegungen und Haltungen entfernt. Funktionell richtige Bewegungen finden wir nur noch bei einigen Naturvölkern.

Zusammenhänge aus der Physiologie

Stehen kann entweder Endphase oder Ausgangspunkt darstellen. Stehen ist also das Resultat einer Handlung, ist gefärbt von dem, was entweder voraus ging oder was folgen soll. Darüber hinaus drückt das Stehen die individuelle Befindlichkeit, Gestimmtheit oder Gemütsbewegung aus. Das Stehen aus Ehrfurcht zeigt sich anders als ein Stehen aus Höflichkeit oder das Aufspringen aus Wut oder das Stillstehen zum Lauschen. Man unterscheidet gelangweiltes, nervöses, ängstliches, müdes, gespanntes oder erwartungsvolles Stehen. Im Stehen spiegelt sich: Temperament, Individualität und das momentane innere Erleben wider. Ähnlich wie in der Mimik. Daraus folgt: Auch im Sport müssten Haltung und Bewegung als Teil der einzelnen Aufgaben verstanden werden. Man kann nicht erwarten, dass der Hund aufmerksamst, höchst motiviert und aktionsbereit ist, wenn nicht auch der Team-Führer dieselben Qualitäten verkörpert. Körpersprache und Stimmungsübertragung gelingen bekanntlich am besten, wenn sie auf echter innerer Übereinstimmung gründen.

Vorübung Angehen aus dem Stand und Anhalten

Die folgenden Übungen sind anfangs ohne Hund auszuführen.

Stehen Stellen Sie sich aufrecht. Aufrichten ist übrigens etwas anderes als „gerade“ stehen. „Gerade“ ist ein Stock. Die Wirbelsäule hingegen weist eine Doppel-S-Form auf (bestehend aus Lenden-Lordose, Brust-Kyphose und Hals-Lordose). Aufrichten lässt sich am besten mit dem Wort „sich groß machen“ umschreiben. So, als ob man am Scheitel wie eine Marionette in die Höhe gezogen würde. Die Füße sollten im Abstand der Hüftgelenke stehen und nur wenig nach außen gewinkelt sein. Das Becken ist leicht nach vorn gekippt, aber nicht so stark, dass ein Hohlkreuz entsteht. Der Rumpf ist hoch aufgerichtet, die Arme hängen locker herunter, der Kopf wird frei schwebend gehalten. Diese Haltung ist nicht nur optimal zuträglich („gesund“). Sie charakterisiert gleichzeitig Selbstwertgefühl, Freiheit, Schönheit und Offenheit. Es ist genau die Haltung, in welcher die ägyptischen Pharaonen und die Idole anderer Epochen und Kulturen abgebildet sind.

Natürlich ist die äußere Form einer Haltung noch kein Garant für deren inneres Ebenbild. Aber die Wechselbeziehungen sind unumstritten! Äußere Haltung wirkt bis ins Innerste des Menschen und umgekehrt.

Angehen Die optimierte Grundhaltung bietet gute Voraussetzungen für jedwede folgende Bewegung. Also auch für das in unserem Falle folgende Angehen. Schon das Angehen sollte *Zielstrebigkeit* erkennen lassen. Selbstsicher, offen, frei von Angst, gelassen, aber kraftvoll sollte der „Sieger“ auf ein Ziel zugehen, wobei er zeitweise den Blickkontakt zum Hund sucht. Dies jedoch nicht übertrieben, sondern mit einem Minimum an Aufwand.

Technisch gesehen ist das Angehen durch eine vorausgehende Anspannung der Muskulatur sowie einer leichten Gewichtsverlagerung nach vorn gekennzeichnet. Was die Wahl des Beins betrifft, mit welchem der erste Schritt einzuleiten ist, so teile ich die Meinung vieler Ausbilder, dass sich der Hund besser auf das auf seiner Seite stehende Bein einstellen kann. Wir beginnen das Angehen daher mit dem linken Bein (zumindest anfangs).

Im Gehen ist auf folgende Dinge unbedingt zu achten: Gleichmäßiger Rhythmus, Schrittweite, Schrittfrequenz, Auftrittstärke, Abrollen der Füße beim Auftreten usw. Die individuelle Gehweise muss dem Hund angeglichen werden. Die Arme schwingen gegengleich (alternierend), wobei das Schwingen weder zu schwach noch zu stark ausgeprägt sein sollte.

Anhalten Auch ein überzeugendes Anhalten ist nicht einfach. Wie viele Schritte benötigt man für das Verlangsamen? Mit welchem Bein beginnt man die Einleitung und welches Bein stellt man zuletzt nach? Vieles spricht dafür, auch das Anhalten mit dem linken Bein einzuleiten. Das rechte Bein wird, während der Hund sich beim Anhalten setzt, nachgestellt. Auf diese Weise wird der Bewegungsablauf von Team-Führer und Hund etwa gleichzeitig abgeschlossen. Während des Anhaltens wird das Gewicht des gesamten aufrechten Körpers leicht nach hinten gelegt und am Ende des Anhaltens in der Mitte ausbalanciert.

Will man Angehen und Anhalten optimieren, kommt man am Experimentieren und Üben ohne Hund nicht vorbei. Team-Führer, die über ihre Haltung und Bewegung zu reflektieren beginnen, berichten immer wieder, dass Sie sich ihre eigenen Bewegungen eigentlich ganz anders vorgestellt haben, als sie tatsächlich sind. Die wenigstens waren mit der gewohnten Haltung und Bewegung zufrieden.

Praktische Hinweise zum Angehen, Gehen und Anhalten

Beim Angehen nach der Richteranmeldung beginnt das Team bekanntlich die Freifolge aus einer stehenden Haltung. Wir brauchen uns nur zu fragen: „Was sollte im Idealfall in diesem Augenblick im Team-Führer und im Hund innerlich vorgehen?“

Nun, wir kennen die Kriterien:

- Team-Führer und Hund sollten „Freude" an den vorzuführenden Aufgaben ausstrahlen.
- Beide sollten sich hoch konzentriert, gegenseitig aufmerksam, in hoher Erwartung und dementsprechender Spannung, aber nicht überspannt, verspannt oder verkrampft zeigen.
- Der Ausdruck in Haltung, Mimik und später beim Angehen sollte (ungezwungene) Selbstsicherheit, Gelassenheit, Vitalität und Freude widerspiegeln.

Das alles lässt sich wachrufen, lässt sich üben, ausbauen und verbessern. Nach und nach wird dieser äußere und innere Zustand wie bei einem Schauspieler abrufbereit, und in der Verschmelzung von Willen und Vorstellungskraft auch glaubwürdig und überzeugend. Er wird zu einer inneren, eigenen geistig-körperlichen Realität. So wie mir einmal ein Schauspieler, welchen ich in Konzerten mit meiner Gitarre begleitete, den denkwürdigen Satz äußerte: *„Was wir produzieren, ist eine Welt der Phantasie und der Gefühle. Aber auch dieses geistige Sein, die Welt der Bühne, ist eine Realität."*

Freier erhabener Trab in der Freifolge. Der Hund zeigt ein freudiges, freies, vitales Gesamtbild.

Damit die Haltung überhaupt zum Ausdruck kommen kann, bedarf sie aber einer gewissen Zeit. Zwei bis vier Sekunden scheinen angemessen. In dieser Zeit baut der Team-Führer all das innerlich auf, was wir eben zusammengefasst haben. Der Hund sollte währenddessen eine ähnliche Veränderung mitmachen, die sich an sichtbaren Charakteristika ablesen lässt.

Der Start selbst wird dann durch den Atem ebenso wie durch die Verlagerung des Gewichts (nach vorn) und durch die einsetzende Motorik eingeleitet. Das Angehen sollte *deutlich* und *entschieden* demonstriert werden. Zaghaftes, ruckartiges oder schleppendes Angehen sind fehlerhaft und müssten mit Punkteabzug versehen werden.

Natürliche Signale einsetzen

Eine meiner größten Überraschungen im Hundesport war die: Hunde sind imstande, Bewegungsdetails in einer Weise aufzunehmen, wie ich es nie für möglich gehalten hätte. In Folge dieser Beobachtung begann ich, die Vorführung völlig neu aufzubauen und zu kultivieren. Im Zentrum standen jetzt natürliche Signale von Haltung, Bewegung und Ausdruck. Mit den natürlichen Signalen umzugehen, setzt allerdings voraus, dass man sie kennt. Hier kam mir die jahrelange Lehrtätigkeit im Fach „Haltungsphysiologie des Instrumentalisten" an der Hochschule „Mozarteum" Salzburg zugute. Ich begann, Haltung und Bewegung im täglichen Leben als auch im Hundesport kritisch zu prüfen und zu verbessern. Die Erfolge waren verblüffend. *„Akela"* ging in der Unterordnung schon bald um vieles aufmerksamer, engagierter und sicherer mit mir. Die natürlichen Signale reichen völlig aus, um dem Hund die erforderlichen Informationen zu vermitteln.

Außerdem wurde mir klar, was „Hilfe" eigentlich bedeutet. In den Prüfungsordnungen ist an keiner Stelle definiert, was unter „Körperhilfe" zu verstehen ist. Dabei ließe sich die Definition in einem Satz ausdrücken. Aber auf diesen Satz kommt man erst, wenn man die Bedeutung der natürlichen Signale begriffen hat:

„Unerlaubte Körperhilfe ist alles, was über die natürlichen Signale hinausgeht."

„Die natürlichen Signale der Haltung und Bewegung, des Atmens und der Mimik sind erlaubt."

Dass man beim Angehen beispielsweise etwas tiefer Luft holt als während des Gehens, ist natürlich. Und dass man in der engagierten, freudigen Freifolge leicht lächelt und den Hund ansieht, ist ebenfalls natürlich. Ebenso unnatürlich wie unästhetisch hingegen sind ruckartige und unrhythmische Schritte innerhalb einer Seitwende oder 180°-Kehre. Die Beschäftigung mit diesem Themenkomplex brachte mir zahlreiche neue Einblicke und Denkanstöße. Perspektiven, die wesentlich zur Entwicklung der beiden Sportarten TEAM-sport und TEAM-dance beigetragen haben.

Wichtig ***Wenn man es vermag, Spannung, Freude und all die anderen Qualitäten in sich lebendig werden zu lassen und sie auch darzustellen, kann man sich der entsprechenden inneren und äußeren Einstimmung seines Hundes sicher sein.***

Auch das Hörzeichen zum Angehen spielt dabei eine wichtige Rolle. Es muss genau das wiedergeben, was in uns vorgeht. Im Idealfall ist dies eine freundliche, vitale Einladung. Viele Hunde versagen in der Prüfung oder im Turnier aus einem einfachen Grund: Die innere Gestimmtheit des Team-Führers ist vom „unbedingt Bestehen wollen (bzw. müssen)" beherrscht. Der Hund soll jetzt gefälligst zeigen, was er gelernt hat. Und genau das bringt er in das Hörzeichen und in seine Körpersprache.

Unbewusst versteht sich. Man sieht, auch aus dieser Sicht kommt man an den aufgeführten Forderungen einer Bewusstmachung von Haltung und Bewegung nicht vorbei. Werden die akustischen und visuellen Signale jedoch freundlich und motivierend, aber gleichzeitig überzeugend gegeben, dann erübrigen sich auch immer mehr die vielen punktefressenden Hilfen, denn natürliche Signale sind aussagekräftig genug (vorausgesetzt, man hat etwas zu sagen).

Aus dieser Sicht geht es im fortgeschrittenen Stadium also nicht nur darum, Hilfen abzubauen, sondern *Haltung und Bewegung* zu kultivieren. Man denkt dann weniger daran, diese oder jene Hilfe wegzulassen, sondern daran, qualitative Werte lebendig werden zu lassen. Wovon wir hier sprechen, bedeutet höchste geistige Konzentration und Imagination. Vielleicht fällt uns an dieser Stelle wieder ein, was wir im Zusammenhang der Auftrittsspannung gesagt haben (der erfahrene Virtuose gibt auch zu Hause das Letzte).

Stimmungsübertragung auf dem beschriebenen Niveau setzt natürlich voraus, dass der Hund die Sprossen der Motivationsleiter schon hinaufsteigen durfte, und dass er in der Lage ist, nicht nur natürliche, sondern auch stilisierte Signale aufzunehmen.

Anhalten aus dem Gehen

Beim Anhalten aus der Freifolge gehen wir ähnlich vor. Wir fragen uns einfach: „Worauf kommt es beim Anhalten an?“

Zunächst ist Anhalten ebenfalls ein Vorgang, der Zeit benötigt. Aber weder zu viel noch zu wenig, sonst leiden die Qualitäten der Selbstsicherheit, der Bewegungsästhetik und des Ausdrucks. Das Anhalten wird durch eine vorausgehende geistige Vorbereitung eingeleitet. Wir fassen den festen Entschluss, ohne Zögern und Unsicherheit anzuhalten. Atmung, Gewichtsverlagerung und das Auffangen der Bewegungsenergie müssen gut aufeinander abgestimmt werden, damit das Anhalten wirklich überzeugt. Ein derartiges Anhalten enthält, so wie alle gekonnten Haltungen und Bewegungen, enorm viele Körpersignale, dass der Hund nicht das Geringste darüber hinaus benötigt.

Auch das Anhalten sollte immer wieder ohne Hund geübt und vervollkommnet werden. Im Experiment wird man feststellen, dass die letzten Schritte vor dem Anhalten geringfügig kürzer werden, dass man im Anhalten beispielsweise kurz den Atem anhält, um ihn im Stehen wieder pendelartig strömen zu lassen. Das anschließende Stehen erhält dann seine eigene Prägung im Hinblick auf die kommende, neu zu bewältigende Aufgabe.

Das Anhalten kann zuerst mittels Geistigem Zügel geübt werden, wobei man darauf achten muss, dass der Hund steht und sich nicht hinsetzt.

Gehweise und Tempowechsel

Auf die Bedeutung der Freifolge wurde schon hingewiesen. Nimmt man den elitären Anspruch der olympischen Idee und der daraus abgeleiteten Bewertung sportlicher Leistungen ernst, so darf man sich Leistungsunterschieden nicht verschließen. Von dieser Warte aus gesehen sollte der Hund dem Team-Führer freudig und nah am Knie folgen. Ohne Vordrängen, Zurückbleiben, seitliches Abweichen oder Bedrängen. So ausgeführt, würde ein Team heute volle Punktzahl erhalten. Analysiert man jedoch die Inhalte dieser in den Prüfungsordnungen vorgegebenen Ziele, so wird klar, dass es sich mit Ausnahme des Kriteriums der „Freudigkeit" samt und sonders um Forderungen zur Aufrechterhaltung einer ganz bestimmten äußeren Form handelt. Es ist also nur ein eng begrenztes Spektrum der Bewegung angesprochen. Gehen aber beinhaltet neben Positionskriterien die viel wichtigeren Komponenten wie Rhythmus, Schrittfrequenz, Schrittweite, Auftrittstärke, Bewegungsablauf (Timing) des Gangwerks, Geschmeidigkeit der Bewegung, Körperspannung, Elastizität in den Wendepunkten der Gelenksbewegungen, und darüber hinaus die qualitativen Inhalte wie „Freiheit, Ungezwungenheit, Schönheit und Ausdruck der Bewegung". Und schließlich demonstriert die Freifolge das „Gehen im Team", also um eine wie auch immer zu bewertende „wechselseitige" Anpassung. Auch der Mensch steht hier auf dem Prüfstand.

Um das Mensch-Hund-Team auf dieser Anspruchsebene zu verkörpern und darzustellen, kommt man nicht umhin, Bewegungsvorgänge bewusst zu machen und zu optimieren; was natürlich einschließt, Fehler zu korrigieren. Mit der stagnativen Einstellung: *„so wie ich bin, so bin ich, so wie ich gehe, so gehe ich"* wird man den Anforderungen einer „physiologischen, ästhetischen und individuell ausdrucksvollen Haltung und Bewegung" nicht gerecht werden. Zu weit hat sich der Mensch von der paradiesischen, natürlichen Bewegungsvollkommenheit entfernt. Wir wollen daher im Folgenden die wesentlichen Erfordernisse herausstellen und auch einige methodische Hilfen geben.

Vorübung 1 Bewusstmachen der wichtigsten Komponenten

Beantworten wir uns erst einmal die Fragen: „Was bedeutet [normaler Schritt] und was ist mein [individuell normaler Schritt]? Experimentieren Sie mit Ihrer eigenen Gehweise. Gehen Sie einmal auf und ab und konzentrieren Sie sich abwechselnd auf Atmung, Rhythmus, Schrittweite, seitlichen Fußabstand, Auftrittstärke, Abrollen, Hüfte, Wirbelsäule, Schulter-, Arm-, Hand- und Kopfhaltung, Blickrichtung, Gesichtsausdruck, Ausstrahlung. Anfangs sollte man allein und unbeobachtet üben. Mit zunehmender Sicherheit werden jedoch äußere Kontrolle und Publikum immer wichtiger.

Vorübung 2 *Auffinden der optimalen Gehweise*

Sind einem die wesentlichen Komponenten deutlich geworden, so gilt es als nächstes, die individuell optimale Gehweise zu finden. Das ist schwieriger, als man annehmen möchte. Leider aber ist der Zivilisationsmensch weit von optimalen Haltungen und Bewegungen entfernt. Der bekannte Haltungsphysiologe Beujtendieck schreibt beispielsweise zum Stehen: *„Je mehr unsere Kenntnisse über das Stehen durch die Untersuchungen von Psychologen, Arbeitsphysiologen und Orthopäden gewachsen sind, desto mehr wächst auch unsere Überzeugung von der geringen „instinktiven" Sicherheit des Menschen selbst für die gewöhnlichste Körperhaltung."*

Das Auffinden der optimal zuträglichsten Haltung und Bewegung wird daher immer mit Korrekturen und Modifikationen

verbunden sein, also ein aktiver Eingriff in die bestehende eigene Haltung und Bewegung. Wird aber dadurch die persönliche Gehweise nicht unnatürlich? Nun, anfangs muten Veränderungen an Haltung und Bewegung tatsächlich unnatürlich und gekünstelt an. Diesen Beigeschmack verlieren sie jedoch bald, wenn sie durch ständiges Üben zur „zweiten Natur" werden. Die Physiologen weisen in diesem Zusammenhang darauf hin, dass bei näherer Betrachtung nur sehr wenig von dem übrig bleibt, was am Menschen wirklich „primärer Natur" ist. Den überwiegenden Teil unserer Haltung und Bewegung erwerben wir im Laufe unseres Lebens. Also, keine Angst vor dem kritischen Reflektieren und Verbessern unserer Gehweise!

Worauf sollte man achten?

Der Gang sollte elastisch aber kraftvoll sein, der Oberkörper gut aufgerichtet, Blick geradeaus, Schultern breit gehalten, die Arme locker schwingend, das Auftreten weder zaghaft noch hart, das Abrollen des Fußes geschmeidig, wobei die Kräfte über die Beine und über die gesamte Wirbelsäule aufgefangen werden. Dieses Auffangen ist eines vom Wichtigsten. Im Idealfall entsteht durch die delphinartige Schwingung ein Kippen des Beckens bei jedem Schritt. Wir meinen damit das Mitbewegen der Hüfte nach vorn und hinten (genau genommen dreidimensional!). Auf diese Weise erhält der Oberkörper im Gehen eine Art „getragene Haltung", die relativ wenig vertikale Ausschwingungen aufweist. Urvölker und noch vielfach Schwarze, aber auch Marathonläufer, Schauspieler und Tänzer bewegen sich so. Frauen gehen übrigens in der Regel besser als Männer. (Interessant ist auch, dass das Schwingen der Arme, lässt man sie wirklich locker herabhängen, unterhalb eines bestimmten Gehtempos nicht mehr wechselseitig (alternierend) abläuft, sondern parallel).

Vorübung 3 Wechsel der Gangart

Es ist merkwürdig, dass sich der Mensch um seine eigene Fortbewegung offensichtlich weniger Gedanken gemacht hat als um die von Pferden und anderer Tiere. Das geht allein schon aus dem Sprachschatz hervor. Wir unterscheiden beim Pferd den Schritt, Trab und Galopp, jeweils mit Unterteilungen, beim Menschen hingegen spricht man lediglich vom langsamen oder schnellen Gehen, bzw. dann vom Laufen. Langsames Laufen bezeichnen wir als „Laufschritt" oder „Dauerlauf".

Vor dem Hintergrund dieser Begriffsarmut war verständlicherweise auch die Formulierung in den Prüfungsordnungen problematisch. Den Begriff des „gewöhnlichen Schritts " in Zusammenhang einer Tempo- oder auch Ausführungsangabe zu kreieren, so wie dies in der IPO vorliegt, scheint nicht ganz geglückt. Die Unsicherheit der Urheber wird allein schon dadurch offenbar, dass die Begriffe alle paar Jahre wieder ausgetauscht wurden. Aus dem ursprünglichen Begriff „natürlich" wird „gewöhnlich" oder auch „normal". Was aber ist „gewöhnlich" oder „normal"? Richtig müsste es heißen: *„In natürlichem Gang (bzw. Schritt oder Gehweise) und mittlerem Tempo"*. Damit wäre einerseits die geforderte natürliche Gehweise und andererseits das vorgeschriebene Tempo formuliert.

Individuelle Gehweise

> Versuchen Sie nun zuerst, Ihr individuelles Gehen in mittlerem Tempo zu finden, mit anderen Worten, auszubalancieren. Anschließend leiten Sie in den [Langsamen Schritt] über.
Wohlbemerkt, wir sprechen vom Überleiten. Natürliche Bewegungswechsel bedürfen der fließenden Anpassung der Übergänge. Ruckartige Bewegungen stören den Ablauf und vermitteln den Eindruck des Stümperhaften, Ungekonnten. Der Übergang selbst darf jedoch nicht zu sehr in den Vordergrund treten. Bei idealer Ausführung wird er kaum wahrgenommen. Man wird feststellen, dass weder der Übergang zum neuen Tempo noch das Auffinden des optimalen, mit dem neuen Tempo verbundenen Bewegungsgefühls leicht zu erreichen sind. Aber das lässt sich üben.
Wichtiger als das absolute Tempo ist das Verhältnis zum vorausgegangenen Gehen. Der Unterschied sollte weder übertrieben groß noch zu gering ausfallen. Nachdem Sie einige Schritte im neuen Tempo gegangen sind, leiten Sie wieder in das erste über.

Vorübung 4 Wechsel vom langsamen Schritt zum Laufschritt und zurück

In ähnlicher Weise leiten wir jetzt aus dem mittleren Tempo den Laufschritt ein und führen anschließend wieder zurück in das Ausgangstempo.

Es lohnt sich, diese Grundübungen von Zeit zu Zeit durchzuspielen.

Vorübung 5 Übung mit Hund

In dieser Übung wollen wir herausfinden, wie das Gehen unseres Hundes zu unserer eigenen Gehweise passt. In vielen Fällen wird man sehen, dass ein optimales „Gehen im Team" nicht ohne (maßvolles) Angleichen zur Gehweise des Hundes zu erreichen ist. Hier gilt es nun, verschiedenes auszuprobieren, und zwar in allen drei Tempi (langsamer Schritt, normaler Schritt und Laufschritt).

Wir kommen nun zur Gangart des Hundes. Im Hinblick auf die Motivationsgestaltung vergegenwärtigen wir uns, dass der Hund im langsamen Schritt das Problem des nachlassenden Interesses hat, während er beim Laufschritt eher zur Übermotivation neigt. Methodisch begegnen wir beiden Situationen durch Motivationsbalance.

Phase 1

Mittleres Schritt-Tempo

Nachdem wir die Aufmerksamkeit des Hundes gewonnen haben, beginnen wir mit dem gemeinsamen Gehen in mittlerem Schritt-Tempo. In vielen Fällen wird sich die Verwendung des bereits bekannten Leitzauns empfehlen (*Passive Einwirkung*).

Geht der Hund einige Schritte freudig und annähernd korrekt mit, so leiten wir den Tempowechsel ein. Anfangs in Verbindung mit ausdrucksstarken Kommunikationsgesten. Gesten, die ein spannendes Ereignis ankündigen: Laufen, Haken schlagen, Fangen spielen, Freies Spiel u. A. Wichtig ist, dass die Belohnung bereits im Stadium des Übergangs eintritt. Auf diese Weise lernt der Hund, den Übergang zu erwarten und auf die feinen Ankündigungen der natürlichen Körpersignale des Team-Führers zu achten. Ob man aus dem normalen Schritt-Tempo zuerst den Übergang in den langsamen Schritt oder in den Laufschritt einplant, zeigt uns der Hund selbst an. Wir entscheiden uns für die risikoärmere Lösung. Ob man sich in der Ausbildung dem angestrebten Tempo schrittweise annähert, hängt vom jeweiligen Naturel des Hundes ab. Mögliche Fehler versuchen wir mittels Körpersprache und Motivationsbalance zu korrigieren.

Phase 2

Stufenweiser Tempowechsel

Jetzt gilt es, beide Wechsel zunächst einzeln zu vermitteln und auszubauen. Noch immer wird der Hund (nahezu jedes Mal) bereits im Übergang belohnt. Nach der Belohnung folgt das Üben des eingeschlagenen Tempos, und anschließend ein neuer Übergang.

Phase 3

Sprunghafter Tempowechsel

Beherrscht der Hund die Übergänge in den Laufschritt und in den langsamen Schritt, so soll er anschließend mit allen möglichen Konstellationen vertraut gemacht werden. Also auch vom langsamen zum Laufschritt und umgekehrt. Aber selbst beim Wechsel vom Laufschritt in den langsamen Schritt bemühen wir uns um einen fließenden Übergang. Gerade dieser Wechsel wird ja in der PO verlangt und ist zugegebenermaßen nicht leicht.

Die Gehlängen sind in dieser Ausbildungsphase immer noch betont kurz zu gestalten. Man wird sehen, allein durch das Wirken der Zeit wird sich der Hund immer länger konzentrieren können.

Man sieht deutlich, wie schnell der Hund das Signal des vorbereitenden Schrittes (linkes Bein) annimmt.

Hürde und Kletterwand

Hürde

Je weiter man in den einzelnen Vor- und Teilübungen fortgeschritten ist, desto leichter fällt der Anschluss an die prüfungs- und turniermäßige Ausführung. Beim Sprung über die Hürde und Kletterwand kommen uns jetzt sämtliche vorausgegangenen Vorübungen ebenso wie das stufenweise aufgebaute *Apportieren* zugute.

Richtiges Werfen des MO

(„Trockenübung" für den Team-Führer) Wurf, Flugbahn und Bewegung des Bringgegenstandes enthalten zahlreiche Informationen für den Hund. Allein schon durch das Ausholen und die damit verbundenen Körpersignale nimmt man (oft unbewusst) Einfluss auf das folgende Verhalten des Hundes. Auch die Flugbahn wirkt sich aus. Ein flach über die Hürdenoberkante geworfenes MO bedingt nicht selten auch einen flachen Sprung, ein hoch geworfenes dagegen regt manche Hunde an, der Flugbahn entsprechend höher zu springen. Und es ist durchaus nicht einerlei, ob der Bringgegenstand wie ein nasser Sack rüberfliegt oder sich dreht, also bewegt. Das MO im Wurf zum Drehen um die Querachse zu veranlassen, wird ja von zahlreichen Hundesportlern seit eh und je eingesetzt, um das Vorrollen nach dem Aufprall einzuschränken. Nicht immer, aber doch meistens mit Erfolg. Allein schon diese knappe Aufstellung legt nahe, dass das Werfen zahlreiche Möglichkeiten bietet, auf den individuellen Hund ebenso wie auf die augenblickliche Situation Einfluss zu nehmen.

Es kann daher nur von Vorteil sein, das Werfen zu üben. Nicht nur im Sinne einer individuellen Optimierung, sondern auch mit dem Ziel der variablen Ausführung.

Auch die Körpersprache ist hierbei zu berücksichtigen. Wir erinnern uns: Nicht nur das, was uns selbst bewusst wird, ist Körpersprache. Also achten wir beim Werfen auch auf diesen Bereich.

Wie wird das Werfen eingeleitet?

Sind wir gewohnt, fest zu stehen oder federn wir beim Ausholen leicht in den Knien? Wer gewöhnlich mitfedert und in einer Prüfung vor lauter Anspannung steif stehen bleibt, der braucht sich nicht zu wundern, wenn der überraschte Hund nun seinerseits uns mit neuen Verhaltensweisen überrascht.

Das Wurf-Trockentraining ließe sich im Anschluss an das gemeinsame Training mit dem Hund oder aber auch vor Beginn desselben einplanen. Oder, wenn die Ausbildung schon weiter fortgeschritten ist, könnte man auch das Abliegen unter Ablenkung dazu verwenden, um einerseits das Werfen zu üben und gleichzeitig den abgelegten Hund einer enormen Verleitung auszusetzen. Herausforderungen dieser Art sind jedoch nicht unproblematisch und sollten daher nur von erfahrenen Team-Führern oder unter Aufsicht durchgeführt werden. Und selbst dann sollten derart stark herausfordernde Aufgaben nicht zu oft eingesetzt werden. Vor allem nicht immer die gleichen! Es könnte dies nämlich mit der Zeit zu einer Abstumpfung des Hundes führen.

Wahl der Distanz

Manche Ausbilder bevorzugen betont kurze Distanzen. Dem steht entgegen, dass das häufige Anlaufen aus kurzer Entfernung das Lauftempo drosselt (Motivationsversandung), in manchen Fälle sogar zum Wechsel der Gangart führt, also vom Galopp in den Trab. Wer sich einen temperamentvollen, kraftvollen und souveränen Sprung wünscht, der sollte den Hund oft aus mittlerer und auch dann und wann aus großer Distanz springen lassen.

Allerdings sollte dann aus Gründen der Schonung und des Risikos die Höhe (bis auf wenige Ausnahmen) reduziert werden.

Hunde sind ausgesprochene Lauf- und Sprungtalente. Wenngleich Sprünge in freier Wildbahn nicht annähernd die Bedeutung haben wie beispielsweise das Laufen, so ist doch auch der Jagderfolg in hohem Maße vom gekonnten Anspringen der Beute abhängig. Außerdem weiß man, dass Hunde nicht lange fackeln, wenn es gilt, ein Hindernis im Sprung zu überqueren, wenn sich dadurch ein Vorteil ergibt. Und das gilt für Rüden ebenso wie für Hündinnen und Junghunde. Und nicht selten sieht man Sprünge, die einfach nur aus Freude am Springen, an der Bewältigung der Herausforderung motiviert wurden (bei manche Rassen natürlich mehr, bei anderen weniger). Daher spricht einiges dafür, die sportlichen Anforderungen den Verhältnissen der Natur anzugleichen. Mit anderen Worten, die Distanz ist ebenso wie die Höhe und Breite der Hürde, deren Beschaffenheit und letztlich auch der Bringgegenstand variabel zu gestalten. Wenigstens im Training.

Beidseitig aufgestellte Zäune verhindern seitliches Vorbeilaufen.

Phase 1

Sprung über die Hürde (in Richtung Team-Führer)

Wir stellen die Hürde auf eine mittlere, eher niedere Höhe. Die seitlichen Zäune werden vorsichtshalber wieder aufgebaut. Die Distanz soll eher groß ausfallen, insgesamt etwa 20 bis 30 Schritte.

Auf das wichtige Aufwärmen und Einspringen haben wir schon hingewiesen. Zum Einspringen stellt man die Hürde betont nieder ein. Man könnte beispielsweise gemeinsam über die Hürde springen (oder auch nacheinander). Dies stimuliert den Hund und macht beiden Spaß. Zudem dient es auch der Gesundheit des Team-Führers. Die niedere Höhe gibt dem Hund Selbstsicherheit und wirkt möglichen (vorausgegangenen methodisch bedingten) negativen Stressfolgen entgegen. Der Hund soll sich beim Hürdensprung frei und ungezwungen fühlen, nur so wird er die Schönheit des Sprungs und des Fliegens in voller Ausprägung zeigen können. Überforderung führt bekanntlich zu Verspannungen und zu mentaler Einschränkung.

Nach dem Aufwärmen und Einspringen legen wir den Hund etwa 20 Schritt vom Bringgegenstand entfernt ab. Dies mit der Absicht, bereits die Annäherung zum Apportständer für den Hund erwartungsvoll zu gestalten. Wo der Hund abgelegt wird, spielt keine Rolle. Am besten jedes Mal irgendwo anders. Wir entfernen uns vom Hund, indem wir uns interessant machen (die Paradeübung stellt eine der Möglichkeiten dar). Dann gehen wir in Richtung Bringgegenstand, heben diesen vielsagend auf (evtl. auch in Verbindung mit Geräuschen) und rufen den Hund von einem Augenblick auf den anderen zu uns. Bei uns angekommen, leiten wir einen Teil- oder Vollkreis ein, gehen einige Schritte in der Freifolge, lassen unter Umständen noch ein [Sitt] oder [Platz] folgen, bis wir uns dann harmonisch in die Anlaufstrecke einschleifen. Dort legen wir den Hund wieder ab. Anschließend schrei-

ten wir selbst über die Hürde, was wegen der geringen Höhe kein Problem darstellt! – Ist der Hund im Sprung gefestigt, kann man auch seitlich vorbeigehen. Auf den hier störenden Effekt der Nachahmung sei jedoch hingewiesen! Während des Entfernens lassen wir den Hund jedoch keinen Augenblick aus den Augen (später kann eine Hilfsperson diese Aufgabe übernehmen). Wir stellen uns auf der gegenüberliegenden Seite hin, legen den Bringgegenstand vor uns auf den Boden, richten den Oberkörper ein wenig auf, atmen ein und rufen aus innerer Spannung den Hund mit [Bring] zu uns. Ist der Hund bei uns angekommen und hat er den Bringgegenstand gefasst, leiten wir das anschließende *Beutestreiten* (oder auch ein gemeinsames Laufspiel) ein.

Die übrigen Phasen sind analog des bereits beschriebenen Apportierens zu üben (siehe S. 224). Man sollte nicht nur flächige Hindernisse, sondern auch Stockhürden verwenden. Schutzhunde laufen in der Regel durch eine Stockhürde (z.B. Agility) unten durch.

Phase 2
Höhe steigern und variieren

Wenn nötig, die passiven Einwirkungen wieder aufstellen. Aufwärmen und Einspringen. Übung mit der Paradeübung einleiten und wie in Phase 1 vorgehen. Möglicherweise können bereits jetzt mehrere Hürden hintereinander aufgebaut werden (Hürden variieren, auch Agility-Hürden einbauen).

Phase 3

Distanz verlängern und verkürzen bei gleicher (mittlerer) Höhe.

Phase 4

Distanz und Höhe variieren. Hürde und Bringgegenstand sowie Wurfweise variieren.

Phase 5
Zwei und drei Hürden

Jetzt können mehrere Hürden in unterschiedlichen Höhen aufgebaut werden (2 und 3). Der Abstand sollte nicht zu eng sein, sonst wird der Hund langsamer. Am Ende Lob und/oder Spiel (variieren). Die Hürdenoberkante nicht immer gerade stellen, sondern auch einmal schräg!

Phase 6
Vollständige Übung

Ebenso wie beim Apportieren auf ebener Erde ist auch das Apportieren über die Hürde erst gegen Ende der Ausbildung in vollem Umfang zu fordern. Nun werden alle Teile zusammengeführt. Erst nach Monaten wird man das MO rüberwerfen und den Hund zurückkommen lassen. Selbst wenn der Hund die Übung kann, sollte man die vollständige Ausführung nur gelegentlich üben. Und auch mit der abschließenden Grundstellung ist sparsam umzugehen.

Phase 7

Absicherung

Wer die vielfältigen Möglichkeiten bis hierher genutzt hat, hat schon einen Großteil an Absicherung eingebracht. Darüber hinaus bietet sich an, vor Turnieren den Hund auch sporadisch höher als gefordert springen zu lassen. Jedoch auf keinen Fall übertrieben.

Eine weitere von mir entwickelte Absicherung im Hürdensprung

Die Breite der Hürde wird bis auf 40 cm verkürzt. Die meisten Hürden, die man auf Hundesportplätzen findet, lassen dies aus technischen Gründen nicht zu. Selbst bei mobilen Hürden sind einige Modifikationen nötig, um die Breite zu verringern. Wem das zu viel Aufwand ist, der kann „breiten- und höhenvariable Hürden" im Baukastensystem einsetzten. Zum Beispiel Pappschachteln oder hochkant aufgestellte Bierkisten. Drei Stück, später zwei und zum Schluss nur noch eine nebeneinander (je nach Hundegröße mehrere Reihen aufeinandergestellt).
Beobachtung Viele Hunde laufen an der Hürde vorbei, wenn sie eine bestimmte Breite unterschreitet.

Bemerkung zu Schmerzmethoden gegen Streifen beim Hürdensprung

Der Hund soll höher springen, um Schmerz auszuweichen. Dort und da sieht man dann Metalloberkanten, Sägeblätter, Drahtspannung. Der Einsatz derartiger Mittel ist nicht nur tierschutzwidrig, sondern darüber hinaus das Eingeständnis pädagogischen Versagens. Man hat vor lauter Denken in Punkten vergessen, dass der Hund von Natur aus gerne springt! Trotzdem gelingt es immer wieder einigen Hundesportlern, dem Hund das Springen buchstäblich zu vermießen. Der Zwang soll in diesem Fall eine Korrektur bewirken.

Problemhilfe gegen „Frühstart"

Einsatz von Passiven Einwirkungen, Einsatz des Geistigen Zügels, vorübergehendes, tiefer angesetztes Motivationsniveau. Zur Absicherung des Wartens bieten sich allerlei Steigerungen an: Länger als erforderlich warten lassen, besonders eindrucksvoll ausholen vor dem Werfen. Werfen vortäuschen. Weggehen mit dem Bringholz u. A.

Kletterwand

Auch das Werfen des Bringgegenstandes über die Kletterwand sollte man ab und zu üben – ohne Hund! Und zwar mit verschiedenen MO`s und in variabler Technik. Wie der Hund die Kletterwand an- und abklettern soll, hängt von der betriebenen Sportart, den dort gültigen Regeln, aber auch von der Rasse, dem Reifestand und Alter des Hundes als auch von der individuellen Belastbarkeit ab.

Der methodische Aufbau ist ähnlich wie bei der Hürde. Da es jedoch schwierig ist, selbst über die Kletterwand zu steigen, gehen wir außen vorbei. Wenn es jedoch die Stabilität der Wand erlaubt, steigen wir auf der dem Hund gegenüberliegenden Seite so weit hinauf, dass wir Sichtkontakt aufnehmen können. Aus dieser Position zeigt man den Bringgegenstand und ruft den Hund mit [Bring] über die Wand. Während der Hund startet, oder gegebenenfalls kurz danach, kann man absteigen. Damit der Hund nicht zu weit abspringt, legt man den Bringgegenstand dicht am Fuß der Wand ab. Das stimuliert den Hund zum Gegenstemmen und vorsichtigen absteigen. Dieser Vorgang lässt sich noch perfektionieren, indem man Futter oder das MO in der Hand hält, sich seitlich stellt und den Hund abwärts führt. Kurz vor dem Ende lässt man den Hund absitzen (nur bei einigermaßen flachgestellter Kletterwand möglich). Auf den Einsatz der Trichterbügel haben wir schon hingewiesen (siehe S. 162).

Hier noch ein interessantes, methodisches Detail, welches die Agility-Meisterin **Rose-Maria Förster** beschreibt: Sie lässt den Hund so absitzen, dass die Vorderpfoten im Gras, die Hinterpfoten noch auf der Kletterwand stehen.

Auf die Möglichkeiten der Abwechslung wurde schon hingewiesen. Eine einfache Variante, die sich auch Schutzhundsportlern anböte, bestünde in der Aneinanderreihung mindestens zweier Hindernisse, also der Hürde und der Kletterwand.

90°-Rechtswende halbseitig mit Zaun.

Links- und Rechtswenden; 180°-Kehre

Ein Wort zur Terminologie

Wir sprechen zur besseren Unterscheidung von [Links- und Rechtswenden und von der 180°-Kehre (bzw. vereinfacht nur „Kehre"). „Kreis", „Bogen" und andere Worte sind in diesem Zusammenhang nicht zutreffend. Laut Duden wäre allerdings der Begriff „Wendung" der „Wende" vorzuziehen (Wendung = Änderung einer Richtung). „Wende" lässt sich jedoch leichter aussprechen, vor allem im Plural: „Wenden" an Stelle von „Wendungen".

Inzwischen müssten die auf S. 219 beschriebenen Übungen *Vollkreise, Schlangenlinien* und *Acht* zur Verfügung stehen. Darauf nun die *Seitwenden und Kehren* aufzubauen, stellt eher für den Team-Führer als für den Hund eine Herausforderung dar. Nach den vorausgegangenen Trockenübungen [Gehen], [Angehen] und [Anhalten] müsste der Team-Führer inzwischen jedoch ein sensibilisiertes Haltungs- und Bewegungsbewusstsein entwickelt haben.

Welche Ziele, Aufgaben und Zusammenhänge beinhaltet die Seitwende?

Im Hundesport werden diese Bewegungen meist nur aus geometrischer Sicht betrachtet. In Wirklichkeit aber sind Wenden sehr viel mehr. Wenden sind Ausdruck einer *vorausgegangenen Neuorientierung*. Man sollte also das Pferd nicht vom Schwanz her aufzäumen. Ändert ein Mensch seine Gehrichtung etwa nach links, so ging dieser *Neuorientierung* entweder eine *äußere Veranlassung* oder aber eine *innere Zielsetzung* in Verbindung mit einem *Willensakt* voraus. Der Mensch wollte etwa einer Gefahr ausweichen, einen Weg abkürzen, einem sich verändernden Ziel nachgehen (etwa auf der Jagd) usw. Äußere Veranlassung oder innere

Zielbildung (oder beides) bestimmen in den meisten Fällen die neu eingeschlagene Richtung. Es geht also um einen ganzheitlichen Vorgang, der von geistigen und emotionalen Inhalten bestimmt wird, lange bevor die Motorik mit der Ausführung beginnt.

Sollen unsere Wenden lebensnahen und praxisbezogenen Charakter annehmen, dann dürfen wir die Ausführung nicht mehr länger nur auf die geometrische Ebene beschränken.
Ja, Sie haben es erraten. „Trockenübungen" sind angesagt.

Perfektes Einleiten der Rechtswende: Der Hund schaut nicht nur auf, er befindet sich in ununterbrochen aufrechterhaltener, freudig-vitaler Stimmungslage. Er folgt dem einleitenden Schritt ohne Verzögerung.

Vorübung [Geradeaus-Gehen] mit anschließender [Seitwende]
(Ohne Hund)

Ein im Boden gesteckter Pflock (z.B. ein Leitpflock) schafft uns eine praxisnahe Situation für eine 90°-Wende entweder nach links oder nach rechts. Wir gehen zunächst einmal in unserer Vorstellung geradeaus, sehen links querab ein neues Ziel, auf das wir zugehen wollen. Die Geländeverhältnisse aber lassen die Richtungsänderung erst am Pflock zu. Diese (oder eine andere) real-bezogene Vorstellung hilft uns, den realitätsfremden, prüfungsmäßigen Ablauf einer Seitwende zu beleben und geistig sowie emotional lebensnah auszufüllen.

Damit die Seitwenden den physiologischen, funktionellen und ästhetischen Anforderungen genügen, müssten auch hier die bereits bekannten Kriterien zu sehen sein: Konzentration, Aufmerksamkeit, hohe Erwartung und dementsprechende Spannung (aber nicht Verspannung, Verkrampfung oder Überspannung!). Team-Führer und Hund sollten auch, oder sagen wir besser, besonders im [Geradeaus-Gehen] und in den [Seitwenden] „Freude" an den vorzuführenden Aufgaben demonstrieren. Je mehr der Gesamtausdruck (ungezwungene) Selbstsicherheit, Gelassenheit, Vitalität und Freude widerspiegelt, desto gelungener würde die Vorführung von Choreographen oder Physiologen beurteilt. Die erwähnten Qualitäten lassen sich wachrufen und üben.

Motorik

Auch auf diese müssen wir uns vorübergehend isoliert konzentrieren: Wir gehen also zunächst einmal geradeaus und suchen das individuell zuträglichste Körpergefühl herzustellen – durch Optimieren von Haltung und Bewegung. Ist das erreicht, visieren wir einen Peilpunkt querab vom Pflock an, stellen uns innerlich auf den kommenden Ablauf ein, gehen tangential auf den

Pflock zu und leiten auf seiner Höhe die [Seitwende] ein. Den Ablauf wiederholen wir mehrmals, wobei wir uns jedes Mal auf eine andere Ausführungskomponente konzentrieren:

* Der Blick wechselt rechtzeitig in die neue Richtung,
* gleichzeitig drehen wir leicht den Kopf nach links.
* Die Drehung selbst wird von der Hüfte als Basis der unteren Extremitäten aus eingeleitet,
* unterstützt durch eine entsprechende Gewichtsverlagerung in Richtung des gedachten Mittelpunktes.
* Auch die Schultern drehen sich mit in die neue Richtung.
* Keine der Bewegungen darf jedoch übertrieben ausfallen.
* Die Arme hängen locker herunter und schwingen alternierend.

Manche Ausbilder betonen die Schulterbewegung, was aus physiologischer und physikalischer Sicht falsch ist. Die Schultern sind zwar in der Seitwende aktiv beteiligt, aber deutlich schwächer als die Hüfte. Die Betonung der Schulterbewegung würde zu einer Reduzierung der Bewegungsstabilität und damit zu einer funktionellen und ästhetischen Wertminderung führen.

Ist uns die Schwerpunktverlagerung und der richtige Einsatz der Hüfte gelungen, so können wir uns dem nächsten Punkt zuwenden: Am schwierigsten ist es, die in der Seitwende bestmögliche Schrittführung zu finden. Hier kommt es darauf an, weder den Rhythmus noch die Bewegung zu unterbrechen. Alles sollte im Fluss bleiben. Der Bogen darf weder zu eckig (das heißt: wie mit dem Lineal gezeichnet) noch zu weit ausfallen. Eckige Bewegungen wirken nicht nur unschön. Sie bergen mitunter erhebliche Gesundheitsrisiken. Der gesamte Bewegungsapparat ist auf weiche, fließende Bewegungen ausgelegt.

Um das Gefühl fließender Bewegung aufzufinden, muss man viel Ausprobieren und Üben. Das Auffinden der individuellen Schrittführung in mittlerem Gehtempo kann Monate dauern.

Aber man sollte das nicht als lästige „Arbeit“ ansehen. Diese Form der Selbstbeschäftigung ist nicht nur gesundheitsfördernd, sondern höchst interessant.

Ausführung einer idealen Seitwende

Für eine optimale Seitwende gelten die gleichen Anforderungen, wie sie im Abschnitt „Gehweise und Tempowechsel“ beschrieben wurden (siehe S. 260).

Wir teilen die Ausführung einer Seitwende in einzelne Ebenen auf: Schritte, Atmung, Gewichtsverlagerung, Teamkommunikation und sportlichen Ausdruck. Neben den allgemeinen Anforderungen an Haltung und Bewegung sind noch spezifisch gültige Anforderungen zu erfüllen.

Sportlicher Ausdruck

* *Richtungszielstrebigkeit* vor, in und nach der Wende.

Schritt

* Die *Schrittfrequenz* (Rhythmus) bleibt auch im Bereich der Wende erhalten. Das heißt, der Schrittrhythmus vor, in und nach der Wende ist immer derselbe.
* Die *Schrittzahl* im Bereich der Wende beträgt im Idealfall zwei Schritte.
* Die Wende wird mittels *einleitendem* und *ausleitendem Schritt* realisiert.
* Der *Schrittwinkel* des ersten (einleitenden) und zweiten (ausleitenden) Schrittes beträgt jeweils etwa 45°.
* Die *Schrittweite* des ein- und ausleitenden Schrittes wird im Vergleich der vorausgegangenen Schritte etwa auf die Hälfte verkürzt.
* Die *Linkswende* wird mit dem linken, die *Rechtswende* mit dem rechten Bein eingeleitet.

Atmung

- Entweder durchgehende gleichmäßige *Pendelatmung* oder...
- ...ein Schritt vor dem einleitenden Schritt *Einatmen* und während der Wende *Ausatmen*.

Gewichtsverlagerung

- Beginn der Gewichtsverlagerung zentripetal kurz vor dem *einleitenden Schritt* (zentripetal = in Richtung Kreismitte).

Team-Kommunikation

- Blickkontakt und dezente mimische Vorbereitung (Spannungsaufbau + Ausdrucksmomente) etwa zwei Schritte vor dem einleitenden Schritt.
- In der Wende kommen allein die natürlichen Körpersignale zum Tragen. Zusätzliche Hilfen sind unnötig.
- Nach dem *ausleitenden Schritt Blickbelohnung*.

Der hier geschilderte Bewegungsablauf der Seitwende hat Vorbildcharakter und stellt aus ästhetischer, physiologischer, funktioneller und hygienischer Sicht eine in sich geschlossene, vollkommene Bewegung dar. Im Rahmen der beschriebenen Ausführung lassen sich zahllose individuelle Ausgestaltungen einfügen.

Zugegeben, der hier vorgetragene Anspruch liegt hoch. Aber genau darin erfüllt er mehrere Kardinalpunkte der Sportlichen Idee – *Elitegedanke, Höchstleistung* und *Gerechte Bewertung*.

Es dauert lange, bis man Seitwenden souverän beherrscht und unterbewusst ausführen kann. Mit der Zeit allerdings wird die Ausführung zur zweiten Natur und steht dann zur freien Verfügung. Der anfänglich typisch „gekünstelte“ Charakter verliert sich mit der Zeit. Man wird staunen, wie vorteilhaft sich Verbesserungen der eigenen Bewegungskultur auf den Hund und die Team-Vorführung auswirken. Der Hund kann sich fortan auf die Schrittführung seines Team-Führers verlassen, auch in außergewöhnlichen Situationen einer Prüfung oder eines Turniers.

Die drei Phasen der Seitwende in der Draufsicht

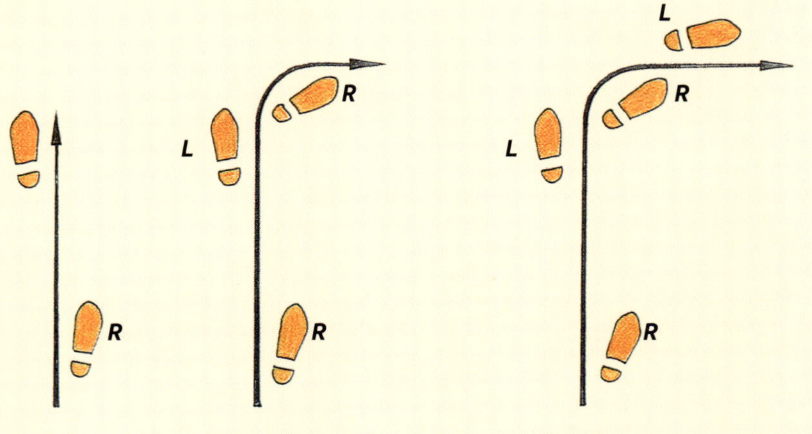

1. Phase
Geradeaus gehen; im letzten Schritt vor dem Einleiten einatmen.

2. Phase
Einleiten; neue Blickrichtung; Ausatmen; Innenlage; Schrittlänge halbieren; Schrittwinkel 45°.

3. Phase
Ausleiten; Ausatmen; Innenlage; Schrittlänge halbieren; Schrittwinkel nochmals 45°; geradeaus in neue Richtung gehen; Einatmen.

Seitwende nach links

Auch bei der Seitwende in die andere Richtung beginnt man mit der innerlichen Neuorientierung, der *Vorbereitung*. Für die geplante Linkswende bedeutet das: Im rechten Schritt einatmen und mit der anschließenden Ausatmung die *Einleitung* folgen lassen. Mit linkem Schritt (45° + halbe Schrittlänge) einleiten, neue Blickrichtung (eventuell in Verbindung einer marginalen Kopfdrehung in Zielrichtung), zentripetale Gewichtsverlagerung, die Aktivierung der Hüfte und Schultern. Es folgt der zweite, ausleitende Schritt mit nochmals 45° und halber Schrittlänge und schon ist die Rechtswende abgeschlossen. Der folgende Schritt weist wieder die volle Schrittlänge auf und zeigt bereits in Zielrichtung.

Übung mit dem Hund

Die Ausführung der Seitwende im Team (Mensch und Hund) gestaltet sich in der Regel einfach, denn der Hund wird in Kürze lernen, sich auf die natürlichen Körpersignale einzustellen. Erstaunt stellt man fest, um wie viel besser der Hund unter der Voraussetzung kultivierter Bewegungen des Team-Führers mitgeht. Nach der Seitwende im Team folgt wie gewohnt (unregelmäßig) Lob und die (variable) Belohnung. Erfahrene Team-Führer entscheiden im letzten Augenblick, ob es vorteilhafter ist, in der anliegenden Situation zu bestärken oder die Belohnung vorzuenthalten. Der erfahrene Team-Führer hat die gesamte Technik des Spiels und der eigenen Haltung und Bewegung zur Verfügung, und kann sich daher voll auf den Hund konzentrieren.

Problemhilfe gegen Vordrängen und Zurückfallen

Wurden die vorbereitenden Übungen gewissenhaft durchgeführt, so dürfte der Hund in der Freifolge weder vordrängen noch zurückfallen. Sollten dahingehend Mängel beobachtet werden, helfen Motivationsbalance und das vorübergehende Wiederholen vorausgegangener Vorübun-

Der Ablauf der Linkskehre in Stichworten

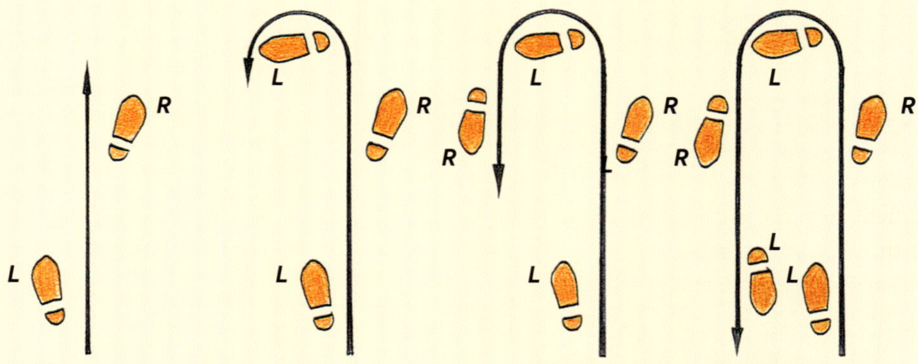

1. Phase
Innere Vorbereitung; einige Schritte vor der Kehre; Einatmen im letzten Schritt (rechts).

2. Phase
Einleitung – linkes Bein wird auf die Höhe des rechten herangezogen, tritt auf gleicher Höhe auf der Stelle einen Schrittwinkel von ca. 120°. Währenddessen ausatmen.

3. Phase
Rechtes Bein tritt auf der Stelle einen Schrittwinkel von 80° bis 100°.

4. Phase
Die Kehre ist beendet. Der nächstfolgende Schritt geht bereits in die neue Richtung.

gen (Vollkreise etc. und Vorübungen Freifolge). Die traditionellen Einwirkungen (rechtes Knie gegen den Kopf des Hundes stoßen bei Linkswenden und Leinenrucke bei Rechtswenden) ist nicht im Sinne motivationaler Ausbildung.

Gegen Abweichen des Hundes in der Rechtswende nach außen, setzen wir in einigen Fällen neben der Motivationsbalance wiederum die bewährte *Passive Einwirkung* ein, indem wir einen Leitzaun in L-Form aufbauen.

180°-Kehre

Mehr noch als die [Seitwenden] geben die [Kehren] vieler Team-Führer Anlass zur Kritik. Immer wieder sieht man mehr oder minder ausgeprägtes Drehen auf dem Absatz, welche aus funktioneller und ästhetischer Sicht erhebliche Nachteile beinhaltet.

Die ideale Ausführung einer [Kehre] dürfte weder den vorausgegangenen Gehrhythmus noch den Bewegungsfluss stören, und gleichzeitig müsste ein Maximum an Ökonomie und funktioneller Effizienz zu erkennen sein.

Vorübung [180°-Kehre] ohne Hund

Die 180°-Kehre wird bekanntlich vom Team-Führer als 180°- Linkskehre und vom Hund als 180°-Rechtskehre gezeigt.

Als Erstes versucht man, den Rhythmus des vorausgegangenen Gehens in der [Kehre] nicht zu verlieren, sondern im gleichen Rhythmus weiterzugehen, sozusagen auf der Stelle. Man achte jedoch gleich von Anfang an darauf, währen der eigenen Drehung die Beine nicht unnötig nach außen schwingen zu lassen, da dies den Hund beim Umrunden des Team-Führers stören würde (Folge: seitliches Abweichen). Auch bei der Kehre kommt man mit zwei Schritten aus. Im Gegensatz zur Vorbereitung für die [Seitwende] wird jedoch das Gehen kurz vor einer [Kehre] etwas langsamer. Für diese natürliche, kaum wahrnehmbare Verlangsamung reicht ein einziger Schritt. Wir könnten also ähnlich wie weiter oben beschrieben wieder einen Schritt zur motorischen *Vorbereitung* einplanen, nachdem (wie gehabt) die innere Absicht (und damit verbundene Veränderung) vergegenwärtigt wurde. Auch die Gewichtsverlagerung unterscheidet sich. Wird der Schwerpunkt bei den Seitwenden zentripetal verlagert, so gilt es bei der Kehre, das Gewicht kurz vor dem Wendepunkt zur Verlangsamung ein wenig nach hinten zu richten, um es nach erfolgter Kehre wieder nach vorn zu bringen.

[180°-Kehre] mit dem Hund

Wie bei den vorangegangenen Übungen machen wir den Hund während unserer eigenen inneren Vorbereitung durch Köpersprache (anfangs möglicherweise etwas überzeichnet) auf die zu erwartende [Kehre] aufmerksam. Währenddessen nimmt die gesamte Körperspannung zu. Das motiviert den Hund, macht ihn aufmerksam und erwartungsvoll. Wer will, kann auch vorübergehend kurz vor der [Kehre] mit dem Hund Blickkontakt aufnehmen, ihn beispielsweise anlachen, ohne jedoch Haltung und Bewegung zu sehr zu verändern. All das sollte betont dezent und unaufdringlich geschehen!

Während der Kehre verlassen wir uns auf die weiter oben beschriebenen Details der natürlichen Körpersignale, die bei weitem ausreichen, um dem Hund die Unterscheidung zu den [Seitwenden] zu sichern. Unmittelbar nach der Kehre, gegebenenfalls sogar noch innerhalb derselben, leiten wir Lob und/oder Belohnung ein (anfangs immer, mit der Zeit immer unregelmäßiger und seltener!).

Problemhilfe gegen seitliches Ausweichen

Gegen seitliches Ausweichen kann man sich bereits in der Drehung tief machen und ein Spiel einleiten. Eine weitere Möglichkeit gegen seitliches Abweichen besteht in der Reduzierung des eigenen Radius auf die Hälfte, also auf zirka 90°, so dass der Hund 90° mehr als 180° bewältigen muss. Geht man nach einiger Zeit wieder auf die 180°, so tritt das ursprüngliche Ausweichen in der Regel nicht mehr auf.

Zaun gegen seitliches Ausweichen (nur im Korrekturfalle erforderlich).

Beherrscht der Hund die [Kehre], so bringt man immer häufiger auch andere Radien ein. Eine hervorragende Ergänzung zu Seitwenden und Kehren sind [Vollkreise] und [Achten]. Es lohnt sich, immer wieder vorübergehend den gesamten Komplex der Vollkreise, Schlangenlinien, Achten, sowie der Wenden und Kehren zu üben.

Freifolge

Laufen, Springen, Hindurchkriechen, Balancieren oder Beißen sind Aktivitäten, die den Hund normalerweise stark motivieren. Neben Herrchen oder Frauchen die Sportplatzlänge rauf- und runtergehen, in einem Tempo, das für den Hund viel zu langsamen ist, kann da natürlich nicht mithalten. In der Freifolge stehen daher Sozialmotivationen wie in keiner anderen Übung auf dem Prüfstand. Was tun angesichts der langweiligen Freifolge?

In der traditionellen Ausbildung gibt man dem Hund bei jeder Unaufmerksamkeit einen spürbaren Ruck. Man bringt sogar gezielt Ablenkungen ein, um den Hund reinzulegen. Der abgelenkte Hund wird dann mittels Ruck bestraft, was die gewünschte Meidemotivation hervorruft und zur Steigerung der Aufmerksamkeit führt.

Auf diese Weise ausgebildete Hunde schauen tatsächlich höchst aufmerksam nach oben und weichen dem Team-Führer keinen Zentimeter von der Seite, wofür sie dann auch prompt von vielen Richtern volle Punktzahl erhalten. Die Schubladenformel „Permanentes Hochsehen = Aufmerksam und Freudig" ist leider noch immer weit verbreitet. Die Verhaltensforschung jedoch lehrt uns:

Aufmerksamkeit ist noch lange kein Garant für positive Emotionalität. Aufmerksamkeit kann auch der Ausdruck negativ besetzten Meideverhaltens sein!

Futterkonditionierung

Eine einfache Methode zur Vermittlung der Freifolge, die in den letzten Jahren viele neue Anhänger gefunden hat, ist das konsequente Konditionieren mittels Futter. Der Hund geht in der Freifolge mit, weil er auf diese Weise zu seinen Leckerbissen kommt. Er lernt, wenn er aufmerksam ist und den

Team-Führer fordert, wird er belohnt (RRV = Reiz, Reaktion und Verstärkung). Das Füttern aus der Hand (mittels Bauchtasche) will jedoch gelernt sein. Auch hier empfiehlt sich zuerst einmal das Trockentraining und schrittweise Aufbauen des Hundes mittels Vorübungen in kleinen Lernschritten. Es bieten sich mehrere methodische Varianten an, wie werfen aus der Hand.

Noch besser als das Füttern aus der Hand ist das Zuspucken der Futterbrocken. Hier schaut der Hund nicht mehr auf die Hand, sondern auf den Mund des Team-Führers. Allerdings ist diese Technik nicht einfach und mit einigen Risiken verbunden, denn es sollte möglichst nichts auf den Boden fallen. Die Futtertechniken haben allerdings den Nachteil, dass der Hund nur wegen des Futters mitgeht. Freiwilligkeit unter der Bedingung des Futters stellt eben nur eine eingeschränkte Freiwilligkeit dar.

Sozialmotivation

Weshalb in der Freifolge bisher das Naheliegendste unberücksichtigt blieb, ist unverständlich. Bedenken wir: Freifolge im Team ist ein betont soziales Erlebnis. Wir werden daher die Freifolge durch Methoden bereichern, welche die Sozialmotivation in den Vordergrund stellen. Und wir werden darauf achten, dass Futter-, Beute-, oder Bewegungsmotivation den sozialen Bereich nicht überdecken, sondern mit ihm möglichst homogen verbunden werden. Auf diese Weise profitiert die Sozialebene durch die hinzutretenden, möglicherweise höher potenzierten anderen Motivationen. Es entsteht eine stets gegenwärtige Wechselwirkung, die den Hund die Freifolge als etwas Besonderes und Lustvolles erleben lassen. Die Verbindung der unterschiedlichen Bereiche wird wie gewohnt durch Körpersprache und Stimmungsübertragung hergestellt, wobei uns der *Geistige Zügel* als wertvolles Instrument zur Erhaltung der Balance dient.

Als Sozialerlebnis könnte man beispielsweise den Hund, wie bereits beschrieben, während der Freifolge mit der linken Hand am rechten Unterkiefer oder den Wangen kraulen. Manche Hunde sprechen gut darauf an. Einige gehen daraufhin sogar in den erhabenen Trab (Ansatz für den Spanischen Schritt). Das Kraulen lässt sich auch beim

Bestärkung mittels „Kraulen".

Spazierengehen üben. Oder man bringt kurze Laufpassagen in die Freifolge. Oder man spricht mit dem Hund. Auch wenn er die Worte nicht versteht, so wird er doch bemüht sein, so viel als möglich aus der Stimmlage und der Mimik abzulesen und diese entgegengebrachte Aufmerksamkeit ist ein sozialer Vorgang.

Beute-MO´s

Will man Beute- MO`s einsetzen, so sind zuerst die Fragen nach dem Motivationsbereich und dem geeignetsten MO zu beantworten. Mit anderen Worten: Welche pädagogischen (Grundsätzliches), didaktischen (Wahl der Mittel) und methodischen (Lernschritte) Überlegungen favorisieren welche Vorgangsweise?

Jetzt kommt uns zugute, dass der Hund inzwischen fest verankerte Spiel- und MO-Appetenzen gebildet hat. Spiel und Lob sind ihm unentbehrlich geworden und im Mittelpunkt des sportlichen Trainings steht sein vertrauter Team-Partner, der Mensch. Außerdem hat er gelernt, auf das Sekundärereignis, sei es Fressen, Anbeißen, Laufen oder Körperkontakt, spannungsvoll und gleichzeitig gezügelt zu warten. Im hohen Motivationsniveau verliert er weder die Nerven, noch muss er sich durch Übersprunghandlungen abreagieren, denn seine Aktionsenergien wandeln sich in Erwartungshaltung um. Kurz, der Hund hat alles gelernt, was für eine anspruchsvolle Freifolge als Darstellung der Team-Qualitäten erforderlich ist. Spätestens hier müsste klar werden, wie problematisch die Freifolge sich gestalten muss, wird sie zu Anfang der Ausbildung angestrebt.

Phase 1

Kurze Freifolgestrecken mit Überraschungen

Wir greifen die Vorübungen zur Freifolge wieder auf: Aus dem *Freien Spiel* enthalten wir dem Hund den Anbiss vor (gegebenenfalls vorher einige Male anbeißen und abreagieren lassen), und schließen eine kurze Freifolge zwischen 4 und 8 Schritten an.

Wichtig **Der Team-Führer darf nicht teilnahmslos neben seinem Hund geradeaus gehen, sondern muss von Anfang an Mimik, Stimme, Atmung und Körpersprache einsetzen, um den Hund auf sich zu beziehen.**

Im Idealfall gelingt es dem Team-Führer, die Freifolge allein durch seine Anwesenheit dem Hund ein soziales Erlebnis werden zu lassen. Der Team-Führer sollte den Hund (anfangs) im Gehen ununterbrochen ansehen (wobei der Kopf jedoch nur soweit wie erforderlich gedreht und geneigt wird). Später, wenn die Kommunikation gefestigt ist, sieht der Team-Führer nur noch gelegentlich zum Hund und dann nur mit einer kaum sichtbaren Veränderung der Kopfhaltung.

Tempowechsel

Unter Umständen, wenn der Hund gut darauf anspricht, kann schon in Phase 1 der Wechsel vom normalen Schritt zum Laufschritt und langsamen Schritt eingebaut werden. Auf diese Weise würde man den Hund durch die Bewegungsmotivation zusätzlich stimulieren. Tempowechsel können, wenn sie engagiert dargestellt werden, für den Hund sehr interessant werden.

Nach einigen Schritten folgt ein Teil- oder Vollkreis oder die gewohnte Spirale, wobei gleichzeitig ein Feuerwerk an Spiel abläuft. Mitten aus dem *Freien Spiel* folgt dann plötzlich das [Sitt] oder auch [Platz]. Der Übergang zu weiteren 4 bis 8 Schritten Freifolge muss gut auf den individuellen Hund abgestimmt werden. Das heißt, der Auslöser zum Weitermachen sollte den Hund nicht in die Übermotivation katapultieren (was Hochspringen, Bellen und andere hier unerwünschte Verhaltensweisen nach sich ziehen könnte).

Nach einigen Schritten folgt dann entweder ein neues Spiel oder aber, etwa als Antwort für konzentrierten, erwartungsvollen Blickkontakt, Lob und Belohnung (Sozialkontakt, Ball werfen, Anbeißen lassen, Futter, Bewegung). Da der Hund nichts von Prüfungsordnungen und der vorgeschriebenen Freifolge weiß, stellt sich ihm das gemeinsame Gehen nicht isoliert, sondern als Teil eines Ablaufs mit höchst interessanten Einschüben (Motivationsinseln) dar, was zu einer deutlichen Motivationsaufwertung führt. Man darf jedoch nicht den Fehler machen, von der *Ganzheitlichen Form* der hier dargestellten Freifolge abzugehen. Erliegt man der Versuchung, die Spieleinschübe zu früh abzusetzen oder die Gehstrecken zu früh in die Länge zu ziehen, dann führt der beschriebene didaktisch methodische Weg nicht zum Ziel. Hier ist, wie so oft in der Pädagogik, Geduld und Konsequenz gefragt.

Abwechslung

Lange bevor die Gehlängen ausgebaut werden, bringen wir noch eine neue didaktische Komponente ein: Abwechslung! Hat der Hund den Ablauf der Phase 1 begriffen, so verstärken wir das Interesse durch gezielt eingesetzte Abwechslung auf mehreren Ebenen. Gemeint ist der Wechsel der Motivationsbereiche und des MO's. Wurde gerade eben noch mit Futter gespielt und belohnt, folgt nach einigen weiteren Schritten Freifolge etwa ein Beutestreiten mit dem Schleuderball oder dem Leder. Im Idealfall ist es dem Team-Führer inzwischen gelungen, dass der Hund nicht nur auf das MO schaut, sondern abwechselnd zum Team-Führer und zum MO. Da das MO in der gemeinsamen Blicklinie getragen wird (Mot-Krawatte, Schulterköcher, Brusttasche, Schulter, unterm Kinn oder zwischen den Zähnen gehalten), fällt es dem Hund leicht, die Augen ohne Veränderung der Kopfhaltung hin und her zu bewegen.

Phase 2

Ausbau der Körpersprache

Meister der Körpersprache vermögen es, mit geringsten Veränderungen der Mimik die Erwartungshaltung des Hundes zu steigern; etwa mit den Augen oder der Mundhaltung. Der Hund soll nicht nur zum Team-Führer teilnahmslos aufschauen, sondern er soll ihn dabei ansehen, mit dem Ziel *Respondierender Kommunikation*. Die Augenpaare begegnen sich in der gemeinsamen Blicklinie. Mit der Zeit wird es dem Hund zum Bedürfnis, in der Mimik des Team-Führers zu lesen.

Die Länge der Gehstrecke bleibt zunächst noch immer auf 8 bis 12 Schritte beschränkt! Dies hat den Vorteil, dass sich der Team-Führer bemühen wird, die Kommunikation möglichst schnell einzuleiten, denn wenn es ihm innerhalb der vorgegebenen (maximal) 12 Schritte nicht gelungen ist, dann hat er die Aufgabe nicht erfüllt und muss sich etwas einfallen lassen.

Was das Einleiten der Spiele betrifft, so bieten sich mehrere Möglichkeiten an:

* Entscheidet man sich für ein abruptes, sozusagen aus heiterem Himmel kommendes, unvorhersehbares Spiel (Überraschungseffekt), so gewinnt man auf der einen Seite die Intensivierung der Konzentration, auf der anderen geht man das Risiko ein, dass die Kommunikation als solche angesichts des klaren Konzentrationsbrennpunktes abnimmt (Gefahr der *Monotonen Kommunikation*).
* Kündigt man dem Hund das Spielereignis mittels Signalen an, so gewinnt die Kommunikation eine neue Qualität (*Respons-Kommunikation*).

Ideal scheint der Wechsel beider Ansätze. Aus methodischer Sicht ist anzuraten, mit der Körpersprache als *„Vorbote des Auslösers“* zu beginnen und in der Folge auch unerwartete Auslöser einzusetzen. Der Hund wird seine Schnelligkeit einbringen, um auch ohne Vorboten noch rechtzeitig zu reagieren. Er wird daher von sich aus nach anderen Vorboten Ausschau halten. Dies bedeutet aber wiederum: gesteigerte Konzentration und höhere Aktionsbereitschaft, also eine Zunahme der *Erwartungshaltung* und mehr Freude am gemeinsamen Üben und Spielen.

Erfahrene Team-Führer belohnen ihren Hund bewusst, wenn sie sehen, dass der Hund nach neuen Auslösern sucht.

Phase 3

Ausdehnung der Strecke

Wenn Team-Führer und -Partner bis hierher erfolgreich geübt haben, ist zu entscheiden, wie weit die Strecke der gemeinsamen Freifolge ausgedehnt werden soll. Vorsicht vor Überforderung ist angeraten.

Phase 4
180°-Kehre

Da auch die [Kehre], ähnlich wie die Grundstellung, für sich gesehen nicht viel an Motivation „hergibt“ und gleichzeitig wegen der zahlreichen Wiederholungen einer gewissen Abnutzung unterliegt, bauen wir sie in ihrer ausgeprägten Form erst gegen Ende der Freifolge ein. Es muss jedoch von Fall zu Fall entschieden werden, ob die vorgeschlagene Reihenfolge im Einzelfall Erfolg verspricht. Dies gilt übrigens für alle in diesem Buch beschriebenen Übungen.

Die Kehre wird aus der Freifolge heraus wie gewohnt vorbereitet und anschließend mit Spiel und Lob beendet.

Phase 5
Wenden

Hier werden Wenden eingebunden. Der Team-Führer profitiert von vorausgegangenem Trockentraining. Physiologisch korrekte, ästhetisch ansprechende Wenden und Kehren vorzuführen, stellt hohe Anforderungen. Wichtig ist, dass man Wenden und Kehren früh genug vorbereitet.

Phase 6
Abgewandelte Wenden und Kehren

Im weiteren Verlauf führen wir nicht nur die prüfungsmäßig vorgeschriebenen 90° und 180° aus, sondern wir bauen spitze und stumpfe Winkel sowie Voll- und Teilkreise ein. Auf die Möglichkeiten der 180° + 90°-Kehre oder des Mitdrehens in zwei bis drei 360ern wurde bereits hingewiesen. (180° + 90°-Kehre = der Team-Führer kehrt an Stellte von 180° nur 90°, was für den Hund eine um 90° erweiterte Kehre bedeutet, also 240°. Dabei ändert sich natürlich die ursprüngliche Gehrichtung. Die ursprüngliche Richtung erhält man durch weitere, sich anschließende Wenden oder Kehren).

Phase 7
Tempowechsel

Es ist erwägenswert, das Hörzeichen [Fuß] (für Tempowechsel) anders auszusprechen als etwa für das [Angehen] oder die [Grundstellung].

Der langsame Schritt würde in sich viel Primärmotivation beinhalten, die es im Sinne einer *Resonanzsituation* zu nutzen gälte. Fragen wir uns doch einmal: Was sind Motivationen für langsames Gehen? Angst, Vorsicht, Müdigkeit, Langeweile, Krankheit, oder auf der anderen Seite: gesteigerte Aufmerksamkeit (ohne Angst, aber beispielsweise mit Vorsicht), Kräfte sammeln vor einer erwarteten neuen Aktion usw. Wollen wir Müdigkeit und Langeweile demonstrieren oder wollen wir zeigen, was das Mensch-Hund-Team im Blickwinkel einer lebensbejahenden Einstellung und im Sinne sportlicher Höchstleistung zu zeigen vermag? Wenn wir uns für die zweite Zielsetzung entscheiden, dann müsste die Ausstrahlung des Teams im langsamen Schritt eine Veränderung demonstrieren: Mehr (und anders) als im „normalen Schritt“.

Ausführung des langsamen Schrittes

Um den üblichen Leinenruck beim Übergang in den [Langsamen Schritt] zu vermeiden, nutzen wir beispielsweise Folgendes: Sofort nach dem Hörzeichen [Fuß] und dem Übergang in den [Langsamen Schritt] werfen wir das MO nach hinten in entgegengesetzte Richtung (ein andermal seitlich oder nach vorne). Der Hund wird nach einigen Wiederholungen in Erwartung auf das Ereignis die Konzentration steigern. Im nächsten Lernschritt gehen wir nach dem Übergang noch zwei/drei Meter im [Langsamen Schritt] geradeaus weiter, wobei wir die anschließende Belohnung durch vielsagende Körpersprache, vor allem aber durch die Charakteristik unseres Gehens (spannungsvoll od. geheimnisvoll!) ahnen lassen. Dann fliegt der Ball wie gewohnt nach hinten (oder wir werfen ihn direkt vor den Hund auf den Boden). Auch hier ist Geduld angebracht. Es wird einige Wochen dauern, bis der Hund am [Langsamen Schritt] sichtlich Freude zeigt und die gleiche Aufmerksamkeit entgegenbringt wie bei anderen Übungen – auch dann, wenn Herrchen oder Frauchen im langsamen Schritt keine unerlaubten Körperhilfen mehr gibt und lediglich die innere (erlaubte!) Spannung wachruft. Hat man dieses Ziel erreicht, so heißt das aber noch lange nicht, dass man ab jetzt den [Langsamen Schritt] in der Tasche hat. Es ist ein Prinzip dieser Ausbildung, neun Zehntel der Zeit zu motivieren und nur ein Zehntel prüfungsmäßig abzurufen. Sobald der Hund die Übung beherrscht, gehen wir wieder zurück auf die Ebene der Motivation; dann allerdings unter veränderten und erweiterten Zielsetzungen. Auf diese Weise festigt sich das Grundvertrauen ebenso wie die Grundvitalität und die Grundschnelligkeit des Hundes immer mehr. Er wird immer führiger und kann sich auf Grund des permanent abwechslungsreichen Trainings Unvorhersehbarem besser anpassen.

Ausführung des Laufschrittes

Die soeben vorgebrachten grundsätzlichen Überlegungen gelten in ähnlicher Weise für den Laufschritt. Aus welchen Motivationen läuft man? Was wollen wir sehen? Es liegt auf der Hand, dass die Aufgabenstellung mehrere Lösungen zulässt. Das ist im individuellen Spielraum der sportlichen Vorführung verankert. Man sieht, wie wichtig es war, sich die Fragen zur Individualität und Natürlichkeit zu beantworten. Ohne klare Vorstellung über die damit verbundenen Konsequenzen bleibt der sportliche Wettkampf auf einem bescheidenen Niveau. Hat man sich für bestimmte Ausdrucksinhalte entschieden, so gilt es, diese im Team zu üben und überzeugend darzustellen. Ob man zuerst mit der technischen Aufgabenstellung beginnt oder von Anfang an die ganzheitliche Vorführung anstrebt, erfordert individuelle Entscheidung. Es liegt auf der Hand, dass es keinen Sinn macht, über Vorführausstrahlung nachzudenken, wenn der Hund im Laufschritt noch hochspringt oder andere Fehler zeigt. Um Ausdrucksmomente darzustellen, ist ein gewisses Maß an technischer Perfektion Voraussetzung.

Problemhilfe Tempowechsel

Manche Hunde (meist untermotivierte) zeigen den Übergang vom [Normalen] zum [Langsamen Schritt] schleppend und in

Verzögerung. Ein kurzes, zwischengeschaltetes [Steh] kann hier Abhilfe schaffen. Der Team-Führer leitet aus dem [Laufschritt] das [Steh] ein und geht, nach einigen Sekunden des Verharrens, anschließend nach dem Hörzeichen [Fuß] im [Langsamen Schritt] mit dem Hund langsam weiter. Der Hund wird nach einigen Wiederholungen von dieser Aufeinanderfolge profitieren und den Übergang dann auch ohne vorausgegangenes [Steh] überzeugend mitmachen.

Phase 8
Zusammenfügen der Einzelteile

Jetzt werden Wenden und Kehren sowie Tempowechsel zusammengeführt und in verschiedener Konstellation geübt. Wenn es dem Team-Führer bis hierher gelungen ist, den Aufbau der Freifolge von unangenehmen Erfahrungen freizuhalten, wird er mit Genugtuung feststellen, dass der Hund immer mehr Freude an der Freifolge bekommt. Dies ist der richtige Zeitpunkt, um die Strecke (behutsam!) auf 20 und mehr Schritte auszudehnen. Nach wie vor ist jedoch auch der Team-Führer in der Freifolge gefordert, äußerste Konzentration zu investieren und immer wieder Spiel, Spiel und nochmals Spiel anzubieten. Möglicherweise ist es weiterhin angebracht, den Leitzaun zu verwenden.

Phase 9
Abwandlung und Festigung

Ab jetzt werden wir die Konstellation der Einzelteile noch weiter abwandeln und auch neue Übungen, wie z.B. das [Apportieren], den [Freisprung über die Buschhürde] oder das [Steh mit Herankommen] einbauen. Außerdem können die bereits bekannten Vorgangsweisen der Abwandlung und Festigung von Übungen weiterhin auch hier zum Tragen kommen.

Absicherung durch Zwang?

Wir haben ausführlich und wiederholt beschrieben, dass Absicherung nicht nur eine Frage des Appells ist und auf welch vielfältige Art und Weise sich Absicherung einbringen lässt. Aber es wurde auch gesagt, dass Autorität nicht immer ohne Zwang auskommt. Es ist jedoch ein entscheidender Unterschied, wann, wie und wie oft man Zwang einsetzt. Erinnern wir uns nochmals an den Fang der Mutterhündin! Es ist derselbe Fang, der liebkost und der in Ausnahmefällen auch schmerzhafte Strafreize setzt. Auf der Grundlage gefestigten Vertrauens kommt der Welpe damit klar. Der Mensch, welcher den Leinenruck einsetzt, bevor eine Übung emotional positiv gefestigt ist, beschreitet einen völlig anderen Weg. Von der Mutterhündin lernen wir für den Hundesport:

Aufbau der Übungen bis in die höchsten Lernstufen sollten artgerecht und lustvoll vermittelt werden. Auf einer derart gefestigten Grundlage erübrigen sich Zwangseinwirkungen weitestgehend. Aber sie sind nicht ganz auszuschließen!

Erfahrene Vertreter der positiven Motivation wissen, dass es besser ist, den geringen Rest an erforderlichem Zwang mehr im täglichen Umgang als im Sport einzubringen. Autorität ist ein Ergebnis des praktizierten täglichen Umganges. Ist das Vertrauen gegeben und die Rangordnung gefestigt, dann sind im Sport nur noch wenige und im Ausmaß geringfügige Einwirkungen erforderlich. Und nicht einmal diese bei jedem Hund!

Es sei jedoch nochmals betont: Es kommt selbst bei diesem Minimum an direkter Einwirkung auf das „Wie“ an! Äußerlich kaum zu unterscheiden, liegen aus psychologischer Sicht Welten zwischen einem Leinenruck, der mit der Absicht vermittelt wurde, der Hund „muss parieren" und einem Ruck, welcher kurz und ausreichend intensiv gegeben wird, um sofort danach durch Kommunikation ersetzt zu werden. Der Hund soll zunächst einmal nur aufmerksam gemacht werden. Sofort anschließend vermittle ich ihm durch Mimik und Körpersprache (etwa durch zielstrebiges, kraftvolles Gehen in der Freifolge), dass mir ernst ist mit dem Ziel, die augenblickliche Aufgabe gemeinsam mit ihm erfolgreich auszuführen. Der innere Wille spielt hierbei die entscheidende Rolle. Der Ruck ist eine Nebensächlichkeit. Nicht der durch den Ruck vermittelte Schmerz soll den Hund in diesem Augenblick „Unter" Ordnen, sondern meine Autorität. Der Ruck ist nicht Stellvertreter der Autorität, sondern Botschafter. Er verweist auf die Autorität.

Mit all den bis hierher aufgeführten Einschränkungen der Zwangseinwirkungen konnten wir Gewalt auf ein Minimum reduzieren. Aber selbst dieses Minimum wird nicht pausenlos, sondern nur zeitweise und gezielt eingesetzt. Beispielsweise zur Sicherheit des Hundes oder in der letzten Phase einer Trainingssequenz.

Team-sport und Team-dance, die Krönung des Hundesports: Hier eine Gegenpirouette in Team-dance.

Ausblick

Mit vorliegendem Lehrwerk haben wir Wege aufgezeigt, welche über das Niveau traditioneller Sportausbildung und Leistung hinausreichen. „Mensch-Hund-Harmonie“ vereint nicht nur Ethik, Ethologie (Verhaltenskunde), Pädagogik, Physiologie und Ästhetik auf aktuellem Wissenstand. Erweiterte und neue Theorien und Methoden wie *Elementar-Phänomen-Ausbreitung, Resonanz-Szenario, Didaktische Transformation, Respons-Kommunikation, Integrative Motivation, Passive Einwirkung, Geistiger Zügel, Signal-Timing, Motivations-Balance, Sättigungsdistanz* – hier erstmals veröffentlicht – werden möglicherweise die Ausbildung ebenso wie die Bewertungsmaßstäbe des Hundesports in den nächsten Jahren entscheidend verändern.

Es war ein weiter Weg von der klassischen Unterordnung zur „Team-Vorführung“ und die Realisierung der hier beschriebenen „art“ der Ausbildung fordert dem Einzelnen viel ab. Aber die faszinierende Vision, Harmonie und Sport in einfühlsamer Weise zu verwirklichen, ist vielversprechend für beide – für Mensch und Hund. Wir wünschen dem Leser viel Freude bei der praktischen Umsetzung dieser Herausforderung. Wer noch einen Schritt weiter gehen möchte, der kann in den Sportarten TEAM-sport und TEAM-dance eine neue Heimat finden.

Service

Nützliche Adressen

Fédération Cynologique Internationale (FCI)
13 Place Albert 1
B – 6530 Thuin
Tel.: 071 – 59 12 38
Fax: 071 – 59 22 29
info@fci.be
www.fci.be

Verband für das Deutsche Hundewesen (VDH)
Westfalendamm 174
D – 44141 Dortmund
Tel.: 02 31 – 56 50 00
Fax: 02 31 – 59 24 40
Info@vdh.de
www.vdh.de

Österreichischer Kynologenverband (ÖKV)
Siegfried-Marcus-Str. 7
A – 2362 Biedermannsdorf
Tel.: 02236 710 667
Fax: 02236 710 667 30
office@oekv.at
www.oekv.at

Schweizerische Kynologische Gesellschaft SKG
Länggassstr. 8
CH – 3001 Bern
Tel.: 0 31 – 3 06 62 62
Fax: 0 31 – 3 06 62 60
skg@hundeweb.org
www.hundeweb.org

Gesellschaft für Haustierforschung e. V. Eberhard Trumler-Station / Wolfswinkel
Wolfswinkel 1
D – 57587 Birken-Honigsessen
Tel.: 02 742 – 67 46
Fax: 02 742 – 85 23
info@gfh-wolfswinkel.de
www.gfh-wolfswinkel.de

Lind-art® Forschungszentrum
Rannersdorf 2
A – 8092 Mettersdorf
www.ekard-lind.at

Unter dieser Adresse erhalten Sie Informationen über weitere Bücher und Videos des Autors sowie Informationen über LIND-art®-Seminare, Lind-art®-Company-Auftritte und Lind-art®-TEAM-Bildung.

Registrierung von Hunden

Haustierzentralregister für die BRD e. V. (TASSO)
Frankfurter Str. 20
D – 65795 Hattersheim
Tel.: 0 61 90 – 937 300
Fax: 0 61 90 – 937 400
tasso@tiernotruf.org
www.tiernotruf.org

Internationale Zentrale Tierregistrierung (IFTA)
Weiherstraße 8
D – 88145 Hergatz
Tel.: 01 80 – 5 21 34 02
Fax: 01 80 – 5 21 34 03
www.globalanid.com

Quellen

Bendig, Volker: Kleine Ursache, große Wirkung. Verlag die Blaue Eule 1998.

Bhagavad Gita: Das Hohelied der Tat. Dreieichen Verlag, München 1968.

Ehrenfried, L.: Körperliche Erziehung zum seelischen Gleichgewicht. Westliche Berliner Verlagsgesellschaft 1957.
Feddersen-Petersen, Dorit: Ausdrucksverhalten beim Hund. Gustav Fischer Verlag, 1995.

Fronval, George: Das große Buch der Indianer. Fernand Nathan, Paris 1973.

Gebauer, G.: Olympische Spiele – die andere Utopie der Moderne. Suhrkamp, Frankfurt 1993.

Glättli, W.: Kynologie von 1863 bis zur Gegenwart. Eigenverlag.

Henze, Otto: Die Erziehung und Abrichtung des Hundes. Kameradschaft Verlagsgesellschaft, Berlin 1926.

Ilgner, Emil: Der Hundesport. Band 1 und 2. Grethlein & Co, Leipzig.

Laotse: Tao-Te-King

Lauffer, S.: *Kurze Geschichte der antiken Welt. Callway Verlag, München 1971.*

Lind, Ekard: Richtig spielen mit Hunden. *Naturbuchverlag, Augsburg 1996.*

Lind, Ekard: Hunde spielend motivieren. *Naturbuchverlag, Augsburg 1998.*

Lind, Ekard: TEAM-dance. *Gräfe und Unzer, München 1999.*

Lind, Ekard: PIMA. *Kindergitarrenschule Ricordi 1996.*

Montgelas; Gräfin Elisabeth von: Vom Umgang mit Tieren. Hunde und Pferde. *Haberland Verlag, Leipzig 1922.*

Most, Konrad und Böttger, Paul: Leitfaden für die Abrichtung des Hundes. *Kameradschaft Verlagsgesellschaft, Berlin.*

Most, Konrad: Leitfaden für die Abrichtung des Polizei- und des Sanitätshundes. *Kameradschaft Verlagsgesellschaft, Berlin.*

Österreichischer Hundesport in Wort und Bild. *Österreichischer Kynologenverband*

Phoebus, Gaston: Das Jagdbuch des Mittelalters.

Popplow, Ulrich: Leibesübungen und Leibeserziehung in der Antike. *Verlag Hoffmann, Schorndorf 1972.*

Satory, J. C.: Spannkraft der Seele. *Herder Verlag, Freiburg 1981.*

Sieferle, Eugen: Kleine Hundekunde. Albert *Müller Verlag AG Rüschlikon, Zürich 1949.*

Sinn, Ulrich: Olympia – Kult, Sport und Fest der Antike. *Beck´sche Reihe, München 1996.*

Stephanitz, Rittmeister Max von: Der Deutsche Schäferhund in Wort und Bild. *Verlag Verein für Deutsche Schäferhunde (SV), Augsburg*

Zum Weiterlesen

Aldington, E.: Von der Seele des Hundes. *Gollwitzer Verlag, Weiden 1988.*

Coren, S.: Die Geheimnisse der Hundesprache. *Kosmos Verlag, Stuttgart 2002.*

Coren, S: Die Intelligenz der Hunde. *Rowohlt Verlag, München 1995.*

Donaldson, J.: Hunde sind anders. *Kosmos Verlag, Stuttgart 2000.*

Feddersen-Petersen, D.: Hundepsychologie. *Kosmos Verlag, Stuttgart 2003.*

Feddersen-Petersen, D.: Hunde und ihre Menschen. *Kosmos Verlag, Stuttgart 2001.*

Krämer, E.-M.: Der neue Kosmos-Hundeführer. *Kosmos Verlag, Stuttgart 2002.*

Lind, E.: Richtig spielen mit Hunden. *Kosmos Verlag, Stuttgart 2004.*

Morris, D.: Dogwatching. *Heyne Verlag, München 1996.*

Poortvliet, R.: Mein Hundebuch. *Kosmos Verlag, Stuttgart 2003.*

Pryor, K.: Positiv bestärken – sanft erziehen. *Kosmos Verlag, Stuttgart 1999.*

Rakow, B.: Der homöopathische Hundedoktor. *Kosmos Verlag, Stuttgart 2002.*

Räber, H.: Enzyklopädie der Rassehunde. *Kosmos Verlag, Stuttgart 2001.*

Schöning, B.: Hundeverhalten. *Kosmos Verlag, Stuttgart 2001.*

Zimen, E.: Der Hund. *Goldmann Verlag, München 1988.*

Bildnachweis
Farbfotos von Cliché Bibliothèque nationale de France, Paris (1: S. 10); Christof Salata/Kosmos (5: S. 39, 69, 236/237).

Alle weiteren 192 Farbfotos: Marie-Therese und Ekard Lind.

Farbzeichnungen von Kay Elzner (3: S. 106, 273, 274). Schwarzweiß-Fotos von Ekard Lind (8: S. 12, 15, 17, 18/19, 41), Erika Simon (1: S. 34) und Verein für Deutsche Schäferhunde e. V. (1: S. 13).

Impressum
Umschlag von eStudio Calamar unter Verwendung von einem Farbfoto von Ekard Lind.

Mit 200 Farbfotos, 3 Farbzeichnungen und 10 Schwarzweißfotos.

Unser gesamtes lieferbares Programm und viele weitere Informationen zu unseren Büchern, Spielen, Experimentierkästen, DVDs, Autoren und Aktivitäten finden Sie unter ***www.kosmos.de***

Alle Angaben in diesem Buch erfolgen nach bestem Wissen und Gewissen. Sorgfalt bei der Umsetzung ist indes dennoch geboten. Der Verlag und der Autor übernehmen keinerlei Haftung für Personen-, Sach- oder Vermögensschäden, die aus der Anwendung der vorgestellllten Materialien und Methoden entstehen könnten.

Gedruckt auf chlorfrei gebleichtem Papier

ISBN 978-3-440-09703-8
Redaktion: Hilke Heinemann
Produktion: Kirsten Raue, Markus Schärtlein
Gestaltungskonzept & Satz: eStudio Calamar
Printed in Germany / Imprimé en Allemagne

Ekard Lind
Ekard Lind
Prof. Ekard Lind
TEAM-dance
Sport und Tanz mit dem Hund

Prof. Ekard Lind
Welpen-Erziehung
DVD 1 und 2
DVD

Ekard Lind
stations

Original Prof. Ekard Lind
Your pet in mind
Karlie
Unser Wissen für Ihr Tier
WELTNEUHEITEN
Sport
Sport
Erziehung
Education
Welpe
Puppy
...erhältlich im Fachhandel!
WIPP-WAPP
TRICKY TIMBER
LIND GUIDE
SHORT GUIDE
ZERRI
DOG SPORT VEST
Original Prof. Ekard Lind